課程發展與教學設計論
（第九版）

王文科　王智弘　著

五南圖書出版公司 印行

第九版序

　　本書最早的名稱為《課程論》，出版於1988年，後續刊行三刷，並曾榮獲嘉新水泥文化基金會1989年優良著作獎；其後，為了充實內容，以及本於課程與教學為循環關係之理念，乃於1994年納入教學部分，並將書名改為《課程與教學論》；其間刊行七版。且自2010年第八版起，將書名易為《課程發展與教學設計論》，旨在強調課程和教學二者間具有動態之特性。另為了闡釋課程發展與教學設計的關係和區隔，本書自第八版起，將排列順序作了調整，全書共分成四篇，課程與教學基本概念和理論基礎篇（一至四章）、課程與教學研究篇（第十三章）二篇，係針對課程發展與教學設計兩者相關聯部分，所做的分析。課程發展篇（五至八章）和教學設計篇（九至十二章），則分別針對課程發展和教學設計所做較深入探討；又課程實施部分和教學有密切關聯，為了不產生重複，則一併融入教學設計篇內分析。

　　綜觀本版主要之修訂重點在於：

(一)更新資料，使之能與時俱進；

(二)釐清觀念，使讀者更易理解；

(三)融合與區隔課程與教學關係，以塑造清晰概念；

(四)增加新知，使體系更為完整。

(五)配合2013年12年國民基本教育的實施，教育部對國民中小學精進教學的推動不遺餘力，且以有效教學策略、多元評量、補救教學為重點，這些業務的推動，均可在本書找到參照的方向。

(六)本書為迎合課程／教學發展動向，增列社會重建意識形態與課程／教學（第3章）、差異化資優課程（第7章）、數位學習趨勢論（第9章）、差異化教學策略（第10章）等內容。

本書此次之修訂，承蒙五南圖書出版公司的鼎力支持與費心編排，先進、讀者的不吝指正，提供不少助力，始能順利完成，謹此致謝！並祈讀者及先進不吝繼續批評、賜正。

王文科、王智弘 謹誌

2014年元月於台中市Wang's Lodge

e-mail: wkwkw0225@gmail.com

chiwang@cc.ncue.edu.tw

自 序

　　課程與教學二者有相互依存的關係，也有各自發揮特色的領域與空間，如何釐清其間的分界線和闡釋存在的脈絡，的確不易，但又不能不設法朝著這個方向嘗試，俾使本就不易拆解的要素得以明朗化；彼此交互影響的地帶，獲致明確化。

　　本書為了達成上述的想法，除了就課程與教學二者可以相互分析部分，合在同一章一併探討外，均採分章敘述，並採「對比」方式，在分析課程有關部分（如課程理論）之後的一章，緊接著分析教學有關部分（如教學理論），藉供參照。此種「對比」的鋪陳處理作法，應是一種新的試驗，國內外尚乏如此的編排，希望能滿足讀者的需求。基於如是的處理方式，各章字數便無統一的限制，惟視內容、取材的需求而定。其中「課程設計」與「教學設計」兩章，由於份量及各節安排的顧慮，各分兩章探討，應算是例外。

　　綜觀本書的架構，除了緒論一章，其餘大致可歸納成理論基礎篇（二至四章）、理論篇（五至六章）、設計篇（七至十章）、評鑑或評量篇（十一至十二章），最後一章（十三章）則為研究篇，如是構成本書的完整體系，應符合課程與教學「論」的需求。

　　本書既有分、合的編排，除了課程與教學共同敘寫的各章（一、二、三、四、十三）可視需要擇用之外，如以課程為主之科目，可擇就第五、七、八、十一各章探究；如以教學為主之科目，可專就第六、九、十、十二各章為研讀對象。因此，本書可供課程相關科目或教學相關科目，或統合課程與教學之科目的教學與研究參考之用。

　　全書為了便於解析起見，附有圖、表可供對照；如果作為附圖或附表篇幅略多，或僅適合供作參考部分，則以附錄呈現。所有圖、表、附錄均以章別順序排碼。圖、表都載於文中，附錄則視需要載於文中或該章的文末，也算是一種新的嘗試。

本書的撰寫，本諸博採眾說立論，儘量求得周全，但無意成為百科全書式的安排，只求體例完備，架構周延，內容充實。因此，對於多元的觀點於陳述之後，不作綜合性的判斷，或提供作者主觀的抉擇，惟對各家的見解，則分別略作批判，以供讀者閱讀時之參考。

　　一般論及課程與教學，多以普通學生為討論對象，本者亦不例外，惟對於資賦優異與特殊才能學生，以及身心障礙學生有關的部分，本書仍在適當章節分別納入，方符合以接近全體學生為考慮對象之要求，應較周全。

　　本書資料的來源，除了國內現有新知與英、美諸先進國家的出版品，儘可能予以蒐集之外，尚納入部分大陸學者的著作，自較能作多向度的考量與取捨，應屬值得。

　　本書的撰寫，構思良久，但是如無出版公司負責人的一再邀約、同仁好友的協助，以及家人的關心，恐無法與讀者見面，謹向他們表示謝意與敬意。又本人才疏學淺，雖然用心、盡力，缺漏在所難免，敬請讀者暨先進，惠予賜正，俾供再版修正時參考。

王文科 謹誌
1994年元月於彰化師範大學

目　次

🔍 第 4 章　課程／教學的心理學基礎　79

貳、課程發展篇

🔍 第 5 章　課程理論　125

第 6 章　課程設計(一)　161

第 7 章　課程設計(二)　253

第 8 章　課程評鑑　299

參、教學設計篇

🔍 第 9 章　教學理論　373

🔍 第 10 章　教學設計(一)　431

🔍 第 11 章　教學設計(二)　463

🔍 第 12 章　教學評量　491

肆、課程與教學研究篇

🔍 第 13 章　課程／教學研究　527

🔍 參考書目　581

🔍 索　引　617

附圖目次

附表目次

附錄目次

壹、課程與教學基本概念和理論基礎篇

第 *1* 章　緒論：課程 /
教學的相關概念

第一節 研究課程／教學的必然性與必要性

學校傳授給學生的內容以及採取的傳授方式如何,雖然有不同的看法;然而由於社會變遷、科技進步等,帶給學校的衝擊,不宜等閒視之,促使吾人必然需就課程／教學的內涵加以探究;加上經濟條件的改變、目標揭示的分歧、終生學習理念的落實,與課程設計方式的爭議,更有必要仔細析述課程／教學的重心所在。茲分述於後。

■ 社會變遷的衝擊

社會變遷會導致社會價值觀的更易、人民態度的轉變,乃至知識爆增(knowledge explosion)的現象(參見:中國教育學會、國立中正大學成人教育中心,民82)。

先就前兩項的變易來說,這些轉變,有的是吾人可以接受或容忍的;有的則不盡如此。當吾人從事課程或教學設計時,究竟應作如何取擇,未嘗不是一項難題。以當前的社會情況來說,雖然一再強調教育機會均等,城鄉均衡發展,但事實的反映,卻不盡如此,自相矛盾的措施,屢見不鮮。又鑑於教育普及化,顧慮學生認知與情意的均衡發展,教育政策上的編班方式,搖擺不定,時而採常態編班,時而重視同質編班,不久又倡導學科能力分班,以後又回到原點,讓人不知究竟何者為是。惟不論採取哪種編班方式,如無恰當的課程／教學安排,勢必會對某些學生造成不利的影響。又如社會雖一再宣導維繫傳統價值的重要,但家庭結構的改變,使得維持傳統生活方式的作用日趨式微;取而代之的是新興的價值,價值觀也由一元趨向多元,社會價值的主體,究竟以何者為重或如何予以折衷,似為編製課程者,或教師於實際教學時,須審慎衡量的問題。

再就知識的爆增所造成的影響言之,面對知識的量與質的變化及累增,如何去蕪存菁、汰舊換新,以迎合二十一世紀的需求,自是課程／教學設計者宜加考慮的重點。

二 經濟條件改變的影響

經濟結構的改變，帶動人民生活條件的改善，直接會影響人民對教育內容所秉持的見解。如為配合經濟發展的需求，教育內容是否要加重職業簡介或訓練的成分？如何就學術教育與職業教育的發展，在課程／教學安排方面，取得平衡點？又如是的處理，會不會減弱課程／教學內容的學術價值？是否應將職業教育相關知識列入學生應予修習的核心科目，而相對減少選修科目？是否要在職業導向的科目之外，另增加工作經驗的要求？亦即課程的整體規劃，是否要朝職業中心方向發展，以培植社會所需的人力。

三 科技進步衍生的問題

本世紀以來，由於科技進步，給社會帶來大量財富，使得自然科學與數學和讀、寫同樣受到重視，成為教育年輕一代的主要學科。自然科學與技術固然給人類社會帶來福祉，但也相對地引發不少的問題，如污染問題、結構性失業問題、生態破壞問題等，均對吾人居住的環境，構成潛在性威脅。面對這些問題，基於道德上的考量，吾人有必要教導年輕一代運用自己的智慧及環境現有的資源，予以處理，以為同胞謀福利。這些顧慮固然已超越當前社會科學及道德教育的範圍，但吾人若不欲坐視它們的日趨惡化，即需尋求解決的途徑，如此一來，即會對人文學科產生影響。

又由於網際網路資訊取用的便捷與新奇，教師如何將此等資訊融入課程，如何取捨與編排，甚至如何教導學生區辨其價值，亦為課程／教學研究者不容漠視的課題。

四 目標統合的必要

以大學教育而論，專才教育與通才教育何者為重，或需加以統合，均會直接、間接影響到課程的結構與教學科目的安排。我國大學教育，

一向以培育研究高深學術之專門人才爲宗旨。但專才教育發展至極點，可能會造成如英國物理學家施諾（C. P. Snow）爵士所指的對立的「兩個文化」（two cultures），或兩個以上文化鴻溝的弊端（張振玉等，民60）。我國教育部有此體認，遂自民國70（1981）學年度起公布實施的大學必修科目表中規定，各學系學生至少修習四至六學分的通識（通才）教育科目，即定位於統合專才與通才教育的雙重目標，避免兩個（含）以上文化尖銳對立的局面。

惟自大學邁向自主化、專業化之後，教育部雖不再規範大學必修科目，但各大學院校並不因而漠視通識教育的重要，甚至爲了規劃通識教育而設置通識教育中心，並致力於專門科目通識化的工作。尤其教育部於民國89年元月公布對各大學院校實施的通識教育評鑑結果，當已產生震撼效果。

目標統合的理想能否達成，有賴課程與教學的整體且周詳的規劃，否則便易流於形式，徒增學生負擔而已！

五 終生學習理念的落實

終生學習（life-long learning，亦譯「終身學習」），強調學齡前和正規教育後的學習，在第二次世界大戰結束後不久，備受重視。根據塔富（A. Tough, 1971，引自黃富順，民77）的觀點，它是一種屬於個人的「有意的學習」（deliberate learning），具有明確、具體的學習目標可尋，其學習成果將持續保留相當長的時間。如何使這種有目的、有組織的學習活動，達成具體的成效，並使之不致與正規教育內涵重疊，故應考慮到學習者的需求與動機：在課程／教學規劃方面，如何確定完整架構，自是研究課程／教學者必須關注的課題。對於如何協助學習者瞭解自己、幫助自己、策劃自己的生活，進而培養繼續學習的能力與習慣，均爲規劃終生學習者應該掌握的精髓所在（黃富順，民78）。高齡教育的萌芽，觸動教育老年學（educational gerontology）的興起，自然會對終生教育的另一環——老年教育——的課程／教學產生深遠影響（黃富順，2008）。

六 課程設計方式的爭議

　　傳統的課程設計，一向採用分科方式，尤其在中等教育階段更是如此；惟因自1968年延長國民教育年限為九年以來，為求「一貫」，不僅在學制上求其形式上一貫，而稱九年國民教育之外，課程一貫的呼聲始終不斷，直至1998年教育部公布九年一貫課程總綱綱要，即展現主張一貫之決定，於是領域教學取代分科教學。惟中學課程是否須與小學一致，一律採領域實施，各學科如何統整成某一領域，實有討論之空間或餘地，惟師資培育與教師在職教育的配套是否及時與合宜，或為決定課程設計方式或重組的關鍵因素之所在。有鑑於此，政策上對於以領域代替分科的規定，已有鬆動現象，即是要採領域統整或分科教學，端視課程內涵而定。

　　由於課程研究備受重視，至二十一世紀，以美國為例，除了上述內涵之外，尚可發現如下的動向：把每個兒童帶起來（No child left behind）、全球教育（Global education）、學校教育券（School vouchers）、學前至大學教育方案（0-16 education）、邁向尖峰（Race to the top）、多元化教育（diversity education）、州的共同核心標準（common core state standards）、在家教育（home schooling）等。另Oliva和Gordon, II（2013）亦揭示當前課程面臨的議題，包括：學術領域的啟動、另類學校教育的安排、雙語或雙文化教育、審查制度、性別、健康教育、多元文化主義或多元化、私有化、特殊教育服務的提供、公共教育的宗教、課表區塊的編排、以及標準化或評量。足見課程與教學問題的多元交錯複雜，須作深入探討並作好設計，以為處於變遷迅速的學生為其未來的生活、學習和工作做好準備。

　　從歷史發展的角度分析，對教育內容、課程感到興趣，當非現代才有的現象。西洋早在二千餘年前，柏拉圖（Plato）就曾對理想國領袖應接受的教育內容，感到興趣，並揭櫫其具體的主張。我國遠自商、周朝即有探討教育內容的記載（毛禮銳、瞿菊農、邵鶴亭，1983；孟憲承、陳學恂、張瑞璠、周子美，1961），如：

〔玉海〕周之制，自王宮國都閭巷黨術莫不有學，司徒總其事，樂正總其教。下至庠塾，以民之有道德者為左右師。自天子之元子眾子，公卿大夫士之嫡子，庶民之子弟，八歲入小學，教以灑掃應對進退之節，禮樂射御書數之文；十有五進乎大學，教之致知格物正心誠意之道。（引自陳青之，民55，34頁）

　　從此以後的哲學家與思想家中，仔細思考社會中的教育問題的，可說不乏其人。蓋教育內容或課程乃為教育事業或教學活動的核心，以教育內容或課程為手段，教育事業或教學活動始得以運行不輟，且教育事業或教學工作的辦理，若無課程，猶如車子之沒有輪子，其訊息無從傳播，其意義無法傳遞，其價值不能延續，或無從闡釋，是以在教育或教學活動中，課程扮演著重要的角色，而且課程與教學二者也有密不可分的關係，已是不證自明之事實，值得吾人進行研究、瞭解（Taylor & Richards, 1985）。

第二節　課程的概念

　　Curriculum（課程）此一英文字，英格蘭人早在1820年即開始使用，美國人約慢了將近一個世紀的時間，才採用該字：首見於1918年由鮑比特（F. Bobbitt）所著的《課程》（*The Curriculum*）一書。

　　按Curriculum一字，源自拉丁字currere，指的是奔跑、跑馬場的意思。隨著時間的演變，該字接近於「學習的進程」的意思。是以傳統的觀念，把課程視為一種學習或訓練的進程，想透過此種進程，獲致教育的效果。惟這種觀念備受批評，因此在現代課程文獻中，不乏提出修正或另創新義的意見。如：科目的內容、計畫的學習經驗、預期的學習成果、在學校或非學校教育學程獲得的一切經驗等（Parkay & Stanford, 2004）。因此，不易找到普受接納的見解，尤其研究者或實際工作者常就自己思索與工作的心得，提出不盡一致的課程理念。

一　由廣義至狹義界定的概念

　　歐利佛（Oliver, 1978）鼓勵教師或行政人員採操作性定義的觀點，倡導自己的課程概念，並認為課程的範圍，由廣義至狹義方向界定時，可得如下的概念，即課程是：

　　1.兒童不論在何時，採用任何方法所獲得的一切經驗。

　　2.學習者在學校輔導之下，而獲得的一切經驗。

　　3.學校提供的一切學習學科。

　　4.為協助某些兒童（學習者）達成目標，而作有系統安排的若干學習學科，如「大學預備課程」屬之。

　　5.某學科領域提供的學習學科，如「科學課程」、「語文課程」屬之。

　　6.特別的專業學校所規劃的方案／學程，如「兩年制護理課程」屬之。

　　7.個人修習的學習學科。如甲、乙二生均修習大學預備課程，但甲生修習英文，乙生修習法文；或甲、乙二生選習由不同教師講授的英文。（pp.7-8）

　　歐利佛並認為如要對課程概念，提示綜合性的界定，應推美國堪薩斯州《小學課程指南》（*Kansas Curriculum Guide for Elementary Schools*, 1958）揭示的最具有代表性，茲摘述如下：

　　　　課程基本上是指在學校由於教師的作為，而使學童所遭遇到的一切：包括學校所承負的責任，授予兒童的一切經驗，是學校為達成目標而採取的規劃方案。

　　　　教室直接教學是課程的一部分。學校活動如社團、運動、學生自治會等，也是課程的一部分。因為這些措施，係由學校規劃，用以協助達成若干的教育目標。學校提供的服務，如圖書館、健康中心、輔導與諮商等，同屬課程的一部分。甚至在學校某一時間流行的人際關係氣氛，也是課程的一部分，因為它是

促使兒童學習與調適的重要制約因素，是學校須接受的責任。
（Cited in Oliver, 1978, p.15）

二 科目、經驗、目標、有計畫學習機會等概念

謝樂、亞力山大與雷威斯（Saylor, Alexander & Lewis, 1981）在分析過去與現在的課程概念之後，綜合提出四種課程概念，即科目與教材（subjects & subject matter）、經驗（experiences）、目標（objectives）與有計畫的學習機會（planned opportunities for learning）。魏爾斯與波恩底（Wiles & Bondi, 2011）從演化觀點認為課程為學習進程或為了獲致成果而實施的訓練或教育、成果或經驗、學校有計畫的學習內容、重視目的或成果。泰樂與李查（Taylor & Richards, 1985）指出課程約有六種定義，即教育內容、學習進程、教育經驗、學習科目、教材與教育活動。綜合此等學者的觀點，分析如下：

※(一)課程即科目與教材

無論從過往的觀點或當前的觀點分析，較為傳統的、保守的或優勢的課程概念，係指與樹立學習進程有關，且由教師講授、學生學習的進程指引、科目、教材大綱或教科書。不論過去半世紀以來，課程研究達成的效果如何，課程即科目或教材等概念，一直支配著課程設計的工作。

下列各項定義，即在反映此種概念：

課程須包括永久不變的學習科目──文法規則、閱讀、修辭與邏輯，和文法（以上科目通用於中小學），以及西洋最偉大的著作（以上宜從中學程度開始實施）。（Hutchins, 1936）

課程基本上應包括五大學科領域：(1)運用母語，以及有系統地研習文法、文學與寫作；(2)數學；(3)科學；(4)歷史；(5)外語。（Bestor, 1956）

　　課程須包括源自學科的整體知識……教育應被視為指引探究
過程的要點，此一過程為已建立的學科，提供有組織的豐富知識
體系。（Phenix, 1962）

　　課程是一種方法論上的探究，探索教師、學生、科目或環境
中所能見到的教材範圍。（Westbury & Steimer, 1971）

課程即科目或教材的概念，與課程設計有關，對於某一科目課程的
設計，通常遵循下列的通則：

　　1.採用專家判斷，決定要教授的科目。惟此項判斷係以各種社會的
因素或教育的因素為基礎。

　　2.使用若干規準（如難度、興趣、順序等），選取適合特殊群體
（如按省、縣、年齡或班級而區分）的教材。

　　3.為使學習者能精熟選用的教材，設計適當教學方法，並付諸實
施。

※(二)課程即經驗

把課程視為學習者的經驗的學者不乏其人，以下試舉若干代表性觀
點，以見一斑：

　　……兒童與課程可說是界定單一過程的兩端……該過程是
由兒童現有的經驗，移至以有組織的真理系統所代表的學科的
不斷重組。……各種學科本身即是經驗──它們的範圍固定。
（Dewey, 1902, pp.11-12）

　　課程可以兩種方式界定：(1)整個範圍的經驗，包括直接與間
接的經驗二者，與開展個人的能力有關；或(2)一系列有意導向的
訓練經驗，學校取來作完整與充分的開展之用。我們的專業使用
該詞乃取後者的意義。但是教育愈來愈被視為經驗的事件……直
接與間接經驗之間的界限迅速消失不見。（Bobbitt, 1918, p.43）

（課程是）連續的經驗與計畫，對學習者來說，有最大的相似性……賦予學習者在遭遇與控制的生活情境中，獲得最有助益的發展。（Rugg, 1927）

課程是兒童在教師輔導之下，組成的一切經驗，……是以課程可視為一種學習領域，代表非嚴格限制的內容，而不是過程或程序。（Caswell & Campbell, 1935, p.66, 70）

學校基於訓練兒童及青少年，使其能以團體方式進行思考與行動，而訂立有順序可循的可能經驗，這組經驗即是所謂課程。（Smith, Stanley, & Shores, 1957, p.3）

課程乃是學校為提供學生學習經驗的機會，以獲致期望的學習結果，所使用的教學手段。（Krug, 1957）

學校為獲致教育目的而計畫並指導的一切學習經驗。（Tyler, 1957, p.79）

課程被視為逐漸增加思考人類經驗的可能範圍的方式——不是結論，而是從經驗中衍生結論的模式，以及存在於經驗中的那些結論，即所謂有基礎可循且有效的真理。（Belth, 1965, p.37）

（課程包括）由學校指導的一切教—學的經驗。（Harnack, 1968）

在學校輔導之下，學習者獲得的一切經驗。（Foshay, 1969）

在學校或大學院校輔導下，學生所學習的一群進程以及有計畫的經驗；可能涉及預期部分，如計畫的進程與其他的活動，或預期的機會或經驗；或涉及學習者所要實現的部分。如真正的

教育處置或在學校指導之下，學習者接受的一切經驗。（Good, 1973, p.157）

　　課程是知識與經驗的重組，在中小學（或大學）的辦理之下，呈現有系統的發展，使學習者增加控制知識與經驗的能力。（Tanner & Tanner, 2007）

　　學校指引學習的方案，通常以可檢索的數種普通層次的文件及在教室實施的那些方案代表，俾讓學習者經驗及觀察者記錄；學習環境中發生的那些經驗也影響所學習的。（Glatthorn, Boschee, Whitehead, & Boschee, 2012）

　　課程是學習者在學校指導之下，所面臨的一切經驗的計畫或方案。（Oliva, 2009; Oliva & Gordon, II, 2013）

　　課程是個別的學習者在一項教育方案中獲得的一切經驗，其目標在於達成廣泛的目的與有關的特定目標，並依理論與研究或過去與現在的專業實際以及社會的變革為架構，從事計畫。（Parkay, Hass, & Anctil, 2010, p.3）

　　從上述的引介可知，學者採用該項定義者不少。惟計畫的課程與經驗的課程二者之間，常存在差距，猶如教育的目的與手段難求一致一般，目的指教導的內容，手段涉及教導的方法，目的與方法互為配合，教育方可見其成效。同理，計畫的課程如能包含學習者的一切經驗元素，計畫課程與經驗課程二者便合而為一，目的與手段趨於一致，隔閡自然消除。如同時把課程視為一項計畫，則應有「預期的某些結果」，此一預期宜兼顧教育的目的與手段，並應顧及學習者的經驗，如是的手段才可行，如是的目的方易達成。

❋(三)課程即目的、目標或成果

　　二十世紀初期，工商界興起科學管理的風氣，影響了鮑比特。他本

諸科學原理，從事課程研究，於是強調課程目標的重要，並主張以成人應具備的知能，決定課程的目標。因此，他亦曾將課程界定為：為了發展將來營成人生活所需的良好處事能力，而要求兒童與青年必須做的與經驗的一系列事物。

泰勒（Tyler, 1949）雖曾共同以「課程」及「教學」二者涵蓋課程設計與教學策略，但後者似乎是位於前者之下的一個名詞，且有將二者分開研究的現象，結果是把課程視為只包含目標或目的；而把教學視為達成目標或目的的手段。有關此一概念的分析，應推詹森（Johnson, 1970-71）的描述最為清楚：

> 課程並不關心學生在學習情境將要做的是什麼，而是關心他們作為之後，能學習到什麼。課程與所獲得的結果有關，而不關心發生什麼事件。而且在獲得事實之後，課程與學習過程存在預期的關係，而不是報告的關係；它所處理的是期待或意向，說得具體一點，即處理經由教學，亦即經由經驗的提供、發生的事物以及學習者的作為，以達成預期的學習成果。（p.25）

課程即目的、目標或成果的概念至1980年代依舊存續著，究其主因，乃由於績效責任（accountability）的激盪，促使大眾關注教育計畫的實際表現所致。事實上，課程即目標的概念，為能力本位教育（competency-based education）提供理論的依據，對職業教育及師範教育的發展，產生深遠的影響。以下學者的見解，即是此一論點的代表：

> 所有課程……由若干要素組成。課程通常包括目的與特定目標的敘述；標示某些課程的內容與組織；涵蘊或顯示若干教與學的組型……最後包括評鑑成果的規劃。（Taba, 1962, p.11）

> 課程是具有結構性的一系列預期的學習結果。課程規定（或至少期望）教學的結果。（Johnson, 1967）

　　課程關注的不是學生在學習情境中將做什麼，而是關注他們做的是什麼結果。課程關注的是結果。（Johnson, 1970-1971）

　　（課程是）學校負責計畫的一切學習「成果」。……課程係指期望的教學「成果」。（Popham & Baker, 1970, p.48）

※(四)課程即有計畫的學習機會

　　課程即教材，提供了教育的知識核心；課程即經驗，強調學習者帶有經驗的重要性；課程即目的、目標或成果，以為課程計畫須陳述目標，講究成果。凡此三種概念，固均見其價值，但不免顧此失彼，若僅取其一，便可能忽視其他的選擇途徑，理想的課程概念，似宜兼顧教材、經驗與目標（目的、成果）三者；任何計畫須有意向、特定的方案，以及目的與目標，避免因嚴格區分手段與目的，而造成流弊。此外，課程計畫仍宜顧及學習者的角色，泰勒（Tyler, 1949）早即強調學習者的期待的重要性，他說：「在可能與適當之處，學生本身應參與課程的計畫與評鑑的工作。」以後有人呼應此說，而大力倡導，有鑑於此，謝樂等人於分析上述三種概念之後，對課程作了如下的界定：

　　課程是為將接受教育者，提供學習機會的一項計畫。（Saylor, Alexander, & Lewis, 1981, p.8）

　　此類定義所謂的提供學習機會，可能包括科目中心課程、能力本位課程、價值澄清（value clarification）經驗課程、學習者所能掌握其意義的學習環境等在內。此外，該定義所指的「計畫」應視為一種意向，而不是一份藍圖，因為一個有能力的教師，在實際教學過程中，並非一成不變地照章行事，而是能知所權變。

　　有計畫的學習機會，當是涉及方案選擇的問題，在從事課程方案取捨時，克里巴德（Kliebard, 1977）所提的四項問題，可供參考：

1.為什麼我們教學習者這些，而不教那些？

2.什麼人應該接觸什麼知識？

3.支配教學材料選取的規則是什麼？

4.為了形成連貫的整體，課程的各部分之間的關聯性如何？

三 傳統、概念—實證、與概念重建的課程定義

吉洛克斯、賓那與派納爾（Giroux, Penna, & Pinar, 1981）以為課程的通俗定義是「學習的進程」；但此一定義卻鮮被課程專家採用。有人視課程為「經驗」。有不少專家認為課程乃是包括課程理論、發展、實施（即教學）與評鑑在內的一種領域。有人採比較嚴謹的立場，將課程界定為「預期的學習成果」。亦有人將課程視為「社會的教科書」、「進程的運作」、「認知者與已知者之間的關係」，可說至為龐雜。吉洛克斯等人將這些定義歸納為三類課程定義：即傳統的（traditional）定義、概念—實證的（conceptual-empirical）定義與概念重建的（reconceptualist，或譯「再概念的」）定義。該三類別針對探討課程問題、應循的特定途徑，提供學理上的架構，其間主要的差別在於所確認的問題性（problematic）。此三類學理架構涉及的問題，包括要發問以及不要發問的問題二者在內；是以此地所謂的「問題性」，係指每個學理架構涉及的問題，以及在此架構中被忽視的問題二者而言，茲循此方向分析該三類定義。

※(一)傳統的定義

傳統的課程論者要問的問題是：學校欲達成的目標是什麼？但是他們卻不問特定的社經階級尋求達成什麼目標；亦不問學校以什麼方式，阻礙特定階級所要達成的目標。詳言之，傳統論的架構提出與如下有關的問題：學習特種知識（文化遺產）最佳與最有效的方式，形成道德的一致性、提供維持現存社會的功能等。至於其他問題，均在排斥之列。所以這種課程概念，對於教學的傳遞方式有所貢獻，旨在強調知識傳遞的優先順序，不免忽視潛在課程的教學。

鮑比特（F. Bobbitt）與安德遜（V. Anderson）分別把課程界定為「兒童與青年必須達成的一系列經驗的那些目標」、「整個環境交互作用的力量」，均屬於傳統觀點的定義。

※(二)概念─實證的定義

概念─實證的課程定義根源於邏輯的模式，以及自然科學的研究途徑，因此對於準確性、控制與預測感到興趣，支持單一的科學方法，否定其他認知形式的重要；且一味講究「事實」，排斥如文學或藝術等涉及「價值」內涵的學科。

詹森（M. Johnson, Jr.）把課程界定爲「預期的學習結果」。彪夏普（G. A. Beauchamp）認爲「課程的正當用法，是指課程系統……學校課程即是系統，在該系統內，所作的決定與課程的內涵以及實施的方式有關。」該兩個觀點，吉洛克斯等人認爲是概念─實證定義的代表。

※(三)概念重建的定義

概念重建論者對課程與政治的、經濟的、社會的、道德的與藝術的互動感到興趣，且聚焦於教育意識形態的議題，主張重新思考課程；他們較喜歡以種族不平等、性別歧視、族群迫害等字眼來探討課程（Ornstein & Hunckins, 2013）。

Giroux等人以爲課程的概念重建定義與以下二者有關：

1.解釋學的傳統（hermenerutical tradition）　強調主觀性、存在的經驗、解釋的藝術，以及瞭解人類行爲的主要意向。

2.政治的要素　強調階級衝突、權力關係的再生（複製），關注反抗和存在的文化、意義、知識中含有的政治性格。

此一類別的代表人物有休卜納（D. Huebner）、麥唐納（J. B. MacDonald）、葛林（M. Greene）、派納爾、艾波（M. Apple）等，這些學者在人文學科方面都有很深的造詣，把課程當做是道德的工作（moral enterprise），而非技術的工作；並譴責以政治控制學習者的作法，認爲應將之排除（Pinar, 1975）。如派納爾（Pinar, 1978）的主張，足以代表這種觀點，他說：「由於發生的運動，我們須把注意力從技術的與實用的方面轉移，另行考慮解放（emancipation）的觀念。」（p.11）

綜合本節所述，可知課程概念至爲龐雜，但並無優劣之別，端視採用者的背景與所持立場有別而定。惟如略作統合，大致可以發現課程具有如下各項概念：

1.以目的、目標、成果或預期的學習結果爲導向。

2.以學校為計畫、實施課程的主體，而以學習者（學生）為對象。

3.以團體或個別為實施的方式。

4.以在校內或校外為實施的場所或地點。

5.以提供科目、教材、知識、經驗，或學習機會（活動）為類型。

6.不同的課程定義，涉及之問題有別；或側重學校課程目標，不問潛在課程；或強調事實學科，而漠視價值學科；或探究課程的道德層面，忽略對技術向度的探索。

第三節　課程計畫、課程設計、課程編製與課程發展

課程發展（curriculum development）與課程計畫（curriculum planning）、課程設計（curriculum design）、課程編製（curriculum construction）常被視為同一內涵，事實上並不盡然，有待進一步釐清。

課程計畫係指課程工作者根據各種價值，對課程的各種因素，進行一系列選擇的過程。大多數課程計畫屬於一般性的，但可能屬於較特定性的，或可能為某一組有關的目標或單一領域而計畫的。

課程計畫可用學習方案、一系列活動、程序、手冊、學習進程、綱要、工作單元、套裝學習活動（learning activity package）表之。但整個課程計畫若是一份書面的文件，能適用於一切活動的並不多；因此，教師若為了達成任教的班級、小組或個別對象的特殊目標，須自行擬訂計畫，才符合需要，此種計畫自為整個課程計畫的一部分。

發展一種課程計畫須考慮多種要素，此等要素組合成課程系統，這些要素彼此之間的關係，如圖1-1所示。此等要素簡述如下：

1.有待接受教育者　即探討受教者在所處之社會的內部，應具有的功能，課程計畫者便要針對這些功能，著手考慮這些人需要或想要接受的學習機會，從中找到最佳的答案，然後再描述目的與目標。

2.目的與目標　理想上，學習者個人的目的與目標和課程的目的與目標，應力求一致。果能如此，則學習（活動）差不多可以確定；反之，可能在安排活動方面，遭遇重重困難。所謂目的與目標，在從事課程計

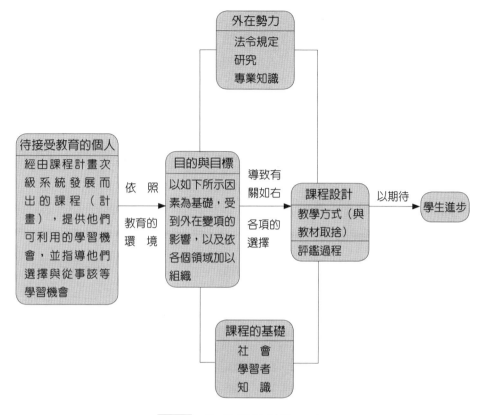

圖1-1　課程系統的諸要素

畫時，宜分成個人發展、社會能力、繼續學習的技巧，與專門化等四個領域，較爲周全。

　　3.課程設計、教學方式與課程評鑑　有了一致的課程目的與目標之後，便可以它們爲基礎，選擇課程編製或設計、選擇實施課程時所需的教學方式或模式，以及課程評鑑的適當模式。

　　課程編製或設計是爲提供學習機會而運用的架構或模式，欲選取適當的或編製，係根據有待達成的目的或目標、學習者的本性、社會的性質、政治與社會的約制等而來。有關課程編製或設計，稍後將再說明。

　　有關教師的教學方式與取捨合適的教材方面，理想言之，應鼓勵教師採用彈性作法，甚至爲他們提供多種建議，備供參考。

　　至於課程評鑑需同時作成兩項決定，即在課程計畫中有關學生進步的評鑑，以及提供評鑑課程方案的計畫，二者的主要目標，乃在於提供作決定者資料，俾能改良學習者教育機會的品質（Saylor, Alexander, & Lewis, 1981）。

　　4.其他　包括可能對課程設計、教學方式或課程評鑑形成影響的外在勢力與課程的基礎知識。

　　至於課程計畫過程所涵蓋的要素，主要包括目的與目標、課程設計、課程實施與課程評鑑等，詳如圖1-2。

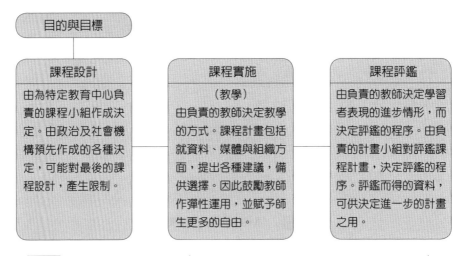

圖1-2　課程計畫的過程（Saylor, Alexander, & Lewis, 1981, p.30）

　　至此，似可發現：課程計畫應可包括課程設計或課程編製。

　　其次，論及課程設計或編製。由前面的敘述可知：課程設計或編製係指課程的模式或架構而言，為課程計畫的一部分。課程設計或編製依兩個不同的發展層次決定。一種為一般的、廣泛的層次決定，涉及基本價值的選擇；另一種為特定的層次決定，涉及技術性部分，主要在於決定規劃與執行課程的諸項要素。

　　以一般的、廣泛的層次決定分析，課程設計或編製與課程發展者所選擇的重要資料來源有關。作課程決定時所依據的資料，約有三種來源：組織的「教材」、將體驗課程的「學生」和「社會」。雖然有些學

者主張設計或編製課程時，須兼籌並顧該三種來源，以求取平衡，但實際上，可能只能採其中之一而支配另外兩種；甚至也有可能只運用其中一種而排斥其他兩種。惟設計課程者要作課程決定時，係依據其所認定課程必須達成的目的，以及其應對學生成長的貢獻如何而定（Klein, 1985）。

至於課程設計的特定層次決定涉及的要素通常包括：目標、內容、學習活動與評鑑程序（Zais, 1976），以提供課程設計的方向和指導（Ornstein & Hunkins, 2013, p.13）。但有些學者認為尚應將學習材料和資源、時間、空間與環境、學生組合以及教學策略等包括在內，合成九個要素。設計課程時可依不同方式針對該九個要素加以處理，而創立各種不同的形式（Goodlad, 1979）。

有些論文或專業文獻，視課程發展為包括教學目標、內容、活動和評鑑程序等項在內，甚少注意到發展過程與動態的部分，如此一來便與課程計畫出入不大，又與課程設計有部分重疊，或許此乃是課程計畫、課程設計、課程發展三者的界限常無法釐清，造成混用現象的原因，使得三者常被視為同一的錯誤觀念。事實上，課程發展除了涉及教學目標、內容、活動和評鑑之外，尚包括誰負責課程決定、影響課程決定因素相互間的交互作用、談判、協商等要素。有關課程發展的概念，柴斯（Zais, 1976）與羅頓（Lawton, 1975）也曾作了一番釐清。

柴斯指出，課程係由專家採用來教育年輕人的計畫或學習領域。其意圖若在於確認集體的實質因素，即構成教學計畫，此時的課程即可視為「設計」。若把課程的焦點置於人以及運作的程序，從而形成教學計畫或設計，即是課程發展。羅頓也作了類似的區分，他認為課程係由整個社會文化選取生活、知識、態度以及價值的特殊部分組成，且透過教育系統的結構，傳遞給未來的一代。至於選擇的方式以及付諸實施的安排，即為課程設計或編製；課程發展則指此一過程、結構、形成教學計畫的人際動力關係等。比較來說，課程設計或編製指的是成果（product）、實質內容（substantive entity）、作決定過程的最後結果。若以直線方式來說，似可瞭解課程發展毋須在課程設計或編製之前進行，或可同時並行，且二者多少有重疊及連結的部分（Gay, 1985）。

　　畢恩、拓樸弗與艾雷西（Beane, Toepfer, & Alessi, 1986）提及有關課程定義時，曾就課程計畫、課程發展與教學的關係，有一段詳細的說明，從中方可發現課程發展與課程計畫之間的關係與分野，亦可延伸及於它們與教學概念的關係，至有價值，茲引述於後：

> 「課程計畫」與「課程發展」常可交互使用。正因如此，若干課程「界定者」顯然相信它們代表相同的活動。惟亦有他人相信，它們是不同的。其間的差別，由於使用「教學」（instruction）一詞，而益趨複雜。吾人認為課程計畫、課程發展與教學間的關係，可以圖1-3示之，三者彼此相關，但各有重點。吾人視「課程計畫」為普通的（一般的）概念，描述的活動範圍，從確定廣泛的目的及於描述特定教—學情境的可能性。……另一方面言之，「課程發展」主要涉及設計實際教—學情境的方案，根據廣泛的目的，確定將那些目的轉換成協調的、一致的學習經驗規劃。「教學」係由廣泛目的以及課程方案發展出來，焦點置於方法的問題，如教學技術與活動的實施、資源，以及在特定教—學情境使用的測量工具等。職此之故，課程計畫是包括課程發展與教學設計二者在內的一般的概念。課程發展涵蓋教學設計，且教學設計表示高度特定的活動，焦點置於教與學的方法。（pp. 56-58）

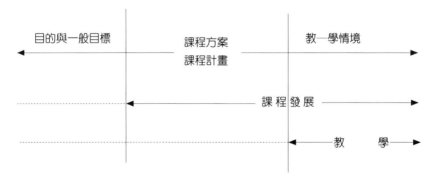

圖1-3　課程計畫、課程發展與教學間的關係

　　綜上所述可知：課程計畫、設計或編製屬於靜態的層面；課程發展則為動態的過程，但課程計畫包含課程設計（課程編製）與課程發展。又課程設計或編製強調結果的呈現，而課程發展則著重如何達成此等成果的動態過程，只是計畫、設計或編製與發展之間不乏重疊與相互連結之處。此外，課程計畫、設計編製的結果，可能會隨著時空的變化而有所更易：但是課程發展的過程，較能維持恆定，只有在既有基礎上有所損益，鮮作全盤變動。

　　為了進一步說明課程發展此一過程，茲再引用若干學者的觀點，說明其步驟，以見其所特具的動態性。

　　魯格（H. Rugg）在1926年美國教育研究學會（National Society for the Study of Education）出版的第二十六輯年鑑，寫有「課程決定的過去與現在」（Curriculum-making: Past and Present）一文，指出課程發展的操作任務為：一種具有三項步驟的過程，即決定基本目標、選擇活動與其他的教材、發現最有效的組織與安排教學（引自Wiles & Bond, 1993）。

　　泰勒（Tyler, 1949）曾分析課程發展的四個步驟：1.學校尋求達成了什麼教育目標？2.為了達成這些目標，應提供什麼教育經驗？3.如何有效地組織這些教育經驗？4.如何決定這些目標是否獲致？泰勒的這四個步驟，即是在魯格所揭示的目標、教材（或內容）、方法（或程序）之外，多增加了另一步驟——評鑑，用以評估目標達成的程度。

　　後來塔芭（Taba, 1962）將泰勒的四個課程發展程序加以修正，指出課程發展的第一個步驟為提出試驗性單元，其中又細分成八個主要步驟：1.診斷需要，2.建立目標，3.選擇內容，4.組織內容，5.選擇學習經驗，6.組織學習經驗，7.決定所要評鑑的內容及其手段，8.檢核教學單元的順序與平衡。上述每個步驟列有細目，以作為行動的規準。如「選擇學習內容」此一步驟，便列有各細目，對課程發展者來說，有參考價值：即1.內容的效果與重要性，2.與社會的現實一致，3.經驗廣度與深度的平衡，4.提供廣博的目標，5.學生的經驗對生活的學習性——適應性，6.學習者的需要與興趣的適合性。（Taba, 1962, p.12）

　　現代的學者把課程視為較具綜合性的過程，未必要與內容產物結

合，如費雷森等（Feyereisen, et al., 1970）把課程發展當作解決問題的行動鏈（problem-solving action chain）即屬之，其所提出的課程發展步驟如下：1.界定問題，2.診斷問題，3.尋找可供取擇的多種替代解決途徑，4.選擇最佳的解決途徑，5.由組織證實該解決途徑，6.認可該解決途徑，7.運用該解決途徑進行嘗試，8.準備採用該解決途徑，9.正式採用該解決途徑，10.派員予以指引和輔導，11.評鑑效能。（p.61）

費雷森所採較為廣義的觀點，反映出課程發展從宏觀的角度規劃學校環境，以適應變遷的需要；同時也標示課程發展日漸趨向系統的過程。

第四節　課程相關概念分析

一　凱利對相關概念的分析

凱利（Kelly, 2009）將相關的課程概念，分別如下列各項說明：

※(一)整體課程（total curriculum）

為課程變革與發展進行規劃之需，學校應視課程為一整體，而不宜視為個別學科的集合。是以任一具有實效與價值的課程定義，除了敘述知識內容或學科之外，亦應解釋教學目標的合理性以及探究學習者的學習成果，較為完備。

※(二)潛在課程（hidden curriculum）

指學生學習的內容中，未經仔細計畫、組織或未存在學校行政人員意識的部分，卻會產生隱匿的結果或副作用。但對這種說法亦有人持相反的看法，論者以為如是由學校安排的隱匿價值，不僅相當明顯地存在於教師與計畫人員的意識之中，他們也視之為學生在校應進行學習之內容的部分，只是未被學生公開認定而已！因此，課程的「潛在」僅對學生來說或出自學生的立場，未先覺察而論者。

※(三)官定課程（official curriculum）或計畫課程（planned curriculum）與實際課程（actual curriculum）或接受課程（received curriculum）

官定課程或計畫課程是指有意安排的學習內容、課程大綱、內容說明書等；實際課程或接受課程是指在學校實際實施，且為學生經驗得到的內容。

※(四)正式課程（formal curriculum）與非正式課程（informal curriculum）

正式課程係專指在學校排有授課時間表的學習活動。非正式課程是指學生自願參與的活動，如運動、旅遊等，多半在放學後、週末或假期實施，故亦稱「課外活動」（"extra-curricular" activities）。

凱利認為課程不容忽視計畫與執行的成分，因而在分析相關概念之後，確定柯爾（John Kerr, 1968）所界定的概念最佳，即課程是「由學校計畫與指導的一切學習，以團體或個別方式，在校內或校外實施之。」（引自Kelly, 2009, p.6）因此，課程所包括的不僅是個別學科的集合，也需顧及教育的目標、程序與原則。

二 古拉德的不同層級課程觀

在某個層級——如在社會層級、機構層級、教學層級、或個人層級——確立的課程，未必能在另一個層級採用或付諸實施。古拉德（Goodlad, et al., 1979, pp.344-350）曾於訪問美國數百個班級之後，於1978年確認正式課程（formal curriculum）、知覺課程（perceived curriculum）、觀察課程（observed curriculum）與經驗課程（experiential curriculum）等四種課程層級；至1979年的著作，除了將觀察課程易名為運作課程（operational curriculum）之外，另加意識形態課程（ideological curriculum）而成五種，茲分析如下：

※(一)意識形態課程

學者或教師又稱之為理想課程（ideal curriculum，亦譯理念課程）。係由基金會、政府部門與特殊利益團體組成的委員會，在檢視課程的各

個部分之後，所常提出應興應革的建議。由此等委員會提出的建議書包括多元文化課程、特殊才能者課程、早期兒童課程以及認識電腦課程。這些建議書反映出擁有特定價值系統或特殊利益者的課程理想或描述他們期望的課程取向。理想課程是否具有影響，端視其建議書能否被採納並付諸實施而定。

※(二)正式課程

係指由州及地方教育董事會所認可或制訂者，此種課程可能包括由法定權威如董事會所決定有關應授內容，或欲達成之目的而認可的理想課程的集合或修正、指引、大綱、教科書等。

※(三)知覺課程

是一種存在於心中的課程（curriculum of the mind），即教師對課程的覺察結果。惟教師對正式課程的解釋有多種；通常被正式採用的課程與教師知覺到的課程意義或在實施上的意義二者之間的相關不大。

※(四)運作課程

指在教室中實際運行的課程，根據研究者或在教室進行觀察交互作用記錄的人士指出，教師所說的課程與教師實際做的課程之間，常呈現不一致的現象。

※(五)經驗課程

包括學生從運作課程推衍而得或思索得到的內容。這種課程可透過對學生實施問卷調查、訪談或從觀察學生互動關係中推論得知。

上述五種課程中的正式課程或知覺課程與觀察課程或經驗課程相互之間，常有隔閡，實應加以統合，課程設計方易落實。

三 葛拉松等人的意向課程觀與發展改進觀

葛拉松等（Glatthorn, 1987a; Glatthorn, Boschee, Whitehead, & Boschee, 2012）分從意向（intention）與學習領域（fields of study ——詳見五）的發展與改進角度分析課程的類別。學校有意實施的意向課程，係用來指稱與非意識產物的潛在課程相對，計有建議課程（recommended curriculum）、書面課程（written curriculum）、支持課

程（supported curriculum）、傳授課程（taught curriculum）、測驗課程
（tested curriculum）、習得課程（learned curriculum）之分。其中書面、
支持、傳授、測驗等四種課程，是學校系統意識到的意圖，屬於意向課
程（intentional curriculum）的要素，恰與潛在課程成對比（Galatthorn et
al., 2012）。

※(一)建議課程

由個別的學者、專業學術團體或改革委員會建議的課程即是，與古
拉德的「意識形態課程」類似。係根據建議者所知覺的價值系統，確定
應予強調的技能與概念，強調的是「應然性」（oughtness）。建議課程
以屬高層次的一般性（generality）規定居多，經常以政策建議、目的列
表、建議畢業資格的要求、對某一學習領域（如英文）的內容與順序所
提出的一般性建議呈現。

※(二)書面課程

即具體呈現在各州或各學區的課程指南，與古拉德的「正式課程」
類似，旨在促成教育系統中的目的可以實現，屬於控制的課程。典型上
比建議課程具體，更具有綜合性，涵蓋支持課程的理論基礎、有待實現
的一般目的、有待掌握的具體目標、有待研究的目標順序、有待運用的
學習活動類別等。書面課程如可在各種教育情境中運用的，稱爲一般的
書面課程（generic written currculum），如在特定場所發展且適用於地
方學區或特定學校者，便稱之特定場所的書面課程（site-specific written
curriculum）。

※(三)支持課程

反映在分配支持或傳遞課程的資源中，如時間的多寡、班級的大
小、教科書與其他學習資料的品質，均含在支持課程中顯現出來，尤以
時間的分配及教學材料的品質，最易突顯；一般論者以爲一種綜合性的
課程評鑑，應將重點置於支持課程這一部分。

※(四)傳授課程

指觀察者所見教師的教學行動中所傳授的課程，通常該種課程與書
面課程有頗大的不一致性。

※(五)測驗課程

泛指教師自編以評估學生的測驗內容、課程參照測驗、標準化測驗均屬之。

※(六)習得課程

指學生在學校獲得經驗以改變其價值觀、知識與行為而言，惟此等經驗不侷限於從意向課程獲致的，潛在課程的影響，亦不容忽視。

至於從發展與改進學習領域的觀點分析，可分成基本學習領域（basic field of learning）與充實（enrichment）學習領域。基本學習領域對所有的學生（至少指位於前面90%的學生）而言，應是基本、重要的；其中又分成結構性課程（structured curriculum）與無結構性課程（unstructured curriculum）兩種，前者（需要結構的課程）泛指學習順序、結果評量等，都要細加規劃，以達徹底精熟之要求，講究基本的、重要的與結構性內容的精熟課程（mastery curriculum）屬之。無結構性課程則指對於學習的知能、態度等不需仔細安排順序、計畫、測量與描述；有機課程（organic curriculum）為基本的學習領域但不需結構化者，是指日復一日、相當自然的學習，經由無數的交互作用與交換而得，可能不專注特定的學習內容，惟其學習結果，亦不容忽視。充實課程（enrichment curriculum）可說是擴充的課程，而非基本課程，欲充實課程的關鍵，在於要求學生投入解決真實生活問題的情境之中。根據上述，有關依學習領域、結構與否、課程形態劃分所得的基本的結構性精熟課程、基本的無結構性有機課程與充實課程三類，可以圖1-4示之，課程領域者須在每個學習領域，明辨該三種學習類型，即精熟、有機與充實。

	基本	充實
結　構　性	(1)精　熟	(3)充　實
無　結　構　性	(2)有　機	

圖1-4　課程的三種類型

資料來源：Glatthorn, Boschee, Whitehead, & Boschee, 2012, p.23.

四 潛在課程與空無課程

　　艾斯納（Eisner, 1979）將所有學校傳授的課程分成三類，即外顯課程（explicit curriculum）、內隱課程（implicit curriculum，即「潛在課程」）和空無課程（null curriculum，亦譯「懸缺課程」）。外顯課程係將發展者、決策者等的意向納入而陳述出來的課程，列有內容等項目。內隱課程或潛在課程泛指吾人未準備去做，卻已傳授予學生的內容。空無課程則指經審慎考慮後加以排除的內容；即在某些時候，決定傳授某些內容，其他的內容經由審慎考慮後，則不予傳授。此處不就該三類課程加以分辨，專以潛在課程與空無課程二者進行比照分析。

　　當吾人強烈主張應傳授特定內容以及要迎合特定的意向需求時，在魚與熊掌不可兼得的情況下，雖然難以確定是否經過一番深思熟慮的工夫，但提供予學生學習的內容勢必有所遺漏，則是事實。蓋沒有一種課程能夠涵蓋萬事萬物，經由參與課程委員會成員的唇槍舌戰，總有一些要留在課程之內，也有一些勢必遭到忽略。但結果還是每一種預期課程（intended curriculum）所包含的內容總比遺漏的內容爲多。

　　從某種課程中遺漏的事物觀之，不僅包括排除了若干內容，也排除了對某些事物的若干思考方式。如某校根據行爲目標的理念設計課程，傳授予學生的內容，大致以是否可見、可做爲重點，如「理解」、「眞理」等術語則不會納入爲該課程的一部分，只斤斤計較於實作或表現的證據所在，此類課程即將知識與理解等以心智爲基礎的觀點排除。另一所學校爲同年齡學生實施的課程，若針對討論、閱讀與記憶概念和觀念而來，即使他們與前一所學校傳授的內容相同，但學習的事物，則截然不同。即在甲校遺漏的事物，可能納入在乙校之中。

　　當教師欲思考空無課程時，可仔細就上課教授的內容以及爲學生安排的作業等方向著手，便不難發現哪些事物是應讓學生學習卻被排除在外的。教師一旦發現課程材料「空無」的部分，而決定取其中的部分進行教學，則教師與教材之間可能存在的互動結果，就會促使教師運用那些被課程發展者與執行者審慎排斥的材料，進行教學。因此，儘管有些

教材雖然被排除而成為空無課程的一部分，負責教室內教學的教師，如認為有必要，似亦有考量加以納入的決定權。

　　潛在課程如同空無課程一般，由教師應用的成分，多於由課程發展者掌握的成分。吾人論及潛在課程多指態度與價值領域，且涵蓋正面和負面的意義。如喜愛某科目的教師在教室上課，談及人生，其潛在的訊息可能是：該學科是有價值的、令人感到愉悅的、充滿樂趣的，甚至具有獎勵性質的，屬於正面的成分較濃。如一個班級內，有二至三位兒童感到學習困難，某位教師不斷顯現憤怒的樣子，如果整個年級的其他教師也表現同樣的情況，其潛在的訊息可能是：這些兒童的價值不如他人，他們學習重視自己的成分少，自我形象不佳，只有順從他人，如是的情況屬於負面的成分極大。

　　近些年來，激進的教育工作者以為潛在課程不只是屬於個人的事情，而應視為社會的問題；如分流（streaming）的方式在學校繼續運作下去，即是統治社會階級用來教育他們的年輕一代的「潛在」方式，俾得以維繫他們擁有控制社會的大權。激進論者以為根據此一種基礎，被分流在非學術導向課程的學生，接受的訓練是順從他人以及為人服務的方式；而那些分流在高級學術領域受教的學生，是訓練他們支配他人與擔任領導者的方式。即使課程材料相同，但是在不同分流的班級實施，給予不同階級學生的「潛在」訊息是：各個人潛能實現的方式有極大的不同。有關此部分，在課程研究專章（第十三章）將會繼續探討。

五 課程的要素：課程政策、課程目的、學習領域、學習方案／學習學程、學習學科、學習單元、（日）課

　　葛拉松等人（Glatthom, 1987a, pp.15-17; Glatthorn, Boschee, Whitehead, & Boschee, 2012, pp.17-22）認為課程可分成以下諸項要素，有助於釐清若干相關的課程概念：

※(一)課程政策（curricular policies）

　　係指為了控制課程的發展與實施所訂定的規則、規準或指針，有宏觀與微觀的政策之分，前者如國中課程的廣泛政策，後者如對數學某課

程單元所做的建議。我國中小學課程綱要的制定應是課程政策的具體反映。

※(二)課程目的（curricular goals）

專指學校系統欲透過課程以實現的一般性、長期性的教育成果而言。由此觀之，課程目的應為教育目的的一部分。政策猶如遊戲時建立的規則，目的則為訂定遊戲的目標。

根據調查，以下目的清單，被認為應優先予以考量：批判思考技能、問題解決策略與有效作決定技能、創造思考過程、有效的口語與書面溝通技能、基本的讀寫算能力、知悉使用研究解決問題的時機與方式、有效的人際溝通技能、科技技能、良好的衛生與保健習慣、接納與瞭解不同文化與族群、有效的理財知識、持續學習的意願、策略與能力。

※(三)學習領域（fields of study）

是一套經過組織的且劃分清晰的學習經驗，通常要實施多年的期限。中小學的課程所指的學習領域，約與學校開設的科目如數學、社會科、理化相同。大學院校所指的學習領域指涉的範圍，多指主修而言，如主修教育學、物理學、心理學等。

※(四)學習方案／學習學程（programs of study）

指學校為特定群體的學習者，提供的整套學習經驗，通常需要花費多年及涵蓋數個學習領域方告完成。其中可能要包括必修科目與選修科目，以及各科目規定的授課時數與學分數。如以下即為某所小學每週典型的學習方案：國語8小時、社會2小時、藝術1小時、音樂1小時、健康與體育2小時。

※(五)學習學科（courses of study）

是學習領域與學習方案的一個子集，係就某一學習領域內一套有組織的學習經驗，學生需接受規定時間（如一年、一學期或一季）的修習，才可取得學分，學習學科通常包括科目名稱與年級層次或代號，如「大二英文」、「微積分甲」、「三年級社會科」等。

※(六)學習單元（units of study）

是學習學科的一個子集，屬於一組經過組織的相關學習經驗，通常

持續一至三週的期間。

※(七)（日）課（lessons）

一組相關的學習經驗，以相當小量的目標為焦點，實施二十至六十分鐘為度。可能是學習單元的一個子集。

為精進每日教學，Marzano等（2001）根據當前對大腦的研究，倡導以下九種課程設計的策略，即分辨類似性與差異性，作摘要和筆記，增強努力結果與提供再認，規定家庭作業和練習，非語文的表徵，合作學習，訂定目標與提供回饋，產生與考驗假設，提問、找線索與使用前置組體（advance organizer）。

第五節　課程與教學

有效的課程，未必能夠保證班級的教學，可以獲致良好的結果。蓋兩位教師即使使用相同的課程，但由於運用的教學行為有別，也會形成不同的學習結果。同時，每位教師的教學效能，亦隨著使用之課程的品質，而有所變化。是以有人認為：「教育效果是由用來教的（課程），與良好的教學方式（方法）二者決定，直接而清楚。」（Brophy, 1979, p.734）即使從討論課程的論著分析，課程的確與教學內容有關（賈馥茗，民72，310頁）。惟二者的分野與關係如何，有待進一步探討。

在未論及課程與教學的關係之前，教學有teaching與instruction之別，有待先行釐清。

一 Teaching與Instruction

Teaching有如下的定義：

　　任何人際影響的形式，目的在於改變他人能夠或將能表現的方式。（Gage, 1963, p.96）

一種交互作用的過程。基本上涉及發生在若干可以確定活動期間，師生之間在教室中進行的交談。（Amildon & Hunter, 1967, p.1）

廣義定義：由教—學情境中的教師負責的管理，包括：(1)教師與學習者間的直接交互作用；(2)預先計畫、設計與準備教—學情境所需教材的決定過程；以及(3)事後重新修正（評鑑、重新設計和傳播）。（Good, 1973, p.588）

以一個人或多個人的學習活動為導向的人際活動。（Klauer, 1985, p.5）

表示執行行動的意向，在於發生在另一個人身上的學習。（Robertson, 1987, p.15）

綜上所述可知，Teaching的特性有三：1.教學是一種活動或過程；2.教學是一種人際的活動或過程；3.教學是有意向的，或目的、目標的。如根據這些特性，似可為Teaching提供如下的綜合性定義：教學是一種人際、交互作用的活動；典型上涉及口語溝通，其目標在於協助一個或多位學生學習或改變他們所能或所要表現的行為方式。

Instruction有如下的定義：

Teaching與Instruction不同，乃是各有重點。前者基本上著重師生之間的交互作用；後者較重視情境的因素（situational elements）。因此Teaching是一種多面的過程（multifaceted process），舉凡施與受、獎與懲、問與答、引導與服從、保護與挑釁、指導與觀察等策略包括在內。（Comission on Instructional Theory of the Association for Supervision and Curriculum Development, 1967, p.5）

以鬆懈的觀點論，與Teaching同義。以精確的意義論，教師負責某種持續的方向，充實學生，並足以說明學生的表現及準確描述和教育目標相稱的Teaching類別。（Good, 1973, p.304）

Instruction經常用做Teaching，甚至「教育」的同義語（特別在美國是如此運用）；但在英國通常用來指涉能讓學習者執行某種完全屬於例行性技能的「訓練」而言。（Rowntree, 1981, p.133）

Instructional是Teaching的子集（即前者為後者的一部分）或涵蓋Teaching在內（即前者也包括後者）。以採後一觀點的較多，Instruction決定Teaching，即瞭解Instruction而有助於吾人對Teaching有更完整的認識。（Anderson & Burns, 1989, p.9）

教學……即審慎安排一組外界事件，用以支持內在的學習過程。（Gagn Briggs & Wager, 1992, p.11）

綜合上述：Teaching與Instuction從比較鬆懈的觀點分析，二者的區分似乎不大，甚至有交替使用的可能（林寶山，民77；民79）。如要嚴加辨析，大致上可說：Teaching涉及整個教學情境中師生的互動關係，包括計畫、準備教材、評鑑等在內的整個活動；而Instruction則類似於在教室中執行的「訓練」。本書除非有必要，所指教學應涵蓋二者在內。

二 課程與教學的關係

課程與教學的關係，依照麥唐納等（MacDonald & Leeper, 1965）的看法，課程計畫先於教學，是比較可以被接納的說法。黃政傑（民78）的見解也與其一致。惟據歐利瓦（Oliva, 2009; Oliva & Gordon, II, 2013）的分析，課程與教學二者的關係，可有如下的不同模式：

※(一)二元模式（dualistic model）

持二元模式論者以為課程位於一端，教學位於另一端，二者無交集。如圖1-5所示，在兩個實體之間存在一道鴻溝。主體計畫規定在教室進行的活動與於教師指導之下在教室發生的活動鮮有關聯。不但課程計畫者漠視教學者，後者也忽視前者。探討課程時，與其在教室中的實際應用脫節。在這種模式之下，課程或教學過程在彼此不致發生重大影響的情況，各自發生變化。

※(二)連結模式（interlocking model）

如圖1-6所示，課程與教學兩種系統連結在一起的關係，不計何者在左，何者在右，均明顯揭示該兩個實體之間存有的統合關係，是謂連結模式，兩者若分離，會對彼此構成嚴重傷害。課程計畫者欲將教學視為比課程重要的成分，或欲在決定方案目標之前就確定教學方法，恐有困難。

課程　　　　　　　　　　　　　　教學

圖1-5　課程—教學的二元模式（Oliva, 2009, p.8; Oliva & Gordon, II, 2013, p.8）

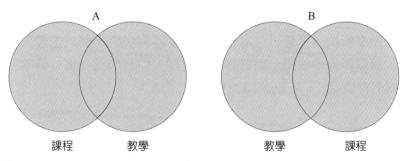

　　A　　　　　　　　　　　　　　B

課程　　教學　　　　　　教學　　課程

圖1-6　課程—教學的連結模式（Oliva, 2009, p.9; Oliva & Gordon, II, 2013, p.8）

※(三)同心模式（concentric model）

有關課程─教學關係的解說，前述兩種模式顯示由完全各自分離的關係及於連結的關係。若課程與教學相互依存，就會成為同心模式的關鍵特性。圖1-7所示兩種課程─教學關係概念，乃在於呈現其中之一種為另一種的次級系統，A、B兩種變異情況在於傳遞其中一種實體居於上位，而另一種實體則位於附屬層次；即在A模式中的教學為課程的次級系統；在B模式中，課程則為教學的次級系統。不論A或B模式，課程與教學二者存在明顯的階層關係。

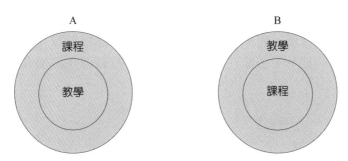

圖1-7 課程─教學的同心模式（Oliva, 2009, p.9; Oliva & Gordon, II, 2013, p.9）

※(四)循環模式（cyclical model）

課程─教學關係的循環概念，是一種將兩種系統簡化的模式，強調回饋的主要因素。課程與教學兩種實體雖然分開，但卻存有延續的循環關係，即課程繼續對教學產生影響，反之亦然，可以圖1-8示之。該模式意指教學決定在課程決定之後，且在教學決定付諸實施與評鑑之後，接著根據其成效，修正課程決定。此一過程周而復始，永不終止。是以對教學程序所作的評鑑，會對次一循環的課程決定，構成影響。在該模式中，課程與教學如圖示固為分開的實體，但是均為一個旋轉圈的一部分，兩個實體彼此相互調適與改良。

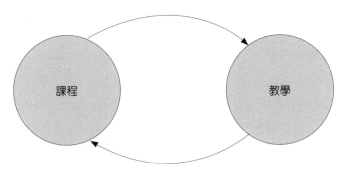

圖1-8　課程—教學的循環模式（Oliva, 2009, p.10; Oliva & Gordon, II, 2013, p.9）

綜合本節所述，有關課程與教學二者，似乎難以找到極為明確的關係，端視著眼點或所處立場而異。儘管如此，多數理論家傾向於支持以下的陳述：

1.課程與教學雖然有關，但不相同。

2.課程與教學存有相互依存的連結關係。

3.課程與教學雖是可以分開進行研究與分析的實體，但無法處於孤立的情況中各自運作。（Oliva, 2009; Oliva & Gordon, II, 2013）

本書作者大致同意上述的觀點，深切以為在研究與分析的過程中，有時候很難明確劃分課程與教學，則在章節或標題上，以課程／教學並列方式處理；如有必要採取較明確區分時，則各自分開陳述。

1. 依本章所敘述，課程計畫與課程發展有何差別？但P. F. Oliva（2009）指出：
   課程計畫是課程發展的起步階段，是屬於思考或設計階段；而課程發展則為
   包括計畫、實施和評鑑在內的綜合性術語，含有追求變革與精緻之意。您是
   否同意？

2. 古拉德的不同層級課程觀與葛拉松等主張的意向課程類別，有無雷同之處？

3. 課程與教學的區別和關係如何？

4. 潛在課程與空無課程的意義如何？二者有無共通性存在？

5. 請界定一個您認為最適合的課程定義。

6. 個別化教育計畫（IEP）應包含課程要素中的哪些部分（請參閱附錄7-1）？

7. 精熟、機體與充實課程指的是什麼？在課程發展過程中，它們扮演什麼角
   色？

8. 有人主張書面課程與傳授課程二者之間要緊密結合，於是教師的教學即在照
   本宣科；有人則認為二者之間允許存在落差，使教師享有自主性，您的立場
   如何？

第 2 章　課程／教學的文化與社會學基礎

第一節 課程／教學與文化背景

　　對大多數的教師和學生來說，課程雖有其持久不變的層面，但也有變化的層面。課程是人為的產物，常為了因應社會的變遷、迎接挑戰，或迎合設計者和接受課程者的需求，而需加以修正。惟課程的變化，不論出自於社會變遷、政治革命、經濟變革、知識進步，或再評鑑過去課程／教學的結果，這些促使課程改革的因素，均為人類社會的文化產物之一；務期學習者在接受經由改革後的課程／教學，得以肆應變遷的需求，且能與構成其生存「世界」所具有的知覺、思維和感受一致的反應方式。

　　課程／教學的目標很多，但並非所有的目標均是明顯可見，有些確是隱而未顯，無法在短期內呈現。不過從最通俗的觀點分析，課程／教學的目標在於：傳遞給年輕人有關其所生活之世界的知能、提供有關自然現象的事實、傳授科學的原理原則、賦予將有關現象理論化與類化的能力。換句話說，課程／教學描述與解釋事件的事實以及觀察世界所得的原理；傳授年輕人不同文化現象的類別，如所處社會及其他社會的規範、價值、傳統與信念；這些文化現象的類別，雖非全都採直接或分開的方式傳授，卻可經由教師、學習者、課程／教學的交互作用，讓學習者習得；藉著此種方式，課程／教學得以協助傳遞為人類所認定有價值的、可欲的、有用的，或合宜的知能。只是為了適應不同學習者的需要，按其發展狀態，訂定不同的課程／教學目標，如我國目前國民小學、國民中學、高級中學、高級職業學校等課程綱要上訂定的目標不同，即在說明此種事實。

　　課程／教學協助塑造學生的文化經驗，其具體作法有二，或促使學生深切體認長久以來被視為當然的元素；或導入以前學生所未遭遇的人類文化。在此種文化傳遞的過程中，無疑地，教師是肩負主要的職責，他們須決定：對學生來說，什麼是可欲的或有價值的經驗，有待他們努力去學習（Reynolds & Skilbeck, 1976; Skilbeck, 1982）。教師可直接透過所教導的科目，以及他們所鼓勵的學習經驗；或間接透過教室的與學校

的生活，傳遞文化價值。雖然教師未必均能意識到這種情形，但是他們日復一日地決定「應該」授予年輕人的是什麼，卻是事實。循此以往，教師正協助學生發展其個性與社會性；同時也為他們傳遞與解釋人類文化中的元素。

　　人類的文化可視為人類經驗的集合體，此種集合體隨著時間、空間與社會結構的不同而有差異或不等。是以英國修車工人持有的文化元素便與中國造船工人所持有的，有顯著的不同。即使小至如家庭的社會團體內，各成員所具有的性知識，亦會因年齡與性別的不同，而有差異。處於科技漸趨複雜的進步社會中，由於分工制度的明顯可見，專門知識的累積日益增多，於是整體知識的量不但增加，也趨於複雜。面臨此一情勢，教師藉著課程傳授給學生的，只是此種不斷增加之知識集合體的範例而已，無法將全部知識如數授予學生。因此若把教育視為只是傳遞資訊的過程，不只是過分簡單，甚至可能發生基本上的錯誤；因為尚有很多的問題有待釐清，才能構成完整的教育觀。這些問題如：擴增的文化集合體中，哪些部分須透過課程／教學傳遞？由誰決定該傳遞的部分？誰——是所有的學習者或某些學習者——要接受這些有意義的集合體？如屬於「某些學習者」要接受的，如何予以分化？在傳遞過程中，意義如何變化？此種文化集合體的內容與青年學生每日經驗的關聯性如何？構成成功教學的因素是什麼？問題可能不只這些，尚可再加以推衍，由此可見，課程／教學的決定與文化元素間的關係，遠比想像中的來得複雜。儘管如此，人類因為有教育，從課程教材而接受上一代的經驗，並傳給下一代，使得經驗日益豐富；甚至靠著教育，把歷代經驗統一，並予接受後，再分途發展，人類才會進步（田培林著，賈馥茗編，民65）。

　　在文化的領域中，與課程編製或教師教學時較有關係的理念，值得注意的宜推林頓（R. Linton）所倡導的核心價值，及由斯賓德勒（D. Spindler）衍自核心價值觀而分化成的傳統價值（traditional values）與新興價值（emergent values）。另外由克羅孔夫人（F. Kluckhohn）根據其夫克羅孔（C. Kluckhohn, 1905-1960）價值取向（value orientation）概念而發展出來的價值取向理論，亦有莫大啟示作用，接著的兩節即針對上

述觀點加以分析，藉供編訂課程或實施教學時的思考，尤其是對潛在課程的探究、價值觀所面臨的困境與取捨方面，更具有啟示作用（Pai & Adler, 2001）。

第二節　核心價值演化而成的傳統、新興價值觀

　　林頓以為文化通常由固定的文化核心（solid core of culture）與流動的或邊緣的文化組型（fluid or rim pattern）組成。前者屬於較傳統的、穩定、明確的態度與行為組型，由社會大多數人所擁有，可視為核心價值（core values）；後者為社會所容許其成員自由選擇的成分，故亦稱替代價值（alternative values）。（本節以下除另有註解外，悉引自林義男、王文科，民87）

　　斯賓德勒採林頓的核心價值之說，以為由於社會問題的產生，使核心價值發生變化，而分成擁護古老生活方式的傳統價值與擁護較新價值組合的新興價值。

　　傳統價值主要的有如下各項（引自Pai & Adler, 2001）：

　　1.清教徒道德（puritan morality）　係指節制，講究體面、名望、責任，延宕滿足，及對性的限制等。

　　2.工作—成功倫理（work-success ethic）　係認為每人只要努力工作，便可出人頭地。

　　3.個人主義（individualism）　即指個人較團體重要，重視個人的獨立與創造。

　　4.成就取向（achievement orientation）　即鼓勵吾人不要安於現狀，應將能力發揮至極限。

　　5.未來時間取向（future-time orientation）　以為未來最重要，現在乃為未來而準備。

　　新興價值主要的包括：

　　1.社會性（sociability）　強調吾人應和睦相處，重視群體生活。

　　2.相對道德態度（relativistic moral attitude）　以為無絕對的對錯，道

德乃是團體認定的行爲標準，是相對的。

　3.考慮他人（consideration for others）　吾人所作所爲應顧及他人的感
受，亦須容忍別人的行爲與觀點。

　4.享樂的現在時間取向（hedonistic, present-time orientation）　主張吾
人應及時在團體許可之範圍內行樂，不要以不可靠的未來而犧牲現在。

　5.順從團體（comformity to the group）　以爲隨俗優於標新立異，一
切舉止概以內團體（in-group）爲參照。

　G. Spindler和L. Spindler在1990年將上述的五種新興價值又增列以下
四項：機會均等、誠實價值、美國開放的社經結構可讓個人專致並努力
達成的信念、善於與人相處的社交傾向（引自Pai & Adler, 2001）。

　蓋哲爾（Getzels, 1972）對於由傳統價值（以A_i表之）至新興價值
（以C_i表之），中間尚經由過渡期價值（transitional values, 以B_k表之），
較爲仔細，其中傳統價值代表存在於第二次世界大戰以前美國社會的價
值觀，過渡期價值代表1940年代末至1950年代中葉的價值觀，1965年以
後的便稱之爲新興價值，謹以以下發展系列示之：

　　　A_1：工作成功倫理→B_1：社會性或平易的人際關係→C_1：社
會責任（social responsibility，即爲改良社會的工作倫理）。

　　　A_2：未來時間取向→B_2：現在時間取向→C_2：運用或結合過
去與現在，以塑造未來有意義的生活。

　　　A_3：獨立或自我引導（independence or self-direction）→B_3：
順從或調適社會→C_3：真實性或以正直和自發的態度做自己的
事。

　　　A_4：清教徒道德→B_4：道德相對論或某一社會群體的道德→
C_4：奉道德原理爲行動之指針的道德熱誠。

　蓋哲爾的分析，顯然比斯賓德勒的更推進一步，即後者提出的新興
價值，僅約等於前者所提的過渡期價值。

　在課程設計時如何定位核心價值，以及在傳統價值、過渡期價值與
新興價值間的衝突，如何取得平衡，或應作何取捨，使好的既有傳統得

以維繫；或略作損益，使之與時俱進，也不能漠視過渡期價值的安排，並充分掌握社會文化的脈動，時予更新教材，都是值得思索的方向。至於負責實際教學工作的教師，在教學的過程中，除了珍視傳統價值之外，如何為社會的走向，理出明確頭緒，俾在課程未能及時修正前，在適當的課程中，納入確能反映社會文化又不失其具有教育意義的教學內容。

第三節　價值取向理論

　　依克羅孔夫人之見，所謂價值取向是指每個社會面對某些問題時，用以解決這些問題的模式或文化價值。其中為團體中多數人選擇之價值取向為該社會的主要價值，稱為優勢價值（dominant values）；為少數人選擇的價值取向，則成為變異價值（variant values），此種文化概念與林頓的核心價值、替代價值近似。惟其針對每一社會或團體面臨之普遍問題，詳列出可能的解決原則或方法，故較具有實用性，且所有價值取向均係個人在社會化（socialization）過程中所獲致（Prichard & Buxtom, 1973），尤值得課程編排或教學時的參照。

　　茲將克羅孔夫人所提人類社會普遍面臨的問題及其解決途徑的變化情形，簡述如下（Zaharno, 2000）：

一、問題：天賦的人類本性如何？

　　解決方式：1.人性本善。

　　　　　　　2.人性本惡。

　　　　　　　3.善惡混或純粹中性。

二、問題：人與自然或超自然的關係如何？

　　解決方式：1.人隸屬於自然。

　　　　　　　2.人與自然和諧。

　　　　　　　3.人控制自然。

三、問題：人類生活應關心的時刻是什麼？

　　解決方式：1.未來時間取向。

　　　　　　　2.現在時間取向。

　　　　　　　3.過去時間取向。

四、問題：人類應有的活動形態是什麼？

　　解決方式：1.不斷工作。

　　　　　　　2.安於現狀。

　　　　　　　3.從現狀中轉變。

五、問題：人與人之間應有何種關係？

　　解決方式：1.極權性。具有此種取向之家庭、學校或團體常
　　　　　　　　期望一特殊人物做為團體領袖，代替團體所有
　　　　　　　　組成分子做最正確的決定。

　　　　　　　2.集體性。團體中每一分子被視為同等重要，任
　　　　　　　　何決定則由團體中的每一分子共同處理。

　　　　　　　3.個體性。個人的權利、獨特的價值極端受到重
　　　　　　　　視。

　　林義男（民67）曾以國中學生為對象，探討其價值取向的問題，大致有如下的結論，於國中課程設計或教師實際教學時，如何予以導正或應用，頗有價值：1.傾向不斷工作的價值取向；2.傾向控制自然的價值取向；3.傾向未來時間的價值取向；4.傾向個體性的價值取向。

　　當前由於大眾民主意識的覺醒，多元文化（multi-culture）益增突顯，教育政策、教育研究，不能不寄予重視，如何實踐多元文化教育（multi-cultural education）似為值得關注與努力的取向，中國教育學會（民82）曾就該方面，從學術立場予以探討，足見多元文化的問題已在國內受到教育界的重視。課程的設計與教室教學的運作，針對這些「刺激」不能沒有具體可行的「回應」。

第四節 課程／教學的社會學基礎

社會學係以分析有組織的人際關係為目標，其對課程的貢獻，乃在於瞭解社會變遷的方向與個人社會化的過程，對於課程內容與教學方式的決定，有相當大的影響。

馬斯葛洛夫（Musgrove, 1968）主張學校傳授的教學科目，不只是反映出知識系統，也應反映出社會系統；課程是一種「人為」的產物，就設計的角度分析，課程即在於將人的經驗作審慎且有系統的組織，以加速學習「真正人生」的歷程。循此而論，社會學關注的重點乃在檢核這種人為設計所依附之系統的社會關係。

社會學對課程發展的貢獻是多方面的，卜雷迪（Brady 1990, pp.46-48）、Parkay, Anctil和Hass（2014）曾綜合各家的觀點，分成以下五項，加以說明，該五方面的可能貢獻，對於課程的發展與教學的運作，均具有啟示作用：

■ 一 未來的趨勢（future trends）

課程設計者為求課程能與時俱進，不致形成脫節，務須掌握社會變遷的脈動。許多社會學家主張學校應成為導引社會變遷的動因，不宜僅成為社會變遷的反映。為了能充分掌握未來趨勢對課程發展的影響，Parkay, Hass和Anctil（2010）提出以下十個可測量的變項，似可提供指引作用：

※(一)價值與道德的變革

由於社會價值觀的扭曲，道德標準動搖，而造成兒童與成人濫用藥物、酒精中毒、離婚率攀升等，促使教育工作者相信應在課程中納入建立正確價值觀與價值澄清的品格教育（character education）。

※(二)家庭變遷

如婦女投入勞動市場增加；離婚率日增；父母對子女的權威式態度式微；家庭人口數減少；單親家庭；隔代教養等（含蘊著課程／教學需

反映不同家庭社會化的方式）。

※(三)女性與少數族群平權

如社會中婦女角色和弱勢族群的重新界定；賦予他們參與機會均等，以促進社會變遷等（含蘊著課程／教學需讓學生認識並重視教育機會均等的概念）。

※(四)少數族群與多元文化主義

如逐漸接納少數族群與文化多元論；允許不同文化的存在等，如美國一度強調的民族大熔爐（melting pot）的作法，改為沙拉碗（salad bowl）政策，即是重視文化的顯著特徵要加以保存，而非融入單一文化體系，課程計畫者視多元文化是一種須加保存的有價值資產（含蘊著需要多元文化的課程與變遷的教學方式）。

※(五)環境變遷

雖然吾人可以控制自然、利用自然，卻也因而帶來污染、臭氧層破壞、能源耗盡等問題，將會給這個世界帶來環境災難（含蘊著需要在各層級課程中加以強調）。

※(六)微電子科技革命

特別是在網際網路、世界寬頻、與改變世界的相關電信科技方面的改變，使我們重視學校傳授媒體素養課程、放學後學程、成人學程、批判媒體素養技能的重要性（含蘊著學校教學需運用相關的科技）。

※(七)工作世界的變革

微電子革命急速改變工作與工作場所，課程計畫者宜以開發學生教育經驗、持續自我學習的生涯為重點。

※(八)犯罪與暴力

學生持械搶劫、竊盜、重傷害、甚至性傷害事件等犯罪或暴力行為引人關注，且犯罪年齡有下降趨勢；甚至都會區學生的犯罪與暴力行為多於郊區、公立學校學生多於私立學校學生的現象，如何強化法治、社會或家庭教育，是課程規劃人員必須面對的課題。

※(九)缺乏生活目標與意義

有與日俱增的兒童和青少年生活在高度壓力、家庭暴力、一窮二白、犯罪、欠缺成人輔導等環境中，嚴重的會造成學業挫敗、留級與輟

學；意外；厭食症；暴力行為；藥物濫用；自殺；青少年期懷孕；以及經性行為傳染性病等，因而缺乏個人生活的目標與意義，如何予以引導使之能和家庭、社會建立起融洽的連結，乃是課程規劃人員須寄予關注的趨勢。

※(十)全球的相互依賴

由於世界各國相互間的聯繫，對各級教育課程發展會有相當大的影響。未來的課程必須強調全球的相互依賴性、尊重他人的價值觀，並透過國際間的合作，以解除對安全、健康、環境和人權所帶來的威脅（Parkay, Anctil & Hass, 2014）。

二 社會的背景 （social background）

社會學對課程計畫／教學設計的另一貢獻為協助教師瞭解社會背景對學生學習的影響。在學習情境中的學生各有不同的社會經驗，教師在教學時應予考慮。學生對課程之意義的瞭解，也會因其先前社會經驗的不同，而有所差異。底下有關家庭及社區的背景因素，課程計畫者或教學設計者宜予以考量：

※(一)家庭的背景因素

1.家庭的性質（核心家庭或折衷家庭）。

2.家庭的組成（單親家庭；大家庭或小家庭）。

3.家庭之文化的、情感的或智能的氣氛。

4.父母的教育水準與職業。

5.家庭中的分工情況以及分工情況下的性別角色。

6.養兒育女的方式；即父母的行為對兒童明顯的影響（如訓練方式）。

7.父母對兒童與學校的期待。

8.家庭生活的「形態」（如父親失業在家、母親外出工作）。

※(二)社區的背景因素

1.家庭的社經地位與社區。

2.家庭的社會階級與社區。

3.社區之社會的、文化的與經濟的特徵。

4.社區中團體的性質。

5.社區中團體的習俗與信念。

6.社區中的活動與娛樂設施。

7.學生同儕團體的性質。

8.任何不利條件的性質與程度。

三 教師的角色與學校（the role of teacher and school）

　　社會學對課程計畫的另一貢獻為協助教師對處於社會變遷中的教師角色與學校的關係，作更切合實際的評鑑。教師如何在現有的結構中導引變遷，社會學可能會對教師有所提示。

四 教師態度（teacher attitudes）

　　社會學上的研究所能展現的貢獻之一，在於促使教師對塑造個人的社會影響力保持敏銳性。這種覺察不僅可協助教師瞭解社會背景對學生學習的影響，而且也能協助教師在面對課程爭議性問題時，更能保持彈性、理性與容忍性。哲學家與心理學家也宣稱研究他們各別的學科，會塑造課程計畫者可欲的態度。

五 方法論的問題（methodological issues）

　　社會學上方法論的問題，涉及使用的程序以及與若干社會學探究有關的科學方法，如調查技術、訪談與問卷的使用。這些方法論問題的考量，在課程評鑑或教學評量的階段，特別有用。宜深入瞭解這些方法論的優劣及其可能衍生的問題，於運用時，方能得心應手。

1. 傳統與新興的核心價值,是否應兼容並包在課程編製和教學設計內?

2. 在人與自然之問題的解決方式,在課程設計中,如何取得其間的平衡點?

3. 課程發展如何因應以下問題?

　　⑴外籍配偶增加。

　　⑵女性角色改變。

　　⑶人口出生率降低。

　　⑷融合教育(inclusive education)的實施。

　　⑸微電子化革命(microelectronics revolution)。

4. 有人(Pai & Adler, 2001)主張學校教育即為一種濡化(enculturation)和涵化(acculturation)的過程,請問這在課程/教學設計上,有何啓示作用?

第 3 章　課程／教學的哲學基礎

　　杜威（John Dewey, 1859-1952）指出：哲學是教育的普通原理，教育是哲學的實驗室。教育所運用的課程／教學，當然免不了會受到哲學的影響，尤其課程／教學目的、目標的釐訂、教學內容與形式的決定，哲學扮演著極重要的角色；益之教育哲學流派的見解，也對課程／教學的設計，有著深遠的影響。至於意識形態（ideology）的不同，對課程／教學計畫的作用，亦不容等閒視之。基於上述的取向，本章共分：可欲的教育目的與課程／教學、知識與課程／教學、教育哲學派別與課程／教學、意識形態與課程／教學等四節析述之。

第一節　可欲的教育目的與課程／教學

　　每一種教育概念中，總含蘊著可欲的目的觀在內。此等教育目的觀徹底反映出社會的特徵，以及欲投入該社會活動所需特殊的個別素質，法國古典的教育社會學家涂爾幹（E. Durkheim, 1858-1917）揭示的教育概念，可用來佐證：

> 教育是成人的一代對於尚未準備社會生活的那些人，施予的影響。其目的在於激發兒童發展為其所特別註定的特殊環境以及整個政治社會所需求的若干生理的、智能的與道德的狀態……。
> （Durkheim, 1956, p.28）

　　不同文化背景衍生的教育目的，便有很大的差別。據此而採取的各種措施與作為，徹底反映出此種差異性，所謂的各種措施與作為，即含有課程／教學的成分在內。欲瞭解教育目的，須得參照當時思想家的著作，因為這些著作，不但是受其文化背景的影響，同時也影響了文化，進而影響了教育的概念。

　　以西洋教育史來看，可溯至二千餘年前的柏拉圖（Plato, 427-347 B.C.）所持的教育概念開始分析。柏拉圖把教育視為培育公正的、和諧的社會與營造個人生活的一項手段，在這個公正的社會中，由一種井然

有序的階層組成：統治者治理國家，軍人捍衛國土，生產勞動者提供經濟服務。教育乃在於訓練吾人實現所處社會中應扮演的角色行為；職此之故，需有不同的課程／教學配合、實施之；比如說唯有統治者在數學和邏輯等課程接受完整的教育，方能使統治者鑑賞永恆世界的形式，進而把國家治理得好。是以此時的教育概念，乃在於重視統治者的教育，課程／教學的設計也反映出此種理想。

　　約在一千年以後，由於背景的不同，對教育概念所持的見解，便與柏拉圖的主張有別。如聖奧古斯丁（St. Augustine, 354-430）所持的教育概念乃在於讓學生服從並為基督教會所控制的社會服務，即是當時的代表。是以教育的可欲的目的，係在於培養青年人敬愛上帝，並依照基督教對他的解釋，接受所過的生活；顯然這是一種神職教育的形態。為了達成上述的目的，施予學生包括七藝（文法、修辭、邏輯、算術、幾何、天文和數學）在內的普通課程，以揭示在自然界與社會界的天啟法則，並藉著選習哲學和神學，以啟發學生本著理性態度，來瞭解存在自己的靈魂，以及上帝的本質。是以此時，雖然有些科目的教學係在於提供發展「智慧」的機會，但是大多數的學科，只在於協助發展合乎善的要求的行為，以及對上帝的理解。

　　在奧古斯丁以後的一千餘年，出現了一位大教育家，對以後教育的影響甚大，此位教育家即是盧梭（J. J. Rousseau, 1712-1778），他把教育視為藉著改變吾人所生存的社會環境，以協助吾人躋於完美的發展的作為。在《愛彌兒》一書即開宗明義地指出：「一切出於自然創造者，都是善的，一經人手即變壞。」（Rousseau, 1972, p.5）因此，盧梭主張須允許兒童依自己的方式發展，使其本性獲得充分的實現，將來才能在自由有序的社會中，成為具有道德修養的成熟公民。此一社會亦將具有民主政府的形式，依據所有成員的理性意志——即大眾意志而成立。此等公民享有財產的自主權，展現思想的自由，以及表露出個人主義的色彩。為了培育如是的公民，建造所期待的社會，盧梭仔細設計發展的方案；在此一方案中，為配合學生的自發性及表現，盧梭提出具有結構性、井然有序的、控制的課程／教學。幼童在每日生活情境中，接受教育性的啟迪，直至青年，才引導他們對文字、哲學、歷史、歐幾里得幾

何等，作有系統的學習。亦即課程／教學的安排，宜遵循兒童發展的時間表設計，不可踰越，「此乃自然的安排，若本末倒置，只能得到風味欠佳、且被催促早熟的水果，在真正達到成熟前，就將腐爛；所得的將是年輕的博士或年老的兒童。兒童有其獨有的看法、想法與感受，如欲以成人的方式來代替，將愚不可及。」（Rousseau, 1972, p.54）自盧梭以後，便開始了以兒童為主體的教育觀。

美國的哲學家杜威（J. Dewey, 1859-1952）以為教育是讓兒童主動解決社會背景中的問題，以促進個人「成長」的作用。因為在生活中的問題層出不窮，唯有學會解決問題的方法，才能面對問題，養成獨立生活的習慣與能力；亦唯有如此，兒童才能不斷成長，以營造有效的生活（Dewey, 1902, 1956, 1966; Moore, 1974）。杜威循此理念，而提出的課程／教學設計，務求兒童投入對自己具有挑戰性且感興趣的問題，以培養某一類型的知識分子：能為自己思考、作決定，和他人合作，成為民主政治的成員與享有同等參與的機會。

再從中國教育史觀之，可從孔子（551-479 B.C.）的教育概念述起。孔子本來有志於政治改良，後來因時勢不合，沒有從政機會，而專心教育，想從教育上收效，他深信教育的功效最大，故說：「有教無類。」又稱：「性相近也，習相遠也。」惟其平日講學都以當時屬於有閒階級或優秀分子的「士」為對象，旨在培養他們好去執行國政，管理人民，故孔子的教育目的乃在於培養士族階級的領袖人才（陳青之，民55）。為了達成此項教育目的，在課程上的安排，依《論語》所載，分成「文、行、忠、信」四項（述而篇），文即指「禮、樂、詩、書」；行即小則灑掃應對，大則致君澤民；忠、信即為修身的道理。此外，為了適應學生個別差異，常因人因時而有不同的教學方式。是以孔子的教育目的因偏重士族階級的培養，但這是有其時代背景使然；惟其有教無類、因材施教的主張，仍為今日教育上努力的重點。

董仲舒（160 B.C.-?）主張教育權應由帝王掌握，教育目的則在於「化民成性」，使受教者知從義而遠利。換句話說，他想藉政治手段，以國家力量來貫徹其教育主張。為了達成此一願望，遂向漢武帝提議以儒家學術治理天下，董仲舒對策上說：「春秋大一統者，天地之常經，

古今之通誼也。今師異道，人異論，百家殊方，指意不同；是以上無以持統一，法制數變，下不知所守。臣愚以為諸不在六藝之科、孔子之術者，勿使並進；邪僻之說息，然後統一可紀，而法度可明，民知所從矣。」（見《漢書・董仲舒傳》）自此以後，中國教育及其思想與儒家學術相結合達二千餘年。以其不像「墨氏主平等，大不利於專制；老氏主放任，亦不利於干涉。而法家極端干涉，又多流弊。只有孔子學說忠孝，道中庸，與民言服從，與君言仁政，其道可久，其法易行。」（梁啓超，民56，40頁）自此以後，儒家經典成為課程／教學的主體。

　　朱熹（1130-1200）集宋學之大成，其學說思想影響元、明、清三代達六百餘年而不衰，對教育的影響，亦被譽為自孔子以來的第一人。朱子的教育目的在於造就完人，以「明萬事而奉天職」。所謂萬事，即是社會上的一切人事：大則君臣、父子、兄弟、夫妻、朋友之間的關係，小則視聽、言動、周旋、食息等動作。所謂天職，即指上面所舉的一切皆是吾人分內所應當做的。能明萬事奉天職，即可成為完人（陳青之，民55）。為了培養完人，在小學教學時要授以「事」，即「禮、樂、射、御、書、數及孝、弟、忠、信」之類，教兒童如何去做。至大學教學時才授以「理」，如「致知格物及所以為忠、信、孝、弟者」之類，教學生所以要如此做的理由。是以小學教育即為大學教育的基礎，所用之教材，自應有次序可循，以《大學》、《論語》、《孟子》、《中庸》為初階，讀了四書再進而讀群經。小學教材除了「四書」之外，他所編的一部《近思錄》與一部《小學集解》，都是初學者必讀的教材。

　　張之洞（1837-1909）的教育思想，本在擁護禮教的原則之下，主張提高君權而抑制民權、重視男權而輕視女權、特尊儒經而攻擊異說；後來由於受到當時社會思潮的影響，不能不迎合潮流，而提出「中學為主、西學為輔」或「中學為體、西學為用」的主張。所謂中學包括三綱五常；三綱即君為臣綱、父為子綱、夫為妻綱；五常即仁、義、禮、智、信。合三綱五常之說為「禮教」。所謂「西學」指法制、技藝而言。以中學治身心，而以西學應世變，二者有輕重先後之分，他在「勸學篇」上所說的可用來說明上述的觀點：

今欲強中國，存中學，則不得不講西學。然不先以中學固其根柢，端其識趣，則強者為亂首，弱者為人奴，其禍更烈於不通西學者矣，……今之學者必先通經，以明我中國先聖先師立教之旨；考史以識我中國歷代之治亂，九州之風土；涉獵子集，以通我中國之學術文章；然後擇西學之可以補吾闕者，西政之可以起吾疾者取之，斯有其利而無其害。（引自陳青之，民55）

國父孫中山先生（1866-1925）倡導三民主義，「有因襲吾國固有之思想者，有規撫歐洲之學說事蹟者，有吾所獨見而創獲者。」顯然比中學為體、西學為用的作法，更能符合時代需要。民國18年第三次全國教育代表大會規定的中華民國教育宗旨，即明定「中華民國之教育，根據三民主義，以充實人民生活，扶植社會生存，發展國民生計，延續民族生命為目的，務期民族獨立，民權普遍，民生發展，以促進世界大同。」及至民國36年正式實施的中華民國憲法第158條規定：「教育文化應發展國民之民族精神、自治精神、國民道德、健全體格與科學及生活智能。」亦以三民主義為最高指導原則。自此以後，我國各級教育的目標皆遵循三民主義的教育宗旨及依其而制定的憲法有關條文而來，課程綱要所規定各科教材大綱與內容，自以達成三民主義揭櫫的理想而設計。

我國於民國88年（1999年）公布的《教育基本法》第2條明確揭櫫教育目的在於「培養人民健全人格、民主素養、法治觀念、人文涵養、強健體魄及思考、判斷與創造能力，並促進其對基本人權之尊重、生態環境之保護及對不同國家、族群、性別、宗教、文化之瞭解與關懷，使其成為具有國家意識與國際視野之現代化國民。」更具有宏觀與微觀的架構，課程與教學設計當可遵循，以茲因應。

綜合上述，不論中外，思想家揭示的可欲的教育目的，固有差異，但是為了促其實現，透過課程與教學乃不失為具體可行的策略。此處所引各思想家的觀點，只在於舉隅，非在於以偏概全，藉供瞭解教育概念與課程／教學的關係。

第二節 知識與課程 / 教學

有關知識的性質，有兩種看法：

1.知識是客觀存在於外界的各種原理、通則、學理等的重要部分 學習者的任務即在於學習並理解這些部分，方能獲知所生活之世界。此地所指的知識，即是「具體化的」學習客體，獨立於學習者而存在，絲毫不受學習者本人處理資料及安排經驗時，所運用的特殊方式的影響。課程 / 教學即在於將此種知識傳授給學習者，讓他們去探索、深入學習。

2.知識是個別解釋的主題 持此種看法者以為知識是個人發揮創造力，把經驗組成複雜的、可個別解釋的、表達個別意圖的、充滿自信的系統。個人覺察存在於資料之間的邏輯關係、分類經驗，以及推論日趨複雜的意義鏈（chains of meaning），使知識得以發展。是以知識如被視為如第一種看法所稱的客觀實體，乃有疑義：其地位應是個別解釋的主題，對每個人來說，知識都具有重要的獨特意義，是以個人是「意義的塑造者」（meaning-maker），能將資料納入「他自己所擁有的事物基礎之內，並與早已具有的獨特經驗結合，而建造屬於自己的世界」（Postman & Weingartner, 1969, pp.94-95）。

第二種看法是將知識視為相對而非絕對的觀點，某些社會學家在著作中予以肯定地支持，以為課程應不是敘述客觀的實體，而是由社會群體，如社會階級或學術專業，對人類經驗所增加的建構而成。就此一見地而論，雖然無法避免對「實在」採取某種程度的個別解釋，但是「實在」確由社會團體藉著社會的過程建構而成。是以不同的課程，不是描述或納入相同的客觀實體，而在於表達社會上不同群體所主張的、多少具有共同性的各種實在。然而這種觀點，卻遭受哲學界的強力反對（Pring, 1976），指責該種觀點缺乏客觀的實在，以及在課程中強調整體知識的相對性。

有關知識導致爭論的另一個問題為：「知識可以分化成許多獨立的邏輯類別嗎？」賀斯特與皮特思（Hirst & Peters, 1970; Hirst, 1974）主張普通教育（general education）或通才教育（liberal education）和發展學生的知識與理解能力有關。知識與理解能力採取的不同邏輯形式，可

以決定其內容，基於此種認識，他們把知識分成七種形式（Forms）：即形式邏輯與數學（formal logic and mathematics）、自然科學（physical sciences）、道德認知與判斷（moral awareness and judgement）、美學（aesthetics）、哲學（philosophy）、宗教經驗（religious experience），以及「我們對自己和他人心靈的認知」（our awareness of own and other people's minds）；這些形式雖然彼此之間有關係存在，但是任何一種形式都具有至最後可變成其他形式的特性；又當學生能辨別概念、邏輯結構以及和每種形式有關的真理規準時，即在發展其理解能力。

哲學家費尼克斯（Phenix, 1964, pp.6-7）分析人的理解能力可能具有的不同方式，而認為知識可分成六項意義領域（realms of meanings）：符號學（symbolics）、經驗學（empirics）、美學、人群聯合學（synnoetics）、倫理學（ethics），以及綜合或概括學（synopics），茲簡述於下：

1.符號學　包括一般語言、數學，以及各種符號形式，如姿勢、儀式、有節奏的模式等。

2.經驗學　包括自然界、生物和人的科學。

3.美學　包括各種藝術，如音樂、視覺藝術、運動藝術和文學。

4.人群聯合學　包括波連依（M. Polanyi）所稱的「個人的知識」（personal knowledge）以及布伯（M. Buber）的「吾—汝」關係（"I-Thou" relation），即與心理學及哲學有關。

5.倫理學　包括表達義務而非事實、知覺形式，或覺察關係的道德意義。

6.綜合學　係指綜合的統整性意義，包括歷史、宗教及哲學，這些學科結合經驗學、美學、心智研究的意義，以形成連貫的整體。

費尼克斯強調他的「意義」具有內在的階層順序，可據之排定課程的順序。

布勞迪、史密斯與柏奈特（Broudy, Smith, & Burnett, 1964, p.247）提出普通教育課程的知識可分成五類（categories）：1.資訊符號學（symbolics of information），包括英文、外語、數學；2.基本科學（basic sciences），包括普通科學、生物學、物理學和化學；3.發展

研究（developmental studies），包括宇宙的演化、社會制度的演化，以及人的文化的演化；4.範例（exemplars），即指美學經驗的方式，包括藝術、音樂、戲劇、文學；5.與大單位行為有關的問題（molar problems），即指典型的社會問題。

賀斯特與皮特思以「形式」、費尼克斯採「領域」、布勞迪等用「類」劃分知識，雖依據互有不同，但支持知識宜予分化的特性則一。雖然分化的知識觀未必與劃分的課程形成必要的聯結，但是上述的各種見解常被用來作為在課程中科目劃分（subject division）之所本。此等知識的分化觀既然對課程的設計會產生影響，在分析「知識可以分化成許多獨立的邏輯類別？」問題的另一種觀點前，有必要針對此等知識的分化觀，作進一步的探討。

賀斯特與皮特思以通才教育為主體，但所分析的知識形式，如數學、自然科學恐怕非屬通才教育的範疇，加之未就此等知識形式可能涉及的學科作一深入的分析，顯然有美中不足之處。費尼克斯的六種領域的劃分是否互斥，不無問題，如社會科學、自然科學與文學在邏輯上是否必然要與倫理學作嚴格的劃分？如否，將經驗學、美學與倫理學的領域分割，便有問題。又如藝術與文學二者應是互相包容或互斥？科學是否僅能根據經驗學的知識？等等，不無商榷的餘地。同樣，如從此等知識而安排的學科或教材，仍有問題，如依專門知識而安排的學科，可能列入專門教育較妥，而不宜納入普通教育的範圍。布勞迪等的分類也發生類似的問題，如：何以範例只限於藝術、音樂、戲劇和文學？難道在自然科學、建築與科技中找不到範例嗎？為什麼基本科學要和發展研究分開？為什麼有基本科學這一類而無社會科學類？

根據賀斯特與皮特思、費尼克斯以及布勞迪等對組成課程的知識分類，以及本節所指出此等分類的缺陷，當可瞭解知識的類別實際上是無限的，任何的分類方法，既無法窮盡，也難周延。因此有人（Tanner & Tanner, 2007）便主張與其如此，不如從功能的角度探討課程，發展成為由五種具有綜合性與互補性功能組成的宏觀課程（macro curriculum）。此五種功能如圖3-1所示為：1.普通教育；2.專門教育（specialized education）；3.試探教育（exploratory education）；4.充實教

育（enrichment education）；和5.特殊興趣的教育。普通教育課程可視爲以提供共同的講述範圍、理解，與能力而設計的部分。專門教育課程通常被認爲是代表學生主修的領域，或是他從事專業準備的、專業的、職業準備的，以及職業的學習。試探教育課程係務求學生能夠探究適合其特殊興趣的知識領域，惟此等興趣，不包括與專門教育課程有關的那些部分。充實教育課程乃在於補充、拓展以及加深學習者教育的經驗；試探教育課程與特殊興趣的充實教育課程功能的達成，可在正規進程中以自由或控制選修的方式，或納入學生活動方案中實施之。此等功能彼此是互補而相依，普通教育課程須能助長以及激發其他課程功能的發揮；試探以及充實教育課程常可影響學生對專門教育課程的決定等等。惟如何維持此等功能的平衡及一致，則需視環境而定（Tanner, 1972）。

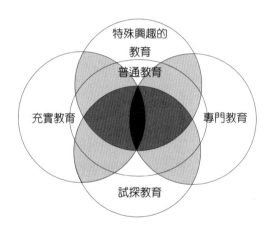

圖3-1 宏觀課程的五種互補功能

資料來源：Tanner & Tanner（2007），p.231.

對「知識可以分化成爲許多獨立的邏輯類別？」此一問題的另一觀點是：知識具有不可分化的性質。持此論調者是依每日生活體驗而得，因在日常生活中，難憑某類知識處理周遭的一切，而是綜合靈活應用，方可應付裕如；是以把課程分化，容易使知識陷於「支離破碎」、使人的經驗陷於「人爲的分隔」、「無法觸及整個問題」、抑制「統整的」人生觀等缺失。就此觀點而言，知識本身如欲予以區分，主要是由社

會的——歷史的因素所促成，而非基於知識自身的邏輯；因此，此種知識分類，並不能支配或塑造課程；只有當學習者面臨亟須處理的重要問題，又非得仰賴分類的知識不可時，分類的知識才有採用的價值。

有關知識是否可以分化的不同觀點，對於學校處理知識（以及課程內容）的方式，有莫大的啓示。如柏恩斯坦（B. Bernstein）主張將課程依內容的疆界（boundary）、隔離（insulation）的程度，分成「集合」式（"collection" type）與「統合」式（"integrated" type）兩種，顯然與上述觀點，有密切關聯。

集合式課程涉及知識的內容，彼此的疆界是隔離的；而統合式課程涉及知識的內容，彼此之間沒有明顯隔離的疆界，而是開放的（Berstein, 1974, p.365）。是以該兩種課程係以各種內容間的疆界或隔離之強度爲劃分的依據。此外，柏恩斯坦又使用「分類」（classification）與「架構」（frame）概念，區分該兩種課程。分類係用以標示各種內容間的分化關係；如爲強的分類，各種內容間的疆界屬於強度的隔離，便是集合式課程；反之，如爲弱的分類，各種內容間的疆界不明顯，乃是統合式課程。至於架構的眞諦係指「在教學關係中，教師與學生擁有傳遞與接受知識之選擇、組織以及速度的控制程度而言。」（Ibid, p.366）如屬於強的架構，用來開放給學生選修科目的機會就會減少；反之，若屬於弱的架構，提供選修的科目便顯得相當廣泛。進而言之，經由分類與架構中的疆界，可能發生的變化，課程的內容亦隨著產生變化，學生自己接受知識的權力也隨之發生改變；同理，在教學的關係上，教師的權力亦受到控制。惟分類的強度與架構的強度二者，並非處於相互依存的關係，而是各自變化，如以編序學習（programmed learning）爲例，就內容間的疆界維持而言，是屬於弱的分類；但卻是屬於強的架構，因爲在這種學習中，學生鮮就他們的所學，予以控制。

另一組與知識分化有關的觀點，即在於探討是否要將分化的知識納入課程內，或排除在課程之外。如前面所述，所有的課程不外是從社會的知識庫中，選取所需的部分，此種作法乃基於如下的假定：把知識中具有某些價值的部分納入課程，而把其他的部分排除。當然欲將知識中的某些部分納入，其他部分排除，都有許多充分而合理的說法。如皮

特思（Peters, 1966）所稱：當某人嚴肅地問道：「爲什麼要這麼做，而不那麼做？」時，即表示若干類的學習活動應是預先實施；這些活動包括科學、文學鑑賞以及哲學，以其具有「範圍廣闊的認知內容」，可以充分提供作進一步研究、重新分辨與判斷，以及發展更多技能的機會；可以闡釋生活的其他層面，而對生活品質的提升有所貢獻。類似此等具有賦予活動價值，而不是限制活動品質的理想，乃是活動所要追求的目標。這些目標應是教育機構中的課程，所要具有的特色。

針對皮特思的說法，懷特（White, 1973）另外提出不同的論點，以支持在強迫性課程（compulsory curriculum）中應納入某些活動，而排除其他活動的理由。他主張課程必須要作妥善的計畫，以導引吾人趨向通曉「善」（Good）的目的：即個人須能獨立地爲自己決定什麼是「善」，同時，爲了達到對善的瞭解，他必須知道自己想去選擇的可能事物的理由；亦須考慮所作的選擇，不僅是出自於目前，而且也基於自己的整個人生觀。強迫性課程應包括吾人須從事才能瞭解的那些活動；循此方式而實施的課程，方能協助吾人獲得所需的理解與覺察能力，以選擇自己認定的「美好人生」。懷特循此論證，認爲中學實施的強迫性課程宜包括溝通、純數學、自然科學、哲學思想以及藝術鑑賞等領域，但像外國語、有組織的遊戲、烹飪等領域應排除在強迫性課程之外，惟仍可提供給年輕人以自願的方式從事選修。

皮特思所指應納入課程的知識，是屬於範圍廣闊的認知內容，可爲進一步的研究，奠定基礎的部分。懷特則以爲可將導引吾人趨向通曉「善」的目的的知識，納入課程中，成爲強迫性課程。一是從基礎著手，另一是從目的分析，出發點固有不同，但重視將知識納入學校課程的用心則一。此等見解影響了1970年代中葉英國對「共同核心」課程（"common core" curriculum）的探討；所謂「共同核心課程」專指在中小學必須共同實施的若干要素（elements），此等要素對於提供學生發展技巧、能力與理解的機會而言，均有其重要性。

英國受到1988年教育改革法案影響，爲五至十六歲學生規定的國家核心課程包括：數學、英文、自然科學以及外國語、歷史、地理、設計與科技（design and technoloy）、音樂、藝術與體育等六科基礎科目

（Brighouse & Moon, 1990; Tyler, 1992）。羅頓（D. Lawton）則認為核心課程應包括六個領域，即數學、物理與生物科學、人文與社會科學（包括歷史、地理、古典研究、社會科、文學、影片與電視以及宗教研究）、表現與創造藝術、道德教育等五個學科和一個科際作業。

　　至於我國國民中小學的課程，依教育部於民國87（1998）年9月30日公布的九年一貫課程總綱綱要規定，為培養學生的十大基本能力，核心課程為七大學習領域，並以重大議題（家政教育、生涯發展、資訊教育、人權教育、性別平等教育、環境教育）貫串其中，取代過去學科本位的教學，並主張本諸統整精神、協同方式實施之（並請參閱附錄3-1）。又該綱要揭示學校教育目標在於透過人與自己、社會、自然等學習領域，傳授基本知識、養成終身學習能力、培養身心充分發展之活潑、樂觀、合群互動、探究反思、恢宏前瞻、創造進取的健全國民與世界公民。延續九年一貫課程綱要而修訂的普通高級中學課程綱要，亦強調以下的特色：1.以強調生活素養、生涯發展及生命價值為目標；2.科目和學分數部分強調延後分化及簡併科目為原則；3.本諸銜接大學基礎教育及九年一貫課程之精神；4.採學習領域概念，但實施分科教學；5.強調學校本位課程發展精神，落實選修課程下放；6.讓後期中等教育不同類型課程相互配合統整。

　　我國於2014年實施的12年國民基本教育以提升中小學教育品質、成就每一個孩子和厚植國家競爭力為願景，有教無類、因材施教、適性揚才、多元進路、和優質銜接為理念；務期達成培養現代公民素養、引導多元適性發展、確保學生學力品質、舒緩過度升學壓力、均衡城鄉教育發展、追求社會公平正義為目標，其課程綱要的訂定與教學的實施，當以此為遵循依據。

第三節　教育哲學派別與課程／教學

　　傳統上，無論人生哲學或教育哲學不外在探究善（goodness）、真（truth）與實在（reality），探討善的哲學謂之價值論（axiology），主

要處理價值的問題，關注學校中傳授予學生終極價值的來源是什麼？探討真的哲學謂之認識論（epistemology），涉及學校環境中為追求真理而提供之學習媒體或最佳方法是什麼的問題？至於探討實在的哲學謂之本體論（ontology），經常關注學校環境中學習材料或內容的問題。究竟學校課程的設計或教學的安排，對於上述問題的探究之取向如何？常因執行者受到不同教育哲學派別的影響而有所差異，他們或專注於某一派別的觀點，或獨鍾於若干派別的見解，或綜合諸派別的主張。因此有必要就具有古典基礎的若干教育哲學派別，對上述問題的看法，予以掌握（Wiles & Bondi, 2011）。

■ 一 永恆主義與課程／教學

在諸教育哲學派別中屬於最保守的、傳統的或彈性最小的應推永恆主義（perennialism）。永恆主義認為教育就像人性（human nature）一樣，是永恆不易的，任何時代和社會的教育制度，都以使人更像一個人為目的。因為人類具有一種顯著的特徵，即理性。教育應以培育人的這種理性為焦點，藉理性引導本能、控制慾望，以符應經審慎選定的教育目的。永恆主義也認為教育是生活的預備，學生應接受學校刻意的學習安排，熟悉文化傳統中最精緻的成就，體認世界的恆久性。

永恆主義提出的實在，是理性世界的主張，透過研讀文學、哲學、歷史、科學等偉大著作，以習得真理。善即存在理性本身之中，永恆主義者認為教師若一味遷就學生興趣，以決定他們的學習科目或課程，可能會妨礙他們真正才能的發展，因此為了讓學生達到真正的自我實現，須仰賴外界施予的高度訓練練習以及行為控制。對永恆主義來說，學校的存在，乃在藉著傳授學生永恆的真理，以顯露出人類的理性特質。因此教師的教學工作，不外在解釋和告知學生這些真理，學生則是處於被動的接納者。因為真理是永恆的，學校環境立即發生的一切變遷，只是表面的徵象。

二 觀念主義與課程／教學

觀念主義（idealism）認為真實的世界，是純粹觀念（心靈）的世界，超越感官世界之外，吾人唯有透過智慧，才能接觸到終極的真實世界。而心靈的世界重視觀念的探索，且觀念先於實物存在。因此真理乃是具有內在與邏輯一致性的觀念。善則為一種理想的狀態，有待努力方可獲致。觀念主義主張學校教導心靈有關的學科，教師則被當做表現理想行為的模範。

觀念主義者以為學校的功能，乃在塑造智能，提供各個年代的智慧，以及提供堪作範例的行為榜樣。在依從該主義辦學的學校就讀的學生扮演的角色稍嫌被動，只在接納與記誦教師報告的內容。在這種運作有序可循的學校，若欲改變其計畫，通常會被視為是一種侵犯行為。

三 實在主義與課程／教學

實在主義（realism）論者以為世界就是如此這般的存在著，終極的實體不在心靈的範圍之內，宇宙係由物質構成，所以人所生存的物質世界構成實體，物質世界則依一定律則運作，學校的教學工作即在傳授學生有關該世界的一切。因為善係存在於自然法則及運作有序的自然世界裡。所謂真理則與在世界觀察而得的結果相符應的知識。

實在主義者主張學校應提授與此時此地世界有關的科目，如數學、自然科學等為妥。學生應接受事實的知識，並予熟練之。教師的職責在於傳授學生此種實在的知識，或為了便於觀察和研究而展現此種實在。班級中應是人人守秩序且訓練有素者，猶如自然界一般。學校所作的任何改變，被視為一種邁向完善境界的自然演化。

四 實驗主義與課程／教學

實驗主義（experimentalism）的擁護者認為世界變動不羈。為吾人所真正經驗到的，始構成實在。目前正在發揮功能作用的，即為真理。經

公眾測試後加以接納的,就是善。實驗主義者與永恆主義者、觀念主義者、實在主義者等有所不同,在於實驗主義者爲了擴充與改良社會,公開接納變遷,並爲了達成上述目的,不斷尋找新的途徑。

實驗主義者支持學校重視社會學科與經驗。唯有透過問題解決與探究方式的學習,才有成效。教師充任學習者的協助者與諮詢者,以激發他們積極投入自己所生活的世界,藉以發現並體驗該世界的一切。此種教育的方案固然以發展價值爲重點,但仍以團體影響的名義予以探究之。

五 存在主義與課程／教學

存在主義(existentialism)論者視每一個人爲獨特的個體,這個世界是個人主觀表達的世界,因此善、眞理與實在,須由個人加以界定。實在即指一個正存在的世界;眞理則經個人主觀選定;至於善則是屬於自由的內涵。

對存在主義者來說,如果學校是存在的,它們的功能,應在協助學生認識自己以及學習他們在社會中的地位。如果教材是存在的,可能供個人作詮釋之用,如藝術、倫理學或哲學便是。師生之間的交互作用,旨在爲學生個別的學習進程,提供協助。至於學校環境的變遷,既屬自然且有其必要。

第四節　意識形態與課程／教學

前面三節的敘述,多半是出現在學者專家的著作之中,由於每個人對教育、課程／教學所秉持的概念,因強調重點的不同,而有不同程度的個別性。雖然如此,在衆多的個別觀點中,仍可發現其間存在許多共同的因素。因此,如有可能,宜把這麼多種的概念予以組合,形成共同的信念,即強調其間的共同性。此種努力不外是在探討教育的意識形態(ideology)的問題,此一問題對課程計畫有著不可忽視的力量,如凱利

（Kelly, 1980）所說的便可以見其一斑：

> 想採用完全符合科學的方法從事課程計畫與課程研究，會同時產
> 生誤導以及導致嚴重的不當。此種方法的基本錯誤在於未能適當
> 地處理價值的問題；或完全忽略價值問題，或將之與科學或「事
> 實」的問題分開處理，或最壞的情況是設定價值問題可訴諸於科
> 學的證據。現在，將傳統的方法用於人的科學，普遍被認為有嚴
> 重的弱點，我們必須予以承認其可能成為課程論中某些不適當性
> 的來源。（p.7）

由上述可知，意識形態與其他的因素一樣重要，均對課程計畫，發生影
響的作用，因此有必要先就意識形態的意義予以分析。

> 意識形態是觀念大致一致的體系，其中意識形態的變形是重
> 要的。（Johnson, 1968, p.77）

> ……（意識形態）通常指的是統整的觀念組型、信念體系，
> 或用以描述社會團體特徵的「團體意識」。此種組型或體系可
> 包括學說、理想、口號、符號，以及社會與政治行動的指令。
> 意識形態也包括目標、要求、判斷、規範和辯解，在此種意義
> 中，它們可能被視為神聖不可侵犯的「價值灌輸」。（Bernier &
> Williams, 1973, p.27）

> ……意識形態提供智能的手段，人們得以本著簡單的方式掌
> 握社會中的複雜問題，此外，也藉著提供總結、評量以及採取行
> 動的實際所為等，予以指引這些問題。（Pratte, 1977, p.282）

> 意識形態係指某些理念、信念與承諾，或涉及社會現實的價
> 值體系。（Apple, 1979）

（價值或意識形態可界定為）信念系統，對持有那些信念者的教育政策，提供一般的指導。（Scrimshaw, 1983, p.4）

意識形態可視為由一群人所共有的信念體系，從而影響他們的社會、經濟、政治與教育觀。所有的個體未必同意此等觀點，但是他們共同持有的，足以維持該團體內部的凝聚力。有些信念可依賴可證實為真的事實，其他的信念可能沒有客觀的根據；但是所有的信念將被視為真理。意識形態供給它的持有者行動的基礎。教育與政治似為依意識形態為基礎而採取行動的豐碩領域，以其二者創造接觸權力之功用，一個透過知識，另一個透過政府，凡此可用來說明它們的密切關係。（Brennan, 1985, p.17）

所謂意識形態，最普通的意義是指由社會團體的成員所共同持有的信念與價值，其成員即從此種意義體系，取來解釋這個世界或該世界的部分（如教育）。……教育的意識形態代表一組不同的信念、價值、情操與理解，但是所有教育的意識形態旨在解釋教育的本質以及教育與社會的關係。（Taylor & Richards, 1985, p.32）

綜上所述，大致可對意識形態有如下的基本認識：

1.意識形態係由社會群體的成員所共同持有的理念、信念、承諾，或價值體系。

2.意識形態是具有社會性與情緒性的價值概念，旨在決定行為與行動的類別。

3.吾人藉著意識形態，可採簡單的方式解決社會中的複雜問題，並藉之以維繫團體內部的凝聚力。

4.意識形態構成的體系，賦予複雜的以及各種的實際教學工作意義，並為此種工作所要遵循的方向，提供一般的指導方針。

又任何一種教育的意識形態，並非由社會中的某一特定的社會階級、經濟或政治團體所專有，與其固然會顧及該特有團體的利益，但是

其中的部分信念，也可能由其他團體的成員所具有。其次，關注教育的人士中，並非每一個人只持有一種意識形態，可能持有多種，只是其中的一種居優勢而已！此爲探討教育的意識形態時，須予以顧及的。

進一步言之，梅戈翰（Meighan, 1981）主張意識形態與課程計畫或教學有關的要素，有如下七項：

1.知識論（theory of knowledge）　即知識的內容與結構——被視爲有價值的或重要的知識的部分；知識的組織方式（如採科目領域或統合領域）以及有哪些人士將接受此等內容的教育。

2.學習與學習者角色論（theory of learning and the learner's role）　以主動或被動方式、採實作或聆聽、合作或競爭或學習、生產或複製知識、問題解決或接納事實。

3.教學與教師的角色論（theory of teaching and the teacher's role）　正式的或非正式的、權威式的或民主式的、對成果或過程感興趣、狹義的或廣義的。

4.適用於學習的資源論（theory of resources）　第一手或第二手資料。

5.學習情境的組織論（theory of organization of learning situation）　將學生分組的準則。

6.學習評估論（theory of assessment）　診斷或成就測驗、書面或觀察評量、界定有待評估的內容。

7.目的、目標與成果論（theory of aims, objectives and outcomes）　對社會、兒童與知識來說，可欲的是什麼的觀點。

教育系統中的各種意識形態產生的相互作用，對於在該系統中的工作者、教育的對象以及消費者所認定的教育方式，產生巨大的影響。循此而言，所謂的「教育」在本質上，乃是受到意識形態的支配，且本身持有某意識形態的諸團體間，因彼此競爭、妥協、談判的結果，而發生變化。戴偉斯（Davies, 1969）曾把主要教育的意識形態分成保守的（conservative）、修正的（revisionist）、浪漫的（romantic），以及民主的（democratic）四種；芮特曼（Reitman, 1981）則分成保守的、博雅的／改革的（liberal/reform）或急進的／概念重建的（radical/

reconceptualist）三類；墨里遜與黎德雷（Morrison & Ridley, 1989）將之分成強調個別學習者、知識與社會的意識形態；艾斯納（Eisner, 1992, 2002）將之分成宗教傳統、理性人文主義、進步主義、批判理論、概念重建論、認知多元論等六種。Schiro（2013）以爲課程意識形態有學者學術的意識形態（the scholar academic ideology）、社會效率意識形態（the social efficiency ideology）、學習者中心的意識形態（the learner center ideology）、與社會的重建意識形態（the social reconstruction ideology）之分。茲依據戴偉斯的分類爲主，芮特曼、墨里遜與黎德雷、艾斯納、Schiro（2013）的分類爲輔，分別說明。

一 保守的意識形態與課程／教學

保守的意識形態重視穩定性與延續性，以及以傳遞國家的文化遺產爲重點。

保守的教育意識形態，尚可分成如下三類：

※(一)教育即人類工程學（Education as Human Engineering）

此種意識形態強調學校教育的效用，以爲學校教育的目的在於讓中學或大學畢業生，能在目前的經濟結構中就業、結婚並維持家計，以及以傳統的生活方式過日子。爲了達成上述目的，大都從行爲學派的心理學家主張運用複雜的技術來組織以及管理學校，使之符合培養人的發展機構的期望。例如：在組織系統中的學校行政人員都由受過高度訓練的專家擔任，他們代表公衆利益，從事設計與管理的工作；教師能有系統地運用增強的方式，要求學生所學習的教材，以達成管理學校系統者預定的程度。此種意識形態在生涯教育、行爲改變、績效責任、能力本位（師範）教育、編序教學與教學機、行爲目標、表現契約等方面顯現出來。

※(二)教育即在於回復基本學科原則（Education as Revival of the Fundamentals）

該意識形態持有者發現，有些學生即使中學畢業仍舊不會讀或寫、無法填寫就業申請書、不會尊敬教師與敬愛國旗，因此他們主張回歸基

本學科（back-to-basics）的呼聲甚殷，恢復對品德訓練的重視，接受順從性以及灌輸傳統價值，重視班級競爭，保留留級制等。

☀(三)教育即在於追求知識（Education as for the Sake of Knowledge）

　　該種意識形態採階層、分化的觀點，探索知識，認爲學生應考慮學習純數學、文學及古典研究等領域，以其較其他領域具有價值。但是該種意識形態不認爲所有的人，應可同樣接受此等知識；而是主張優異者與非優異者接受的課程應該有所差別，爲優異者安排的是科目中心課程，並由教師採用控制的教學方法，讓學生吸收「客觀的知識」。對課程計畫者來說，哪些知識應納入課程中、如何加以組織以及哪些人可以接納，才是重點所在。

■二 修正的意識形態與課程／教學

　　修正的意識形態亦稱社會的效率意識形態（social efficiency ideology），重視現代化、效率，以及爲了培養技術人力而主張擴充教育。蓋一國的教育人力是在國際、經濟競爭舞台上的最大資產之一，因此如何安排有效的、與日俱進的課程，以增強一國的競爭能力，便成爲不得不考慮的重要因素。此種意識形態格外重視科學與技術的研究，俾讓有「能力」的學生，得以學習；並視兒童應爲在未來社會中擔任的角色，而準備所需的一切。因此，對未來的瞭解，亦有必要。其認爲知識結構乃是客觀存在的，教學活動需由成人予以處理。其在職業技術教育的倡導方面，堪稱不遺餘力。又該種意識形態亦重視對未來的理解，下一段開始即針對此一方向，再加申述。

　　自拓夫勒（A. Toffler）在1970年代初期出版的《未來的衝擊》（Future shock，蔡伸章，民63）乃至《第三波》（The Third Wave，黃明堅，民70）以來，促使大眾關注未來的研究，甚至有人主張應將未來學納入中小學的課程中，因爲當前所出生的嬰兒，將是二十一世紀的主人，對於他們固然應授予過去的文化遺產，但也不容漠視未來的需求。我國目前的中小學教育的發展規劃，即以塑造二十一世紀的教育新境界爲導向，顯然是對過去偏重傳統導向的修正作法，充分流露對未來

的關注。如果課程計畫者持有該種意識形態，如何教導學生學習、如何學習，可能優於事實的學習；尤其應強調終生學習的理念，才能與時俱進。

三 浪漫的意識形態與課程／教學

此種意識形態根源於盧梭（J. J. Rousseau, 1712-1778），代表人物則有弗洛伊德（S. Freud, 1856-1939）、格塞爾（A. Gesell, 1880-1961）等，據此觀點而設立的學校有尼爾（A. S. Neill, 1883-1973）的夏山學校（Summerhill School）。

柯涅勒（G. F. Kneller）曾根據盧梭的《愛彌兒》（*Emile*）與浪漫思潮的關係，分析而得浪漫的意識形態的六種主要概念如次：

1.人的本性是善的、誠實的，以及富有愛心的。……教育的主要目標，乃在於讓兒童在慈愛的輔導之下，自然成長。

2.教育唯有藉著推動個人的自我發展，才有助於建立美好的社會。

3.若兒童準備實現他們獨特的潛能，必須指導自己的學習。

4.以預先規定的學術教材，填補兒童的心靈，即是將他們與教材所指涉的真實世界隔絕。

5.教育須在真實世界中，並為真實世界而實施。

6.等第、競爭以及頒授文憑，阻礙個人的發展（Kneller, 1984, pp.197-199）。

浪漫的意識形態重視個人，而不重視國家、社會；強調現在，而不側重過去與未來；考慮兒童，而不考慮成人；主張以年輕人的觀念，瞭解自己及環境；側重自發性、各種的第一手經驗以及各種的反應。

「浪漫」的意識形態所用「浪漫」一詞，並非不科學之謂，而是認為十九世紀所發現的兒童自然發展，涉及自然我與內在我的主要部分。因此對於兒童期的價值極為重視，希望從中瞭解兒童所擁有的內在我，並追溯自我根源；成人甚至可藉著採取兒童的觀點，體認真理、善，以及現實中不可觸及的部分（Kohlberg & Mayer, 1972）。

浪漫的意識形態根本否定知識具有階層性形式，強調以兒童主觀

觀念，建構他們自己的眞實世界，肯定兒童有自己的權利與價值。因此對課程／教學的設計之影響，不外強調應以確認、迎合和發展兒童的需求、能力與個性爲前提，倡導實際的發現與經驗的學習、問題解決、歷程探究等教學的策略。

與浪漫的意識形態類似的是學習者中心的意識形態（the learner centered ideology），後者同樣不聚焦於社會的需求或學術學科，而關注個人的需求，需求的是內容、環境或工作單元，學生從中與同學、教師等互動，而爲自己創造意義，教育工作者的工作，在於仔細創造那些脈絡、環境或工作單元，以激發學習者的生長，並爲自己進行學習，以獲得知識、建構意義。

四　民主的意識形態與課程／教學

民主的意識形態重視平等，爲了實現平等，對於教育（或社會）的變遷予以支持。它強調形成共同文化與眞正民主的重要，俾讓所有的社會階級在平等的基礎上，共同參與、投入。它亦論及知識的大門要開放、提供所有的人「接觸」「高水準的文化」、建立具有共同意義的核心。

共同的學校以及共同的課程即是該種意識形態所反映出來的一部分；此外，教學被視爲師—生之間公開的接觸：即知識乃客觀存在的，須不斷地以當代的術語重加闡釋；所有的學生除了體驗每日的生活及「常識知識」（commonsense knowledge）之外，亦應接觸知識的結構（Lawton, 1983; White, 1973）。

在教育機會均等的要求之下，爲文化不利地區的學生實施補償教育（compensatory education）、爲身心障礙學生實施特殊教育，可說是此種意識形態下的具體反映，其課程自應另行設計。我國依「特殊教育法」訂定的「特殊教育課程、教材及教法實施辦法」中的有關規定，即符合教育機會均等要求的產物。

五 社會重建的意識形態與課程／教學

秉持社會重建的意識形態（the social reconstruction ideology）論者意識到社會存在的問題，以及對成員所施予的不公平、正義事項，諸如源自種族的、社會的、性別的和經濟的那些不平等。他們假定：教育的目標，在於爲促進建構新型的且更符合公平正義的社會而努力，俾使所有成員獲得最大的滿足。

社會重建論者從社會的觀點，來看課程。首先，他們假定：當前的社會是不健康的，且面臨著生存的威脅。其次，他們假定：可以做某些事情，來避免社會遭到破壞，這涉及社會發展的願景，要比解決社會的問題與衝突來得優先。第三，他們假定：採取的行動必須依隨願景建議的方向，導引社會的重建。

社會重建論者以爲教育是一種社會的過程，透過教育，社會始得以重建。他們相信教育能以課程爲媒介，教導人民瞭解自己的社會，進而發展較佳社會的願景，然後採取行動，將願景付諸實現。

由於社會重建論者從社會觀點，來看教育。社會的性質恰如它現在的樣子，而且社會應當成爲社會重建論者假定的決定因素，他們考量到人的經驗的形塑，受到文化因素強而有力的影響；他們也假定人的生活意義爲社會經驗所決定，相信眞理與知識來自於文化且受其影響。是以重建論者認爲，教育須透過課程的實施，來消除他們認爲不可欲的文化層面，以他們認爲可欲的社會價值來予以替代，如此才能重建他們的文化，而使社會成員在他們的物質、精神和知識的需求方面，獲得最大的滿足（取自Schiro, 2013）。

史屆墨修（Scrimshaw, 1983）也對教育的意識形態，提出另一種類型學（typology），將教育的意識形態分成以下五種：

1.進步主義（progressivism）　將教育視爲迎合個別需要與抱負以及個人或社區發展的手段。

2.工具主義（instrumentalism）　強調教育順應當前靜態或變遷社會——經濟秩序的需求。

　　3.重建主義（reconstructionism）　　把教育當作移轉社會至期待方向的重要方式。

　　4.古典的人文主義（classical humanism）　　以為教育的功能乃在傳遞文化的遺產，特別對英才更是如此。

　　5.博雅的人文主義（liberal humanism）　　認定智能學科對所有的學生均屬重要，並主張藉著提供的共同教育經驗，協助創立共同的文化與參與式的民主政治。

　　此五類教育的意識形態與前面所述的名稱上雖有差異，但實質上仍有共同之處，讀者可進一步作參照性的比較。

　　課程／教學設計者不可能專屬於某種意識形態，或獨自宗奉另一種意識形態。一般來說，個人的課程／教學觀固然可能受到某種優勢（或「霸權」）的意識形態的影響，但是其他的意識形態亦交互地發揮作用，是以任何課程／教學設計應是受綜合的意識形態因素（ideological "mix"）影響的結果；甚至諸意識形態因素以複雜無比的方式，與社會的、技術的以及其他文化的因素交互作用，支配了教育系統中的組織、課程與教學。此外，某種意識形態在特定時間，影響課程／教學，居於優勢（或霸權）地位；但是在另一特定時間，其影響力可能式微，甚至消失，而由另一極優勢（或霸權）的意識形態取而代之。

附錄3-1

90學年度實施的國民教育階段九年一貫課程總綱綱要

　　教育部訂於90學年公布的九年一貫課程正式綱要自2008年發布課程綱要微調案，要點如下：

　　1.基本理念：培養具備人本情懷、統整能力、民主素養、本土與國際意識，以及能進行終生學習的健全國民。

　　2.減少上課天數與時數：由每年250天減為200天；每週上課天數改為5日，國小一、二年級最少，由原來26節減至22-24節；國三最多，由38節減為33-35節。

　　3.學習總節數分成「領域學習節數」與「彈性學習節數」：前者占總節數之80%，包括必修與選修節數；選修節數占基本教學節數10-20%（一至六年級）或20-30%（七至九年級）。彈性教學節數占總節數20%，留供班級、學校、地區彈性使用。

　　4.旨在引導學生達成以下課程目標：增進自我瞭解，發展個人潛能，培養欣賞、表現審美及創作能力，提升生涯規劃與終生學習能力，表達、溝通與分享的知能，發展尊重他人、關懷社會、增進團隊合作，促進文化學習與國際瞭解，增進規劃、組織與實踐的知能，運用科技與資訊的能力，激發主動探索與研究的精神，培養獨立思考與解決問題的能力。

　　5.以個體發展、社會文化及自然環境三個面向，規劃七大學習領域：即語文、健康與體育、社會、藝術與人文、數學、自然與生活科技、綜合活動。其中語文最重，占領域學習節數約20-30%；其餘六領域則各占10-15%。每節上課40-45分鐘（國小40分鐘、國中45分鐘）。

　　6.學校得因應地區特性、學生特質與需求，選擇或自編合適教材，但全年級或全校且全學期使用之自編自選教材應送「課程發展

委員會」審查。

7.學習領域之實施，應掌握統整之精神，並視學習內容之性質，實施協同教學。

8.學校課程發展委員會應充分考量學校條件、社區特性、家長期望、學生需要等相關因素，結合全體教師及社區資源，發展學校本位課程（可參考本書附錄6-3）並審慎規劃全校課程計畫。在授滿領域學習節數原則下，學校課程發展委員會可決定並安排每週各學習領域學習節數。另學校可考量地區特性、學校規模及國中小之聯貫性，聯合成立校階課程發展委員會，或合併數個領域小組成為一個跨領域課程小組。

9.基本能力：為達成上述課程目標，國民教育階段之課程設計應以學生為主體，以生活經驗為中心，培養現代國民所需的基本能力。瞭解自我與發展潛能；欣賞、表現與創新；生涯規劃與終身學習；表達、溝通和分享；尊重、關懷與團隊合作；文化學習與國際瞭解；規劃、組織與實踐；運用科技與資訊；主動探索和研究；獨立思考與解決問題。

10.課程評鑑包括課程教材、教學計畫、實施成果等；由中央、地方政府分工合作，依權責實施；至於評鑑方法應採多元化方式實施，兼重形成性和總結性評鑑。

註：本附錄部分資料檢索自：http://teach.eje.edu.tw/data/files/class_rules/all.pdf

1. 知識的「形式」、「意義領域」與「類（別）」區分，在課程規劃上代表什麼意義？

2. 集合式與統合式課程二者的區別安在？

3. 學科本位與領域教學二者各有何利弊？有無較適用的教育層級之別？

4. 試述永恆主義、觀念主義、實在主義、實驗主義、存在主義等對課程與教學的觀點。

5. 回歸基本學科，補償教育的實施各受到何種意識形態的影響？其涵義為何？

6. 課程與教學是否受到唯一意識形態的影響？

7. 浪漫意識形態的特質為何？其對課程與教學的影響為何？

8. 我國性別平等教育法的實施，與何種教育意識形態有關？其對課程或教學的影響如何？

9. 哪一種哲學和當代教育關係最為密切？理由安在？

10. 課程發展者應採行單一哲學來指引其工作否？為什麼？

11. 試述進步主義、工具主義、古典人文主義與博雅人文主義對課程與教學的影響。

12. 社會重建的意識形態與民主的意識形態對課程發展的觀點有無交集？

13. 我國實施12年國民基本教育的願景、理念和目標反映出哪種／些意識形態？

第 *4* 章　課程／教學的心理學基礎

　　人的發展歷程與教育、課程／教學有著密切的關聯，應始自兒童期，較爲明顯。是以欲探討人的發展與課程／教學的關係時，如能就兒童的本性及其涉及的形而上信念，以及自兒童以至整個人生的各項發展特徵，分項闡釋其在課程／教學的涵義，或許較有價值。甚至有助於教師採取授予學生課程以及解釋學生行爲的方法。

　　對於兒童本性的看法，有兩種似乎處於相對的立場。柏拉圖與彌爾（J. Mill, 1773-1836）等將兒童期視爲僅是邁向成人期發展過程中的一個階段，兒童必然是不完美的、未發展完成的，一切的努力，均爲未來擔任成人社會的角色而預備，堪稱爲「發育中的成人」（embryonic adults）。另一種立場是將兒童期自身視爲目的，其與成人期不同的，不僅是屬於量方面的，更重要的應是品質方面的差異，兒童應被當作「兒童」看待，他的權益與興趣應予尊重，不必斤斤計較於他未來所要擔任的成人角色爲何。根據事實分析，很少採取此兩種如是極端的立場者，但是兩種立場所要反映的教育方式與課程，自然有顯著的不同，一是爲兒童準備未來成人社會所要承負的角色，而安排的各種課程；另一是爲兒童目前的需要與興趣，而著手編製所需的各類課程。一般說來，理想的課程安排，應是既要顧及未來成人社會的需求，亦要考慮學生當前的興趣，方才合理。

　　過去在西洋學者的觀點中，對於兒童本性的瞭解，常受不同信念（beliefs）的影響，類此即被視爲形而上的信念。其中一種係由聖奧古斯丁（St. Augustine, 354-430）所倡導，視兒童爲任性的、易犯錯的、自私的，因此年輕人須由成人予以控制，並施予嚴格的訓練，此種脫胎於宗教上「原罪說」的論點，雖未必盡爲教師所接受，但是仍有人認爲兒童與生俱來就是好爭鬥的、頑皮的、好惹麻煩的，其基本的論點爲人性本惡。爲了使兒童的發展臻於完美，在家庭或學校中，成人對兒童的訓練，通常均相當嚴格，而且深信唯有嚴格，兒童的習性才可以獲得改善，故學童如有過失行爲，便常被苛責、鞭打，甚至倒吊。另一種相對的觀點認爲兒童與生俱來是善的，即所謂的人性本善說，自然的驅力無疑都是對的，在人的心靈中，並無所謂原罪的存在。每個兒童在發育的初期即具備某種完美的形式，隨著兒童的發展，加上提供適當的環境，

此種完美的形式，即會展現出來（Dearden, 1972）。該組對立的信念，影響提供學生課程的態度與方式。

　　除了形而上學的信念之外，對於兒童的發展，心理學領域另持有不同的信念。其中與課程／教學關係較為密切的應推行為學派、認知學派、人格發展階段論、發展任務說、人文主義心理學、建構主義等。

第一節　行為學派與課程／教學
（以史金納、蓋聶的觀點為例）

　　某些心理學家以為兒童與生俱來就有不同程度的智能，此種智能係由各種因素組成，且可經由客觀測驗評量而得。兒童也不是主動的學習者，但可經由動機的激發，促使其「實現自己的潛能」，行為學派的心理學家採用刺激—反應間聯結的說法，解釋人的行為，因此他們普遍支持此一信念。行為學派心理學家中與教育關係較為密切的人物之一為史金納（B. F. Skinner, 1904-1990）與蓋聶（R. M. Gagné, 1916-2002），茲先就前者的觀點與課程／教學的關係敘述於後（王文科、王智弘，民91；Hergenhahn & Olson, 2005）藉供參考：

　　1.史金納認為課程目標，須在教學活動開始以前，就要完全確定，而且此等目標須依「行為」表現，予以描述。以其課程目標若不以行為的表現詳予描述，教師便難以瞭解教學開始時所決定要做的事情是否實現。又如目標不易轉換為行為的意義，想要決定目標達成的程度，亦有困難，此種見解可從行為目標的廣泛運用，見到其影響力。

　　2.史金納固亦強調刺激與反應間的聯結，但重視的程度，不如桑代克（E. L. Thorndike, 1874-1949）、葛斯里（E. R. Guthrie, 1886-1959）或胡爾（C. L. Hull, 1884-1952）。他獨對開始刺激時「自然」發生的反應感到興趣，或者說若無法自然發生反應，可予以「塑造」（shaping），如他的操作制約（operant conditioning）實驗、動物壓桿的反應，不是等候此種行為自然發生，而是利用塑造而達成。

3.史金納以為欲求學習效果有效達成，必須將有待學習的資料分成細小的步驟呈現、學習者能就自己學習的準確性迅速地獲得回饋、學習者能依自己的步調從事學習。揆諸最常用的演講教學法，卻與上述原則悖離，因此為了使教學符合上述原則，他另行提出編序教學（programmed learning）的方法。

4.史金納以為為了激發學生的學習動機，應重視外界的增強物（extrinsic reinforcers），因此，次級增強物如口頭讚許、正面的表情、積點、等級等可在教室中予以應用，但是增強運用宜由百分之百的增強方式轉變為部分增強的方式處理。

5.史金納反對教師運用懲罰，因就一般情形而言，行為所以延續乃是受到獎賞的結果，無論可欲或不可欲的行為皆然，為了消除不佳的行為，吾人宜找出獎賞的根源，然後予以消除，或予以漠視，才是根本解決之道（Skinner, 1953, p.192）。

次就蓋聶的學習觀予以分析。就發展（development）與學習（learning）二者何者為先的問題，迭有爭論，蓋聶主張發展應附屬於學習，即發展是經由長時期學習而獲得的變化結果；而且學習的技巧係依層次排列，因此附屬的技巧為該層次上獲得較高技巧的必要條件，即在獲得層次頂端的技巧或概念之前，須先習得底下的那些概念或技巧。

蓋聶以為層次可從若干領域，如數學與自然科學中，合理衍生出來。欲推衍出層次，最好是一開始時就擬訂一項為吾人感到興趣的最後學習任務（工作），且自問下列的問題：「假如吾人欲成功地執行該項任務，需具備哪一種能力，這種能力僅有透過教學才能獲得嗎？」經由系統的分析，學習的層次便可推衍而得，該層次中的下級部分可做為學習較高等級部分的必要條件；以及全部的各部分供作最後學習結果的必要條件。

此外，蓋聶也闡釋學習條件與教學事件的關係，將留至第六章第四節再作敘述。

第二節　認知學派與課程／教學

（以皮亞傑、布魯納、維果斯基、郭爾堡為例）

　　心理學家對兒童發展所持的另一種信念是：人的智能發展，由兒童期至成人期延續下去，而此種發展並非由外來因素激發而至，而是藉著與環境的交互作用，主動探索環繞在周遭之世界的意義而得。皮亞傑（J. Piaget, 1896-1980）、布魯納（J. S. Bruner, 1915- ）與蘇俄的維果斯基（L. S. Vygotsky）是支持此種信念的重要心理學家，他們強調智能發展是主動的歷程，在此一歷程中，個人以漸進方式，建構與組織經驗。茲分別說明其主要觀點及其在課程設計上的涵義。

　　皮亞傑的認知發展理論，本書作者已另有專書分析（王文科，民80），不再贅述。惟就此一理論在教育應用及課程編製上可供遵循的原理，根據其有關理論，分析於後（王文科，民73，37-49頁; Saunders & Bingham-Newman, 1984, pp.41-61; Schwebel & Raph, 1973, pp.199-215）：

　　1.培養批判與創造力　皮亞傑揭示「教育的首要目標，在於培養能做新事情、有創造力，與發明的才幹之士，不在於訓練只能重複各代所做之事的人。教育的第二個目標，在於塑造批判、求證的能力，不在於接受所提供的一切。……」（Duckworth, 1964, p.5）此等能力的培養，需仰賴兒童的主動參與方可達成；同時傳統上依賴等第、成就測驗與考試，作為判斷課程、教學成效的作法，應該揚棄，今後宜多從基本研究、實際研究著手，以求發展有效的課程與教學，足以達成培養兒童批判與創造等能力。

　　2.聯結各種能力　隨著智力的發展，可以提升心理發展中的所有領域的功能作用，此等領域包括情意、認知與技能三者在內。誠如皮亞傑所說：「首先吾人必須同意：無論在什麼層次、階段，甚至成人，吾人無法發現純認知而無情意，或純情意而無認知因素涉入的行為或狀態。沒有純認知狀態這種情況。」（Piaget, 1963, p.130）是以吾人在考慮兒童的認知能力時，宜顧及其他能力——如情意與技能的——發展。

　　3.體認不同階段的認知結構有別　每個認知發展階段以具備特定認

知運思（cognitive operations）的有無，為其特徵，因為兒童所思索的世界與成人所考量的，有很大的差別，對某些事件所做的解釋及攝取的結論，便與成人不同。課程的編製與教學自不宜以成人的背景與觀點，貿然從事。

4.配合發展順序與個別步調　兒童認知發展分成感覺動作、運思前、具體運思與形式運思四期，此一發展的順序固定不變。且每一個人依隨自己的步調，通過該順序。

5.將反應予以組織而獲得適應　智力不僅在於累積事實資料，而且在於將所提供的經驗資料納入有組織的架構內，經由同化（assimilation）與調整（accommodation）的相互作用歷程，個人得以將環境中的各個層面予以組織，而獲致適應。

6.考慮提供交互作用的時機與品質　藉著環境與個人之間的交互任用，智力得以獲得發展；但為了使智力發展得以順利，提供交互作用的品質與時機宜配合其認知結構的層次；太難或過易，不是容易造成挫折，就是可能斲喪興趣。

7.運用社會的交互作用　兒童藉著與同儕或成人以及自然環境間的社會的交互作用，可以增進智能的發展：一方面有助於瞭解相對的觀點，另一方面有助於確定道德的相對性與智能的客觀性。

8.掌握語言的任務　語言本身無法建立概念，但可協助吾人集中注意於概念，以及檢索概念。皮亞傑曾說，兒童如對所使用的字，欠缺足夠的經驗，便無法徹底瞭解該字的意義。是以實施語言教學並非促成認知結構改變的有效方式。弗斯（H. G. Furth）以及弗斯與瓦希（H. Wachs）強調需要的是教學生思考，而不只是教他們識字。語言可協助兒童用來溝通他們思考的結果，但語言系統並不是思考能力的根源，行動以及行動的協調才是運作思考的來源（Furth, 1970; Furth & Wachs, 1974）。

9.顧及兒童主動的特性　兒童在發展歷程中，經常採取主動追求與環境交互作用的策略，宜善予運用。如讓兒童得有機會對物體採取行動，俾從中「發現」物理的知識與「發明」數理的知識，一方面可因而激發兒童的興趣，另一方面經由此種方式而獲得的具體經驗，因涉及心智與物理的活動，故其印象較易深刻且持久。

　　10.自主與合作兼顧　為了培養順應民主社會生活的個人，以及增進智能的發展，自主與合作的倡導有其必要，而不能一味強調對權威的無條件服從。師生間的合作，含有「共同運思」（Co-operation）的意義，透過合作，可收集思廣益之效，增進學習的效果。同時個人欲獲得真正的知識，便需自己進行「思考」。唯有獨立思考的結果，才能與別人交互作用，提供別人分享自己成果的機會，否則只是被動吸收他人的立場，容易損失自己應有的貢獻。

　　該十項原理有一項（第一項）在於揭示課程編製與教學所應遵循的方向；有三項原理（第二、九、十項）在於強調不同心理發展領域的密切關聯性；有二項原理（第三、四項）在於釐清接納認知發展階段理論的順序；第五項原理在於強調內在組織與順應環境的關係；第六項指明環境的合時間性與品質；第七項著重環境中的社會層面；第八項提醒吾人瞭解語言的限制。在編製課程與實際教學時，此等原理均有採用之慣值。

　　由於皮亞傑理論存在著若干限制並遭到批判。新皮亞傑論者（neoPiagetians）指出：在特別階段兒童的運思能力大量仰賴特定的任務（tasks）而定，訓練與經驗以及社會互動可加速兒童的發展，文化也會對兒童產生深遠的影響。R. Case是新皮亞傑論者的代表人物之一。他相信兒童的進展如皮亞傑所說的須經歷過發展階段。這些發展階段即在於反映兒童形成的心智表徵之類別以及處理資訊的方式；他所提出之階段雖與皮亞傑無殊，但卻認為發展的改變係依據兒童處理以及記憶資訊的潛力而定。Case認為這極短期記憶潛力的增進，係隨著生理上大腦的成熟而來，但經由保留和教導會更有效能。皮亞傑理論的另一種替代觀點為資訊處理觀點（information-process approaches），後者視人們處理資訊的方式類似於電腦，他們雖然同意皮亞傑對認知發展的描述，但另相信思考技能可採直接教學行之。此外，亦有主張認知發展應增加第五個階段為發現問題（problem finding），即吾人不僅要解決問題，但也要確認待解決的重要問題。亦有人認為應稱辯證思考（dialectical thinking）階段，即傳統認定解決實際問題的方法為「正」，不久之後可能提出與「正」相矛盾的解題方法為「反」，最後有人提出融合二者的「合」方

法，眞正專家的思考須循此途徑才完備。

布魯納也是一個認知發展論者，他把學習界定爲由學習者主動參與處理資訊，並將資訊予以組織和建構，使之納入學習者心目中代表「眞實世界的模型」之歷程。但環境中的資訊過於複雜，不易掌握，因此學習者須發展策略予以處理。此等處理的策略，即構成其認知發展論的重點，其中與課程編製及教學較有密切關係者，約有如下各項：

1.藉著表徵方式（modes of representation）認知外界事物　布魯納雖然未如皮亞傑一樣，提出發展階段，但他強調在學習較複雜的技能之前，須先精熟某些技能。例如：年輕人最初可能透過行動、接著以心像或圖像、最後以符號（主要的是語言）爲手段，處理其所遭遇到的事物。布魯納把這些用來瞭解環境事物的表徵方式，稱爲動作表徵（enactives representation）、形象表徵（iconic representation）與符號表徵（symbolic representation）。最年幼兒童最常運用動作表徵，如看、走、爬、觸、嚐、嗅等「動作反應」或「操作」來瞭解或代表外在世界。形象表徵主要是透過內在的心像，兒童可憑在感官內留下的影像來瞭解和代表外在世界。當兒童利用符號表徵時，即表示他已能擺脫具體事物的約束，而利用語言符號處理過去與未來，掌握可能性或假設，不再仰賴行動（Bruner, 1978）。

2.把握知識的結構（structure）以產生較大的學習遷移　學生爲了加快學習爆增的知識，最重要的不是將一大堆零碎的事實予以堆積，而是把握事物與事物之間有意義關聯的「結構」，才能將複雜的事物變爲簡單易學，甚至經濟而有效地將此一結構應用於處理類似的情境（Bruner, 1960, 1978）。

3.強調認知的過程（process）　布魯納指出「教學理論乃在說明以下的事實，即課程不只反映知識本身的性質，而且反映認知者的性質與獲取知識之過程的性質，……教導某人這些學科不是要使他的心靈受結果的束縛，而是要教他參與可能確立知識的過程。我們教一個科目，並不是要使學生成爲該科目的一個小型的活圖書館，而是要他能爲自己精確地思考，像史學家考慮事情一樣，投入獲取知識的過程。認知是一種過程，而不是一種結果。」（Bruner, 1978, p.72）由此可見，課程設計與教

學，不只是鼓勵學生習得已知的事實或概念，更重要的是要培養學生主動尋求未知知識的過程。

　　4.確立提供學習材料的最有效「順序」（sequences）　對所有的學習者提供材料，沒有獨一無二的順序可循，而是要看學習者過去的學習、發展的階段、材料的性質以及個別的差異而決定之。若智能發展的過程是循著動作經形象至符號表徵的順序，則教材呈現的順序亦宜循此方向方屬適宜。適宜的學習順序不能與判斷學習結果的規準分開討論，此等規準至少包括：學習的速度、抗拒遺忘的程度、已習得者遷移至新環境的可能性、表達已習得之結果的表徵方式、以減少認知緊張說明學習結果的經濟性、以產生新的假設與組合假設說明學習結果的效能（Bruner, 1978, pp.49-50）。

　　5.瞭解獎懲的性質及運用的時機　布魯納肯定「增強」在學習方面所扮演的角色，但是他認為當學生的學習已進步時，應逐漸減弱外在的獎懲；而使兒童將來解決複雜問題乃出自於內在的獎賞，如解決問題時會感到愉快、有成就感等，是以兒童表現後的立即獎賞，應改為延宕獎賞（Bruner, 1978, pp.41-41）。

　　6.重視經驗在促進認知發展的重要性　布魯納的此一觀點與皮亞傑的觀點有些近似，他曾說：「經驗已顯示其價值，引導成長中的兒童去處理次一發展階段的問題。」（Bruner, 1960, p.39）

　　此外，布魯納所說：「任何學科能以某種智能上真實的方式，傳授給任何發展階段的兒童。」（Bruner, 1960, p.33）以及所倡導的「發現教學法」（discovery learning）對於教學的設計，均有顯著的影響。有關發現教學的理論基礎與應用，留待第九章第二節再予探討。

　　維果斯基以為個人從出生至成年，在環境與教育的影響之下，其認知的發展或變化，由於低層次至高層次心理功能的轉化而受到影響；但任何教學的安排，須以兒童的成熟度為基礎，如是見解與皮亞傑的觀點近似。但要確定兒童的發展與教學的可能性之關係時，至少要先確認兒童的兩種發展水準：一為兒童現在已達到的發展水準（actual development level），即兒童在獨立活動中所達到的解決問題的水準。二為兒童現在仍處於形成狀態、剛在發展的過程（level of potential development），

即兒童在接受指導的情況之下，借助成人或較年長同儕的協助所達到的解決問題的水準。維果斯基爲了說明二者的差異，以及爲了在兒童當前的認知狀態與新知之間架設起橋樑的過程，他提出「最近發展區」（zone of proximal development; ZPD）的想法（朱智賢、林崇德，1986; Flavell, Miller & Miller, 1993）。在最近發展區的前一個層次謂之前發展（predevelopment）層次，在該層次的兒童無法解決某特定領域的問題，即使獲得協助亦然；在最近發展區的兒童如獲得充分協助，就能解決正在處理的問題，在該層次之後的謂之眞正發展區（zone of actual development），此時兒童即使不受協助，也能獨立解決問題。是以兒童的最近發展區包括在其內部正當開始發展的學習與問題解決能力，是屬於不成熟的、「胚胎」的形式；因此每位兒童的最近發展區會隨時間發生變化，當對某些任務已能掌控時，更複雜的任務將會出現而提供新的挑戰，生活中面臨挑戰比容易成功的任務更能促進認知發展。

唯有透過教師的協助，學生方能從事以科學概念爲基礎的活動；剛開始教學時，學生接受的是空洞的、形式的抽象概念，因而無法瞭解該活動的目標與概念的意義，維果斯基以爲此時兒童透過模仿，逐漸能夠眞正瞭解概念且能運用自如，漸漸地此等概念不再是空洞的公式，而能與兒童每日的經驗融合在一起（Roegholt, 1993）。由此觀之，學生的認知發展應是漸進而來，且與成人、兒童間的交互作用有密切的關聯，唯有透過成人與有能力他人的協助或提供結構的形式，才能使學生在他們的最近發展區從事活動與執行任務，發揮「搭架」作用（scaffolding），俟兒童能自己執行任務，搭架就要逐漸廢除。此外，亦可瞭解學生的最近發展區的形成，乃由教學塑造而成，因此教學應走在發展的前面，以創造最近發展區，這種見解似乎又與蓋聶、布魯納相似，惟如何在課程與教學設計上，塑造並影響最近發展區，似爲值得關注的重點。此外，社會互動的觀點影響了某些教學方法，如班級討論、合作學習、交互學習與師徒制的採行。

郭爾堡（L. Kohlberg）承襲皮亞傑的他律道德（heteronomous morality）與自律道德（autonomous moeality）發展階段觀而來，認爲吾人道德判斷的發展提供三期六階段的架構。他認爲吾人道德思考的

發展乃是循序漸進而行，因此欲為學生提供學習道德判斷的機會之前，宜同時考慮學生目前的發展階段與次一個較高的發展層次（Kohlberg, 1984）。該三期六個階段為：

1.成規前期（preconventional level）

第一階段：避罰與服從取向（punishment avoidance and obedience orientation）。行為的善或惡取決於表現該行為者是否受到懲罰；不受懲罰的行為便是善的。

第二階段：工具性相對主義取向（instrumental relativit orientation）。滿足個人的需求的行為，就是對的行為；不但如此，也會要求別人滿足自己的需求，呈現個人主義的傾向。此外，此階段兒童也要求相互之間以「互換」作為公平交易的原則。

2.成規期（conventional level）

第三階段：好孩子取向（good boy-nice girl orientation）。所謂好的行為是指能愉悅他人且為他們認可的行為。

第四階段：法律與秩序取向（law and orientation）。正當的行為係指所作所為符合家庭、團體與國家所期待的行為。

3.成規後期（postconventional level）

第五階段：社會契約、法規取向（social contract, legalistic orientation）。正當的行為係指所作所為符合由整個社會一致同意的法規標準。至於無一致標準的部分，則遵從個人的價值觀與意見予以決定之。至於採取改變法律的行為，亦屬正當的行為。

第六階段：普遍性倫理原則取向（universal ethic principle orientation）。所謂正當的行為係指依照普遍的正義與權利原則，訴諸個人良心而表現的行為。

郭爾堡為了瞭解兒童隸屬道德發展的哪個階段，設計一系列結構化的情境或道德的兩難問題（moral dilemmas），從兒童的答案及其理由，來加以探測在某些情境中支配其行為的規則。

郭爾堡的觀點並非十全十美，但在激發學生的道德發展方面，具有啟示作用，如何安排有效的道德教學方法與課程設計，亦有其價值。

Carol Gilligan在1982年即對Kohlberg的觀點提出另一種修正見解，

她認爲男女的道德觀，並非相同，一般言之，男性傾向於競爭取向；而
女性較趨於合作取向，容易呈現擬情行爲，當她與他人互動時，能瞭解
他人的感受。又何夫曼（Martin Hoffman）在1993年提出道德行爲發展
論（theory of moral behavior development），可補充郭爾堡認知道德論
的不足。他在解釋道德行爲時指出：認知能力和推理技能在道德行爲
發展過程中，扮演著重要的角色。此外，他主張擬情的苦惱（empathic
distress）或體驗他人承受的痛苦，是驅動道德選擇動機的有力因素，並
協助行爲的發展；他也主張親職訓練實務在道德行爲發展過程，扮演著
重要的任務。何夫曼的擬情的苦惱論也以類似階段的方式呈現，如二至
六歲，兒童發展角色取替（role-taking）能力，能取替陷入苦惱的人的
觀點，進而找出苦惱的來源，試圖針對當事人需要，尋求解決途徑。九
歲時對社會條件較爲敏感，如推動有利社會的活動，以造福處於不利地
位、有待協助的窮人。凡此對於情意課程的設計及親職教育實施具有啓
示作用。

第三節　人格發展階段論、發展任務說、多元智力論、智力三元論與課程／教學

（以艾里克遜、哈維赫斯特、Gardner和Sternberg爲例）

　　心理學家對課程／教學設計的貢獻，除了可從行爲學派、認知學派
的角度分析外，艾里克遜（E. H. Erikson）的人格發展階段說（stages of
personality development）與哈維赫斯特（R. J. Havighurst）的發展任務說
（development tasks），爲不同發展階段者，設計適宜課程或安排適當教
學，仍有參考價值。

　　艾里克遜在心理分析與人的發展領域居於領導地位，他將人的人
格發展分成八個階段（生命危機），每一個階段有一個中心問題，會產
生有利與不利的結果（如基本的信賴與不信賴）；且二者會不斷發生衝
突，如果有利的結果達成了，表示次一發展階段即可到來；反之，則可

能阻礙以後各階段的發展。該八個階段簡列如表4-1（引自Gardner, 1978, pp.50-51）。

　　瞭解吾人在每個發展階段面臨的中心問題，如何趨利而避害，對於提供與規劃教育經驗，有莫大的價值。

　　哈維赫斯特根據生理的成熟、社會的文化壓力，以及個人的價值與個別的抱負，提出個體為獲得健康和令人滿意的生長，所需學習的一系列任務（Havinghurst, 1974）。其中有些任務是普遍而實用；有些則因文化不同或社會的需求不同，而有差別。依哈維赫斯特的說法，吾人如成功而圓滿地完成某一期的發展任務，可促使次一期的發展任務順利達成；否則前一期的發展任務失敗，將導致另一期發展任務的失敗。哈維赫斯特遵循下列的成長階段描述各階段的發展任務：即嬰幼兒期、兒童期、青少年期、成年期、中年期、老年期。

　　嬰幼兒期的發展任務為：1.學習走路；2.學習取用固態食物；3.學習說話；4.學習控制體內廢物的排泄；5.認識自己的性別與學習性別儀態；6.達成生理穩定性；7.建立簡單的社會性與物理性的現實概念；8.學習自己與父母、手足與他人之間的情感關係；9.學習分辨對錯以及發展道德觀念。

　　兒童期的發展任務為：1.學習平常遊戲所需的動作技能；2.認識自己是成長中的完整個體；3.習得與同年齡友伴和睦相處的能力；4.學習適當的男性或女性的社會角色；5.發展讀、寫、算等基本技能；6.發展日常生活所需的概念；7.發展良心、道德與價值量尺；8.達成個人的獨立性；9.發展對社會團體與機構的態度。

　　青少年期的發展任務為：1.與同年齡男女同儕建立新且較成熟的關係；2.達成扮演男性或女性社會角色的能力；3.接納自己的體態與有效地運用體能；4.能擺脫對父母或其他成人的情感依賴；5.達成經濟上的獨立；6.選擇與準備就業；7.準備結婚與過家庭生活；8.發展成為公民所需的知識技巧與概念；9.期望參與社會性負責的行為；10.建立指引自己行為的價值觀與倫理系統。

表4-1 艾里克遜的八個人格發展階段

階　段	有利的結果	不利的結果
出生至十八個月 信賴——不信賴	希望。信賴環境與未來。	害怕未來；疑慮。
十八個月至三歲 自動——羞愧、懷疑	意志。練習選擇與自我抑制的能力一樣好；自我控制感與自尊獲致善的意志與自尊。	喪失自我控制感或外控過度感；結果是傾向於害羞或懷疑自己是否有用。
三歲至六歲 主動——內疚	目標。倡導活動的能力，賦予活動方向，並享受成就。	害怕懲罰；自我限制或作過度補償式的炫耀。
六歲至十二歲 勤奮——自卑	能力。為了能工作且做得好，能把技術與工具世界結合起來，並善於運用心智。	不勝任感或自貶、自卑。
十二歲十八歲 自我認定——角色錯亂	忠實。能視自己為一獨特、統整的個人，且保持忠實。	對自己的角色混淆不清。
成年期 親密——疏離	愛。統一自我，與他人分享、交往。	逃避與人分享、交往、愛，與他人保持距離。
中年期 生產——停滯	關照。伸展由於愛、必要或意外而產生的關注；為自己的孩子、工作或觀念而寄予關注。	自我放任，厭倦，人際關係幾乎沒有，停滯在自己的生活圈中。
老年期 完整——失望	智慧。以超然心情關注生活；肯定生活的意義與個人生活的尊嚴；接受將步入死亡的事實。	厭惡生活；對死亡感到失望。

　　成年期的發展任務為：1.選擇伴侶；2.學習與配偶一起生活的方式；3.開始建立家庭；4.養育子女；5.管理家務；6.開始就業；7.承負公民責任；8.尋找適合的社會團體。

　　中年期的發展任務為：1.協助青少年成為肯負責任與快樂的成人；2.達成成人社會的與公民的責任；3.對自己職業生涯的表現感到滿意；

4.發展成人休閒時間的活動；5.自己與配偶結合成一體；6.接納與調適中年在生理上的變化；7.調適與年長父母的生活關係。

　　老年期的發展任務為：1.順應體力與健康退步的情況；2.順應退休生活與收入減少的現象；3.順應配偶死亡的情況；4.與同年齡團體建立明顯的隸屬關係；5.以彈性方式適應或承負社會的角色；6.能對物質生活的安排感到滿意（Havighurst, 1987）。

　　上述的發展任務對學前教育、中小學教育、大學教育、成人終生學習教育之課程的設計與教學內容、方法的安排，均見其價值。

　　再就多元智力論言之，Howard Gardner早在1983年即提出多元智力論（theory of multiple intelligences），把人的智力分成語言智力（linguistic）、邏輯—數學智力（logical-mathemtical）、空間智力（spatial）、身體—動覺智力（bodily-kinesthetic）、音樂智力（musical）、人際智力（interpersonal）、自知自省能力（intrapersonal）等七種。後來又增加自然智力（naturalist）和存在智力（existentialist）（Gardner, 1999），並作出以下結論：1.每個人均擁有全部的智力；2.任何兩個人擁有的智力剖面圖不會完全相同；3.深具有某種智力的人，並不意味著他必然在該種智力的表現優異。是以此種多元智力的主張擴展學校提供之服務的課程與教學的設計，應充分考量學生的興趣與能力，不宜侷限於學術能力一途，易言之，個別化教育經驗的獲得，有賴學校為學生提供新穎且廣泛的學習機會，並要充分考量每位學生的需要、興趣、優勢與缺點（Campbell, Campbell, & Dickinson, 2004），這當然涉及學生個別內差異（intraindividual difference）與個別間差異（interindividual difference）的內涵，以為課程設計和教學安排上的參考。

　　Borich（2014）以為：將Gardner的多元論智力論應用於班級實務，可採取以下方式進行：1.允許學生為了達成共同目的，而採取差異化途徑；2.允許學生展現最佳的，而非侷限於一般性的表現；3.提供替代性評量學生成就與才能的方式；4.提供學生增進自我認同的機會。

　　又R. J. Sternberg倡導智力三元論（triarchic theory of intelligence），涉及吾人解決問題（分析智力）、產生新觀念（創造智力）、與處理

每日環境問題或議題（實用智力）之能力之後，據之提出成功智力（successful intelligence）論，作為在學校能獲致成就與生活中能獲致成功的基石。為了促進成功智力的發展，Sternberg認為教學設計應顧及以下的教學安排：記憶、學習、分析學習、創意學習與實用學習的教學（O'Donnell, Reeve, & Smith, 2009）。

第四節　人文主義心理學與課程／教學
（以馬斯洛、羅傑斯、辜姆慈為例）

　　人文主義心理學（humanistic psychology）興起於1960年代，其觀點與心理分析學派、行為學派有別，被視為心理學的「第三勢力」。馬斯洛（A. H. Maslow）、羅傑斯（C. Rogers）、辜姆慈（A. W. Coombs）等人為該派心理學的代表人物。馬斯洛主張父母和教師應協助並讓兒童成長，而不應塑造或控制他們成長的方式。羅傑斯倡導「學習者中心教育」的理念，務使學生能夠在沒有教師直接教學協助之下自我教育。辜姆慈以為教師須擔負助長者、鼓勵者、協助者、幫助者、學生的朋友等角色。

　　人文主義心理學關心人的尊嚴，主張充分重視人的主觀性、意願和觀點，並著手研究人的價值、創造性與自我實現。由此可見，人文主義心理學非常重視學習中的人的因素，以尊重學習者為出發點，以其認定學習者是整個學習活動過程的主體，須充分尊重其意願、情感、需要和價值觀，相信任何正常的學習者，都能自我教育，發展自我潛能，達到自我實現。

　　人文主義心理學上述的觀點，反映在課程／教學方面，值得而言者，有如下各項：

　　1.教師宜設計情感融洽、氣氛適宜的學習情境，俾使師生能在此一良好的情境中，建立起良好的互動關係。

　　2.教師應讓學生有自己主動探究與思考的機會，甚至允許他們在決定學習的時機和方式方面，享有某種程度的自主決定權，以培育他們成

爲自我指導的、自我激發的學習者，而非被動接納資訊者。因爲學生如有選擇學習內容的機會，則學習的動機會較強。易言之，教師宜居於輔導、協助的地位爲佳，且讓學生懂得如何學習優先於提供大量的資訊。

3.教師重視情意的目標優先於認知的目標。人文主義心理學認爲培育學生成爲肯負責任的、關心他人的、有情感的成人，比他們在標準化測驗上得到多一點分數來得更重要。

4.教師宜在適當的場合與時間爲學生安排「班級討論會」（class meeting），討論人際問題、價值問題與情感問題，頗有意義，藉以強化他們對關懷別人、與人合作、彼此相互尊重、坦誠待人等價值的珍視。

5.教師宜以書面評量、「眞正的」評量（authentic evaluation，專指解決問題或執行一項實驗）※，或完全不須評量，取代標準測驗、等第評定或其他正式的評量方法。

6.教師宜多安排開放式的學習活動或多舉辦實地旅行。前者在於促使學習者能夠自己去找資料、作決定解決問題、創造學習成果；後者則在於提供他們探索校外世界的機會。

根據本章的分析可知，任何發展理論均不足以爲人的發展，提供綜合的界說，彼此可視爲相互補充或許較爲完備。

至於進一步的深入探討，請參見附錄4-1。

※　真正的評量是爲避免標準化測驗缺失而提出的替代性評量系統，旨在要求學生記錄自己學習的結果或將在學校習得的資訊與技能，真正運用於做實際的工作。主要的類型有：(1)個別檔案紀錄評量（portfolio assessment），即蒐集學生在一段期間的檔案紀錄、作業樣本，以評量其在該段期間的進步情形。如教師保存學生作業檔案，以瞭解其作文自初稿到完稿、讀書報告、藝術作品等的進展情形。(2)表現評量（performance assessment，或稱實作評量），即評量學生在實際生活中展現的知能，如教師可要求學生藉著閱讀近代重要事件，然後訪問涉及之人士，而進行口述歷史的作業，此項需耗數週的口述歷史作業呈現的品質，可以反映出學生精熟有關之社會科概念的程度（取自 R. E. Slavin, *Educational psychology: Theory and practice* (8th ed.). Boston: Allyn and Bacon, 2006.）。至真正的評量具有如下特徵：引發高層次思考、與教學結合、確立清晰規準，以及運用效標參照的標準。另 Popham（2006）在討論實作評量時分辨兩種術語，即真正的評量（真實生活的作業）與替代評量（alternative assessment；替代傳統紙筆測驗的評量工具）。

第五節　建構主義與課程／教學

　　建構主義（constructivism）以爲知識是透過學習者嘗試並賦予經驗意義，而建構完成，所以學習者是主動尋求詮釋經驗意義的有機體。學習者須個別發現複雜的資訊，並加以轉換，自己始能有所收穫。由於此一觀點強調學生是主動的學習者，所以建構主義的策略經常被視爲學生中心的教學策略。

　　建構主義在過去受到杜威（J. Dewey）、古曼（N. Godman）、皮亞傑、維果斯基、布魯納、吉布森（J. J. Gibson）、馮格拉瑟費爾（E. von Glasserfeld）、庫恩（T. S. Kuhn）等人觀點的影響，到目前爲止，建構主義大致可分成五個方面加以說明：

一 起點行爲（entering behavior）的重要

　　每位學習者運用現有的知識、興趣、態度、目標等來選擇、詮釋當前可取得的資訊，即學生以先前習得的知能，來主動建立知識的結構，是屬於有意義的學習。

二 由上而下的處理（top-down processing）

　　即學習者從有待解決的複雜問題或任務開始，在教師的輔導之下，發現解決問題或執行任務所需的基本知能。

三 知識的本質無法由一個人遷移給另一個人

　　因爲每個人詮釋經驗受到年齡、性別、知識背景、族群等的影響，當知識由某個人移轉給另一個人時，其某些層面在轉譯過程會消失不見。

四 真理總是存在

　　由於學習者作觀察、考驗假設，進而獲致的結論，大抵一致，雖然有不少例子是彼此觀點很難協調一致，而存在於「同意到不同意」之間，但建構主義者總認爲眞理存在於當事人的心靈之中。

五 討論和辯論為協助個人建立自己觀點之鑰

　　學習者形成以及改變他們對理論或研究的觀點，係來自有系統地、開放地與同僚討論及辯論而得。

　　建構主義的主要類型有二，一爲認知的建構主義（cognitive constructivism），另一爲社會的建構主義（social constructivism）。前者源自皮亞傑所採以內在驅力去解釋認知衝突或不平衡的現象，聚焦於個人的內在認知過程，易言之，個人對某些事情的眞理觀，是築基於其能力、教師輔導，將資訊有效同化於基模，而發展出新的基模並予以運作（調整），以回應新奇或不一致的觀念。如對高利率，有的認爲是好事，有的認爲是壞事。好事的觀點是使投資於生息銀行的人得到更多的錢；壞事的觀點是因而要讓公司借更多的錢於事業投資上。至於社會的建構主義認爲人們有意義的學習，須透過公開教導所要使用的語言、數學、解決問題等工具，有機會並將之運用於創造、瞭解某些現象的共同或共享方式，例如：鼓勵學生與同儕、教師開放探討有意義的名詞、程序、觀念間的關係，以及應用知識於特定的脈絡中，此一過程謂之「協商學習」（negotiating learning）。認知的建構主義與社會的建構主義二者之間的差異，詳如表4-2。

表4-2　認知的與社會的建構主義之學習與教學觀

觀　點	基本特徵	教學涵義
認知的建構主義	・透過被判斷為有關的新觀念的加入（同化），而修正現有的知識基模與運思。創立新的知識基模與運思（調整），以適應和現有基模不一致的觀念及程序。 ・同化與調整過程被認為是天賦的，且受到與同儕及物理環境互動機會的支持。	・教師提供不完全適合的新觀念（導入不平衡），挑戰學生現有的概念。 ・學生們個別和一起工作，建構新的、更有效能的基模。 ・重點在於藉著發展新基模，以建構個人的意義。
社會的建構主義	・學習起始於更有知識的他人的出現與影響。 ・透過他人輔導而獲得的知能和現有基模聯結起來，且逐漸內化，使學習者逐漸能自我調節與獨立。	・教師透過鷹架式教學，幫助學生以實在的、開放式的任務，建構觀念。 ・在教師輔導之下，學生合作工作，以建構新的概念。 ・重點在於建構與內化共享的意義。

註：取自*Psychology applied to teaching* (9th ed.) (p.296), by J. Snowman, R. Biehler with C. J. Bank. Boston: Houghton Mifflin Co. Copyright 2000 by Houghton Mifflin Co.

　　至於促進建構主義發展的條件，約有如下三項：

　　1.認知的師徒制（cognitive apprenticeship）　本項條件衍自維果斯基所強調的學習的社會性以及最近發展區（ZPD）的概念，係指學習者透過與成人、長者或較進步的同儕互動，逐漸習得專門技能，因此在認知發展上，需要透過師徒制。本書第九章第八節所提及的交互教學法（riciprocal teaching）即屬之，即學生透過認知過程學習教師所作的示範，然後漸漸將執行該過程的責任，由教師轉移給學生，使學生更具有專門的技能。搭架作用（scaffolding）亦在學生學習期間，由教師提供輔導、支持和協助，俾使學生漸漸地在減少幫助之下，能獨立完成任務。在非正式的環境之中，認知的師徒制也會發生，如兒童參加遊戲團體，大都先觀看別人的作法，然後逐漸投入其中，而毋須仰賴他人的公開指導。

2.情境的學習（situationed learning）　即指學生的學習應在真正的生活、真實的任務和脈絡中實施，使學生得以利用各種技能和資訊來解決有意義的問題。主要是由於傳統的教室教學未能考慮情境，只重視與考試有關的知識，致使學生無法學以致用。

3.多元的觀點（multiple perspectives）　即並排教學內容以提供多元的觀點是史比羅（R. J. Spiro）認知彈性論（cognitive flexbility theory）的中心論題，好讓學生從多種觀點來看觀念和問題，與其生活問題是多面相的，專家的知識亦涉及相關觀念的網絡。

根據上述的分析，可知建構主義主張：教師是學習的催化者、助長者，他須教導學生能為自己的學習負責；使學習成為一種主動的、有意義的過程，且能將習得的技能應用於真正的情境。是以建構主義的觀點已普遍應用於全語教學、真正的評量、指導的發現學習、整體的評分以及統整的課程設計。有的學者（如Driscoll, 2000）更是用心的列出與建構主義一致的目標、學習條件與教學方法摘要，頗有參考價值，茲摘述於表4-3。

表4-3　和建構主義一致的教學目標、學習條件與教學方法

教學目標	學習條件	教學方法
推理、批判思考	把真實的活動納入複雜的、真實的以及有關的環境中	微環境世界*，問題本位的學習
保留、理解與使用	社會性協商	合作性學習、生動對話
認知彈性	多元觀點以及多種學習方式	超媒體
自我調節**	學習自主權	開放式學習環境、合作學習、問題解決學習
心智的反思，認知彈性	在知識建構中的自我覺察	遊戲、辯論合作學習

註：*係指在真實環境中屬於小型但卻完整的環境，可促進發現和探索之需。

　　**指學生擁有有效學習策略的知識以及能掌握運用此等策略的方法與時機。

本表修正自：*Psychology of learning and instruction* (2nd ed.) (p.391). by M. P. Driscoll. Boston: Allyn and Bacon. Copyright 2000 by Allyn and Bacon.

附錄4-1

人文主義心理學的觀點在課程設計上的應用

一、引言

本文旨在闡釋人文主義心理學（humanistic psychology）的發展背景、主要觀點、代表人物的見解，以及申述該等觀點或見解在課程設計上的應用。發展背景與主要觀點，係針對人文主義心理學共同部分，加以說明；代表人物則擇就與教育關聯性較多的馬斯洛（A. Maslow）以及羅傑斯（C. Rogers）兩人相關的見地予以簡述；至於課程設計部分，係本諸課程與教學具有相互依存的循環觀點（Oliva, & Gordon, II, 2013）一併予以析述。

二、發展背景與主要觀點

以美國而言，心理學充滿人文主義的色彩，應可溯至十九世紀的W. Williams和G. S. Stanley的見解，至1930年代復受到K. Goldstein、G. Allport和A. Maslow等繼續推展，而在1950年代末、1960年代初，形成人文主義心理學。由於人文主義心理學與當時的行為學派心理學及精神分析學派心理學不同，而被稱為心理學的第三勢力（the third force）。

一般論及人性時，通常包括心智、軀體與精神三者，不同哲學或心理學派別，往往各論其一，惟當吾人面臨困擾時，則易引進強調精神層面的哲學或心理學，人文主義心理學在美國發展，即出自於如是的背景。美國在1960年代是一個面臨困擾的年代，當時因介入不受歡迎的越戰，而形成反戰運動；M. L. King、Jr., J. F. Kennedy和R. Kennedy遭到暗殺的暴力事件，相繼發生，嬉皮公然抗拒傳統的價值，於是吾人試圖脫離社會的桎梏，追求簡單、自然生活的意

念，便顯得格外迫切，這種嚮往精神層面的努力，爲人文主義心理學的發展奠定良好的基礎。

　　繼以心理學的發展言之，1920年代的心理學，主要的有結構、功能、行爲、完形、精神分析等流派，各有追求之目標；但至二十世紀中葉，結構主義消失，功能與完形心理學亦相繼融入其他學派。至1960年代，在美國能成爲學派的，僅有行爲心理學和精神分析心理學，但如上一段所述，當時美國正當面臨困頓的時代，僅存的兩種心理學派的知識，給予吾人仍不完全的感覺，思謀追求更能滿足人性要求的心理學，而孕育了人文主義心理學。

　　人文主義心理學與行爲心理學、精神分析心理學不同，在於後二者採化約觀點，探討人的行爲。精神分析心理學以爲，吾人的行爲根源於有機體內部的生理驅力；而行爲心理學則將人的行爲，歸之於外界的刺激或增強物等。至於人文主義心理學關注的主題，則涉及對人的全方位探索，是以舉凡愛、創造力、基本成長、基本需要的滿足、自我實現、高層次價值、存在、蛻變、自發性、遊戲、幽默、情感、自然、溫馨、自我超越、自主、責任、意義、超越經驗、高峰經驗等，皆在研究之列。是以常被視爲探究人的整體心理學，而非一種明顯、專門的領域或學派。

　　人文主義心理學的主張，除了在心理學領域反映K. Goldstein、G. Allport、C. Rogers等的人格理論之外，在哲學上則根源於E. Husserl的現象學以及M. Heidegger和J. P. Satre的存在主義。綜合各代表學者的觀點，人文主義心理學中具有相關且相依的基本原理，約有如下各項（心理學百科全書編輯委員會，1995；高覺敷，1987; Shaffer, 1978）：

(一)人文主義植基於現象學與經驗主義哲學，以意識經驗為起點

　　人文主義心理學主張意識經驗（conscious experience）是每個人對自己具有的獨特主觀感受與觀點，應受到尊重與擬情性的瞭解；整體世界並無絕對客觀的現實存在，每個人對周遭環境的覺察與建

構，當有差異。是以人文主義心理學對主觀的心理事件，充滿濃厚興趣，與其將現實與個人的機會及經驗相結合，因而常被視為屬於現象學取向的心理學。

根據多數個人的報告指出：當吾人就較自由與較不自由二者，進行選擇時，似乎自由的概念，較受喜愛。加上吾人似易於公然抗拒被視為合乎邏輯的標準，而寧願重視個人的心理經驗。

人文主義心理學關注主觀性，因而否定科學觀；但對於塑造人的經驗之科學有強烈的使命感，且堅持人的經驗在心理學中應居有一席之地，便超軼現代心理學所堅持以標準一致方式測量人的心理現象之邏輯觀。

由於人文主義心理學強調人的意識經驗，顯然與主張以行為為研究對象的行為心理學不符。後者從刺激推論反應，由環境直接推論行為，透過動物實驗推論人的問題，而把意識視為副現象（ephiphenomenon），無助於對人的行為的瞭解。另人文主義心理學重視人的主觀經驗，與精神分析學家的觀點近似，但卻不相同；因為S. Freud等精神分析學家，視意識經驗為衍生的或外顯的事件，由潛意識或潛在驅力與情結而來，且把注意力集中於病態人的精神狀態，漠視正常人的特性與精神力量。加上人文主義心理學家認為，意識經驗指的是此時此地的立即經驗而言，不必進一步的解釋或分析；意識本身即是「因」，而非由群多基本的「因」所構成。

(二)人文主義心理學堅持人本質上的整體性與完整性

人文主義心理學強調整體性，是複演早期的知覺理論。W. Wundt和E. B. Tichener的結構心理學所強調的局部性，由強調整體性知覺的格式塔心理學所繼承。K. Goldstein深受格式塔知覺論的影響，將其整體性觀念應用於人格和動機的研究，而稱一個人的動機，係以統一性和整體性為取向，其強調吾人力求統一性，即在於追求自我實現。另人文主義的人格論者G. Allport曾就人格提出整體的觀點，以為吾人人格的各種特質，有不可分割的關係，且具有動

態的相互關聯性。精神分析心理學認為，心理健康通常是等於心理安寧的統整狀態；而情緒疾病是由於心理崩潰和內在衝突而產生。如就此而言，人文主義與精神分析心理學的觀點，似有部分雷同之處。

(三)人文主義心理學承認人的存在具有明確的限制，但堅持人需維持基本的自由與自主性

　　人文主義者承認人與生俱來受到若干明確因素的限制，但也主張試圖設法予以移去或超越之。因此，對於人的生活究竟出自於自由意志或受制於天賦因素與環境二者結合所影響。此一問題，人文主義者有其特殊的觀點。他們固然承認人的發展，大部分受到遺傳、體質以及本身限制的影響，但關鍵因素則在於吾人所具有的邊際自由（margin of freedom）；即仰賴邊際自由始能開拓生活中屬於既定且不可改變的條件限制，此等條件與M. Heidegger所謂包括生理年齡、面相、出生等在內的被拋擲（throwness）相似。亦即我要實現我的目的，我要實現我有可能性，以成就我的現實。即我要由我的目的，去主宰一切，我要求一切由己，而得到自由。但是我所遇之萬物之可能性的實現是否與我的目的相順或相違，皆有可能。如相違了，則我之目的便不能實現，或可能性不能現實化，我亦需承擔。而我何以某些目的要實現，某些可能性亦初非由我選擇，我生下來便具有要實現此等可能性，構成我的背負，因此人生即——「被拋擲的可能性」（唐君毅，民56）。

　　為了探討邊際自由，人文主義者不採用實驗或科學的定義解釋，而本諸基本上人是自由的觀點，從現象學以及多數人的主觀信念著手，即試圖創設一種符合自由選擇與主動自我（active selfhood）的現象經驗論。雖然精神分析論、行為論與人文主義均認定吾人在主觀上會體驗到自由意志感且大部分的時間具有主動自主性，但是前二者卻又認為此種主觀自由感，無法準確反映出事情的真正狀態，以為人的感受、想法和行為尚須受制於外在的人或力量

的控制，此等觀點自有別於為提升吾人自主性、生命力和尊嚴的現象經驗論有所出入。

人文主義心理學除了根源於現象學之外，浪漫主義與存在主義哲學亦對其有所影響。前者如盧梭（J. J. Rousseau）相信人生下來即為善，富於群性，若給予自由，將會快樂、自我實現、有社會感、將會為自己和他人做最好的事情。他如果做壞事、反社會，乃是其自然驅力受社會力量影響干擾所致。存在主義強調人存在的重要意義，且應由人的能力去選擇此種意義。如S. Kierkegaard便認為主觀性，即是真理。個人的信念引導著他的生活以及決定他存在的本質。真理是不假外求，而是存在於人的內部，且由他自己所創造，無須利用邏輯、理性思考，才能獲致。就F. Nietzsche來說，上帝已經死亡。因此人須依自己而活，人可能對生活採取兩種態度，一為接納傳統道德來指引他的生活，因而參與群體、順從群體；二為以自己的信念、價值觀與生活做實驗，以達到自己所追求的真理與道德，而成為超人。Nietzsche鼓勵吾人做後面的這一種（陳鼓應，民56）。

(四)人文主義心理學不採用化約的取向論

人文主義心理學受到現象學推進的影響，使用意識經驗概念，已如前述，但不將這種意識經驗化約為如精神分析心理學使用的基本驅力或防衛，也不似行為心理學將意識當做副現象看待。基於此一認識，活動和兄弟之愛，乃為真正的現象，不須將之視為情愛的驅力或滿足早年需要的狀態。

人文主義不喜歡使用精神分析的潛意識（unconsciousness），主要原因有二：其一、人文主義認定人的心靈的整體性，不容化約。是以對精神分析論將人的心靈化約為潛意識與意識兩部分，不予接納。其二、人文主義非常重視個人的自主性，而認為若使用潛意識，易於使人否定自主性，以之做為排除吾人應對自己的行動負責的合理藉口，甚至以潛意識而非當事人須為自己的行為受到譴責。

(五)人文主義心理學深受存在主義的影響，相信人性從未充分界定

　　吾人若只以人的實際作為以及實際存在狀態，而不用抽象方式，敘述人的本質，則無法完全界定人的潛能。若人性的界限無法確定，其人格便可獲致無限拓展。這種強調擴充自我以及超越自我之可能性的觀點，就與力求自我實現的努力直接緊繫在一起，再加上人的潛能拓展，主要靠推進的觀點，即在於說明吾人將受到鼓舞去實現自己尚未完全實現的潛能。

　　綜上所述，當可發現，人文主義心理學在解釋吾人的行為方面，設定吾人能自由選擇自己的生活方式，而非認定是事先決定的；而且以為行為的最重要根源不在物質科學，而在於人的科學；即研究人的行為，應顧及主觀的現實，研究能覺察、選擇、有價值感、有情感以及獨特性的個人。

三、馬斯洛與羅傑斯的主張

　　先就馬斯洛的主張言之。馬斯洛將人的動機分成匱乏的動機（deficiency motivation）與成長的動機（growth motivation）兩種（Maslow, 1968）。由於動機不同將會產生不同的需求，而這些需求可區分成生理的需求（physiological needs）、安全的需求（safety needs）、隸屬與愛的需求（belongingness and love needs）、自尊的需求（esteem needs）、認知與瞭解的需求（desires to know and to understand）、審美的需求（aesthetic needs）和自我實現的需求（need for self-actualization）（Maslow, 1970）。前四項需求，由匱乏的動機所衍生，有賴於主體以外的他人協助，主體方易獲得滿足；後三者則是衍自成長動機，旨在側重個體潛能的發揮，以充實與美化生命。是以在該需求階層中，位在較低階層的需求，與其他動物的需求無多大差異；愈高層級的需求，愈能反映出人的需求之獨特性。此一需求階層如圖4-1所示。又當衍自匱乏動機的四種需求未獲滿足時，追求它們的動機會轉強；一旦需求滿足之後，動機即

刻轉弱。當衍自成長動機的各種需求獲得滿足，個人之動機不但不
會終止，反而進一步追求實現。

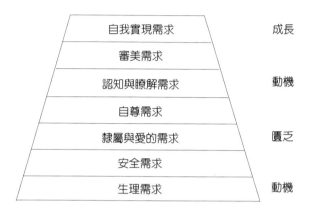

圖4-1 馬斯洛的需求階層

註：本圖參考*Introduction to psychology* (8th ed.) (p.318), by R. L. Atkinson, R.
C. Atkinson & E. R. Hilgard, New York: Harcourt Brace Jovanovich, Inc.,
1983繪成。

　　馬斯洛認為所有的人在天賦上，均具有追求自我實現的權
力。因為「即使所有這些基本需求都獲得滿足，除非個人正從事適
合於他的事，否則吾人仍經常期望不久將發展出新的不滿足和好
動。……一個人『能夠』成為怎麼樣，他『必須』如此；他必須真
正符合他自己的本性。此即所謂自我實現。……自我實現的需求，
對當事人而言，即在於實現他在潛能上真正的樣子，使其益具有獨
特性」（Maslow, 1970, p.46）。至於一個真正達到自我實現者所具
有的特徵，如表4-4所載。

表4-4	自我實現者的主要特徵

1.能較有效地覺察現實，且能較愉快地面對之。

2.幾乎毫不考慮地接納自己、自己的性格和他人。

3.行為表現單純而自然，不具矯作或有承受效應的壓力。

4.以本身之外的問題為焦點，關注基本的問題和外界的難題。

5.具有逃離的品質：保有隱私的需求。

6.具有高度自主性：較不受物理的與社會的環境影響；唯有仰賴自己的發展與持續性成長。

7.不視恩賜為理所當然，而一再欣賞生命的基本快樂。

8.體驗無限的願景和具神秘性、非屬自我意識的高峰經驗。

9.與他人有深度關係的情感。

10.具有深度意義的民主觀念；雖然不能真正瞭解差異，但沒有歧視想法。

11.有強烈的倫理觀念、明確道德標準；雖然態度傳統，但能分辨目的與手段、善與惡。

12.富帶有哲學而非敵意的幽默感；具自發性，認真且有想法。

13.具有獨創性和發明能力；比他人更能追求新鮮感。

14.具有超越性。雖然傾向傳統且生活於現有文化之中，但依自己特性的法則生活，不受制於社會的法規。

15.體驗不完整性，且懷有與他人一般的心情。

註：本表整理自：

1.*Montivation and personality* (2nd ed,) (pp.149-176), by A. H. Maslow, New York: Harper & Row, 1970.

2.*Montivation: Theory, research and application* (4th ed.) (p.322), by H. L. Petri, Pacitic Grove: Brooks/ Cole Publishing Co., 1996.

　　綜合上述，當可瞭解吾人的基本需求，如未獲滿足，就不會去追求環境中其他較高階層的需求。且追求自我實現，乃為吾人健康、成熟的表徵，是以如何協助受教者達成自我實現的目標，乃是有待努力的取向。

　　最後就羅傑斯的主張言之。羅傑斯以倡導案主中心治療（clientcentered therapy）聞名，然而這種治療，係根據他的個人動機觀念而來的家庭本位法。他曾經指出：生命本身是一種主

動、持續的過程,而且人的行為最基本特徵在於為追求整體性(wholeness)而奮鬥不懈,此種力爭上游的奮鬥(striving)概念,含蘊著吾人固然隨著成長而變化,但是達成整體性的過程從未獲致,而顯現其重要。羅傑斯將這種為達成充分功能的力爭上游的作用,稱為自我「實現傾向」(actualizing tendency),且與生俱來於所有生命機體之中(Arkes & Garske, 1977; Evans, 1975; Rogers, 1951, 1961; Schultz, 1977)。羅傑斯進一步指出,吾人為了邁向成長,除了有賴這種天賦的實現傾向外,尚須透過非天賦的積極關注需求(need for positive regards)以及積極自我關注需求(need for positive self-regards),始克達成。

吾人若以實現傾向做為生活的參照架構,則極可能充分發揮其潛能。這個人所接觸與維繫的是和現實傾向一致的經驗。避開或終止和現實不一致的經驗,於是個人生活的動機,是出自於個人內在的感受;而非民德、信念、價值或他人所施加於他身上的傳統。實現傾向會影響個人的生理和心理功能,就基本階層言之,該傾向維繫個人得以滿足如空氣、水、食物等生理需求,也控制生理成熟,持續生長和更生。在心理的階層上,它導引個人邁向自主與自足,擴展經驗以及協助成長;終而引導個人表現積極或健康的行為,達到自我實現。

積極關注和積極自我關注涉及在兒童期來自有關人士的愛、溫馨關懷、同情與接納;也來自自己和他人的互動學習而得。例如:愛是因為愛另一個人所獲得的經驗而得。吾人如能自由獲得積極關注,就不會發生問題,但事實上總非如此。兒童的行為或思考常須依著某些方式而行,才能得到家長或相關人士的積極關注,如他須行好事,才會受獎。於是就確立有價值的條件,不久,兒童便學會了為了接受愛,其行為與思考則須依附生活中有關人士的價值觀而行,且將之內化為自己生活的參照架構。此種關注,即是羅傑斯所稱的條件式的積極關注(conditional positive regard)。為避免

有價值條件關注造成的不利影響，只有設法給予當事人非條件的積極關注；即要讓當事人覺得非依有關人士的認定方式行事，才有價值感。當事人之所以有價值感，乃緣於自己是一個人，表現自己應有的面貌，而不是為了迎合他人，表現了特定的行為，以求贏得積極的關注。吾人亦唯有經驗非條件的關注，才能完全發揮功能。父母給予子女的愛，乃是無條件積極關注的原型，不論兒童表現的特定行為為何，他／她會得到父母的愛與接納。「因為他／她是他們的孩子，而非基於他／她完成他們的特定條件或達成他們的特定期望」。

當價值條件取代機體價值過程，作為吾人生活的指針時，這個人就可能會變得行為不一致，甚至可能引發焦慮的不適應行為。一個行為若屢和自我概念不一致，往往是心理異常的原因。一般心理治療，即針對此種情況而來，務期協助接受治療的對象，克服有價值條件的約制，再度回歸依機體價值過程而生活。吾人只有如此，依循自己的機體價值過程生活，才可能充分發揮功能，這個人便與馬斯洛所稱的自我實現者一樣。

一個充分發揮功能的人，依照羅傑斯的觀點，具有如下五項特徵（高覺敷，1989; Petri, 1996）：

(一)以開放的態度對待經驗

即各種來自機體內、外的刺激，在不受防衛機制歪曲的條件下，個體都能坦然面對。他瞭解自己的特徵，更能保持彈性地設法加以改變。充分發揮功能的個人，較諸他人經歷更多的情緒經驗。

(二)過著存在的生活

充分發揮功能的人，時時刻刻均過著最充實的生活，而不費神去關注過去或未來的生活。對眼前的生活，具有普遍的興趣，會去體驗新而豐富的人生。羅傑斯相信存在的生活，乃為健康人格的核心。

(三)信賴自己的機體

一個發揮功能的人經常以特定方式，表現行為。因為他「覺得」這樣做是「對的」，是以他經常以開放的胸襟、直覺地展現行為。如是信任自己「心底的反應」（gut reactions）雖可能導致自發性的或衝動性的行為，但不至於以犧牲他人為代價。

(四)自由感

當一個發揮功能者面對一切，且須作選擇時，就會體驗到個人的自由感；個人有權決定自己的未來，自己便是控制生活的主體，而非受制於機遇、運氣。

(五)創造

充分發揮功能的人具有高度創造能力，以適應變遷；甚至，得以在急遽變遷的環境中維持生存。

總之，充分發揮功能的人，可免受制於否認、歪曲等機制的作用，而達到自我掌控的層次，以引發正確的行為，進而不斷提升自我。基本上，羅傑斯認為人的動機，係由需求所引發；同時，自我實現的必要條件在於信任自己的經驗，藉以評鑑自我；而非以他人的需求和興趣來評鑑自我；且來自父母與他人的積極關注，將協助吾人成為充分發揮功能者。

四、人文主義課程的倡導

美國加州大學洛杉磯分校的麥克尼爾（McNeil, 1996）曾針對在什麼時間、用什麼方式、教給誰、什麼內容的問題，將課程分成人文主義課程（humanistic curriculum）、社會重建課程（social reconstructionist curriculum）、科技課程（technological curriculum）以及學科課程（academic subject curriculum）；其中人文主義課程，深受人文主義心理學的影響。由於美國在1980年代以來所實施的課程，未能讓學生感到滿意，於是導致高輟學率、破壞文化盛行，甚至對學科感到困擾等問題。有識之士認為有必要確定學生的生活目

標，建立其良好的人際關係，以及維護其自尊；加上學生家長對子女的自我實現懷有期許，以爲培育子女的情緒與體能發展、獨立判斷能力和智能同等重要。此時倡導的人文主義課程，支持個人主義的理想，協助學生實現自我，而非塑造學生成爲預定的型式；可以迎合個人成長的需求，尚可促成個人的統整，進而達到自我實現而受到重視。

　　爲進一步瞭解人文主義課程與前面所述人文主義心理學的關聯，將人文主義課程的特徵分述於後，藉供參照。

　　先就人文主義課程的目標而言，以爲教育的目的是涉及個人成長、統整，以及自主等理想的動態的個人歷程（dynamic personal process），而自我實現的理想則爲其核心概念。此與人文主義心理學的代表人物馬斯洛的看法頗爲一致。以人文主義心理學爲基礎的人文主義課程，鼓勵學生自我實現，允許學習者表達、表現、實驗、犯錯、接受回饋，以及發現自己的眞面貌。馬斯洛認爲吾人藉著檢驗對高峰經驗的反應，來學習對自己的瞭解；即透過這些經驗可提供愛、恨、焦慮、沮喪與快樂。就馬斯洛來說，恐懼、神秘既是學習的起源，也是終結者；是以人文主義課程應珍視與嘗試提供此等經驗，以同時促進認知和情意的成長。

　　次就人文主義課程的教師角色言之。教師必須提供溫馨與良好的學習環境，使之猶如一個資源中心，不但可賦予學生想像的空間，且能提供具有挑戰性的材料，以助長學習；並透過師生的相互信任，以激發學生的學習動機。教師須持有每個學生均能學習的信念，根據學生的興趣與意願從事教學，以建立正向的師生關係。因此，如從學生角度觀之，人文主義課程教師須具備的基本條件有如下三項：即能綜合地傾聽學生對現實的看法；能尊重學生；能表現自然而眞誠，不裝點表面。

　　繼就人文主義課程的組織言之。其最大的長處，在於強調統整性，即力求增進學習者行爲的統一，爲了協助學習者統整其情緒、

思想與行動，人文主義者試圖克服傳統上由專家安排論理式課程的組織，而漠視心理組織的缺失，改採重視整體性的課程組織方式，強調經驗的綜合性，反對當前流於片斷、零碎的課程編排。

人文主義課程因強調統整性，偶而會忽略順序，使學生無機會去加深或加廣他們所發展的單一領域的知識。為了克服此一缺失，可將順序的因素置於關注事項、價值觀、概念、態度或問題等項目中考量，然後安排適當的活動，使學生得以逐漸處理或表現此等需求。麥克尼爾曾引用西撲里特（J. M. Shiplett）根據順序將情意經驗加以安排的例子，可供參考。其所安排的順序如下：1.設計可以顯示關注或阻礙事項的活動，即教師運用經驗，協助學生處理恐懼與不適宜需求的事項，以維護安全與自我表現的活動。2.導入具有指引方向的教材，即針對主題、學習任務等安排活動，以激發學生的好奇心，使其樂於學習。3.進行學習的安排，賦予學生愉快的學習經驗。4.讓學生獲致成就，不但精熟學習內容，也對之感到滿意。

再就人文主義課程的評鑑方式言之。人文主義課程強調成長，不太關注評鑑，是以重視學習的過程，而非成果；只問所安排的活動能否協助學生變得更開放、獨立。一個好的班級，應在於提供學生更能瞭解自己與他人，以及發展自己獨特潛能的經驗。人文主義教師以能瞭解學生對所安排的活動的反應而感到自豪，欲達成如是的目的，則要透過觀察學生的活動，或在學生活動完成之後呈現的回饋中瞭解之。人文主義者判斷課程效能的根據，是出自於教師與學生所做的主觀評估，但也可能依據學生的成果，如畫作、詩篇或行為與態度改變的特徵等。當人文主義課程獲得接納並加以運用之後，學生覺得學習的似乎較多，其出席率也較高，且更能展現其創意與能力去解決所面臨的問題。

最後就人文主義課程的發展方向言之。1970年代的人文主義課程主要的有兩種類型：一是統整情意領域（情緒、態度、價值）與認知領域（知能）二者的合流教育課程（curriculum of confluent education）；另一是關注意識經驗與超越（consciousness and transcendency）的課程，務期透過超越的冥思（transcendental meditation; TM），以使個人減低社會性的緊張、增進學習能力、改進運動的表現，甚至獲致意識與其他認知方式的增長。至1980年代，則側重自我引導的學習（self-directed learning）課程，在規劃此類課程時，應能充分考量學生的成就動機、歸因論、學生的興趣、制握概念，而以發展學生的認知、情意、社會、道德、自我發展等為目標。

綜上所述，當可瞭解人文主義課程重視學生的創造、對新經驗的獲得採開放的態度、真正關注生活的意義、協助學習者獲致各種認知的方法、最後希望能使學習者邁向自我引導的學習，即是本諸信賴氣氛的培養、允許學生決定學習內容與方式、培育信心與自尊等人文主義心理學的理念而來。至於統整認知與情意領域，以達成全人發展的目標，即是人文主義心理學講究統整性、完整性，以求達成自我實現等理念的反映。

五、真正評估替代技術的運用

當前有關人的學習與表現的研究指出：目前使用的許多種測驗，無法測出學生的高層次認知能力，或支持他們執行真實世界之任務的能力（Rensick, 1987; Sternberg, 1985）。為針對如是情況，而著重測量學生在實際生活情境中之複雜表現與高層次思考技巧的真正評估（authentic assessment）技術乃應運而生（Kirst, 1991; Wolf, Bixby, Glenn, & Gardner, 1991）。其目標在於使測驗能和學習者的學習任務（learning tasks）有較密切的統整性，並能充分尊重學習者認知方式的多元性，以及允許學生主動參與評估工作，俾瞭解學習者知道了什麼？能做什麼？（Frederiksen & Collins, 1989; Hart, 1994; Wiggins, 1989）基於如是的信念，真正的評估常被視為受到人文主義心理學的影響。真正評估到目前為止有多種不同的名稱，

如替代性評估（alternative assessment）、表現評估（performance assessment）、整體性評估（holistic assessment）、觀察本位評估（observation-based assessment）等均屬之。

眞正的評估在評估學生與成就有關之行為、素質及成果方面，勝過傳統的測驗，可為學生的學習，提供較整體的圖像（Stiggins, 1991）。此種評估至少具有如下的特徵（Darling-Hammond, 1996; Hart, 1994; Wiggins, 1989, 1993）：

(一)眞正是該領域代表性的、有價值的、重要的表現（實作）或問題；如讓學生眞正去寫作，而非讓他接受拼字或回答有關寫作的問題；要求學生執行科學實驗，而非記憶不連續的科學事實。

(二)在評估中使用的規準，尋找評量表現的「要素」，且公開與學生和相關人士瞭解；亦即此等規準係外顯且顧及學校的目標，包含學習任務的各個向度，而非僅止於等第這一項。

(三)自我評估在眞正任務中扮演重要的角色，眞正的評估之主要目標，在於協助學生發展評估自己的工作潛力，修正、重新導正自己潛能，以及採取評估自己進步情形的新方法。

(四)期待學生提出作品，並公開以口頭說明、辯解，以確定他們眞正精熟所學。

(五)認可與重視學生的多元能力、各種學習方式與多種背景的價值。

上述的這些特徵，出自於如下的信念：即任何值得學習的任務，都是值得評估的，所以評估難與活動分開區辨，值得學習的任務，也是值得重複予以練習的那些，需要學生一起去工作，以完成之；但學生群體不同，所花的時間，當然亦有差異（Hart, 1994）。

眞正評估與在班級實施的測驗不同，不僅出現在體例方面，即使在師生角色扮演方面，也有差別。班級測驗大多由教師設計或選擇，因此學生只是被動接受評估的對象，而在眞正評估中，學生成為主動參與評估者。雖然教師在提供適當的回饋方面，扮演一

種屬於專家性質的角色，但是學生也因投入眞正群體活動，而達成學會判斷自己的工作以及選擇自我改進的目的。因此，論者以爲眞正評估具有以下的優點：1.符應學生的多元性，即能充分考量學生不同的能力、學習方式與文化背景。2.提供讓學生感到有價值的、有趣的與有關的任務，以激發其學習的動機。3.提供教師多向度的觀點，去瞭解學生的表現，不僅瞭解其成就，也要瞭解其情意特徵，如學習動機。4.協助學生調控自己表現的方式，以及提供學生、父母與教師間的一種溝通手段。5.具有系統的效度（systemic validity），可當作激發課程改變的力量。儘管眞正有如上的優點，但仍有如下的可能缺失，值得注意：1.欲執行眞正評估，需有充分的時間才行。2.需有足夠的資源支持，以及教師的努力計畫，方克達成。3.學生的表現評估，往往比實施客觀測驗複雜（Fredericken & Collins, 1989）。

　　眞正評估因目標的不同，而有不同的方式，茲分述如下：

(一)觀察本位評估（observation-based assessment）

　　旨在找出學生的需要與特徵，以作爲診斷和安置之用。爲達成此種目標，教師需時時刻刻觀察班上的學生，以熟悉其知能、生理、社會與情緒的發展，爲求觀察活動的系統化，教師遵循如下的指針：1.觀察全體學生；2.做經常性且有規則性的觀察，將所做的觀察，作成書面紀錄；3.記載學生典型的（例行性的）與非典型的（特別性的）表現；4.需將多元的觀察結果做整體性的統整，以發現行爲組型；5.分從不同的脈絡，做綜合概括，以獲得學生的整體圖像（Hart, 1994）。

　　教師爲了觀察其所計畫教導的內容領域，需發展評估學生表現的檢核表，或評定等級量表，或訪談單。

(二)個別檔案紀錄評估（portfolio assessment）

　　旨在根據學生在一段期間的檔案紀錄、作業樣本，以瞭解他在該段教學期間學習得到什麼以及他如何將所學付諸實際（Borich,

2014），並配合其進步情形，調整其發展，亦即以動態的視覺的方式，呈現學生的能力、優點及需改進之處。是以個別檔案紀錄（portfolio），猶如一個蒐集資料的容器（Collins, 1992）。基於學生所要達成的目標來發展個別檔案紀錄，以決定所要蒐集的證據類型，如為了顯示寫作的成就，學生可蒐集他們最佳的作品樣本，如最佳的詩篇、短篇論說文等。又如為了蒐集他們瞭解科學與日常生活整合的進步情形，學生可蒐集有改進的觀察技巧或改變推理方式的證據。

透過個別檔案紀錄評估，教師可掌握學生進步的情形與可能性；家長、教師與學生可就學生的作業，進行討論、溝通；教師與行政人員可為學生計畫投入的課程、評估教學使用的課程、發展積極的互動行為、協助學生管理個別檔案紀錄（Melograno, 1996）；學生可評估及展示自己的成就。

個別檔案紀錄通常可分成四種，即1.人工製品（artifacts），指的是學生在平時學習期間，所能提出的文件，如計畫報告、圖畫等。2.複製品（reproduction），學生展示曾參與之事件的文件，如相片簿等。3.發明（attestation），提供學生表現或進步的外在證據。4.產品或成果（production），學生為個別檔案紀錄而準備的文件。

根據Tierney、Carter和Desai（1991）分析個別檔案紀錄評估與傳統測驗相較之下，有如下的優點：代表學生在某內容領域的工作範圍；學生可從事自我評估和訂定目標；承認學生之間存有個別差異；可助長合作式的評估；以改進、鼓勵努力和表現成就為焦點；結合評估和教學的活動。

(三)表現（實作）評估（performance assessment）

即檢查個別學生的表現，並分派等第為其目標。所謂表現或實作（performance）係指學生演示或展現其對課程的精熟程度（Monson & Monson, 1993）；焦點置於學生使用知識與技能於實際

情境或脈絡的情況。

用來作為表現評估的任務，可評估各種學習的成果，且特別適用於評估由傳統測驗所不易評估出來的理解力、複雜的技能與思考的習慣。美國肯塔基州教育廳（Kentucky Department of Education）曾指出評估任務，乃在於測試學生達成如下目標的進步情形：應用基本溝通與數學技能，將各種學科的核心概念與原理予以應用，成長為自我具有充分能力者，成為家庭、工作團體或社區中具有生產力的一員，能思考與解決問題，能聯結與統整知識（Hart, 1994）。是以表現任務可能像短篇測驗一樣，只用來評估較特定的知識與技能；有時候可能是屬於長篇且複雜的任務，用以評估廣域的知識、過程與能力，但無論何種形式，多少是具有模擬真實生活的情境與問題。設計表現評估任務時，需瞭解好的任務需出自於課程，並從可運用的時間和資源來考量其可行性。

詳言之，一般論及表現任務的選擇與使用時，需考量的因素，約有如下各項：1.所選擇或設計的任務，需對學生有意義，能引發其興趣，且需統整其知識技能與素質者。2.選擇或設計的複雜、結構性任務，可有多種解決途徑。3.適合於學生發展的真正情境任務，能使學生有足夠時間和可用資源去處理的任務或計畫。4.考量學生是否需要他人協助或一起工作，始能完成的任務。5.明確表述期望於學生的表現是什麼，以及如何判斷此種表現（McCown, Driscoll, & Roop, 1996）。

參考書目

心理學百科全書編輯委員會（1995）。《心理學百科全書》（上卷）。
　　杭州：浙江教育出版社。
高覺敷主編（1987）。《西方心理學的新發展》。北京：人民教育出版
　　社。
唐君毅（民56）。海德格。收入陳鼓應編。《存在主義》（71-136

頁）。台北：台灣商務書館。

陳鼓應（民56）。《**悲劇哲學家—尼采**》。台北：台灣商務書館。

Arkes, H. R., & Garske, J. P. (1977). *Psychological theories of motivation.* Monterey, CA: Brooks/Cole.

Borich, G. D. (2014). *Effective teaching methods: Research-based practice* (8th ed.). Boston: Person Education, Inc.

Collins, A. (1992). Portfolio for science education: Issues in purpose, structure and authenticity. *Science Education, 76*(4), 451-463.

Darling-Hammond, L. (1996). Setting standards for students: The case for authentic assessment. In R. Fogarty (Ed.), *Student portfolios: A collection of articles* (pp.5-16). Arlington Heights, Ⅲ.: IRI/Skylight Training and Publishing, Inc.

Doll, R. D. (1996). *Curriculum development.: Decision making and process* (9th ed). Boston.: Allyn and Bacon.

Evans, R. I. (1975). *Carl Rogers: The man and his ideas.* New York: Dutton. Frederiksen, J. R., & Collms, A. (1989). A systems approach to educational testing. *Educational Researcher, 18*(9), 27-32.

Hart, D. (1994). *Authentic assessment: A handbook for educators.* Menlo Park, CA: Addison-Wesley Publishing Co.

Kirst, M. (1991). Interview on assessment issues with Lorrie Shepard. *Educational Researcher, 20*(2), 21-23.

Maslow, A. H. (1968). *Toward a psychology of being* (2nd ed.). New York: Van Nostrand Reinhold.

Maslow, A. H. (1970). *Motivation and personality* (2nd ed.). New York: Harper and Row, Publishers.

McCown, R., Driscoll, M. & Roop, P. G. (1996). *Educational psychology: A learning-centered approach to classroom practice.* Boston: Allyn and Bacon.

Melograno, V. J. (1996). Portfolio assessment: Documenting authentic student learning. In R. Fogarty (Ed.). *Student portfolios: A collection of articles* (pp.149-167). Arlington Heights, Ⅲ.: IRI/Skylight Training and Publishing, Inc.

Monson, M. P. & Monson, R. J. (1993). Exploring alternatives in student assessment: Shifting the focus to student learning in the middle school. *Middle School Journal, 25*(2), 46-50.

Oliva, P. E., & Gordon, II, W. R. (2013). *Developing the curriculum* (8th ed.). Boston: Allyn and Bacon.

Rensick, L. B. (1987). *Education and learning to think*. Washington, D. C.: National Academy Press.

Rogers, C. (1951). *Client-centered therapy: Its current practice, implication and theory*. Boston: Houghton Mifflin.

Rogers, C. (1961). *On becoming a person: A therapist's view of psychotherapy*. Boston: Houghton Mifflin.

Schultz, D. (1977). *Growth psychology: Models of the healthy personality*. New York: Van Nostrand.

Shaffer, J. B. P. (1978). Humanistic psychology. Englewood Cliffs, N. J.: Prentice-Hall, Stemberg, R. J. (1985). *Beyond IQ*. New York: Cambridge University Press.

Stiggins, R. J. (1991). Facing the challenges of a new era of educational assessment. *Applied Measurement in Education, 4*(4), 263-273.

Tierney, R. J., Carter, M. A. & Desai, L. E. (1991). *Portfolio assessment in the reading-writing classroom*. Norwood, MA: Christopher-Gordon Publishers, Inc.

Wiggins, C. (1989). Teaching to the (authentic) test. *Educational Leadership, 46*, 1-47.

Wiggins, C. (1993). *Assessing student performance*. San Francisco: Jossey-

Bass.

Wolf, D., Bixby, J., Glenn, J. J. Ⅲ, & Gardner, H. (1991). To use their mind well: New forms of students assessment. *Review of Research in Education, 17*, 31-74.

（本文修正自原發表於國立彰化師範大學教育研究所主辦「多元師資培育取向暨課程與教學研討會」，民國87年6月12日）

討論問題

1. 課程與教學宜配合教育對象的發展或學習？
2. 認知學派與行為學派心理學，對教學設計的影響有何差異？
3. 皮亞傑與維果斯基的理論對教學的影響有何相似與相異之處？
4. 建構主義的類型有哪些？各對一般學生、資優或身心障礙者的教學具有何啓示作用？
5. 人文主義心理學對多元評量技術的倡導，產生哪些影響？
6. 發展任務對課程設計有何啓示？
7. 道德行為發展論對課程規劃的影響如何？
8. 多元智力論、成功智力論在課程或教學設計上的意義為何？
9. C. Gilligan曾言：「由於男性化係透過自我獨立予以界定，而女性化則透過親情依附關係作界定，因而男性性別身分的認同，受到親密行為的威脅；而女性性別身分的認同，則受到自我獨立行為的威脅。」您是否同意？又依某觀點，此等性別差異如何反應在道德推理之中？
10. 以下的概念，如何反映在課程設計之中：增強作用、社會交互作用、最近發展區、搭架作用、兩難問題、真正的評量、師徒制？

貳、課程發展篇

第 5 章　課程理論

　　課程理論（curriculum theory）是課程領域中的一個重要部分，學者、專家多寄予高度重視；但是多數的實際工作者卻視之為與日復一日的工作無關。事實上，一種完美的理論，不但對學者、專家來說，有其價值；即使對實際工作者而言，亦有貢獻。尤其課程可提供一組概念工具，藉之分析課程報告書、闡釋實際工作，以及引導改革，不宜視之為無用之物。

　　本章計分成六節，首在分析課程的性質與功能，繼則析述各種課程的類型。

第一節　課程理論的性質與功能

■一　一般理論的性質與功能

　　在瞭解課程的概念之前，須先對一般理論的性質與功能有粗略的認識。

　　根據科學哲學家波柏（Karl Popper, 1959）的看法，理論是指計畫捕捉吾人所稱「世界」一切的網，俾使該世界得以合理化，便於解釋和掌握。吾人應竭盡所能將該罟編織得好上加好。波柏此種觀點，乃在於關注理論化（theorizing）的作用，從認知、學習「世界」開始，進而知其所以然。

　　上文所指的「網」是用來解釋世界事實的工具，試圖把和特定問題有關的事實編織在一起。惟波柏科學理論中的「世界」網所要捕捉的是自然界的動、植物，原子、分子，礦物、化學，熱、光、聲等；與課程理論此種人為的世界不同。因此，如欲採波柏的觀點來說明課程理論似不完備，但採用其解釋與掌握世界的精神，則頗有價值。課程理論雖是人為處理的結果，但其審慎考慮在什麼環境之下，採用什麼方法與材料，教導何人，及其目的之所在；而且也說明教材、學習者、環境等因素組成相互關係的理由，與波柏所稱理論在於解釋和掌握世界的要旨相

似。又課程選用的知識，涉及認識論（epistemology）；對運用課程的學習者的瞭解，涉及人的行為理論（theories of human behavior）；教材、教法則與教學心理學（psychology of teaching）、教學理論（theories of teaching）等有關。此等認識論、學習與教學論，有些根源於哲學、社會學、史學，有些則源自心理學，它們的重點不外在於瞭解學習與教學的性質、助長學習與教學過程的條件，以及目前與過去對學習和教學二者之間關係的看法。

　　另有人將理論分成實在論者的理論與工具論者的理論兩種。前者（實在論者）視科舉為理性的和實證的努力取向，對成果的預測和解釋表示關注。因此，他們認為理論是用來描述會產生可觀察之現象的那些結構。工具論者則把焦點放在理論執行的功能，根據此一觀點，理論只是一種探究世界的工具，而非世界的圖示；就此意義而言，如欲評估理論，不依其究竟為是或非判斷，而是憑依它所能展現的預測品質為基礎決定之。

　　亦有學者（王文科、王智弘，民91；Hergenhahn & Olson, 2001）指出，科學理論可分成形式的部分（formal aspect）與實證的部分（empirical aspect）兩種。前者指的是理論所運用的文字或符號而言，後者則涉及理論所要去解釋的自然界中的事件。二者的關係極為複雜，理論的形式部分本身，固然能賦予自然世界意義，但是其所作的預測，難免會有錯誤。是以一種良好的理論，除非獲得實驗測試的有力支持，否則仍不具有科學的意義，如欲使理論具有科學的意義，不論其形式的部分如何抽象，開始與結尾均須述及可觀察的事件。

　　根按上述的分析可知：

1.理論是為了解釋自然界的現象，提供架構（網）。

2.理論的功能在於描述、解釋、預測、探究。

3.理論兼含形式部分與實證部分，形式部分以抽象符號賦予自然界意義；實證部分則以可觀察事件為對象，為形式部分提供驗證的基礎，務期該理論臻於完美的境界。

■ 二 課程理論的功能

廣義的「課程理論」似可界定為：一組教育概念，為課程的現象，提供有系統的闡釋性觀點，以探討以下的問題：1.為什麼我們教這而不教那？2.誰有機會去接觸什麼知識？3.什麼規則掌握選出來供教學用的內容？4.為了形成整體課程，它的各部分交互關係如何？（Kliebard, 1977, p.262）至於課程理論的功能，除了具有如多數科學、哲學家所主張的描述、解釋、與預測之外，根據閱讀課程文獻所得，尚可發現如下兩項功能：

※(一)批判的功能

有些較關心課程理論功能的課程論者為教育工作者提供批判社會及其學校的觀點。如有些作者（如H. M. Kliebard、M. Apple和B. Franklin）採歷史批判（historical critique）檢視過去為學校教育所接納的假定。有些作者（如D. Huebner、M. Greene、J. B. MacDonald、M. Apple、H. A. Giroux與T. S. Popkewitz）採用社會／政治批判（social/political critique）強力分析並揭示如支配、隔離與抑制等社會的正義問題。另有作者（如E. W. Eisner、G. McCutcheon、M. Greene、D. Huebner）採取審美／哲學批判（aesthetic/philosophic critique）整體教育環境，以及闡釋和描繪為傳統教育工作者所漠視的班級行動的表現方式。也有採用心理分析批判（psychoanalytic critique）者（如W. F. Pinar、M. Grumet）運用自傳來強調個人的需求。

※(二)指引實際的功能

有些課程論者如泰勒（Ralph Tyler）雖亦曾嘗試描述及解釋課程現象，惟其著作顯示的主要意圖，不外是要協助教育工作者進行比較合理的選擇。

又某一種特定的理論能否有效達成其功能，或能達成至何種程度，似乎受到該理論的複雜性與成熟度的影響。費克斯（Faix, 1964）曾把課程的發展，分成三個階段，似可用來說明此種情況：

※(一)基礎理論（basic theory）階段

是指早期的思辨階段。該階段的理論未與實證資料有任何關聯。基礎理論不必考驗假設即可確立，涉及的變項很少，運用的概念亦未經過有系統的釐清和分類。該理論也僅提供描述性的解釋方向。葛拉松（Glatthorn, 1980）將課程分成精熟、有機與充實三類（詳見第一章），可視為基礎理論。

※(二)中程理論（middle-range theory）階段

該階段須將假設經由實證考驗，以消除不為真的變項，且運用模型與測驗來釐清各個變項間的關係，以期獲得定理與原則，經由此等過程而形成的理論，可用以闡釋、預測和控制事件。古拉德（Goodlad, 1979）所述的「概念系統」（conceptual system）可用來指引課程的探究與實際（參見第一章），便是中程理論的例子。

※(三)通用理論（general theory）階段

該理論是將中程理論所產生的實際的知識統合而得，如彪夏普（Beauchamp, 1981）整理完成的綜合的課程理論，雖然在實證方面有瑕疵而遭致批判，但可視為通用理論的例子。

第二節　課程理論的類型

除了前一節引述費克斯所依課程理論的複雜性與成熟度，將之分成三個發展階段外，仍有不少課程專家也試圖分類課程理論。

麥可尼爾（McNeil, 1990, 409-412）把課程理論二分為「軟性」課程專家（"soft" curricularists）與「硬性」課程專家（"hard" curricularists）揭示課程理論，茲分述如下。

一 軟性課程專家的課程理論

以派納爾（W. F. Pinar）等概念重建論者的見解為代表，以其模仿人文學科、歷史、宗教、哲學、文學批判等軟性領域，攝取所需之觀點。

那些觀點以爲知識的來源不僅包括感覺與理性，而且包括直覺與存在在內。

軟性課程專家或概念重建論者不研究教室的行爲或決策的改變；而以時間性、超越性與政治的意義爲研究的對象。如休卜納（Huebner, 1975）寫到時間性（時間的存在）時，便認爲需要瞭解的過程，他將個別的傳記與個別的社會史編織在一起，使得個人得以瞭解自己存在的可能性。又如費尼克斯（P. Phenix）將超越性認爲是超軼若干狀態而言，建議課程須考慮人格的獨特性與自由的氣氛。至於政治的意義，則指概念重建的課程理論具有政治涵義，間接影響課程發展。

二 硬性課程專家的課程理論

以爲課程現象的研究，乃在於準確描述目前的目標以及預測和控制未來的發展。瓦克（D. Walker）、詹森（M. Johnson）即爲代表性的學者，他們採用理性的途徑，運用實證的資料，解說課程發展過程中的各個層面。

瓦克倡導的自然模式（naturalistic model）所欲達成的五個目標：考驗命題、採行敘述性研究、確定設計因素（課程變項）與學習成果之間的聯結、述明新的課程問題、確定足以引發其他領域同事之興趣的課程編製。

詹森以爲課程、教學的定義，可爲理論家提供指引的力量，於是他釐清課程、課程資料、課程和教學的關係，並主張以課程指引教學，深信教學的定義應包括一切的訓練和教學情境，以及各學者在各領域獲致之成果等。

欲將課程理論硬作如是二分並非易事。因如把不同的理論家艾斯納（E. Eisner）和吉洛克斯（H. Giroux）歸在「軟性」課程專家並不妥善，充其量只能說他們的研究所採的觀點類似而已。

課程的分類以艾斯納與范蘭絲（Eisner & Vallance, 1974）提出的五種課程概念或取向，最爲普遍，即：

1.認知過程（cognitive-process）的觀點　主要關注知能運作的發展，

較不關心特定的內容。

2.課程即技術（curriculum-as-technology）的取向　視課程的功能在於發現最有效手段，以達成預先決定的目的。

3.自我實現（self-actualization）的觀點　將該課程視爲促成個人生長的完美經驗。

4.社會重建—關聯性（social reconstruction-relevance）的取向　強調社會的需要優先於個人的需要，宗奉該取向的理論家以爲學校的基本任務，係本諸適應的或改革的態度，探討學校與廣大社會的關聯性。

5.學術理性觀（academic rationalism）　強調標準的學科在於協助青年人，參與西方文化傳統之重要性。

艾斯納與范蘭絲提出的這五種課程概念，似乎比前面麥克尼爾分析的爲佳，惟其將「技術」納入課程的基本取向之中，似有商榷餘地。其餘四種取向似可作爲決定課程因素的來源，即認知過程、個人、社會與科目。技術取向從另一方面觀之，基本上是涉及課程發展過程的觀點，該過程可以配合其他四種類型運用之。

上述兩組分類均犯了一項基本的錯誤，即他們並不從基本的取向或重點，著手擇取課程的理論。休妮珂（Huenecke, 1982）另採分析課程探究領域的觀點，提出課程化的三種方式，似最具有創新的價值，一爲結構理論（structural theories），該等理論支配課程領域的前五十年，焦點置於確定課程中的諸因素及其彼此之間的關係，以及課程決定的結構；二爲一般理論（generic theories），該等理論對於課程的成果表示興趣，關注課程決定的假定、信念以及覺察的眞理，由於該等理論傾向於批判過去及當前的課程概念，故有時亦稱爲批判理論（critical theories）；三爲實質理論（substantive theories），乃在思索最可欲的教材或內容是什麼？最有價值的知識是什麼？等爲重點。休妮珂的分類有了基本取向，是優於麥克尼爾以及艾斯納和范蘭絲的分類之處，但是她省略了課程決定過程，仍屬美中不足之處，因爲結構與過程固然有關，但一爲靜態的分析，另一爲動態的處理，確有區分的必要，不宜混爲一談。

如將休妮珂的分類予以補充、修正，並根據課程理論探究的領域區分，可得如次四類（Glatthorn, 1987a, pp.99-120; Glatthorn, Boschee, &

Whitehead, 2009, pp.75-103）：

　　1.結構取向理論（structure-oriented theories） 以分析組成課程的諸因素及其之間的關係為重點，基本上以採用描述性的與解釋性的（descriptive and explanatory）方式為主。

　　2.價值取向理論（value-oriented theories） 主要在於分析決定課程者的價值觀、假定以及他們的產品，基本上採用批判的（critical）方式行之。

　　3.內容取向理論（content-oriented theories） 以決定課程的內容為主，基本上係採規約的（prescriptive）方式行之。

　　4.過程取向理論（process-oriented theories） 主要關心的是敘述課程發展的方式，或建議課程必須採行的方式。有些過程取向理論基本上採描述性的方式，也有些以規約的方式行之。

　　以下各節即針對此一分類系統，逐一敘述，並針對有關的重要課程理論家的觀點，予以探究。

第三節　結構取向理論

　　課程的結構取向論者，關注課程的組成因素及其相互之間的關係，採取分析的途徑，描述與解釋諸項課程因素在教育情境內交互作用的方式。為了探究課程的現象，該等理論家以量的和質的方法，獲取實證的資料，回答如次的問題：

　　1.課程領域的主要概念是什麼？最有用的界定方式如何？例如：「課程」一詞的意義是什麼？

　　2.課程決定分成哪些層次？每一層次受到什麼因素運作的影響？例如：班級教師如何決定課程？

　　3.如何將課程領域以最有效的方式分析成各種要素？例如：學習計畫與學習領域的不同安在？

　　4.什麼原則支配內容選擇、組織以及次序安排的問題？例如：如何將諸項課程因素連貫起來？

　　為了尋找回答這些問題的答案，結構取向論者傾向於仰賴實證的研究，使用質的和量的方法論來探究課程的現象。

　　結構取向論者採宏觀或微觀層次分析課程。茲先就宏觀層次分析，並以古拉德（J. Goodlad）的見解為代表說明。

　　宏觀層次的理論家試圖發展總體理論，用以描述及解釋課程結構中的較大因素。諸位宏觀層次的理論家宜推古拉德的貢獻最為重要，他與芝加哥大學的同僚首度設計一種用來統合泰勒的目的—手段法則，以及古拉德自己所運用的發展過程二者而成的「概念系統」（conceptual system），該種初創的系統，後來接受密集的測試與嚴格的實證評鑑後予以修正而成。古拉德最初是根據許瓦布（J. J. Schwab）的見解，1.確認決定課程的諸項因素：即政治與經濟的需求、共同文化及其次級文化、當事人的願望與需求、如標準學科等知識資源、探究的團體或研究與學術的貢獻，以及教師和行政人員的專業興趣。其次，2.探討此等決定課程的影響因素與認可團體或控制單位的興趣、價值、需求、願望之間的交互作用。其中尤以價值在每個層級最後作課程決定以及在課程運作的四個領域中，扮演主要的任務。古拉德（Goodlad, 1979; Goodlad & Su, 1992）以為這四個領域彼此之間，且各自與周遭的環境產生交互作用。該四個領域分別為：

　　1.社會的領域（societal domain）或層級　包括課程探究與實際的因素，涉及由聯邦、州或地方在政策上所作課程決定的較大問題；聯邦、州或地方所作成的課程決定的影響力，常大於教育專業人員的決定。涉入本層級的有政治人物、特殊利益團體代表、各層級行政人員與專業人員。這些人員透過社會政治的過程，決定課程目的、主題、耗費時間以及使用的教材。

　　2.機構的領域（institutional domain）或層級　包括在學校層級決定的課程因素，即學校與社會的因素交互作用後，對課程的內容以及安排順序作成的決定。具體言之，此層級課程包括課程標準、哲學、課程計畫和指引等書面文件。該類課程亦稱外顯課程（explicit curriculum），是屬於改革的標的。

　　3.教學的領域（instructional domain）或層級　指教師在教室層級決定

的課程因素，係教師與機構的決定交互作用，而獲致的重點教材、進度及計畫。但實際上，教師在教學時，享有相當的自主性。因此，在班級眞正使用的教學課程，隨著計畫的課程而有不同。

4.個人或經驗的領域（personal/experiential domain）或層級　涉及學習本人經驗的課程因素，此等因素係受教師的教學決定的影響衍生而來。由於學生的背景、動機與抱負水準不同，各個學生間的經驗當然有別。

古拉德的此種概念系統對於理解課程的結構，有所貢獻：

1.將高度複雜的交互影響因素，予以簡化。

2.關注課程發展的政治與價值層面，這些層面是其他理論經常忽視的部分。

3.分析課程運作的四個領域，使研究者與實際工作者對課程決定，有所辨別。

4.該概念系統係集體合作建構，並經實證考驗而得的結果；使教育工作者認定對未經測試的理論，提出質疑，乃是合理的作法。

其次，就微觀層次的理論家所描述及解釋的課程現象，以彭斯納（George Posner）與史拽克（Kenneth Strike）的見解爲代表說明。

微觀層次的理論家特別關注發生在機構、教學層級（institutional instrutional levels）的課程現象。彭斯納與史拽克（Posner & Strike, 1976）合寫的論文提出和分析課程結構中的好幾項細微因素（microelements），且揭示用來排列課程內容順序的五種原理：

1.「與世界有關」（world-related）原理　即課程的內容結構反映出人、事件與事物之間的關係；其次型包括以空間關係、時間關係和物理屬性爲基礎而安排的順序。

2.「與概念有關」（concept-related）原理　即課程的內容順序反映出概念界的組織；與概念有關順序的次型爲「邏輯的先決條件」（logical perequisite），即爲了瞭解第二個概念，邏輯上須先瞭解第一個概念。

3.「與探究有關」（inquiry-related）原理　即課程順序的安排須與特定的探究方法有關，如課程順序配合杜威所分析的問題解決過程屬之。

4.「與學習有關」（learning-related）原理　即以學習心理學的知識，決定課程的順序，因此順序的決定常根據如下的諸項假定而來：「以能

引發內在興趣的內容開始」、「由最簡易的技能開始安排」等。

　　5.「與效用有關」（utilization-related）原理　即學習的順序須與社會的、個人的以及生計的脈絡有關。

　　彭斯納與史拽克指出這些原理可視為一組概念，無論對課程發展者、課程評鑑者或課程研究者而言，均有用途。

第四節　價值取向理論

　　價值取向論者主要熱衷於「教育意識的培育」（educational consciousness-raising），促使教育工作者對於存在於潛在課程與顯著課程中心的價值問題，有所感應。由於他們以批判為意向，有時候便被稱為「批判論者」。又由於他們力主把課程領域再概念化，故亦被標記為「概念重建論者」（reconceptualists，亦譯再概念化論者）。

　　為了探究課程的現象，多數價值取向論者，折衷運用數種探究方法論，如心理分析、哲學探究、歷史分析，以及政治理論，處理如下的議題：

　　1.在較大的社會中，學校採用什麼方式複製差異的權力（power differentials）？

　　2.真正得到解放的個性是什麼？學校教育如何限制此種解放？

　　3.學校如何有意地或無意地塑造兒童與青年，使他們適合由所屬種族和階級為其預定的社會角色？

　　4.如課程領導者能決定構成合理知識的內容時，此等決定如何反映出他們的階級偏見，以至於抑制兒童及青年的充分發展？

　　5.學校處理有爭論的議題時，以什麼方式減少或隱藏其社會特有的衝突？

　　持批判論者的探討有以個人為重點者，亦有以社會政治環境為對象者；是以要選擇代表人物時，似宜各擇一人較妥，茲以麥唐納（James B. MacDonald）作為個人取向論的代表，以艾波（Michael Apple）作為環境取向論的代表，分別析述。

　　麥唐納是位多產作家，涉及層面甚廣，難作綜要敘述，因此以下的討論，只能擇其最切合課程領域的作品予以探討。他的所有著作以人的條件觀（view of the human condition）爲基礎，而人的條件又以追求超越爲重心，個人的一切奮鬥乃在實現整體自我。他的一生深受容格（Carl Jung）的著作的影響，在「超越教育發展的意識形態」（A Transcendental Developmental Ideology of Education, 1974）一文，以神秘的隱喻，論述邁向超越的旅程，是所有的人關注之所在。在該旅程中，個人在自我與社會之間、明確的與不明確的知識之間，以辯證方式，尋找次序，創造意義。職此之故，就麥唐納的觀點而言，個人是主動創造意義者，而非被動接受知識者。

　　循此以論，教育的目的乃在於協助個人達成自主的發展，以及自我實現。是以在麥唐納的心目中，教育是一種道德的事業，其價值則反映在各個階段中。教育工作者的責任，即在於把價值明確表達出來；麥唐納（MacDonald, 1977）提出如下強而有力的說法：

> 和課程有關的任何人必須瞭解，他或她從事的是政治活動。談論與運作課程在小宇宙中，是合法的作用。我們關心創造好的生活、好的社會，以及好的個人目的。如果我們談論課程的人，想瞭解我們自己正在說些什麼，並與他人溝通，則必須把那些價值明確表達出來。（p.15）

　　麥唐納以爲多數學校提供的課程，所強調的要點，常受到嚴重的曲解。他在批評、分析課程運作方面，深受哈伯瑪斯（Jurgen Habermas）的《知識與人的興趣》（Knowledge and Human Interest, 1971）一書的影響。麥唐納（MacDonald, 1975）指出在課程中價值的差異，源自三種基本的認知興趣，即控制（control）、一致（consensus）和解放（emancipation）。

　　許多課程領袖以關注控制爲主，即關心界定課程的因素或變項，以及爲了課程設計而發展和執行作決定的系統。類此興趣根源於實證——分析的觀點，主要和教材或學科觀點相結合，而影響科目或學科中心課

程的發展。

　　第二組課程論者對一致發生興趣，主要依賴哈伯瑪斯所謂意義的解釋性瞭解（hemeneutic understanding of meaning）而來。麥唐納（MacDonald, 1975）以為，類此意義的解釋性瞭解「在不同的文化生活背景培育，而表達在如普通的語言、人的行動和非語文動作之中。」（p.280）麥唐納的觀點以為Schwab的課程理論，係以邁向一致為取向，對檢核教室中進行的一切，真正感到興趣。一致導向論者深深地影響發展「生活問題」（problems-of-living）或「社會問題」（social-issues）課程者，此等課程的基本假定為：透過相互的社會期待，可以解決衝突。

　　最後一組是由為數極少的課程論者所代表，他們對解放的觀點表示興趣，此種興趣係透過自我反思（self-reflection）而獲致。此一組理論家的觀點可以伊里奇（Ivan Illich）和傅雷禮（Paolo Freire）為代表說明。傅雷禮的見解將在本書第六章第十一節再加說明，此處僅就伊里奇的觀點，略予解析。伊里奇同意課程設計可由理論建構完成，但是對於協助較大系統以暴力來實施控制的過程，則深感痛恨；他主張解除具有控制力量的課程；另行發展一種較無制度化或形式化基礎的課程。伊里奇與傅雷禮的著作，對關注個人中心課程的課程界領袖產生影響，欲求透過對話式的自我反思（dialogic self-reflection），而使個人獲得解放。

　　其次，以批判論中的環境取向代表——艾波——的觀念為例，予以分析、說明。

　　艾波以關注於社會與學校之間的關係為主。他批判社會及學校而使用的主要概念為優勢（hegemony，一譯為「霸權」）。艾波（Apple, 1979）用「優勢」一詞指稱「意義和實際的組織集合體，是『現行的』且居優勢的、主要而有效的意義、價值與行動系統。」（p.114）就此一意義而言，優勢散布著由優勢文化決定之實際與意義趨向的社會意識（consciousness of the society）。人們解釋現實的方式、分配能源的方式、每日過生活的方式，深受此種意義系統的影響。而且該社會中的所有重要單位，如家庭、學校、工作場所等，無不在於傳遞與複製優勢文化。

　　艾波指出，此種文化優勢影響教育工作者的科學知覺（perception of

science）。他在論及「教育的僞科學觀」（educational pseudoscientism）一詞時指出，幾乎所有的教育工作者都仰賴狹隘的科學觀，以爲唯有合理性及實證資料，才可從事預測與控制。漠視科學與藝術之間、科學與神話之間存有的密切關係。艾波以爲課程領域如果採行此種緊縮的科學觀，試圖達成客觀性、可複製性「硬性」資料理想等，而創造其活動的型式，將會使該領域陷入貧瘠之域。依照艾波（Apple, 1975）的觀點，過去的課程理論家如鮑比特（F. Bobbitt）、查特斯（W. W. Charters）和施奈敦（D. Snedden）以及現在系統分析家等的著作背後是一種「靜默的信念結構，用來支持以下的觀點：即設計符應機構的與個人意義的教育環境而面臨的複雜問題，唯有在我們更確信自己的行動及其導致的可觀察成果時，才可獲得解決。」（p.123）即是課程繼續達成科學要求的例子。

學校反映優勢社會以及提供服務的最重要方式之一，乃在於教育工作者決定有效知識的方式。艾波及其同僚金茵（Apple & King, 1977）對幼兒園的教師爲兒童決定意義，嘗試將他們社會化進行研究發現：在那兒的教師要求兒童自己調整，以迎合爲他們提供的教材。這些教材應是經過組織的，因此兒童的學習便受到限制，唯有依照教師安排的日課表，在限制的範圍，學習教材。教師以語言和行動向兒童明確表示「好園生」的基本素質，是應保持安靜以及肯與人合作。兒童在幼兒園受教幾週之後，就採用教師的指示方式，解釋現狀。一切的工作，不問其性質如何，均在教師的指示之下進行；遊戲則包括一切自由活動在內。當教師有所要求時，所有的工作活動都採強迫式進行，且要求有始有終。全體兒童應要求，採同一方式使用工作材料，以求獲致相同的結果。艾波及金茵最後獲得的結論是：幼兒園的經驗是進入工作界之門，在其中，服從、愛國熱忱、可適應性、毅力等，比學術能力更具有價值。

第五節　內容取向理論

內容取向論者主要關注的重點，不外在於明確指出影響課程內容的選擇與組織的主要來源。他們所揭示的理論，大致可依其觀點

的特色，分成兒童中心理論（child-centered theories）、知識中心理論（knowledge-centered theories）或社會中心理論（society-centered theories）。

一 兒童中心課程

　　揭示兒童中心課程者主張：兒童是課程的起點、決定者與塑造者。發展中的兒童雖然在某階段習得教材內的知識，但是各種學科似乎僅為學習的一種方式，而非全部。兒童固然是在社會環境中發展，且受到它的影響；但是社會的需求，不能視為最重要的因素。因為社會應是接受成熟自主的個人，並為他提供服務，才能達到最佳的境界。而兒童中心課程正是以發展成熟自主的個人而努力，由此可知兒童中心課程的重要。帕克（Francis Parker）早在1894年即持此種立場：一切教育運動的中心在「兒童」。就過去三十餘年來，西洋兒童中心課程發展運動觀之，可分成情意教育（affective education）、開放教育（open education）以及發展教育（developmental education）三方面。

　　先就情意教育言之。情意教育運動強調兒童的感受與價值觀。兒童的認知發展有其重要性，固然受到肯定，但往往被視為僅是情意發展的附屬品而已！因此，課程領導者便得以關注有助於兒童瞭解和表達情感，以及辨別或釐清價值觀的教學活動為首要。如倡導「合流教育」（confluent education——試圖統合情意領域〔情緒、態度與價值〕以及智能領域〔智能知識與能力〕發展的一種課程研究途徑）的布朗（George Brown），在他的著作中，提議實施合流教育時，可運用的「情意」技術有四十種，僅舉以下四種供參考（McNeil, 1990）：

　　1.成對（dyads）　當作一種溝通的練習，先由兩個人相背而坐，彼此不轉頭的情況下進行溝通。接著，彼此面對面坐著，不用交談，僅以眼神溝通，他們易於瞭解當他們這麼做時感受如何（如困窘、被迷惑等）。再則，他們閤上雙手，藉著拉手進行溝通。最後，他們隨自己興之所至，採任何方式溝通。此舉可使吾人顯現出自己，且隨著練習的進行而益生敏感。

2.想像在軀體旅行（fantasy body trips）　要求學生閤上雙眼，保持舒適狀態，同時「進入自己的內部」，並要求他們從腳趾開始，全神貫注於軀體的不同部位。在這種想像旅行結束之後，由各個成員共同討論如：「人是什麼？」、「我是誰？」等概念，彼此共享經驗。

3.儀式（rituals）　把一個大團體分成五個小組，要求他們創立一種新的儀式。所謂儀式代表著一種習俗或實務——如握手。其想法是去發明一種可用來取代早已存在的儀式，或為目前尚無儀式存在的情境建立儀式。

4.整體可取用的技術（Gestalt "I have available technique"）　該技術協助個人掌握自己的長處或資源。每位參與活動者以填好「我有可用的……」這個句子開始，然後藉著知曉浮現的一切，而取得瞭解。如吾人認知為協助自己處理世界上遭遇到的一切，而需運用的個人的特徵、他人與事物。

情意教育方面的課程，係選擇符合學生興趣及與其有關的活動和經驗，因此顯得較為鬆懈。這些活動與經驗經常就地臨時安排、製作，而非事前仔細規劃。教師被視為學習的催化員（facilitator），不鼓勵他從事支配的活動，而應將兒童置於所有活動的中心。希樸雷（Shiplett, 1975）提出情意課程的活動應依順序安排，可算是較有結構的觀點，這些順序為：協助學生知悉事務與問題的活動、激發學習動機的活動、本身具有獎賞性質的活動，以及獲致成就與熟練的活動。

合流教育實施的一種課程類型為「關注課程」（curriculum of concern），即學生的基本關注（basic concerns）決定有待學習的概念。關注與興趣（interest）不同，前者係指學生基本的生理驅力或社會驅力，後者專指吸引學生的活動。某生可能對汽車感到「興趣」，乃源於他「關注著」無動力的感受。

雖然倡導情意教育的人士經常提出得有優異成果的報告，但是研究結果無法獲得證實；而使得該項運動似乎在1970年代中葉開始萎縮，繼之備受極端保守團體的犀利攻擊，視此種情意教育侵犯了兒童的隱私、侵占了家庭的責任，以及漠視學習者的認知發展。

次就開放教育而言。開放教育是兒童中心課程運動的一種，主張透

過非正規的試探、活動與發現，啓迪學生社會的與認知的能力，以發展「健全的兒童」（whole child）爲課程工作的起點與焦點。開放教育最重要的代表者之一的魏伯（Lillian Weber）曾說：「有關兒童的這些問題，在發展教室的方案來說，似乎是最主要的；因爲此等方案，不是從兒童必須面對需求大綱的優勢觀點而作，而是就其與兒童最直接有關的而爲。方案的本身適合兒童（的需求）。」（1971, p.169）教師如要使方案適合兒童的需要，得要提供充實的學習環境，尤其要在「學習中心」，組織可供運用之具體的、可交互影響的材料。

每天上課的時間，毋須依科目分節實施，如某節爲「數學」課，另一節爲「生物」課。學生在校經驗到的一天是「統合日」（integrated day），須同時發展數種技巧與習得多種知識，以便解決問題。如英國的幼兒學校（infant school）的「統合日」的意義，係指閱讀、寫字、繪畫、自然科學與社會科學等，可作爲某一單元的部分，全部用來教學。如烹飪單元，包括閱讀烹調方法、遵守指導語、記錄須購買的菜單、合計成本與減去交易額、測量如麵粉或葡萄乾的重要、觀察混合布丁或麵糰的變化、計算烹飪或烘乾或分配所需的時間等，因此許多的科目便可統合成一種快樂的方案，在此方案中，所有的兒童可依照個別的能力與興趣去學習（王文科，民77，318頁）。

根據上述的分析可知：持開放教育觀的課程專家強調：學習環境乃爲課程的重要部分，吾人評估兒童的學習準備度，牢記該年其一般的成就，然後進而提供具有激發其生長的環境。雖然級任教師很少實施整個班級的教學，但是他在提供該種環境、鼓勵兒童學習、掌握其進度、協助個人或小組學習等方面，扮演著重要的角色。

開放教育運動約在1970年代中葉，達到巓峰狀態，然後逐漸被「回歸基本學科」（back-to-basics）運動取代。其「功」的部分常被批評者忽視，只斤斤計較其「過」的部分。惟根據瓦爾堡（Walberg, 1986）指出：批閱研究的綜合報告，曾比較在開放教室與標準教室學生的表現，發現開放教室中的學生在標準化測驗上的成績略遜一籌或平分秋色，但在態度、創造力、合作與獨立的得分上，大致上有較佳的表現。

最後就發展教育言之。發展教育係指課程強調兒童成長的發展階

段，據之以作為安排課程與教材順序的初步決定因素而言。本書在第四章第三節，曾提及哈維赫斯特（Robert Havighurst）的發展任務概念，此一概念對早期的課程工作者影響頗大，成為所設計課程單元的焦點。多數對於協助兒童道德發展感到興趣的課程工作者，在編製課程時，便以郭爾堡（L. Kohlberg, 1927-1987）的道德發展階段為概念架構。有些時下的課程領導者在選擇、安置與建構適當的學習經驗時，也常引用皮亞傑式的架構（有關皮亞傑理論在課程上的應用，亦可參考本書第四章第二節）；如拉華鐵里（Celia Lavatelli）的「兒童早年課程」（Early Childhood Curriculum）、魏卡特（David Weikart）的「認知導向課程」（The Cognitively Oriented Curriculum）、威斯康辛大學（University of Wisconsin）的「皮式學前教育方案」（Piagetian Preschool Education Program）、卡蜜與戴弗里斯（C. Kamii and R. DeVries）的「皮式幼兒教育方案」（Piager for Early Education Program），大抵均本諸皮亞傑的認知理論，而為兒童設計的教育試驗方案（王文科，民80）。卜魯克（Brooks, 1986）描述在紐約的休哈—威汀河（Shoreham-Wading River）的各學校教師，最初接受認知發展理論與研究密集訓練的方式；然後學習運用各種正式的與非正式的工具，評估學生發展的方法；最後，教導他們用以修正和適應預定課程的特定策略，以配合學生的認知層次；如是安排亦屬皮亞傑理論在課程上的應用。

　　採發展觀點的課程，可視為助長兒童發展的工具。須設定若干一般性的成果，並評估兒童目前的發展層次。然後，選擇足以對學生產生挑戰性的學習活動或內容，但切記不要賦予學生不勝負荷的需求。

　　在所有的發展的課程中，教師可視為課程的改編者（adapter of curricula），學習修正預定的內容，以迎合學習者的發展需求和潛能。

　　考慮兒童的發展，在選擇和安排課程內容方面，有其作用，但尚乏足夠的證據，可以支持發展的課程會比其他觀點的課程有效。

■二 知識中心課程

　　倡導知識中心途徑的領導者主張，基本上，知識體系或學科

（disciplines）應爲傳授事實的主要決定者。這些領導者固然瞭解兒童發展的研究，可能影響教材內容的安排，但是他們較注意學科的結構或知識的性質；又他們雖然承認兒童在社會界中生活、成長，但是他們卻認爲社會在發展課程方面，所扮演的任務，微不足道。一般而言，依據知識中心途徑而設計的課程可分成兩類，即「學科結構」課程（"sturctures-of-the-disciplines" curricula）以及「認知方式」課程（"ways-of-knowing" curricula）。

先就學科結構課程言之。美國的課程改革，將重點放在學科，出現於兩個期間：一爲1890年至1910年間，課程領導者關注中小學課程的標準化，並力求將中小學課程與大學院校的需求密切結合。另一爲1958年至1970年間，課程改革運動藉著重視學科結構，強調課程內容應力求更新，側重學科結構。費尼克斯（Phenix, 1962）便是此項運動幕後的主要力量，他曾說道：

> 簡言之，本論文以爲所有課程內容須取出學科；或以另一種方式說，只有包含在學科內的知識，才適合於課程……意即心理的需求、社會的問題，以及不屬於學科內容的任何材料類型，均不適用於所決定需要傳授的東西——雖然此等非屬科際性的貢獻，在決定整體課程內部的學科知識之分配確有其必要。（pp.57-58）

學科結構課程建構的主題與「學科結構」有關。希羅以爲學科結構一詞的用法，頗爲分歧，涉及的意見約有：聚集該學科的觀念、事實、概念與原理、關係與類型，或發現新見識的方法等多種。黃炳煌（民71，106-109頁）也指出學科結構涉及的問題有三：1.爲學科的組織結構（organization structure）問題，即究竟涉及的學科有多少？各叫什麼名稱？彼此之間的不同與關係如何？2.爲每一學科所使用的實質、概念結構（substantive structure and concepttual structure）問題，從此等結構中，可以進一步瞭解各學科探究的能力與限制。3.爲每一學科的「語法結構」（syntactical structure）問題，即涉及每一學科如何發現與證明知識？使用何種效標衡量所蒐集之資料的品質？此等效標的嚴謹程度如

何？由於上述問題與意見，詮釋者的看法未盡一致，而有出入。即使參與生物科學課程研究方案（the Biological Science Curriculum）的權威學者，也無法就生物科學的主要結構，取得共識。

學科的結構決定之後，接著便要決定教學的最佳方法。如教導學生物理學，不只要求學生學習有關物理學的知識，而且也要求他去執行物理學的工作。此種「執行學科」（doing the discipline）工作的方法，適用於任何的層次，而毋須顧慮兒童的準備度。學科結構課程係由學者所設計，教師的任務是要成為一個有效的傳遞知識者即可，遵循教師手冊的指引，將學者認為有效的「發現學習經驗」（discovery learning experiences）在教室中教給學生。

一般認為學科結構課程，在教育改革方面，表現的效能並不顯著。因發展此種課程者對於學校具有組織特性的感受並不敏銳，且似乎漠視教師的自主與控制的需求。惟若和傳統的課程比較，根據研究的結果顯示，在教導概念，以及培育對學科的積極態度方面，一般來說，有其效用。

其次論及認知方式課程。此種探究課程的方法是屬於最近出現的型式；艾斯納（Eisner, 1985）以為此種課程係由數種研究方向衍生而來，如認知科學、人的創造力、大腦功能、智力與知識概念等皆是。范蘭絲（E. Vallance）雖然認為此種對認知方式感到興趣而產生的「課程地圖」（curriculum map）與傳統的學科有相當大的出入，但是它強調知識與認知，故可將之置於範圍較廣的知識中心課程中的一類。

認知方式課程揭示的觀點，簡略言之，認知的方式是多元的，並不侷限於一、兩種，而且這些多元的認知方式，在中小學課程中，均應重視。在艾斯納最近所主編的國家教育研究學會（NSSE）百科全書中，便討論八種不同的認知方式，范蘭絲（Vallance, 1985, p.111）在該書發表的文章也認為認知方式有多種，茲將該八種認知方式，簡述如下：

1.審美的認知方式（aesthetic modes of knowing）　在人的創造力的所有範圍內，此種認知有其重要性，惟其在藝術方面運用的次數最多。

2.科學的認知方式（scientific ways of knowing）　主要運用於自然科學的領域，多依據學理、觀察或證據以建立暫時的解釋性假設。

3.人際的認知方式（interpersonal ways of knowing）　此種方式係由進行人的關係中而非從正式的教學中，習得社會的智慧與社交的能力。

4.直覺的認知方式（intuitive ways of knowing）　係指直接瞭解在某領域所發生的交互作用的效應。

5.敘事的認知方式（narrative ways of knowing）　可表現於眞實的故事、引人入勝的戲劇，以及可信的歷史報告。

6.形式的認知方式（formal ways of knowing）　係指從瞭解假設與定理之間的邏輯關係中，而獲得的知識而言，數學的定理、語言學的串序等有規則支配的形式屬之。

7.實用的認知方式（practical ways of knowing）　涉及日常生活中有用的程序的資訊。

8.精神的認知方式（spiritual ways of knowing）　係指透過禮拜、祈禱、調解、讀經、沉思與行動等訓練，而產生的頓悟。

該八種認知方式在課程方面具有什麼啓示？范蘭絲不提出答案，而提出如下形式的問題結尾，即哪些認知方式須透過課程顯現？這些認知方式可依重要性而分成階層嗎？這些認知方式的最佳順序是什麼？傳統科目提供的認知方式優於其他的科目嗎？

三 社會中心課程

數位課程理論家同意應以社會秩序（social order）作爲決定課程的起點與基本的因素。可是，他們相互之間對於學校應對現存社會採取何種態度，出現尖銳的差異。這些差異可根據順從者（the conformists）、改革者（the reformers）、未來者（the futurists）與激進者（the radicals）四類觀點，予以瞭解。

※(一)順從者的觀點

順從者相信現存的社會秩序是最完備的、最美好的。即使該社會秩序顯然存有問題，然而在順從者的眼光中，這些問題造成的影響，簡直微乎其微，成熟的成人容易加以處理。如此一來，課程的主要任務，即在於灌輸年輕人：協助他們瞭解該社會的歷史；教導他們體認該社會的

價值；教育他們在該社會中，成功地執行其功能。懷著順從意向的課程工作者設計課程時，則先從確認現存社會及其機構的需求著手，然後，從中衍生課程目標。教師則被期待能夠協助學生瞭解現存的制度比其他制度為佳的理由。

在課程發展史的每個時期，幾乎都會出現倡導順從的觀點，如鮑比特（F. Bobbitt）在《課程》（*The Curriculum*, 1918, p.42）一書曾就社會的觀點，把課程界定為：經由發展作好成人生活事務的能力，以及成人所必須做的各個方面，而要求兒童與青少年去做與體驗的一系列事務（引自Glatthorn, Boschee, Whitehead, & Boschee, 2012）。許多的評論家以為1970年代推展的生涯教育運動（career education movement）便是受到順從者觀點的影響，其目標乃在於「為使學生社會化，以接納現在的工作組織與科技，根據被視為理所當然的現實，而作的設計。」（Bowers, 1977, p.44）

※(二)改革者的觀點

改革者認為民主結構中的社會，基本上是好的，但是在社會秩序方面，須作重要的改革。改革的重要媒介乃為課程：設計的課程須使學生能敏銳感受到呈現的社會議題，並能賦予他們解決社會問題所需的智能工具（intellectual tools）。職此之故，課程工作者的首要問題一開始便要確認社會的問題。此等社會的問題，如環境污染、少年犯罪、種族主義、性別主義便成為教室活動的中心。期待教師在確定問題、培育年輕人的意識、協助學生對所需的改革採取行動等方面，扮演主動的角色。

當社會發生動盪不定的期間，改革者的聲浪似乎高過一切。在1960年代晚期與1970年代早期，文雅教育者主張課程須與「文化革命」相呼應，如波貝爾與柏朗格（Purpel & Belanger, 1972）認為課程須能增加學生的社會責任感才行。

※(三)未來者的觀點

未來者不尋求與現在的社會問題維持一致，而是期待未來的日子。他們分析現在的發展、從可得的資料推測未來，以及設計各種替代的說明書；他們強調吾人對塑造未來所作的選擇，並鼓勵學校傳授學生創造較佳未來的方法。就某種意義而言，改革者係以解決二十一世紀的問題

而努力。在未來者的觀點中，學校課程須具有此種未來者的導向，將焦點置於可能的發展，並讓學生思考自己所作的選擇。

謝恩（Shane, 1981）是主張積極反應的未來者之一，在他自己所寫的書中，力促課程發展者須先檢核現在的趨向，如使用化學藥物提升記憶力，以及應用「遺傳的工程學」（genetic engineering），然後與某領域的技術專家諮商，以預測最可能產生影響的那些趨向。接著發展課程，使得學生從課程中，得以選擇並決定未來的類別。

※(四)激進者的觀點

激進者是那些認定社會具有重大瑕疵的人士，他們主張，課程須能反應那些缺點，允許青年人從事激進的改變。典型上，該觀點係從新馬克斯主義的觀點推論而得。他們相信時代的問題，是出自於工業資本主義體系所造成普遍的結構不平等。影響所及，他們藉著「反學校教育」（deschooling）這種教育過程的革命主張，來爭取大眾的支持。採取此種觀點的代表人物之一為巴西的教育家傅雷禮。

傅雷禮在所著《被壓迫者的教學法》（*Pedagogy of the oppressed*, 1970）一書，對於巴西的激進教育工作者，產生重大的衝擊。他認為教育的目的為「喚醒意識作用」（conscientization），即啟迪大眾認識存在於社會文化現實中的不公平；賦予他們採取激進方式，改變限制自由的社會秩序。他在解釋教導閱讀的方法時，公開提出此一主張。成人學習閱讀具有力量的字詞——如以「愛」與「人」這些字和社區中的他人溝通時，便具有實用的價值。他們編製自己的教科書，以表達對自己所生活的世界及所想要的世界的察覺。為了要能瞭解自己生活中反人性的方面，他們學習閱讀，但是他們也要瞭解學習閱讀並不是獲致所需工作的保證。

第六節　過程取向理論

過去二十餘年來，將課程視為有系統的探究領域，時機似已趨於成熟，於是研究者多試圖發展概念系統，用以分類課程的過程與成果（參

見Eisner & Vallance, 1974; Gay, 1980; Schiro, 1978）；惟其採用的分類架構，只要從兩方面探討，即可發現其缺失：第一、諸項分類架構所揭示的價值取向、內容取向與過程取向理論，如何明確區分，至為不易。第二、諸項區分架構較不注意理論家倡導的課程發展過程。雖然價值或內容取向理論與過程取向理論之間的關聯性並不明顯，但大多數人士仍主張彼此之間，應存有某種對應的關係。有鑑於此，葛伊（Gay, 1980）倡導的「課程─計畫過程概念模式」，即是其所稱的「實驗模式」，主張以兒童需求優先作為決定內容的因素，模糊了其具博雅精神的價值取向，她所曾強調的計畫過程的重要性，並以有機的、演化的、情境的與探究中心的等名詞予以描述，惜未就計畫過程的特定細節，詳加說明。因此，如欲就課程計畫過程詳予探討，得另尋其他的分類架構。

休特（Short, 1983）提出的論文，綜合描述的與規約的兩類文獻，揭示替代性的課程發展策略（alternative curriculum development strategies），可以用來說明過程取向理論。休特在論文中提出兩項明顯的目的：即1.分析已知的替代性課程發展策略的形式與用法；2.將此種知識予以組織，俾供吾人得以評估選用任一種策略所具有的政策性意義。

為了達成上述目的，休特首先確定在該過程中所考慮的四種「主要變項」（key variables）：課程發展的場所（seats）、參與者及其資格、注意想運用之場所的現況，以及參與者秉持的價值原則與假定。由於他認為僅有前三種變項屬於「技術的」向度，比較容易建立客觀的規準，而最後一種為價值的向度，難有客觀的規準，於是他僅採用場所、參與者，以及適應程度三者設計一個三向度的課程發展策略分析矩陣。在該矩陣中，可掌握於某特定環境，宜採用何種策略，係代表著從諸項策略中，所做成的價值性選擇，而這種選擇是具有道德的與政治的意味。有關這些主要變項中的每一種，他又將之分成兩種（含）以上的類別，於是「場所」便分成一般的與特定的場所（generic and site-specific）兩類；參與者見解的變項分成四類，即學者支配的（scholar-dominated）、課程專家支配的（curriculum-specialist-dominated）、環境專家支配的（milieus-expert dominated），以及平衡協調的組型（balance-coordinated pattern）等類型。運用之場所的現況變項有指導實施（implementation as directed）、限制適應（limited adaptation），以及開放適應（open adaptation）三類。如是2×4×3矩陣，共可組成二十四種類型的策略，但是休特僅擇其中三種詳加分析。又他所稱的每一種類型的特點，均衍自分析該類型的個案而得。茲將該三種類型分述如下：

1.「一般場所─學者支配─指導實施」（Generic/Scholar-Dorninated/ Implementation as Directed）策略　是發展課程者於1950年代末期、1960年代早期在美國聯邦政府支持下進行的類似於集權式課程的「混合」方案（"alphabet" rojects）所採用的策略；當時全美國約有七十個個案可用來敘說該策略的運用情形及其影響。本策略係用以分析課程發展策略當中，最易於採行者。在該策略居決定優勢的是學科教材專家，而非學習、社會、教學或課程專家。此種策略的主要特點為：「採用所編製之課程獲致成功的學校，唯有將該預期課程作選擇性地以及／或局部性地實施，乃由於沒有強迫順從或制裁矯正的權威，致無簽發實質的實施指令，以及在現場缺乏可協助地方適應調整所需的課程」、「提供更新的、權威的科目領域內容」、「在課程趨於完善，釋放出來供一般使用之前，要經過試用、回饋，以及修正向的過程。」（p.51）

2.「一般場所─環境專家支配─限制適應」（Generic/Milieus-Expert-Dominated Limited Adaptation）策略　是指位於運作課程的學校，或學校系統之外的機構，於發展課程時，所強調的具有適應性、限制使用之情境的策略，使用本策略的地方可以讓某些課程人員，對課程作修正，因此未具體說明最佳的計畫或教材形式為何；也因為允許地方作適應，教師可以以最有效用的方式，提供回饋。是以此類型係由在實施教育的社會文化環境中，接受專家觀點支配的策略，特別……是在社會上被課程決定者所忽視，但為專家所瞭解且認為合理的若干部分教育方案，如幼童、潛在輟學者、障礙者、學業低落者之教育。」（p.52）此種策略的主要特點有：「當學校接受專款補助，要將使用於一般方案的資源，運用於超出所期望限制的方案時，就要碰到難以解決的績效責任、倫理或政策的問題。」「認定在職教師訓練，對執行課程變遷的重要性，以及發展教材和人力資源網絡二者，可以協助此一任務。」（p.53）

3.「特定場所─平衡協調的組型─開放適應（Site-Specific/Balance-Coor

dincated Pattern/Open Adaptation）策略　本課程發展策略在實際教育情境中執行，該策略規定教師要實際投入課程計畫，以確保其能準備去適應已知的學校、班級及學生環境；又該策略是反映出所有有關專家投入時，須採取合作式的互動，以現場爲依據的策略，而課程專家在這些深思熟慮過程中扮演著領導的角色。其特點包括：「需花長時間始能完成既定的發展成果；且一直到完成時，就難以維持所需的投入的水準。國家與地方間因價值而存在的難題和衝突的處理，也由於沒有足夠的時間可用來解決地方特有的偏狹的利益，以致有所延宕。」（p.57）

此三種類型的策略的缺失，乃在於休特選擇「主要變項」的依據是什麼，他在論文中，並無交待；而且除了在第一類型策略的「特點」中間接地提到「過程」的元素之外，其他的兩種類型則似無發現過程的元素，該項特點是這麼說的：「在准予普遍使用該課程之前，要循著試用、回饋、修正，以臻合理完美的過程。」（p.50）

對學者與實際工作者而言，提供他們檢核課程過程的系統方法，似有價值，惟此類分析系統應符合下列的特徵，即：

1.研究建議的所有過程元素，都是重要的，俾使課程研究者得以將建議的和實施的過程分辨清楚。

2.分析系統在形式上應採開放式的，使得實際工作者得以瞭解綜合性的替代系統。

3.分析系統強調描述與分析，而非評鑑，俾使學者和實際工作者能獲得各自獨立的結論。

圖5-1係用來檢核課程過程的分析系統，其中包含十四個描述因素（descriptors）。使用該分析系統時，應注意兩點：第一、各個描述因素係由美國賓州大學已退休教育學教授葛拉松（A. A. Glatthorn）從文獻分析所得及根據其經驗所初步獲得的觀點，因此該種分析可能未完全符合系統的與嚴謹的要求。第二、該種分析需要更進一步的考驗與修正，方可臻於完備。

1.在發展期間，應由什麼團體或支持者代表參加？

2.在發展期，建議採用哪種參與結構——獨白式的、參與式的、對話式的？

3.在整個過程中應考慮哪些成形的因素？

4.在實際的思考過程中，應以哪項課程要素作為起點？

5.哪些課程要素需特別予以考慮——以及此種考慮應採什麼順序進行？

6.哪些組織結構需特別予以考慮——以及其順序——課程結構、單元、各課、各課的成分——如何？

7.從元素進展至元素，或從結構進展至結構，須採直線式的或遞歸式的？

8.什麼課程意象與隱喻似會對該過程產生影響？

9.一般解決問題的方式如科技的、理性的、直覺的或協商的，哪一種在該過程中運用？

10.有關課程成品的形式與內容，提出什麼建議？

11.有關課程成品的實施，提出什麼建議？

12.有關課程成品的評估，提出什麼建議？

13.參與者使用什麼規準評估該過程的品質與效能？

14.發展者對於課程的政治層面的敏銳感，應達到什麼程度？

圖5-1　檢核課程過程的分析系統（Glatthorn, Boschee, Whitehead, & Boschee, 2012, pp.102-103）

第一個描述因素把焦點置於該過程中的參與者。休特表示，參與者的能力及其觀點至為重要。第二個描述因素與一般的討論方式有關，獨白式的討論（monologic discussion）僅有一人參與或作決定，如大學校院教師獨自發展新課程便是。參與式的討論（participatory discussion）係由一個人控制，但懇請他人投入的方式。對話式的討論（dialogic discussion）係允許公開討論，以求得對主要問題取得共識的看法。

第三個描述因素在於確定影響課程決定的諸項因素。如圖5-2所示，即為影響課程決定的各種因素。是以護理教育工作者已觀察到發展中的課程，似乎最能意識到認可組織的需求；另一方面在大都會區的教師，主要關注的似乎是「績效程序」（accountability procedures）。

第四個描述與實際深思熟慮（或慎思）的起點有關。圖5-3列出數種課程的要素，其中的任一要素都可當做起點。此地的意向相當明顯，乃在於向傳統課程發展所認為須以明確陳述目標開始的觀點，提出挑戰。第五個描述因素與被強調的要素及其順序有關。第六個描述因素把焦點

1.發展者：他們擁護及實行的價值；他們的知識與能力。

2.學生：他們的價值觀、能力、目的、學習方式。

3.教師：他們的價值觀、知識、教學方式、關注事項。

4.組織：它的氣氛與結構。

5.組織中的行政人員：他們的價值觀與期望。

6.外界的個人與團體（家長、雇主、壓力團體）：他們的價值觀與期望。

7.認可機構：它們的需求與建議。

8.領域中的學者：他們的建議，他們的研究報告；他們對該學科結構的知覺。

9.社區與較廣大的社會：需要維持的或改變的社會秩序。

10.該研究領域的其他課程：在此以前或以後採用的課程。

11.發展本課程者喜歡同時發展的其他領域的課程：它們的內容、影響及需求。

12.課程發展時間表：會議的次數；會議的時間長度；每次會議間隔的時間。

13.績效程序：考試，「課程的總評定結果」（curricular audits）。

圖5-2 形塑深思熟慮課程的因素（Glatthorn, Boschee, Whitehead, & Boschee, 2012, p.103）

1.敘述法則、哲學或擁護的價值。

2.機構的目的或目標。

3.課程、單元、各課的知識成果：概念、事實知識。

4.課程、單元、各課的技能或歷程成果。

5.課程、單元、各種的情意成果：價值、態度。

6.內容選擇：根據內在價值而選出的教材的要素（文學或藝術作品、歷史的週期、重要人物、重要事件等）。

7.組織要素：主題、重複的概念、連接的結構：

　(1)用來與本課程銜接時進行研究的其他課程部分。

　(2)用來銜接本課程的各個單元部分。

　(3)用來組織各單元，以及銜接本單元中各課彼此之間關係的部分。

8.教學或學習活動。

9.教學材料與媒體。

10.時間分配。

11.評估學生學習的方法。

圖5-3 課程的要素（Glatthorn, Boschee, Whitehead, & Boschee, 2012, p.104）

放在組織課程的結構——即形成課程的結構要素，此等結構要素包括：課程本身的一般結構及運作、單元、各課以及各課的成分。

　　第七個描述因素乃在檢查討論的進展情況。直線式進展（linear progression）係指依序由某要素至另一要素或由其結構至另一結構移動。遞歸式討論（recursive discussion）則指以某種系統的方式前後來回移動。第八個描述因素要求研究者對於似乎會影響該過程的課程意象與隱喻，具有敏銳的感受。課程發展者將課程概念重建成為如鑲嵌精細或雜湊的棉被、如旅遊經驗的旅程或系列、如由地窖至頂樓的步驟嗎？此等意象與隱喻顯示：發展者所持有的具有滲透力量的信念系統與研究的領域有關，即此等信念系統微妙且深刻地影響了他們所作的決定。

　　第九個描述因素檢核工作中解決問題過程的形式。解決問題過程的形式，依理論家的建議，問題解決的過程可分成四種：科技的途徑（technological approach）、理性的途徑（rational approach）、直覺途徑（intuitive approach）與協商的途徑（negotiating approach）。解決課程問題的科技的途徑主張嚴格控制需求評估的過程、根據哪些需求衍生目的、執行任務分析以確定學習目標、決定諸項目標間之順序的或階層的關係、詳述教學活動，以及詳述評鑑目標。解決課程問題之理性的途徑係由許瓦布（J. Schwab）和他人所倡導，雖稍嫌鬆懈，但仍不失為合乎邏輯的觀點，解決課程問題的深思熟慮者蒐集以及檢查適當的資料、陳述課程問題、提出替代性的解決方案、評鑑各項解決方案以決定何者最優（參見第六章）。至於直覺的途徑，係指參與者依據他們的直覺和隱默的知識作成睿智的決定，但無法說出作此決定的所以然來，就如熊恩（Schon, 1983）所謂的「反思的實際工作者」（reflective practitioners）。某些解決問題的過程酷似協商的交換，其中以討價還價、交換與妥協為主要的活動內涵。

　　第十個描述因素乃在檢核最後所作成的成品的形式與決定的內容。此種描述因素尚有許多的變異性，如葛拉松（Glatthorn, 1980）建議最後的成品應裝成活頁式的筆記本，其中僅包括切合題意的研究摘要以及一張有待考驗的目標；教師使用該筆記本，在組織目標以及使用方法和材料方面，便具有充分的自由。

第十一與十二個描述因素和未來有關，提出的方案以實施和考驗成果為導向。第十三個描述因素在於檢核參與者用來評估其工作品質的規準；最後一個描述因素在於檢核過程對課程工作涉及的政治層面所感受到的敏銳程度。

如果此一分析系統完全有效，當然可以建議：泰勒法則不是唯一發展課程的系統；事實上，該系統可試用於分析各種具有顯著差異的課程發展模式。圖5-4即是根據上述十四個描述因素，來分析寶爾（Doll, 1995）的課程發展過程的情形。圖5-5則在顯示描述「自然」模式過程。

1.團體代表：教師、學生、行政人員、視導人員、學校董事會、普通社區。

2.參與結構：參與式的。

3.形塑因素：組織氣氛；學生需求；教師的價值觀、知識、教學方式、關注事項。

4.起點：機構的目的。

5.考慮的要素：目的；課程目標；評鑑工具；設計類型；學習內容；單元間的銜接；各課之間的銜接。

6.組織結構：未詳細說明。

7.進展：直線式的。

8.意象與隱喻：未採用。

9.解決問題的途徑：理性的。

10.成品的形式與內容：未提出詳細的建議。

11.實施建議：未提出詳細的建議。

12.評鑑成品的建議：密集式的形成性與總結性評估。

13.評估過程的規準：提出十一項具體的規準。

14.政治的敏銳度：有限的。

圖5-4 寶爾的課程發展過程分析（引自Glatthorn, Boschee, Whitehead, & Boschee, 2012, p.105）

1.團體代表：教師。

2.參與結構：獨白式的。

3.成形因素：學生；教師；行政人員；學者；其他課程；課程表。

4.起點：課程的知識與技巧成果；單元計畫改變的起點。

5.考慮要素：單元與各課的知識與技巧成果；單元主題；教／學活動；教學材料與媒
　體；時間分配；學生評估。

6.組織結構：單元、各課。

7.進展：遞歸式的。

8.意象與隱喻：未使用。

9.解決問題的途徑：直覺的。

10.成品的形式與內容：開放式的「說明書」。

11.實施建議：未提出特定的建議。

12.評鑑成品的建議：強調學習經驗的品質。

13.評估過程的規準：未提出。

14.政治的敏銳度：廣泛的。

圖5-5　葛拉松的課程發展過程分析（引自Glatthorn, Boschee, Whitehead, & Boschee, 2012, p.106）

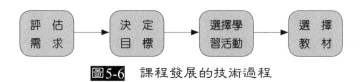

圖5-6　課程發展的技術過程

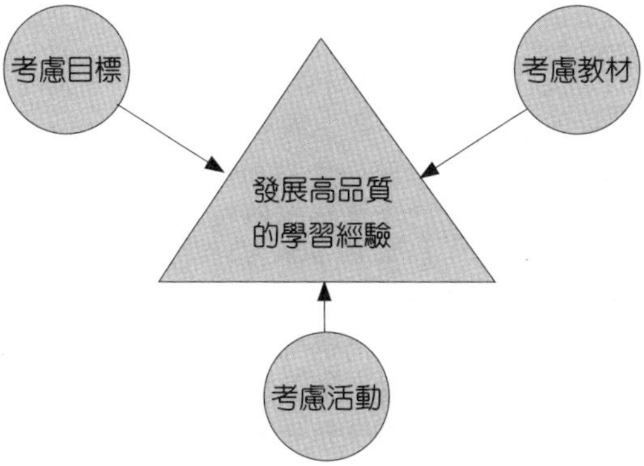

圖5-7　課程發展的自然過程

又發展新的課程單元時，有人倡導「自然的」過程（naturalistic process）[※]，葛拉松曾以自己所提的課程發展過程為代表，並仿照前例，予以分析，如圖5-5。

總之，上述四種課程理論的分類，由於各課程專家的觀點不同，而略有出入，惟其均與瞭解教－學的性質、助長教學過程的條件，以及瞭解過去和現在的教學信念等有關。藉著課程理論，讀者可用來描述、解釋、預測、批判、引導課程的現象。

又針對課程理論的分類，施密斯（Smith, 2000）在〈課程理論和實務〉（curriculum theory and practice）一文中，分從四種觀點予以探討，可一併供參考：

第一、課程即有待傳遞的知識體系（body of knowledge）或課程綱要（syllabus）。Smith視課程與有待傳遞的知識體系或課程綱要等同，其意涵為：一項簡要的聲明或一種議題標題目次、一篇論文的內容、或一系列講詞的題目。此一聚焦於課程綱要的觀點，真正關聯的重點僅在於內容，視課程為知識內容體系和／或科目。就此見地分析，教育是將知識內容透過最有效的方法，傳遞或輸送給學生的過程。惟如採取此一觀點，容易將課程計畫侷限於考量所要傳遞的內容一域。葛拉松等（Glatthom, et al., 2006）將之視為緊接著上述課程的結構取向理論而來，後者雖然期望傳遞知識體系，但是傾向於仰賴質的和量的實證研究方法來探究課程現象。例如宏觀結構論者比較喜歡採取全球取向，以及科技來傳遞課程資訊；於是電子郵件和網際網路的使用便成為該層次發展

※　發展新課程或新單元，通常採用兩種相對的過程，一為技術過程（或稱工學過程，technological process），另一為自然過程（natural process）。前者用來描述任何課程發展模式，一開始便強調學習的終點目標的重要性，然後再確定達成目標所需具備之步驟；其變形固然很多，但其基本原理大抵與泰勒模式（詳見第七章）吻合，適用於中學課程的設計。該過程大抵以目標決定活動、影響教材的選擇，其意向乃在於控制整個學習的過程，以確保預定目的得以達成，屬於直線、單向式的過程，如圖5-6所示。

至於自然過程中，設計者試圖設計高品質的學習經驗，既考慮到學習者（的學習方式、動機、能力），亦顧及單元目標、學習活動、教材。所有這些因素呈現交互、遞歸式的影響，較適用於設計小學的統整性單元課程，可以圖5-7表示該過程的運作情形。

課程的大宗；教育工作者也運用世界寬頻網站來分享課程設計和課程綱要。

　　第二、課程是試圖讓學生達成若干目的的成果（end product）。課程理論與實務受到科學管理興起的影響，而聚焦於目的與目標，持此種觀點的教育工作者重視的是目的的成果，較不關注教學方法，因此，系統研究、需求評估、目標的訂定、計畫的擬訂與應用，以及成果的測量成了核心；對職業主義（vocationalism）和能力（competencies）的關注於焉浮現。如是觀點，乃在於強調學生的產出，能充分反映出他們可被觸及的成果。課程的目的成果觀與葛拉松等（Glatthom, et al.）倡導的內容取向理論有密切關聯性，後者的理論家經常關注：確定影響選擇與組織課程內容的主要來源和細節。又支持成果本位的課程研究者通常會重視的是個案研究，以班級生活實體為焦點，協助初任的新手教師克服班級實務和職前課程理論之間的落差。

　　第三、課程即過程（process）。課程不被當作物質看待，而是將之視為教師、學生和知識間的互動，注意力由教導轉向學習；易言之，課程是指實際在教室發生的一切，以及吾人準備要做的事情和評鑑的對象。是以在教室持續進行互動中涉及的許多因素，是關鍵之所在，於是舉凡批判思考、傾聽、解決問題、發現過程、或溝通皆為過程即課程的重要因素；且經常把重點放在思考計畫、證明程序的合理性、真正的介入措施、以及在課程實施過程中所提供的回饋和變革，視學生為製造意義和思考的主體，而非客體，他們能在教室內運用不同的觀點以及各種高度變化的內容。在課程計畫早期持有的觀點之一常與教學設計有關，教學設計涉及教材和活動的開發、一切教學的試驗和評量，以及學習者的活動在內。教學設計過程持續成為課程規劃、實施和評鑑的重要部分。課程即過程與葛拉松等（Glatthom, et al.）倡導的價值取向理論有密切關聯性，它主要在於培育教育意識，嘗試讓教師對課程中心的價值和議題保持敏銳度。由於科技和世界寬頻的進步，賦予價值取向論者可透過電子化做為觸接全球的社會改革、文化和經濟的平台，他們探究問題所採取的主要方法有：精神分析、哲學探究、歷史分析，和政治理論。

　　第四、課程即實踐（praxis）。實踐即在於承諾採取行動，以處理實

用的深思熟慮（deliberation）和分化課程（differentiated curriculum）為主。課程領導者透過使用進步的科技，得以觸接知識體系，形成跨學科內容，以及提供電子化溝通過程，貫串全球的文化、經濟和社會疆界。實踐的概念鼓勵師生經由課程分化與運用高科技，以達到高層次的覺知（awareness）。課程分化係指教學環境和實務須能迎合不同學生需求，以創造適度差別的學習經驗。其具體作法包括：從現有課程刪除早已精熟的教材，在現有課程增加新的內容、過程與期待的成果，延伸現有課程以充實活動，為有能力者提供較高層級的課程作業，撰寫迎合資優生需求的單元或課程。是以分化課程的焦點，在於創造一個分化的學習環境，鼓勵學生盡最大可能展現能力。實踐層次的課程理論較趨向於活動中心和後設認知取向，在本質上較屬於個人性的，允許展現實際生活經驗的發展，並使師生間動態互動與反思得以驅動學習過程。

討論問題

1. 何謂課程理論？其性質與功能為何？有哪些類型？

2. 試述結構取向理論、價值取向理論、內容取向理論和過程取向理論對課程探討的觀點。

3. 知識中心課程可分成哪些類別？

4. 社會中心課程可分成哪些類別？其間有何差異？

5. 試述兒童中心課程發展的態勢。

6. 試述運用於發展新課程的兩種過程。

7. 試分析結構取向理論中的課程決定與運作四個領域與古拉德的不同層級課程觀（見第一章第四節之二）的關係。

8. 施密斯的課程理論觀點如何？其與課程的相關觀點有無契合之處？

第 *6* 章　課程設計(一)

第一節　課程設計的基本概念與類型

　　有不少的專門性名詞與類型攸關課程設計。雖然各家對這些名詞與類型的分析，略有出入，但是異中有同。本節擇就較為多數課程專家接納的部分，提出析述。

■ 課程設計的基本概念

　　課程設計的基本概念，包括範圍（scope）、順序（sequence）、銜接（articulation）、延續（continuity）、平衡（balance）等（Amstrong, 1989; Doll, 1995; Ornstein & Hunkins, 2009, 2013）。

※(一)範圍

　　範圍指的是內容取材的廣表性與深度，與課程發展的各個層級有關，如要決定範圍可能涉及由幼稚園及於高中的整個方案，且要認定各個層級（年級）應包括的內容成分，以及各個內容成分所要投入的時間數。換句話說：範圍的問題非止於列出科目與活動名稱，尚須發展出每個科目與活動的時數與整個內涵。有的小學教師常感到範圍太廣泛，無法確定如何達成期望的一切，而產生課程分裂症（curriculum schizophrenia）的現象。

　　決定課程範圍有層級之分，如中央教育部、地方教育處或教育局規定等，但是最基本的層級，在於教師。他們對於內容範圍的決定，具有若干的掌控權，如他們可以決定某個主題要涵蓋多少相關的材料，以及期望與該主題有關的教學，能給學生帶來多少收獲。因而確定優先要達成的目標，作為導引設計該內容所需涵蓋的廣度與深度的參考。

　　決定範圍可以影響教學時數，因而顯得格外重要。因為總時數是固定的，決定擴充某領域的範圍，勢必要減少某領域的教學時數。究竟要增、減哪些領域，涉及對各替代學習經驗之相對價值的判斷，可說相當難以作成決定。因此課程工作者想對不同的科目或主題改變教學時數的分配時，難以達成共識，不是率由舊章，就是經由協商解決。

※(二)順序

D. E. Orlosky和B. O. Smith指出順序的三種概念，其一、基於心理上的適宜性，主張依需求（needs）排序；其二、本諸兒童的發展階段考量，而主張宏觀排序（macrosequencing）；其三、主張依每個教材單元須有預先準備的知識爲基礎，而倡導的微觀排序（microsequencing）（引自Oliva, 2009）。這當中所指的順序顯然涉及決定學習者學習內容及時間次序的安排。一般認爲順序的決定與特定科目及科目領域的性質和結構有關。傳統的學習順序爲：由簡單至複雜、由部分至整體、由整體至部分、由現在回溯到過去、由具體經驗至抽象概念、由一般而特殊或由特殊到一般、依預先學習爲本位的學習、按地理空間由近及遠或由遠而近、按年代順序或逆年代次序發生的事件、由已知至未知。另外，心理學家如蓋聶等（Gagné Briggs & Wager, 1992），發展論者如哈維赫斯特、皮亞傑、艾里克遜、郭爾堡等也提出新的順序原則，除蓋聶等外，請分見第四、六兩章。

茲以蓋聶等的觀點說明新的順序原則。他們認爲兒童的學習活動是漸加的系列能力，即先學得較簡單的、具體的能力，然後才獲致更複雜的與一般的能力。他們以下列方式，排定學習活動的順序：

1.多種區辨（multiple discrimination）　學生面對外表相似的刺激，產生的反應不同。如幼稚園園生學會說出ㄅ與ㄉ，ㄇ、ㄈ與ㄩ之間的不同。

2.概念學習（concept learning）　學生學會對某類別的刺激，產生相同的反應。如學生學會分類或確認不同類別的文獻。

3.原則學習（principle learning）　學生習得原則、規則或概念鏈。如學生依照英文排列順序規則，得以預測在某句子之後，將會出現什麼字。

4.問題解決（problem solving）　學生習會結合兩種以上原則解決問題；且在該過程中習得在未來處理類似問題的能力。

※(三)銜接

歐立佛（Oliver, 1997）將銜接界定爲：兩個以上課程成分之間存在的同時關係，而非順序關係；或稱之爲水平式銜接（horizontal articulation）或相關（correlation），俾有別於垂直式銜接（vertical articulation）的「延續」。即試圖把學習者在某科目習得的經驗與其在另一個領域習得的經驗聯結起來。

如某中學生同時學中國歷史與中國文學史，雖然每科學習經驗有相當大的不同，然而規劃時，可依銜接或相關方式，把學習經驗結合起來。可能的作法之一是將該兩科均依年代編排。如是處理學生學習八年抗戰的政治與社會史時，也同時學習該期間的文學發展史。

※(四)延續（或稱「繼續」）

延續係將焦點置於後續的學習經驗與其先前經驗之間的關係，亦即所謂「垂直式銜接」。延續的觀點以為教學活動須仔細安排，使得某種學習經驗的終點成為次一種學習經驗的起點，使二者緊密融合在一起。

就某種學制而言，延續的計畫有三種方式：學科與學科領域的延續、學校教育層級之間的延續，以及個別學生經驗的延續。最前面一種方式宜由計畫國家課程人員及教材的作者所採行，第二與第三種方式，顯然是個別學校系統的繁重責任。試舉例說明如下：

1.課程計畫人員應能保證某一個課程或某個年級結束時，依提供的學習經驗與次一科目或年級一開始所介紹的學習經驗之間，存有某種關係。（學科領域的延續）

2.小學課程宜依延續原則組織之，俾使之與中學課程在邏輯上得以順利銜接。（學校層級間的延續）

3.教師須能使某一課平穩地過渡到次一課。（學生個別經驗的延續）

延續原則的運用，可以螺旋課程（spiral curriculum）表之（Saylor, Alexander, & Lewis, 1981）。將原來導入的概念、技能及知識，一再予以導入，例如：重複練習加法、學習民主、寫作、個人健康與環保屬之。

※(五)平衡

在教學方案中的平衡，係指確實能不因強調其中的某一成分而消弱其他的成分。在課程計畫的各個層級，常要考量有關平衡的事項。

教師在計畫各課或單元時，應能確保所有重要的內容涵蓋的範圍，趨於均衡。在學區層級的課程計畫人員主張：修訂現行課程與年級層級

的方案時，應考慮平衡問題。政府對高級中學畢業生的要求條件，也可反映出中學學習的方案所達到的平衡程度。以下各組變項都是課程計畫人員需要尋求平衡點的部分（Oliva, 2009; Oliva & Gordon, II, 2013）：

1. 兒童中心課程與科目中心課程。
2. 社會需求與學習者需求。
3. 普通教育與專門教育。
4. 廣度與深度。
5. 認知、情意與技能三領域。
6. 個別化與大眾教育。
7. 創新與傳統。
8. 邏輯的組織與心理的組織。
9. 特殊兒童與非特殊兒童的需求。
10. 學業優異或特殊才能與能力低下學生的需求。
11. 各種方法、經驗與策略。
12. 時空的近與遠（現代與過去、本國與西洋）。
13. 工作與遊戲。
14. 學校與社區的教育影響力。
15. 各學科之間（特別是選科）。
16. 各學程之間（包括大學預備課程，如普通課程、職業課程、升學課程）。
17. 學科內部之間（如外語的聽、說、讀、寫）。

課程設計的基本概念除了上述五種，泰勒（Tyler, 1949, p.85）另提出統整（integration）原則，即指「各課程經驗的水平關係」，「這些經驗的組織須協助學生逐漸能獲致一致的觀點以及使其行為與待處理的元素統合。」塔芭（Taba, 1962）曾加以評論指出：「當來自某一領域的事實與原則和另一個領域有關，特別是應用該知識時，學習會被視為是較有效的。」（p.298）由此可見，此地所謂的統整應與前面第三項所指的「銜接」概念無殊，只是「銜接」因有水平與垂直之別，易造成混淆，而使有些人士偏愛「統整」所致。塔芭（Taba, 1962）甚至提出兩種統整的觀點，除了上述各科目之間的水平關係之外，另指發生於個人身上，將知

識形成統一體的過程（p.299）（有關課程統整的分析，詳見附錄6-1）。

二 一般課程設計的類型

一般課程設計的類型，各家見解仍有出入，但主要的不外有學科課程設計（academic-subject designs）、融合課程設計（fusion designs）、廣域課程設計（broad-fields designs）、特殊主題設計（special-topic designs）、學習者中心課程設計（learner-centered designs）等。

※(一)學科課程設計

學科課程設計有一段漫長的歷史，如傳統為大眾熟悉的歷史、英文、數學等均屬於學科課程設計下的產物。

此種課程設計類型，受到重視的主要理由有三：

1.大學院校大多依學科取向增設系所，加上創立與考驗新知的過程，大多仰賴個別學科的努力和貢獻。

2.大多中小學教師畢業於大學某學系各有專長的學科，對學科的組織形態較為熟悉。

3.在大學將知識分成各個學科領域組織的方式，便於中小學跟進。

上述三項理由，並非說學科課程設計不當，而應說可能給教師帶來額外的負擔與可能教些自己並不十分熟悉的科目。因為當前中學教師須按規定時數授課，為了湊滿時數，除了自己專長科目之外，往往尚須配上其他科目。此外，為了反映傳統教材取向，今日學校規定學生修習的科目數，似有有增無減的情形，增加學生負擔。

學科課程設計的組織方式，亦有變異的情形，其中以學科結構課程設計（structure-of-the-discipline designs）與相關課程設計（correlation designs）為主。

1.學科結構課程設計　美國在1950年代末葉，經1960年代至1971年代，有一群課程改革專家建議，為了發展學習者的智能，應提供個別學科的結構，而非給予專業專家們的發現結果。如布魯納（Bruner, 1960）認為：每一學科都有其特定的結構，學生理解該門學科的結構，便能理解該學科的運作方式及學習必要的學科知識；舉凡該學科如何理解其問

題、它使用什麼概念和方法論工具來解決這些問題、哪些東西組成該學科知識等均在內。又如許瓦布（Schwab, 1962）即主張精熟結構，可提升學習者的智能力量，且可為他們將來升入大學所要面臨的學業挑戰，預作準備。支持學科結構課程設計人士，要求中小學方案應教導學習者瞭解，專業學者如何從事發現證據，以確立「真理」的工作；想促使中小學方案從根本處著手修正，培養學生掌握專業性的探究技術，朝向生產新知而努力。其中生物科學課程研究（BSCS）、物理科學研究委員會（PSSC）、地球科學課程方案（ECCP）等方案，均屬於此種導向。

此種類型的方案時至今日，盛況已不如往昔。國內在1964年至1965年開始也隨著美國風行此種課程設計，目前似已難再找到其影響力。評論者認為該等方案過分偏重於以有志升大學者的興趣為取向，而漠視其他；加上某些學科專家對於他們所屬的學科之結構如何，無法取得共識；又該種方式過於強調學科，以致漠視學校方案中，有待重視的其他主題或科目，而遭致質疑。

2.相關課程設計　相關課程設計關注的是兩個（含）以上學習經驗的銜接問題，試圖建立兩個（含）以上學科領域之間的關係，但仍繼續強調個別科目的獨立主體性。

相關課程設計除了強調學科與學科之間的相關之外，有時候，事實與事實之間、原則與原則之間、觀點與觀點之間的相關也宜包括在內。

※(二)融合課程設計

融合課程設計與相關課程設計類似，試圖確立兩個（含）以上科目領域之間的關係。只是後者仍維持個別學科的獨立主體性；在融合課程設計中，這些獨立主體性，便消失不見，將幾個科目相關的內容鳩合在一起，以另一個新的科目名稱標記之。

就某一學科內部的內容或兩個（含）以上學科之間，融合而成一門新的課程。如大學教育史的課程實際上代表著中國教育史與西洋教育史課程的融合。此外，融合也會發生在跨學科的情況，如當前醫學院的生物化學課程，乃是生物學與化學兩種學科內容的融合而成。

融合課程設計不像學科課程設計那麼容易，其主要障礙在於融合各學科而成的新內容，在學理依據方面，難以取得一致的說法或證實其合

理可行（Tanner & Tanner, 2007）。

※(三)廣域課程設計

融合課程設計試圖混合若干科目的內容，成為單一的新科目；廣域課程設計則試圖橫切某整個領域或知識體系，創立另一個統一體；其意圖略似融合設計：即將來自組成科目而創的新的獨立統一體，一旦處理完成，便喪失他們個別的同一性。二者主要的不同，在於廣域課程設計的範圍較大。如工藝、人文方案以及社會科都是屬於廣域課程，但譚納伉儷（Tanner & Tanner, 2007）認為，如將社會科繼續採用歷史、經濟等區分開來的課程上課，廣域方案將不存在。一項廣域方案，這些科目標記須不復存在，內容亦須統合許多不同來源而成。

廣域課程設計的學理基礎在於可避免方案流於零碎化，因而學校不必提供七至十科各自分隔的課程，以單一的「人文」或「工藝」方案稱之即可。廣域方案常環繞某一主題組織之，如人文方案可使用如「人類的成就」標題示之；工藝方案可將焦點定位在「為迎合科技變遷時代的工作世界而準備」。

發展廣域課程設計的難題在於：哪些內容成分須加以結合在一起。影響所及，即使相同名稱的廣域方案，所處理的內容卻可能造成重大的差異。影響所及，廣域課程遭到最多的批評為：學科的深度不及它的廣度；忽略學生的需求和興趣；著重其涵蓋的內容，而排除其他重要的教育目的。

※(四)特殊主題設計

當學習經驗係環繞一個特定焦點的主題（specific focus topic）組織時，便可稱之為特殊主題設計。有些特殊主題設計與相關課程設計極類似，然亦與相關課程設計有別，以其相關課程很少以特定內容為探討對象，且被攝取之各學科仍維持其個別獨立狀態。

有些特殊主題設計僅從已被認定的學科中，攝取所需內容。而有些則廣泛地納入各種來源，其學科的「出身」便難以辨認，如圖6-1所示即為此例。

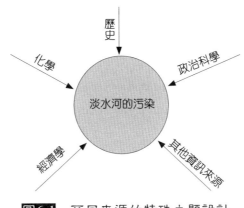

歷史

化學

政治科學

淡水河的污染

經濟學

其他資訊來源

圖6-1　不同來源的特殊主題設計

　　特殊主題設計相當有彈性，包含的內容可能集中在深奧的社會問題，也可能把焦點置於相當世俗化的問題。

　　特殊主題設計的優點在於：其能符應變遷中的社會條件與隨著學習者興趣的改變，而安排課程。缺點則是被認為過於簡易，過程不夠嚴謹且不具挑戰性。事實上，重點應置於執行的可行性，而非斤斤計較設計本身的性質。

　☀(五)學習者中心課程設計

　　學習者中心課程設計，乍看之下，易生混淆，因任何課程設計皆不外以學習者為中心，只是程度有別罷了。惟此地所指則以學習者的需求與願望，作為方案規劃的「主要」焦點。如有足夠人數的學生想要某些內容，就可試著發展迷你課程（mini-course）。課程的開設或撤消旨在迎合學習者的興趣之變化。

　　由於各級學校畢業資格有所規範，須修畢多少學分或科目；又學習者短期的興趣能否持續成為長期的興趣，都是該課程設計可能遭遇到的障礙。惟不論如何，目前仍有兩種此類課程設計值得注意，一為核心課程設計（core curriculum designs），另一為活動課程設計（activity curriculum designs）。

　　1.核心課程設計　近年來，有些人士以為學習者需在學校修習的課程即為核心課程（Beane, Toepfer, & Alessi, 1986）。事實上，核心課程的觀念應泛指學習者在學校必修課程的一部分，其內容集中於跨學科的

問題，採用的基本學習方法爲可運用於所有科目的問題解決法（Oliva, 2009）。因此，學校方案基本上應能促使學校教育與學習者的生活產生關聯，側重社會與個人問題的學習。一般而言，主要核心課程有四種：第一、統一的學習核心（unified studies core），與簡單的相關課程設計類似。第二、文化時代核心（culture epoch core），試圖藉導入一切能協助吾人瞭解該時期的所有內容的方式，來學習長期的人類史。第三、當代問題核心（contemporary problem core），屬跨學科內容，允許去學習防範犯罪、當代藝術等。第四、青少年需求核心（adolescent needs core），用以探討青年人的共同問題、興趣和需求（Doll, 1995）。其中第三、四兩種類型，較常被探討。

譚納伉儷（Tanner & Tanner, 2007）將核心課程分成以下兩種：

(1)預先計畫的核心課程（preplanned core）：即指教師以及其他投入課程發展過程工作者確定重要的社會問題與個人問題，俾能加以組織而成適合每個年級學習者的結構。

(2)開放核心課程（open core）：沒有預先計畫的情形產生，由學習者及其教師合作決定有待學習的內容。學習者需要與覺察的部分，如被認爲有關，便要列入最優先的內容。

2.活動課程設計　傳統核心課程根據學習者有若干社會與個人需要的觀念而來，因而賦予自由選擇機會，學習者得能選擇學習與這些需要相符應的內容。活動課程也強調學習者的選擇權，但是這種觀點強調主動的投入或活動，才是產生學習的關鍵。

活動課程藉著提供學習者成爲主動參與學習過程之機會，來促進學習者的發展。課程計畫涉及設計可使學習者享有主動投入那些內容最大機會的環境。教師應讓學習者追求他們自己具有創意之興趣的活動，因此教師不以學科或教材專家自居，而以作爲引導或助長學生、學習者爲務。

活動課程的課表具有彈性，視進行活動決定。學生則按興趣與能力分組，無固定年級限制。活動課程欲獲致成效，須有足夠資源和設施的支持，課程的運作須具有更大彈性，可是在小學階段接受該類課程的學生，到了中學可能和要求的教育標準，有明顯的落差。

晚近國內倡導的「統整課程」，則爲「學科課程」之對；此處介紹

之各種課程設計，除了學科課程之外，皆可運用於統整課程設計，但統整與學科課程應各有優、缺點與適用的層級和對象，不宜視為對立。

　　為了達成各種課程設計的類型，學者專家或若干機構倡用各種模式可供參考，但課程設計應講究科學方法較具有意義與價值，因此第二節先就課程編製的科學方法提出分析，再行探討各種模式。

第二節　課程編製的科學方法

　　科學的課程編製，係指試圖運用實證的方法，調查、分析人的行為，以便決定要教給學生「什麼」內容而言。在該方面，應推鮑比特（Franklin Bobbitt, 1876-1956）和查特斯（Warrett Charters, 1875-1952）兩人的貢獻最大。本節即針對他們的貢獻，予以陳述，俾從中瞭解科學的課程編製方法。

一　鮑比特的貢獻

　　鮑比特算是重視研究課程編製過程的第一人。他瞭解徒有發展新課程的觀念，仍然不足，更重要的是須學習發展新課程的最佳途徑。在《課程》（*The Curriculum*）一書中，他指出由於自己的經驗，使他要從社會需求的觀點，而不只從學術研究的立場，瞭解課程（Bobbitt, 1918）。他曾遠赴菲律賓，並任該群島小學課程起草委員會的委員之一；該委員會曾考慮菲律賓的社會現實，引入許多符合菲律賓文化背景的活動，協助當地人民，使他們得以謀生、維持身體健康，並獲致自我實現。有了此次經驗之後，鮑比特給予課程領域的其他工作者莫大的啟示。他所寫的《編製課程的方法》（*How to Make a Curriculum*, 1924）一書，也對學校實務，產生相當大的影響，他揭示的此種方法，可用來協助界定課程編製的涵義。此種方法係由如下的假定引導，即教育是為經營完美的成人生活，而預備的各種學習活動。當然上述的假定未必為今日的課程編製者接受，以其關注的是成人的生活，而非兒童的生活。

　　至於課程的編製，鮑比特提出如下五項步驟（引自McNeil, 2006, pp.312-313）：

　　1.分析人的經驗（Analysis of Human Experience）　即把人的生活經驗，畫分成數個主要的領域，包括語言、健康、公民、社會生活、心智活動、娛樂、宗教生活、家庭、非職業性實用活動和職業。屬於學校部分的經驗應與人的整體經驗，保持密切的聯繫。

　　2.工作分析（Job Analysis）　即把經驗的各個領域細分成較特定的活動。在這個步驟，鮑比特須將這些活動與其秉持的理想取得協調一致，其雖然承認使用科學分析法的可欲性，然而在本步驟，如僅採用該項技術，並非允當。因此他常要訴諸個人的實際經驗，以證實某種活動，對於人類的一項或多項經驗而言，有其重要性。

　　鮑比特曾針對拼字、語言、算術、歷史、地理，以及職業等領域作過活動分析。他深信活動分析是一種可寄予厚望的技術，並徵得他的同僚查特斯的協助，試圖從較大單元決定特定的活動；查特斯遂採行早先在工業界運用的工作分析觀念。那時候的工商界均將每項工作分析，以準備訓練該項工作方案，其目的或在於獲得一份責任表，或一份執行責任的方法表。至於分析的程序包括內省、晤談以及問卷調查。就內省方面言，係由專家敘述他應負的責任與探行的方法。就晤談方面言，則由許多專家評述一份與工作符應的責任。最後，調查者真正操作該項工作，以決定某職位所需擔任的活動。

　　3.衍生目標（Deriving Objectives）　係指從執行各項活動所需能力的敘述中，衍生教育目標。鮑比特在《編製課程的方法》一書，就人類經驗的十個領域（即語言、健康、公民、社會生活、娛樂、心理健康活動、宗教、親職、職業、非職業性或未專業化的實際活動），一共揭櫫八百項以上的目標，這些目標解說一般性的水準，可以協助課程編製者決定將來所要獲致的特定教育結果是什麼。鮑比特亦瞭解，每項目標可進一步經分析而成各個要素。

　　4.選擇目標（Selecting Objectives）　即從一份目標表中，選出可供作規劃學生活動之需，下列的若干指針，可供選擇目標時的參考：(1)將在正常生活過程中可以達成的目標予以排除；(2)強調在成人世界中可用來

克服缺陷的目標，避免將可能被社區反對的目標列入，尤其宗教、經濟與衛生的特定目標，最易遭到反對，以避免列入為宜；(3)排除實際上足以造成障礙、影響成就的目標，並讓熟悉實務的社區人士以及專家共同參與協商，選擇適宜的目標；(4)分辨適用於所有學習者以及僅適用於部分人士的目標，並將其順序列出，俾讓學生循序漸進，達成每年的教育目的。

　　5.詳細計畫（Planning in Detail）　係專指為了達成目標，而設計的各種活動、經驗，以及機會而言。每個年齡或各個年級的兒童每日的活動，必須一一列出；這些詳細的活動，即組成了課程。整個課程的設計，教師、護士、遊戲指導員、父母均需參與。俟計畫完成後，須經校長、教育局長以及學校董事會的認可，方可付諸實施。

二　查特斯的貢獻

　　查特斯描述編製課程的方法，與鮑比特雖然十分近似，但是他另外強調課程內容取擇的依據，卻與鮑比特不同。就前者言，他們兩人皆強調活動分析的重要，其細節可從查特斯的《課程編製》（*Curriculum Construction*, 1923）書中見到。至於後者，查特斯強調課程應衍自理想（ideals）、活動（activities）以及系統化的知識（systematized knowledge）。

　　就課程內容應出自於理想與活動言。查特斯認為二者缺一不可，「如果沒有依靠理想予以控制，活動就無法實施；理想如不透過活動，將無法運作。」且活動分析乃是工作分析的進一步應用、延伸。查特斯的「課程編製規則」強調目標、理想與活動的意義（Saylor, Alexander, & Lewis, 1981, p.218），他把理想視為可觀察結果的目標。惟他瞭解迄無科學的方法，可以測定哪些理想需在學校中實施，因此他認為充實哪些可行的、且有價值的理想，宜由教師表決決定；但是教師選擇的理想，亦非出自於武斷，而需考慮成人的意見以及學生的需要。

　　理想一經決定，便可用來作為活動的標準或指針；因此接著的工作，即在於指陳與理想有關的「活動」。最後分析理想、活動二者與能

力工作單元的層次關係，如此一來，課程便可縮減為一系列的工作單元以及整體的結構，此等工作單元與結構的關係，便可在一張圖表上描述清楚（Davis, 1976, p.50）。

就課程編製應注意到的知識言。查特斯想要的教材，限於對學習者的生活有所助益以及具有動機意義者為度。一方面要分析生活計畫，以便瞭解各科目中的哪些要素最為重要，須格外寄予關注；另一方面，他並將此等要素在學校的教學方案中實施；允許學生把所學得的知識，廣泛運用於各類活動中（引自McNeil, 2006, p.313）。

鮑比特以及查特斯係為倡導以科學方法編製課程的代表人物。他們為課程的編製，帶來下列的概念與向度：

1.課程編製是一種過程，帶動課程的發展；因此，課程編製過程本身，即構成研究的領域。

2.課程涉及目的（理想）、目標與活動三者之間的關係。目的的選擇，是規範性的過程。目標與活動的選擇則屬驗證性與科學性的過程，要經由科學的分析，才能獲得證實。有組織的、系統的知識領域與日常生活的實際需求之間的關聯性，乃是研究課程者所要探討的中心問題。

至於採有系統方式發展有意圖課程的設計模式，涉及的因素至多，包括意識形態、技術、認識論、心理學等因素，可說相當龐雜，實難一一兼顧，因此下一節將要描述的課程設計模式，除了提及我國課程設計模式之外，並非指著實際上所從事的課程設計方式，而是針對課程設計，循由不同觀點，提供建議而言，此種建議大致包括教學或計畫工作所涉及的不同概念在內，因此沒有一種放諸四海而皆準的模式，而是尚有待改進與解說。有鑑於此，在描述各種模式之外，尚須採取批判的角度，予以評述。

又一般設計的課程有別於為特殊兒童設計的課程，本章自第三節起只述其前者，有關特殊教育課程設計，留待第八章再論。一般課程設計模式國外論者頗多，僅擇從目標模式（objectives model）、塔芭模式（the Taba model）、瓦克的自然模式（Walker's naturalistic model）、龍崔利的技術模式（Rowntrees technological model）、過程模式（the process model）、歐利瓦模式（the Oliva model）、情境模式

（the situational model）、許瓦布的實踐折衷模式（Schwab's practical and eclectic approach）、傅雷禮的解放模式（Freire's emancipation approach）、我國過去的課程設計模式等，予以分析。

第三節　目標模式及其變型

一 泰勒模式

　　目標模式亦稱泰勒模式（the Tyler model）深受行爲學派心理學的影響，且經由泰勒（R. Tyler, 1902-1994）的處理，形成一致的理論基礎，構成所謂泰勒法則（Tyler rationale），指引課程設計的理論與實際，特別是在美國，迄今泰勒法則提出的課程設計觀念，仍最具影響力（Walker & Soltis, 1986, p.45）。譚納侊儷（D. Tanner & L. Tanner）於1994年亦曾指出：泰勒法則深受進步主義思想家J. Dewey、H. H. Giles、S. P. McCutchen和A. N. Zechiel的影響，是二十世紀課程設計的典範（paradigm），居優勢的模式，即使至今日，泰勒法則備受批判且競爭性模式繼續呈現，但仍居於穩固的地位（Walker & Soltis, 2004; Tanner & Tanner, 2007）。所謂典範，係指當時從事該領域的研究者，普遍接納的一套當作指引的觀念而言，雖然後來亦有據之發展出較佳的模式，並予以接納，但典範仍能維持其優勢。儘管如此，採用非典範——結構方式，思考其從事研究領域的人士，仍難以或不可能接受該典範。譚納侊儷仍滿懷信心地主張：泰勒法則今日仍是吾人據以處理課程發展的方式，職此之故，該法則雖普遍受到批評，甚至已有不少對抗的模式提出，但仍不足以對它的優勢構成威脅，因此從事課程設計者，在不易採用其他模式的情況之下，多遵循泰勒法則而行。

　　1949年，泰勒在芝加哥大學出版《課程與教學的基本原理》專書，並將之視爲一種「法則」：「它不是課程編製用的手冊，因爲它不描述或詳列試圖設計課程的中小學或大學院校所要採取的步驟」，只是「觀

察、分析,以及解釋」教育機構方案的一種方式。雖然泰勒否認他的法則提出可供遵循步驟,但是循此方向予以解釋、引申的則不在少數。

泰勒法則可說是一種選擇教育目標的過程。雖然泰勒提出的課程設計模式,相當具有綜合性,但是該模式的第一部分(選擇目標),最博得其他教育工作者的青睞。泰勒建議課程計畫者應循三個管道:即學習者、校外當時的生活(社會)與教材蒐集得來的資料,確立一般目標。俟確立一系列一般目標之後,計畫人員應再透過學校的教育與社會哲學以及學習心理學兩種篩選管道,進行過濾、修正。一般目標透過該兩種篩選管道完成之後,形成具體教學目標。泰勒所指的一般目標,通常使用goals、educational objectives和educational purposes(Tyler, 1949, p.3)。

先就確定一般目標的學生來源言之。課程工作者以蒐集和分析有關學生需求與興趣的資料開始。學生的需求範圍包括教育的、社會的、職業的、生理的、心理的與娛樂的等項。為了蒐集如是資料,泰勒建議採行教師觀察、與學生晤談、訪談家長、實施問卷調查,以及測驗等技術(Tyler, 1949, pp.12-13)。至於對當地社區與整個社會的當代生活(社會)所作的分析,應分成健康、家庭、娛樂、職業、宗教、消費與公民角色等項(Tyler, 1949, pp.19-20)。第三種蒐集課程設計資料的來源,則為教材或學科本身,如美國在1950年代諸多的課程革新方案:如新數學、新物理等多源自教材專家的貢獻。

一旦將可能應用的一系列目標決定之後,接著便要加以篩選,刪除不重要的與矛盾的目標。泰勒建議以學校的教育與社會哲學作為篩選目標的第一道關口,接著才是接受心理學的篩選。

1.哲學的篩選　泰勒將學校擬人化,視學校為一動態、有生命的實體,述及「學校專注的教育與社會哲學」、「學校接納的價值」、「學校信仰的內容」等理念,務期所篩選出的目標與其一致。

2.心理學篩選　為了應用此種篩選方式,教師須釐清自己認定的好的學習原理。泰勒(Tyler, 1949)指出:「學習心理學不僅應包括具體與固定的發現,而且也應涵蓋統一的學習論,以協助列出學習過程的性質、學習過程發生的方式、在何種條件下發生的學習過程、採哪種運作方式等。」(p.41)為求有效應用這種篩選方式,似乎假定為了要負責課程

設計任務，須接受教育心理學與有關人的生長和發展的訓練。原先透過這層篩選列出的一系列目標，又將減少一些，保留最重要且可行的部分。

　　雖然基於某種理由，探討泰勒模式時，多僅止於選擇教育目標一項；實質上，泰勒的模式進而描述課程設計的以下三個步驟，仍宜加以分析：即選擇、組織與評鑑學習經驗。於是自目標，以至學習經驗的選擇、組織，終而評鑑的實施，形成一個循環。其中根據評鑑而得之結果，回饋至目標，備供修正之依據，故此種模式，亦稱為「理性計畫」模式（the rational planning model）。又此一模式有時亦稱「手段─目的」計畫（"means-ends" planning）。

　　泰勒雖未以圖解式描述其所建議的課程設計模式，但可參考波範、貝可（Popharn & Baker, 1970, p.87）的圖示與上述的內容，繪成圖6-2或圖6-3，以供參考。

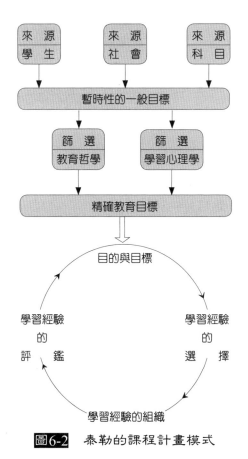

圖6-2　泰勒的課程計畫模式

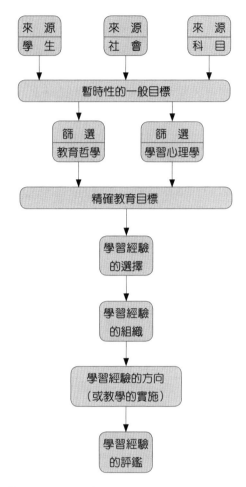

圖6-3 擴展的泰勒課程法則（Oliva, 2009, p.132; Oliva & Gordon, II, 2013, p.110）

　　至於目標的敘述，須能同時表示兩項，其一為學生有待發展的行為類別；其二為行為所適用的內容領域。此處須特別強調的是，在考慮設計模式的其他因素之前，須先確定此等目標，因此目標須預先確定（prespecified）。俟目標一經決定，泰勒建議應明確、毫無含糊地載明有待學生學習的內容。此種處理方式，有助於以後評估的準確性；目標亦須載明期望學生發生的變化，俾藉著評鑑，判斷學生是否真正達成這些目標。

　　目標既經決定，接著要決定什麼學習經驗可以達成所訂目標。泰勒建議的學習經驗係在於能夠「發展思考技巧、有助於獲致資訊、有助於發展社交態度、有助於發展興趣」者。泰勒（Tyler, 1949）認為此一步驟，是一種創造的過程，教師「在他的心中，開始組織一系列可能做的事情。」（p.53）包括將這些事情記錄下來，予以思索，然後以目標查核，俾瞭解他們給予學生的機會，是否能達成目標所敘述的行為。

　　若學習經驗會對學生產生累積性的影響，須予以組成一個類別或一個科目，以求與其他類別或科目的經驗，取得和諧。如此的經驗方能日復一日、年復一年地呈現穩定性的增長。重要的目標，須時時刻刻以不同的方式，予以導引，學生才能徹底地學習（延續原則）。有延續性的學習經驗，須彼此相互呼應，以便每次能讓學生深入學習該學科（順序原則）。此外，學生在學校遭遇到的各種學習經驗，彼此在邏輯上與結構上，應具有關聯性（統整原則），因為任何的教育，不只是累積毫無相干的知能而已！

　　泰勒建議課程發展者，選取適合他們工作需要的組織型式，處理諸項元素，然後把每個元素依連續、順序、統整等原則，納入課程。例如：他認為概念與技巧是數學課程中元素組織的重要型式；社會科課程的元素組織，經常顧及價值、概念與技巧等型式。至於整個學校，則需有組織結構，中學的組織結構通常是指教材配合日課表；小學的組織結構則較具有彈性，有時候採無年級制。泰勒認為每所學校宜決定適用的組織結構。是以泰勒法則常秉持價值中立的方式，描述課程發展的途徑。

　　泰勒法則中，最後一項關注的問題為評鑑，為決定課程是否達成期望結果的過程。藉著評鑑，可以檢查據以設計方案的假定與假說，以及評定選取的特定手段，是否足以發揮成效。評鑑以評量學生的實際行為表現為對象，是以需分成數次進行，以確定已習得的行為表現，是否具有持久性。至於評鑑的方法有好多種，如測驗、作業樣品、問卷、記錄等皆可採用。惟評鑑工具需配合學校的目標；並達成客觀的要求，即使不同人士，對相同學生，採某工具施測，結果應是相同。根據評鑑結果，可以揭示學校實施之方案的優、缺點，俾供修正計畫之用。

　　經由上述詳盡分析，可以摘述泰勒法則的元素，以及把它的重要特色指陳出來：即敘述「目標」、「選擇」學習活動、「組織」學習活動，以及發展「評鑑」工具。泰勒從未專心一致地去追求若干理想的目的、特定的目標、特殊的方案等，只熱衷於尋求合理化、綜合的方法，以便能夠藉之以獲致各種合邏輯且可行的課程，講求的是客觀性、公平性，以及價值中立性。

　　泰勒法則的處理方式，顯然專注於課程設計的「方法」（how），而非課程本身的「內容」（what）。泰勒假定，各校的課程彼此應有變化，因此內容自亦有差別，適用於鄉村的課程，未必能適用於城市。惟如何滿足達成不同課程的需求，應是講求嚴謹的、考慮周到的類似方法。如前所述，依照泰勒的說法，每所學校應運用自己的哲學與價值，以及本身特殊的情境，決定課程。

　　以泰勒法則爲主的目標模式，有各種變型，堪稱支持譚納伉儷的主張：即以爲泰勒法則在二十世紀已蔚爲課程發展的優勢典範。波範（Popham, 1970）重視評鑑，且強調教師宜發展明晰的、可供測量使用的行爲目標（behavioral objectives），同時將泰勒法則用於描述有效的教學工作。他描述教師宜運用自己的課程或教學的決定，與泰勒主張的價值中立，如出一轍。此外，不少的教育家如梅格（R. Mager）、葛龍倫（U. Gronlund）等爲了使教師與學生的工作，能有清晰的目標遵循，以及爲了便於測量與評鑑課程的實施成效，專注於探討泰勒法則的第一個問題或步驟。由於目標與評鑑兩項問題備受關注，影響所及，行爲目標因而格外受到重視，因此談論目標模式，自須探索行爲目標。

　　1920年代由於桑代克（E. L. Thorndike, 1874-1949）的倡導，1970年代復在史金納（B. F. Skinner, 1904-1990）的激發之下，一群教育學者，尋求以短期且有明確「外顯反應」的教學目標，取代長期的教學目標。所謂外顯反應可能是口語的（如學習說或寫某東西），或可能是軀體的（如學學打字或游泳）。倡導者以爲若教師確知他們想要學生學習的是什麼，以及想要學生運用的學習方法，學生花費最少的時間與精力，便可習得。行爲目標須具有描述精確、可以準確測量，以及毫不含糊等特性，是以行爲目標乃爲協助學生學習、估量他們的學習成果，以及掌握

教師教學績效的有效方法。

　　至於行為目標的敘寫方法，首先由教師選擇某一科目的整體目的，如該科目為自然科學，教師選取的目的為：「教導學生運用科學的方法思考。」為了發展學生此種潛力，接著，他必須為學生選擇一系列切合他們需要的特定目標。這些目標包括可觀察的表現在內，如「提出植物生長與環境變項有關的假設，並予考驗。」在此運作背後支持的法則，可分四項說明：

　　1.學習可設定為行為的改變，此種改變，以測量學生的表現示之。

　　2.各科目可用行為目標明確表達，包括有待學習的內容與教學的方法。如無此等目標，便欠缺選擇適當內容與方法的基礎，亦無從準確評鑑此等科目的效能。

　　3.行為目標包含用以判斷教學、學習與教材品質的行為規準（behavioral criteria）。教學方法、待學習的內容，以及學生學習等，均可以可觀察的表現述之。教師解釋若干項目的目標，以及學生為了瞭解這些項目，所要達成的目標，可作如下的敘述：「學習L（以數目表之）課以後，有百分之X的學生，能在M分鐘內，正確地解答N個問題。」

　　4.教學以及內容和行為目標的關係，如同手段對目的或輸入對輸出一樣。學生的表現即是目的，內容與教學則為產生表現的手段；接著，目的即用來判斷手段的成功情況。內容與教學亦為促成學生的輸出與輸入部分（Newsome, 1974）。

　　一群心理學家為了便於鑑定、描述、分類與測量，將教育目標分成三個領域（詳見附錄6-2）：認知領域——涉及知能與運作；情意領域——涉及態度、價值與鑑賞；技能領域——包含動作技巧的領域。認知領域依理解能力的層次分，由簡單回憶特定事實的目標，以至涉及評鑑複雜的學理與證據，共包括六個主要類目：知識、理解、應用、分析、綜合與評鑑；這六個類目，至2001年的修訂版已改為：記憶（相當於原來的知識）、瞭解（即理解）、應用、分析、評鑑與創造（相當於原來的綜合），詳見第九章第一節二之(二)。

　　情意領域的目標由注意現象，以至於堅信生活的哲學，計分成五個類目：接受（或注意）、反應、價值的評定、組織、依據價值（體系）

形成品格。至於技能領域雖非由布魯姆（B. S. Bloom）等人提出，但仍有人予以分類，計有反射動作、基本動作、知覺能力、體能、技巧動作、有意的溝通等層次；或分成知覺、準備狀況、指導下的反應、機械作用、複雜的明顯反應、適應、創作等層次。藉著此等的分類，布魯姆希望能在考慮行為目標時，較有明晰的觀念，以較準確的語言溝通這些目標，並求能採較有效的手段，評鑑所分類的目標。

■二 泰勒模式的變型

為了切合課程設計的複雜性、毫無章法可循的特性，以及其與教育系統內、外諸因素間存有的交互關聯性，泰勒法則應用於實際時，不容一成不變，而應知所權變。如塔芭（H. Taba, 1902-1967）即致力於第二與第三階段（問題）的研究（詳見第三節），並將她的想法融入美國許多小學社會科的教師手冊內。古拉德與黎克德（Goodlad & Richter, 1966）固守著法則的形式，並從較廣大的社會背景，來考慮此件事情，於是根據教育目的釐訂目標，再從中選取為社會接受的價值觀，以及公開陳述課程決定與社會中知識來源——來自學術科目的「累積知識」，以及涵蓋社會成員的信念與悟性的「傳統智慧」——的關係。

泰勒以及「理性計畫模式」不僅支配美國課程學者的思路，也為英國課程專家提供思考的架構，其中最明顯的應推斐勒（Wheeler, 1967）所提的設計模式。該模式分成五個基本階段：1.一般的目的，可分成（所有教育的）終極目的、（不同學習階段的）居間目的、（短期活動的）接近目的，以及特定的教育目標，這些目的與目標可提供2.選擇學習經驗，3.選擇內容，4.組織與統整學習經驗和內容等所需的方向，最後，5.評鑑階段，此時課程設計人員即在於決定該課程的效能，並為下一循環的設計，進行修正（詳如圖6-4）。此一模式與原有的泰勒模式（圖6-2、圖6-3）極為近似。又斐勒模式強調在教室層次中訂有具體可測量目標的重要性，並將之與學習經驗和內容分開，此舉似與布魯姆的傳統相近。類似的情形亦可在柯爾（Kerr, 1968）的著作中發現，他雖未為課程設計提出詳細的模式，但已提出課程模式的主要成分，應包括目

標、知識、學校的學習經驗與評鑑。其觀點與理性計畫模式頗為一致，可從他說的一段話中，見其一斑：

> 為了達成課程設計與計畫的目標，首先確認目標有其必要，如同我們在知道何以這麼做以前，不能或不必決定在任何情境中要教「什麼」或「如何」教。

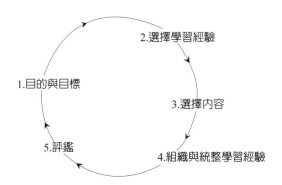

圖6-4 斐勒的課程設計模式 （Wheeler, 1967, p.31）

　　英國的墨里特（Merritt, 1972）提出課程設計的八個階段，即目的（aims）、目標（objectives）、策略（strategies）、行動（tactics）、方法（methods）、技術（techniques）、評鑑（evaluation）與強化（consolidation），簡稱為AOSTMTEC，也是泰勒模式的變型。又泰樂（Taylor, 1970）曾以中學教師為樣本，進行調查，試圖瞭解他們對課程設計應考慮的重要因素的看法，然後以此等因素為基礎，提出設計課程的方法論；如此的安排，係將課程研究者及實際運用課程者二者的觀點均予納入。該方法論主張課程設計伊始，照先考慮「教學脈絡」（teaching context），即包括教材的選擇與順序的排列、運用於教學的時間，以及所採用的教學方法。接著須考慮學生的興趣與態度，此項考慮可能會對早已作成的決定，發生影響。第三個階段須考慮目的與目標，目的與目標何以至此階段才出現，泰樂有他的看法：「重要的是目標須完全統整在整個設計方案內，毋須將之視為起點。」以後的階段包括要特別考慮的教學方法、以教育背景來說明課程的適當性、依據陳述的目

標與學生的興趣評鑑該項設計。此地所述的設計模式中，只有泰樂的這一種模式強調目標的分量，不如其他各種模式，但事實上，他仍然視目標為重要的因素。

三 批判

以目標為本位的理性計畫模式的影響力，固不容忽視，但是所受到的批判，也值得關注，茲分析如下：

※(一)從嚴謹的合理性（rationality）觀點分析

在某些情況，先定目的，然後決定手段，不失為合理的作法；但在課程設計的模式中，卻非完全如此。手段與目的常不易截然地分開處理：欲有某些目的，必須先有某些手段；反之亦然。內容與學習經驗、目的與內容欲強加區分，亦有困難；又第一階段須在第二階段前處理，第二階段須在第三階段前實施的安排，常被認為未必合理，蓋在第一階段涉及的事項，可能同時涉及其他的階段，雖然是周而復始地運作，但類此直線式的處理，一個階段接著一個階段的實施，確未盡合理。

※(二)就與實際情境配合的觀點分析

此類設計模式流於抽象、不切實際，亦是備受批評的重點，以其多在理想的「真空」中設計，以致和實際設計的情境脫節，無法掌握情境中的複雜性，未能展現其獨特性。為了切合情境需求，論者常強調在課程設計中，應安排各種不同的教材，以及賦予教師較多的彈性、自主性，俾在處理教材時，足以應付無法預期的情境變化，但是目標模式在該兩方面的反應，似稍嫌遲鈍。

※(三)就目標模式依據的行為目標分析

在目標模式中，遭受最嚴厲批評的，乃在於它們採用行為目標一項，欲一一列舉反對的觀點，恐無法周全，亦有困難。為了方便起見，試分別從一般哲學的考慮、特定學科的考慮、實用的考慮三方面，酌予分析，以見一斑。

1.從一般哲學的觀點考慮行為目標

(1)教育目標的分類，究竟是有累積的關係，或有層次之分，不無

疑問。如卡爾德（Calder, 1983）等人便發現在《教育目標的分類——認知領域》一書中所載的綜合與評鑑，毋須仰賴統合低層次的行為即可進行。崔雷佛（Travers, 1980）在評判教育目標分類的文章，指出布魯姆的分類法基本上指的是測驗題的量表，非屬於認知的過程。

⑵教育的成果，如知識、理解、鑑賞等不能完全轉換成可測量的、可觀察的行為。僅有那些低層次的心理運作，如回憶特定的事實，或表現若干體能技巧，才能毫不含糊地先予決定。

⑶把一般目的轉換成特定目標的觀念，易陷入其他哲學上的爭議，因為要將目的細分成為知識的項目，若非簡易，也容易發生認知上的問題。

⑷欲以「不含糊」的名詞界定理想的目標，似有缺失；因為目標不可能有千真萬確的意義，字詞所表示的意義，端視運用的方式以及用法的變化而定。

⑸泰勒以為教育目標，須從許多最具價值的若干目標中，採取客觀方式篩選而得，但如何維持價值中立與客觀，恐有置喙的餘地。至於經驗具有獨特性；師、生及環境間的交互作用結果，無法完全預測，欲予以選擇或組織，不無困難。即使可將活動、任務與作業加以選擇和組織，但經驗卻無法如此。又評鑑只在查核以前所述的目標達成的程度，但是達成目標，並非唯一最重要的結果，其附帶的結果，亦有其重要性，不宜忽視（Kliebard, 1970）。

2.從特定學科的觀點考慮行為目標

⑴以文學科目與美術科目為例說明，如在觀察學生從事的反應或活動以前，預先決定目標，便與該等學科的性質相悖。因為這些科目希望每個人發揮獨特性的表現，審美領域講究的是創造性與不可預測性的價值，預先決定刻板的反應或標準化的格式，所獲致的結果，便不符合審美的規準（Eisner, 1967; Stenhouse, 1970/1）。

⑵自然科學有項假定，即原則上每件事情未必為真，須待考驗後，方可確定。是以所有科學的知識就其本質言，只是暫定的，並非絕對、確定不移的真理，因此如事先確定目標，似乎肯定了科學研究的結果，確可預測；似與上述的說法違背，容易導引學生從事錯誤的活動。

3.從實用的觀點考慮行為目標

(1)教師認為欲想出行為目標，將之納入設計的課程，並在教學時牢記心坎，隨時應用，確有困難。

(2)使用行為目標，易有過度集中於低層次目標之慮，且漠視較易迴避的教育結果等現象。以其前者容易確定，後者很難作精確的描述。

(3)如何將目標與不同的計畫情境配合；或如何運用現行的測量工具，測定目標是否達成，在作法上仍難理出明晰可行的頭緒。

(4)教師參與課程的規劃或實施工作，各自秉持的價值觀常有出入。甚至對表面上已一致同意的目標，也有分歧的解釋。

針對上述的批判，堅持以目標進行理性計畫者，似宜重新表明他們的立場。儘管如是的批評不失合理，但仍有多人支持既有的觀點，不肯放棄。如賀斯特（Hirst, 1973）便極力主張，欲求合理的課程計畫，在決定採取適當的手段以前，須先釐清目的。有關對行為目標提出的諸項批判，賀斯特多表同意，同時也主張課程設計的目標，確實不必均以行為的方式描述。此類目的或目標包含各種類別，如概念、知覺與判斷的形式、審美反應的組型與態度均屬之，它們確實無法以行為描述。是以「目的，可有多種的變化，有些是特定的，有些是一般的，有些是可以行為表達的，有些則否。」目標既經詳細擬訂，便需選用合適手段，促其達成，即目標與手段二者宜力求合理、配合。賀斯特也同意手段——目的計畫，不能在「真空中」執行，須對課程所欲實施的脈絡，有一番透徹的理解，並按此進行計畫，方始合宜。也有人（Hlebbowitsh, 1992）針對上述的批判，提出辯解式的評價，不全盤人云亦云，自亦有其見解，但能否被接受，恐難下斷語。

美國倡導目標本位教學（objectives-based instruction）的先驅者之一波範（Popham, 1977），也接納60年代某些人士熱衷講求教育目標明晰性與可測量性的看法；但他承認有人誤用他所提的「教學目標」（instructional objectives）如：運用無關重要的行為目標近乎浮濫；高層次的認知目標，或重要的情意目標，卻很少說明。然而，他仍然主張循此基本途徑而行，以為釐清與評估較深奧的教育目的，頗有價值；力主將多數的教育目的，以操作性定義予以界說，如此才能分辨已獲致的程

度，也才能爲教學達到某程度的成效，找到接近的標示。

　　即使率先對採行爲目標從事課程設計的作法提出批判的艾斯納（E. Eisner）與史點豪（L. Stenhouse, 1926-1982）亦承認，雖然行爲目標有其限制，但也有其功能。艾斯納甚至主張有兩類廣泛的目標以及一種活動，在從事課程設計時，可以運用。兩類目標中僅有其中一類以行爲目標的方式，標示課程的成果，是謂教學目標；另一爲解題目標（problem-solving objectives），用以描述待解的問題，但解決這些問題的方式，留供學生去創新與說明。艾斯納所指的一種活動爲表現活動（expressive activities——正式名稱爲「表現目標」——expressive objectives），試圖利用情境，引發學生個別的反應（Eisner, 1969）；表現目標不採行爲目標的名義細述教學成果，「表現目標描述教育的接觸；確定兒童工作的情境、遭遇的問題、將從事的任務；但不確定從該種接觸、情境、問題中所要獲得的是什麼，也不確定所要學習的任務。……表現目標是引發出來的，不是規定的。」艾斯納曾舉出表現目標的例子說明，如：解釋「失樂園」的意義、檢核與評鑑「老人與海」的重要性，訪問動物園並討論其中的樂趣（Eisner, 1982, p.112）。史點豪主張學校教育至少包括導入知識、傳授社會規範與價值、訓練與教學等四個過程，其中訓練與教學適用細分的目標模式，以供準確評鑑之用，儘管如此，他仍以過程爲重點，故常被當作過程模式的代表（詳見第七節）。

　　此外，Slattery（2006）採取後現代論的觀點，對泰勒在課程發展史上的影響力，除了予以肯定之餘，也不諱言指出，該模式正面臨後現代課程發展的挑戰，後者係專注於傳記和自傳的敘事（biographical and autobiographical narrative），且蔚爲重要的學術領域，明顯地區分成三支，第一爲自傳，聚焦於如課程、聲調、地點、想像等概念；第二爲女性自傳，特別聚焦於社群與自我的拓展；第三爲傳記，聚焦於教師的生活，使用的是合作式傳記、傳記的實踐和個人實用的知識（Marsh & Willis, 2007）。

第四節　塔芭模式

塔芭（H. Taba, 1902-1967）採草根法從事課程設計。她認為課程應由教師，而不該由上層權威循由上而下的指令設計。她甚至主張教師應為學校受業的學生創設特定的教—學單元為開端，不該一開始就著手通用的課程設計工作。因此，她以歸納的途徑設計課程，從特定的部分開始，然後及於塑造通用的設計方式，不採傳統演繹的途徑，即不主張由通用的設計延伸及於特定的設計。

塔芭認為為了能符應變革的需求，課程設計宜採行如下五個依序而行的步驟，避開一般以圖示表現其模式的作法，這五個步驟如下（Taba, 1962, pp.456-459）：

※(一)提出不同年級層次或科目領域的試驗性單元（pilot units）

塔芭視該步驟係結合學理與實務而來。對於準備提出試驗性單元的課程發展者，塔芭（Taba, 1962, pp.345-379）提供以下八個有序可循的步驟：

1.**診斷需要**　課程設計人員宜從決定將設計之課程適用者的需要著手，理由是「學生的背景有所變異，診斷這些背景中的差距、缺陷與變動情況，乃顯得重要。」（Taba, 1962, p.12）

2.**建立特定的目標**　課程設計人員診斷學生需要之後，接著便要確立有待實現的目標。塔芭以goals與objectives互用來代表目標。

3.**選擇內容**　由目標衍生而得教材、基本觀念、特定內容或主題。塔芭認為選擇內容時不僅要考慮目標，也需顧及所選內容的有效性（validity）與重要性（significance）。

4.**組織內容**　選擇出來的內容適合於哪個層級學生以及如何依序安排，便涉及學習者的成熟程度、準備度及其學業成就水準，凡此等因素於安排內容時，均需加以考慮。

5.**選擇學習經驗**　課程設計人員應為學習者在學習內容時，選擇方法（methodologies）或策略（strategies）。學生透過由計畫人員或教師所選擇的學習活動，將內容內在化。

6.組織學習經驗　由教師決定如何安置學習活動、組合方式與運用順序。在本階段，教師為特別的學生選用他所能承負起責任的策略。

7.決定所要評鑑的內容及其手段　計畫人員須決定目標是否已經實現。教師從各種技術中，選擇合適的手段，評估學生的成就，以決定課程目標是否達成。

8.檢核平衡（balance）與順序（sequence）　塔芭也主張諮詢課程工作者的意見，俾取得各教學單元的一致性、學習經驗的適當傳送，以及學習方式與表達方式間維持平衡性。

※(二)考驗試驗性單元

本過程的目標在於提出一種能涵蓋一個或多個年級層次或學科的課程，加之教師以自己心中認為的教室情況，撰擬完成試驗性單元。這些單元有待考驗，以「建立它們的效度與可用來教導之需的可能性，以及訂定它們需求之能力的上下限。」（Taba, 1962, p.458）惟這裡所稱「單元」，係指教一學計畫中有組織的片段，屬於一般性的意義，非指任何特殊的「單元」類別。

※(三)修訂與強化（revising and consolidating）單元結構、內容和活動

單元為了與學生不同的需求和能力、可取得的資源、不同的教學方式取得一致性，好讓課程適用於各種類型的班級，需作某種程度的修正。塔芭希望視導人員、課程協調者與課程專家負起以下的工作責任，即「考量所敘述的單元結構，以及選擇的內容和學習活動所憑依的原理與學理；並建議（這些單元結構、內容和學習活動）在班級實施時能作修正的限度」。（Taba, 1962, p.458）至於這些考量與建議，塔芭主張應收入用來解說單元使用的手冊之中（Taba, 1962, pp.458-459）。

※(四)完成發展架構（framework）

當若干的單元建構完成之後，課程設計人員須加以檢查，以瞭解它們的範圍的適當性如何，以及順序是否適當。課程專家大致會假定，為該課程起草法則的責任，可透過此一過程完成。

※(五)安置與散播新單元

塔芭請求行政人員要為教師安排適合的在職訓練，俾能在教室的教學之中，將這些教學單元有效地付諸實施。

　　塔芭此種歸納模式，未能贏得希望先考慮課程通則，再處理特定部分的課程發展者的喜歡。有些計畫人員期望見到的模式，是能同時包括診斷社會與文化需要，以及從教材、哲學與學習理論衍生的需要二者之步驟的模式。事實上，塔芭（Taba, 1962, part I）在她的教本中曾仔細思索過這些要點。

　　其他的計畫人員可能比較喜歡採用演繹方法，從通則開始——細述哲學、目的與目標，然後再移向具體的部分目標、教學技術與評鑑。像以後要談到的謝樂、亞力山大與雷威斯模式、歐利瓦模式以及前一節提到的泰勒模式均屬之。

第五節　瓦克的自然模式

　　泰勒的課程設計模式，採直線式進行，論者認為流於人為簡單化與規約化，而加以批評。美國史丹佛大學教授瓦克（Walker, 1971, 1990, 2003）的自然模式（亦譯「寫實模式」），描述在課程發展活動期間真正發生的情況，常被提來和規範活動發生的泰勒模式比較。泰勒假定較佳的課程是由從事課程設計者遵循精細邏輯來加以處理；而瓦克則假定較佳課程是參與課程設計者瞭解該種過程之複雜性而獲致的結果。瓦克視課程計畫的動態，為一種科學現象。他運用各種社會科學的方法，觀察、記錄與釐清課程塑造發展過程期間發生的一切。瓦克的自然模式有經仔細記載的文件，故被視為深思熟慮研究途徑（deliberative approach，亦譯「慎思」研究途徑）的範例，如圖6-5所示。是以他應用於課程設計的觀點，不侷限於計畫的過程，也顧及計畫人員之間的溝通、交流（Smith & Lovat, 2003）。

　　瓦克把該模式稱為「自然模式」，乃緣於他喜歡描繪在實務工作中，作課程決定時真正產生的情況，取來和其他觀點作對比，後者係規範課程發展應進行的方式。瓦克的自然模式包括依據（platform，亦譯「立場」）—深思熟慮—設計等順序。

　　不論是教師為班級學生設計新的單元，或是全國性課程方案，任

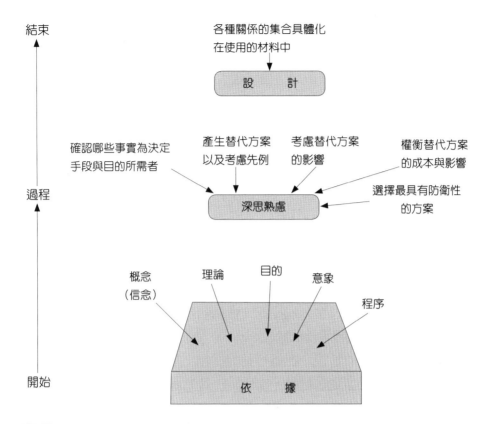

結束

各種關係的集合具體化
在使用的材料中

設　　計

過程

確認哪些事實為決定
手段與目的所需者

產生替代方案
以及考慮先例

考慮替代方案
的影響

權衡替代方案
的成本與影響

深思熟慮

選擇最具有防衛性
的方案

概念
（信念）

理論

目的

意象

程序

開始

依　　據

圖6-5　瓦克的自然模式（Walker, 1971；引自Marsch & Willis, 2007, p.80）

何課程發展活動一開始就要觸及若干信念與價值。瓦克將這些信念、理論、目的、意象、程序與價值稱為「依據」（platform），理由是這些（有關現在存在的與未來可能的）信念、理論（有關現存實體間存在的關係之信念）、目的（有關可欲的行動過程之信念）、意象（在沒有特定內容的情況之下，可欲的事物之信念）、程序（在沒有特定理由的情況之下，有關可欲的行動思維過程之信念）與價值為未來的討論或深思熟慮奠定基礎，使吾人有所遵循。

　　瓦克（Walker, 1975, pp.91-135）為了考驗自己的依據與深思熟慮觀念，曾觀察喀特琳藝術方案（Kettering Art Project）小組活動三年多的時間，仔細記載他們的行動、論點與決定。瓦克藉著分析抄本與其他資

料，將課程發展過程中的重要因素區隔開來。他下結論說：典型上依據包括各種概念、理論與目的，都是仔細形成與想出的。此外，他認為仍有一些較少被仔細思考的觀念，也應包括在內，即意象以及程序。

一旦吾人開始就某一教學單元或方案與他人交互影響，即進入「深思熟慮」階段（deliberative phase）。瓦克主張此時正是吾人試著去為比較具有一貫性的觀點（即概念、理論、目的）以及當場產生的觀念（即意象、程序）辯護，此時可能是處於混淆不清的過程。由此觀之，深思熟慮階段可能是一個既混亂又費時的階段，但卻是一個相當重要的關鍵階段。誠如艾斯納（Eisner, 1975）思索自己參與喀特琳方案的經驗時所說的：「團體深思熟慮的『無效率』可能是比效率更有效能，是似非而是的言論。」（p.163）又如Brice（2000）所主張的：深思熟慮的討論，相當複雜，且需有重要的溝通技巧和行為規範；即需能一致而公平地論證，考量有關的替代方案，能提問、檢核和反思，願意質疑自己與他人的假定，能確認各種競爭性的論點。

深思熟慮階段的最後，在為行動的採行，獲致若干的決定。但有關特別行動及其可能獲致之結果，欲取得一致共識，是經由不斷討論，才選取的最具有防衛性的解決方案。至於「設計」階段（design phase）則是匯集所有的決定，累積形成特定教材的產品，屬於輸出成果的階段，也是將深思熟慮階段所作成的各種決定，具體化為教材的形式。

由於自然模式試圖描繪課程發展過程中實際發生的一切，因而突顯該模式缺乏可循的順序以及嚴謹的程序之缺失。艾斯納（Eisner, 1973）曾回憶自己參加喀特琳方案的感想指出：泰勒所指的三種目標的來源（學生、社會、教材），在該方案中僅考慮教材一種：

> 學生雖然重要，但在課程發展過程期間，欲在我們的工作中，扮演真正核心的角色，簡直是太遙遠了，而且在我們的深思熟慮（階段）中，社會簡直是從未出現過的……。（p.165）

又如瓦克所作的分析，指涉的計畫過程均偏向於大型的課程計畫，在跨不同層級以及不同科目的小型的學校本位課程編製活動中，是否均

一體適用，可能也是頗有爭議的問題，如以下的問題便由此衍生而來：

1.瓦克雖然鉅細靡遺地分析、描述作決定的過程，但是他就自己偏好的深思熟慮，所作的強調與描繪達到什麼樣的程度？

2.該途徑是否秉持著一種試圖公開描述但卻是隱匿所重視若干價值的態度？

3.該模式用來解釋中小學的課程編製，是否會令人感到滿意？

第六節　龍崔利的技術模式

技術專家（或稱工學專家）認為課程設計的目的較易在事先訂定，因而以設計有效的訂定方法為導向。在他們倡導的課程設計模式所列舉的步驟，頗為一致，最重要的是先列出目標；然後設計為達成此等目標所需的具體表現規準以及有待發展的行為；最後採用效標（標準）參照評量量數，以決定欲求的表現層次是否達成。有關該類模式（技術模式或稱工學模式）可採龍崔利（Rowntree, 1974）的設計作為代表說明之。龍崔利的技術模式共分成四個步驟（見圖6-6）。

一　確立目標（objectives）

目標能為教學確立標準，為教學成效找到量數，有其關鍵的重要地位。龍崔利以為宜從蒐集學生群體的背景、興趣、態度與技能著手，以取得合適的目標；當然整個課程的廣泛目標也可為決定若干特定的目標，奠定基礎。

在確立目標此一步驟，不難發現有若干問題值得探討：

1.教育技術專家無法為決定選擇哪些目標，提供價值判斷。

2.哪些目標最有價值？恐有爭議。由誰決定之？

3.如何制止選擇微不足道、且易於評量之目標的趨勢？似難有共識。

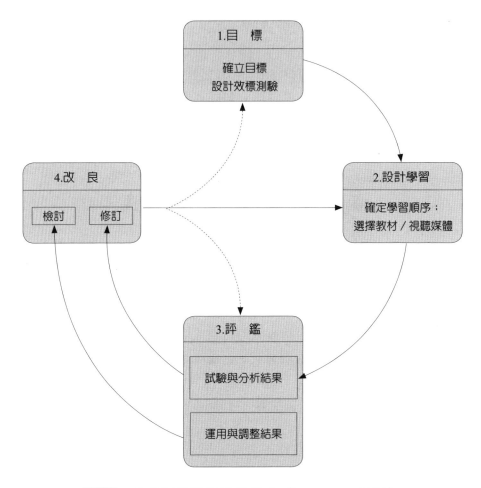

圖6-6 龍崔利的課程設計模式（Rowntree, 1974）

　　目前的教育技術專家對於這些問題，置諸不理，所以在類似模式中存在的主要缺陷，似仍無獲致解決的跡象。但卻不能因而認定類似模式的其他步驟，不合邏輯和不切實際。因為目標一經決定之後，接踵而來評量學生表現的效標測驗，即可發展出來。

二 設計學習（design of learning）

　　本步驟涉及許多子步驟。龍崔利主張經選定的目標，須細加分析，

以確定最適當的「學習順序」（learning sequences）。學習順序一經決定，為了便於付諸實行，須有適宜的「教學策略」（teaching strategies）匹配之。此步驟也涉及從各種媒介（如講演、討論、角色扮演、教本、視聽媒體）進行選擇，或將多種媒介結合運用，以形成一個交互聯結的緊密整體。

三 評鑑（evaluation）

由於所有的學習經驗，均是以達成有效目標，而在技術上所作成的設計。如果學生達不到如是目標，則錯在學習經驗的設計，而與學生無關，此乃本模式與泰勒、瓦克模式比較之下，可以發現的一項有趣因素。因此，須將這些學習經驗持續對不同學生群體進行試驗，如發現有必要，則要修正教學設計。

四 改良（improvement）

龍崔利細心地加入修正此一要素，並將之散布在各個階段之中。因此各個階段的順序雖然不變，但該方法仍然是動態且互動的，這可從圖6-6看出。

龍崔利的課程設計模式顯示，似乎以「改良」結果為重心，將之散播至各個階段，具有回饋作用的性質。從圖6-6觀之，該模式與目標模式出入似乎不大，直線式設計的影子依舊存在。

第七節　過程模式

有鑑於目標模式呈現的可能缺失，如易使學校課程淪為工具、手段；甚至扭曲課程的內容與過程。因此，史點豪為了使教育目標具有意義，須將目標當作程序原則（principles of procedure），而不能視之為終極目標。所謂程序原則是指課程設計者（指教師）的價值觀，猶如

教師在教室情境欲加以作實地考驗的一套研究假設，會指導其在教學程序中的作為；此種作法改進了目標模式無法彰顯師生互動的多樣性和複雜性，充分展現其開創性、權宜性和動態性的特質。因此，課程發展須寄予關注的是過程，而不是目的，不宜從詳細描述目標開始，而是要先詳述程序原則與過程，然後在教學活動、經驗中，不斷予以改變、修正，此即所謂「過程模式」，以過程或程序原則，而不以目標或內容為焦點，是以過程模式強調的是教學方式與過程，而非教育的內容，且對學習者的主動學習與教師的專業思考寄予重視（黃光雄、蔡清田，民88）。

過程模式由史點豪所倡導。他關心的是內在的價值以及教育過程的價值，以為課程領域若以知識的思考方式、求知技能、分析能力和理解能力等部分為重點，採過程模式優於目標模式。蓋根據具有內在價值的特殊知識之形式為基礎，進行內容選擇，所選出的內容應是足以顯示該知識領域或形式中最重要的程序、主要的概念與規準，而不是根據學生行為而進行的內容選擇。

由英國學校委員會（School Council）提倡，而由史點豪主持的人文科學課程方案（Humanities Curriculum Project），不詳述學習成果，但明晰敘述教室中適用的原則，用以協助說明教室情境中師生進行教與學的歷程。事實上，此種情形已是多數課程方案的取向。即使有的方案敘述目標，屬於真正短期目標的很少，屬於中程預期成果的亦不多見，大部分都以一般程序名稱敘述一般性原則，以供教師在教室情境中，採取教育行動的指針。如要把這些一般原則稱為目標，充其量只能視同艾斯納所稱的表現目標，而非以行為名義為架構的教學目標。如學校委員會工作報告之一的「中學中的鄉村研究」（Rural Studies in Secondary Schools）所訂立的下列五個目標，顯然不是提供行為目標的方案，只在為教師提供設計特殊的方案或個別學生工作時的一套指針：

1.增進對鄉村以及人與其自然環境的關係，並發展對生物的尊重。

2.藉著觀察、第一手的研究和實驗，發展對科學以及科學方法的瞭解。

3.賦予享樂及滿足時光，鼓勵有效利用休閒生活。

4.發展審美的鑑賞力以及創造思考機會。

　透過可接受的及愉快的實用作業，激發所有學生的興趣，以為進一步的研究，提供有價值的起點（Kelly, 2009）。

　人文科學課程方案的目的在於增進學生瞭解社會情境、人的行為以及從中引發爭議的價值觀。這些目的，可從上述的五個目標中見其梗概，其作法不外是提供討論的教學環境，讓秉持中立立場的教師主持有關爭議問題的討論，學生則採批判的立場檢核證據。從上述的五個目標中，亦可發現，行為目標未載其中，只在於界定處理問題所需的可接受的程序原則、發展評斷事項的標準、擴展有關的視野等。

　葉特金（J. M. Atkin）於1975年在日本東京由日本文部省及經濟合作發展組織（OECD）的課程改革中心（CERI）共同召開的課程發展會議上，有鑑於課程發展如一味追求達成行為目標，可能會如只一味追求達成特定目標的科學發展所造成的「產業公害」一樣，導致「教育公害」，而倡導「羅生門模式」（rashomon approach）。羅生門本是日本故小說家芥川龍之介的小說之一，描述立場不同、觀點互異者對同一事件或事實的看法，會有不同。葉特金採納此種精神，運用於課程的發展，以為不問教學目標如何，要先觀察教學活動引起的一切事情，分由專家、教師、兒童或父母，循不同觀點，予以評鑑。其發展程序為：設定一般目標、實施有創造性的教學活動、記述、評鑑教學活動結果（引自歐用生，民75，56-61頁）。此種方法與人文科學課程方案的處理方式，實屬一致。

　史點豪倡導的過程模式，所受到的批評較為溫和，主要的有如下各項：

　1.過程模式的觀點多借助於當代的教育哲學著作　如皮特思（R. S. Peters）主張應以學習的方式（manner）而非材料（matter）界定教育活動；賀斯特主張倡導數種思考的形式，總比獲致僅能執行若干智能的技巧來得重要；懷德海（A. N. Whitehead）認為教育是「利用知識的藝術」，而不在於獲得「無活力的觀念」；杜威主張知識乃在於發展個人的經驗等（Kelly, 1982, pp.117-118），凡此教育哲學家的觀點，都具體反映在過程模式的課程設計中。

2.過程模式並非包羅萬象，仍允許有限度運用目標模式　本項課程設計雖以其所包含的過程進行，不依其所要包含的內容或所要達成的行為結果予以處理，但是仍無法捨棄目的，目的常在過程中顯現，過程也包含在目的中。採過程模式設計課程欲求與目標隔絕，似非容易。加上目前班級的具體目標，由近程目的而來，近程目的又源自中程目的，中程目的亦由終極目的而生，如是演繹，過程模式如硬將終極的意向，稱為原則，而不稱為目的，其理由便稍嫌牽強。賀斯特認為過程模式的本質雖非行為導向，但是仍然關注目的；如果漠視目的，一味強調內容與程序原則，可能使課程計畫的特性含混不清。

3.過程模式重心放在教學的脈絡（context）　過程模式強調教育是一種動態的過程，在教室教學中如何作有效運用，乃是教師關注的重點，如是言之，與泰勒強調的重點無殊。又過程模式不提出直線處理因素的形式，只對教材差異的處理，具有敏銳性；而其權責則由個別教師承負。

4.過程模式在實用上有所困難　因而遭到不少的反對，其中最重要的困難，與評估學生的作業以及教師的能力問題有關。因為該模式假定，教師能就自己對任教科目固有概念、原則及規準的理解與判斷，予以修正或加深。如此一來，可能影響對學生作業評估的一致性。即使史點豪（Stenhouse, 1975）也承認過程模式「要求於教師的太多，在實際執行上就益增困難，但是它提供高度的個人與專業的發展；在特別的情境中，或可發現要求太多的明證。」

第八節　歐利瓦模式

歐利瓦（Pawlas & Oliva, 2008）曾依據自己認定課程設計需符合簡單的、綜合的和系統的三項規準，繪製如圖6-7的課程發展模式圖，後來又加以擴充如圖6-8（Oliva, 2009; Oliva & Gordon, II, 2013），茲根據後者，略作說明。

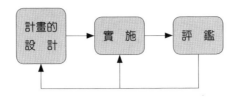

圖6-7　歐利瓦的簡單課程發展模式（Pawlas & Oliva, 2008, p.266）

　　歐利瓦擴充的課程設計模式，係循著由課程的來源及於課程評鑑而形成的一種綜合性、按部就班的處理流程，共包括十二個要素（或步驟，以羅馬字標示）。在圖6-8中可見各要素分別使用方形與圓形標記，方形代表計畫階段，圓形代表運作階段。第一項要素是由課程發展者根據社會的需求與個人的需求衍生而得的目的和信念，敘述教育的目的及其哲學和心理學的原理，該要素與泰勒模式的「篩選」概念類似。

　　第二項要素，係針對學校所在之社區的需求、在該社區接受服務之學生的需求，以及將在學校使用之教材的迫切性，進行分析。

　　第三項與第四項要素，係根據第一、二項要素，敘述的目的、信念與需求為基礎，明確敘述課程的目的和目標。

　　第五項要素，在於組織與實施課程以及尚待組織之課程的結構。

　　第六項與第七項要素，在於詳述每個層級和科目的教學目的與目標。繼詳述教學目標之後的第八項要素，係指教師選用於班級教學的策略。第九項要素的A段，係指著課程計畫人員事先思考將用來評估學生成就的方法，也同時進行著。接著的第十項要素為實施教學策略。

　　在學生已接受適當的學習機會（第十項要素）之後，計畫人員又回到思考選擇用來評鑑學生成就與教師效能之策略的問題。是以第九項要素便分成兩段，第一段（IXA）如前所述為真正實施教學前進行的部分，第二段（IXB）則是在實施教學後著手的部分。至於第十項要素亦為計畫人員提供選用評鑑學生表現所需的手段或工具的機會。

　　第十一項要素（步驟）為實施教學評鑑；第十二項要素為完成評鑑課程方案的循環。

　　在本模式中，第一項至第四項要素以及第六項至第九項要素屬於計畫階段；第十項至第十二項要素為運作階段；至於第五項要素兼屬計

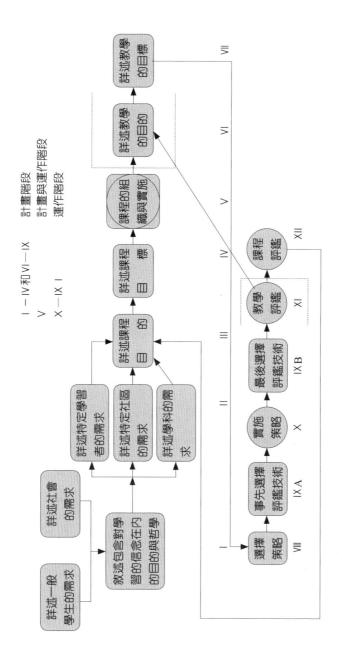

圖 6-8 　歐利瓦的擴充式課程發展模式（Oliva, 2009, p.138; Oliva & Gordon, II, 2013, p.113）

說明：虛線間（□ □）表示與課程要素有別的教學要素。

畫與運作階段。因此本模式可稱是結合課程發展（第一項至第五項和第十二項要素）與教學設計（第六項至第十一項要素）二者架構在內的課程設計模式。本模式的另一項重要特徵為：回饋循環動線的設計，一是由課程評鑑回饋至課程目的，另一是由教學評鑑回饋至教學目的。這兩條動線即在顯示：它們個別的次級循環線上的諸項要素，需不斷修正。

　　歐利瓦課程設計模式將「課程」與「教學」設計一併納入，易使人瞭解二者的關係與持續性，固有其優點，惟整個流程基於綜合性考慮，可能顯得較為複雜，不似一般模式簡單。

第九節　情境模式

　　若說目標模式及其變型（如塔芭模式、歐利瓦模式）的根源在行為心理學；自然模式與技術模式根源於科學、技術的理念；過程模式的根源在教育哲學；情境模式課程設計的主要根源則在文化分析（cultural analysis）。羅頓（D. Lawton）與史克北（M. Skilbeck）被認為是運用文化分析於課程計畫的代表人物。

一　羅頓的課程設計

　　羅頓認為計畫課程，要為目標確立架構，以及決定適當的內容與程序時，須從三方面考慮：
　　1.從知識的性質本身考慮　課程的若干問題，可藉著分析知識是什麼、知識的不同形式以及不同邏輯處理之。
　　2.充分考慮兒童或個別兒童的本性　考慮其認知的成長與發展。
　　3.充分考慮社會情境、壓力與社會需要　學校為社會的一部分，學校的課程計畫，不能在知能真空中進行，而切斷與其社會及文化的接觸（Lawton, 1973）。
　　羅頓又指出，教育的主要目的乃在於傳授學生社會的文化遺產，或導入其中最佳的部分（Lawton, 1975）。學校的主要任務在於傳遞社會的

「共同文化遺產」給下一代（Lawton, 1983a, 1983b）。因此他將課程設計，偏向於社會文化的角度考慮。

羅頓是以社會文化（生活方式）分析普通教育最有系統的代表者之一，他認為在從事課程設計時，應包括下列各項：

1.分析社會文化的九種次級系統（subsystem）。羅頓認為所有的文化可分成九種結構或次級系統，即社會／政治系統、經濟系統、交通系統、理性系統、科技系統、道德系統、信仰系統、審美系統、成熟系統等（Lawton, 1989）。這些次級系統彼此交互作用，且其中的某些系統可能比其他的系統重要；各系統間的衝突或存在的矛盾，在所難免。然而羅頓以為課程可從分析該九種次級系統而來，或許課程無法包括每一種次級系統，但可從每個次級系統選取所需，俾讓學生得以熟悉其中的重要因素。

2.「計畫」（mapping out）最適合於每個次級系統的知識與經驗類別。

3.根據心理學的理論依序組織與經驗，並運用如「課程十一至十六」（Curriculum 11-16）或由賀斯特以及費尼克斯（P. Phenix）所倡導的模式。「課程十一至十六」為中學生提供八個經驗領域，即美學與創造、倫理學、語言學、數學、物理學、科學、社會與政治、精神等為共同核心課程。賀斯特提議七個不同的知識領域，即數學、自然科學、人文科學與歷史、文學與美術、道德、宗教以及哲學。費尼克斯則將知識分成符號學、經驗學、美學、人群聯合學、倫理學、綜合或概括學等六個意義領域。羅頓固然運用此等模式，惟其均由知識概念出發，與羅頓本人的見解未盡一致。他係從文化概念著手，確認學生必須具備前述九種文化結構或次級系統，省略其中任何一種，不僅對學生不利，亦只提供給他部分或有限的社會環境知識。

■ 史克北的課程設計

史克北想出一種常被引用的模式，該模式將課程設計與發展置於文化架構之內：該模式視課程設計為一種手段，教師藉著提供學生洞察文

化價值、解釋架構與符號系統的能力，以矯正與改變其經驗（Reynolds & Skilbeck, 1976）。該模式強調此種設計過程具有價值的特性以及政治的特徵，不同壓力團體以及意識形態的利益會尋求影響文化傳遞的過程。該模式不「憑空」作建議，而是先就學校情境，施予批判性的評鑑，然後才著手進行課程設計，是以其假定爲：課程發展的焦點必須置於個別的學校及教師身上；亦即從學校本位課程發展（school based curriculum development; SBCD）（參見附錄6-3、6-4），學校層級是促成眞正變化的最有效方式（王文科，民86；Skilbeck, 1984）。

該模式包括五個要素：（Skilbeck, 1976a）

1.分析情境（situational analysis）　包括對情境的觀察以及分析構成該情境的諸項交互作用因素。其中學校外在因素待考慮的有：(1)文化和社會的變遷以及期望，包括家長的期望、雇主的需求、社區的情感與價值、變遷中的關係（如成人與兒童的關係）、意識形態。(2)教育系統的需求與挑戰，如政策、考試、地方教育當局的期望或要求或壓力、課程方案、教育研究。(3)教材性質的改變。(4)教師支持系統如師範學院、研究機構等的可能貢獻。(5)流入學校的資源。其中學校內部因素待考慮的有：(1)學生的性向、能力與教育的需要。(2)教師的價值觀、態度、技能、知識、經驗、特殊的優缺點、角色。(3)校風與政治結構，包括傳統、權力分配、權威關係、培育順從規範與處理偏差行爲的方法等項共同的假定和期望。(4)物質資源，包括建築物、設備，以及增加建築物與設備的潛力。(5)目前課程所感受到的問題與缺點（Brady, 1990; Skilbeck, 1976b, pp.80-81）。

2.根據情境診斷結果，準備課程目標（preparation of curriculum objectives for the situation diagnosed in 1）　此等目標的敘述應包含教師的行爲、學生的行爲、預期的學習結果以及教學與表現目標：並以清晰、明確以及一般的方式敘寫。目標的建立仍應考慮以下各項：(1)人類有價值的或主要的經驗；(2)學生與當代文化的問題；(3)在情境背景中，學生學習求知的方式；(4)根據第一個步驟診斷而得的可能性和限制。

3.建立方案（programme building）　包括詳述執行目標所需的資源、仔細描述學校特定職務的工作（即指定任務，涉及任務關係與訊息的交

換，如誰在什麼時候向誰報告？）、設計教－學活動。其中設計教－學活動一項尚可包括：(1)地圖、網狀組織、結構，亦即計畫範圍、順序與交互作用活動的模式；(2)學習材料，以學習指引、作業、資源等方式表出，並設計可達成共同目標的多條途徑；(3)時間表；(4)在特殊場所需求的行為形式（如在語言實驗室增強口語學習）。

4.解釋與執行（interpretation and implementation）　在此一步驟中，導入修正的課程會遭遇到實際的問題，就要像分期付款一樣，逐一予以解釋，並設法克服。

5.調控、評估、回饋與重建（monitoring, assessment, feedback and reconstruction）　此步驟涉及的評鑑概念比單純決定課程達成目標的程度為廣。其任務包括評估學生在教室中的進步情形、評估各方面的成果（包括學生的態度，及其對整個學校組織的影響）、根據各參與者（不僅是學生）的反應作成合理記錄。此一課程發展的模式，可以圖6-9表之。

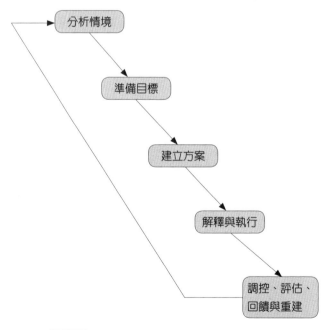

圖6-9　史克北的學校課程發展模式

註：取自 *Rational curriculum planning* (p.161), by J. Walton and J. Welton. London: Ward Lock Educational. Copyright © 1976 by Ward Lock Educational.

三 批判

　　先就羅頓倡導的模式分析。羅頓不從知識概念而以文化概念爲分析的起點，指出文化的九種次級系統；但是他既未爲共同核心的學校課程，規劃出可行的藍圖，似有不足。加之，課程設計單從文化向度著手，似不充分，無法爲研究有組織的高層次知識，提供適當的基礎；普通教育課程的設計，爲了求其完備，除了考慮文化向度之外，前述賀斯特、費尼克斯等對知識領域或意義的劃分，自不容漠視；另外課程所要發展的能力或技巧，亦須兼顧，如哈格里夫（Hargreaves, 1982）認爲，學校須發展的五種能力或技巧，即審美─藝術的（aesthetic-artistic）、情意─情緒的（affective-emotional）、認知─智能的（cognitive-intellectual）與個人─社會的（personal-social）、身體─手操作的（physical-manual）等，仍應列入考慮。易言之，任何一種課程設計，不可能概念任選、不顧脈絡，或不涉心智。所有知識的形式固然安置在文化體系中，也涉及認知的過程。所有文化的次級系統，均須予以概念化，並涉及認知過程；同時，所有認知過程有其內容和文化的脈絡，因此要設計課程時，似宜兼顧該三種方向。史魁爾（Squires, 1987, pp.46-49）即針對獨衷於文化脈絡的課程設計模式，提出補充的見解，並進而依據文化、能力、知識三個向度，設計一個普通的教育模式（圖6-10），以供作轉換爲行動課程的參考。

　　至於史克北倡導的情境模式，不是目標模式或過程模式的變通模式，它較具有綜合性架構，使其所要設計的課程，可包含過程模式或目標模式。又該模式針對變遷環境而來，具有彈性、適應性，並可公開解釋。教師可從任一階段開始進行課程設計，也可同時展開各項活動，誠如泰樂與李查（Taylor & Richards, 1985）所稱的：

　　　　此一模式完全不預先分析手段─目的的關係；它只鼓勵課程發展
　　　　小組考慮課程發展過程的不同要素與層面、將該過程當作有機整
　　　　體看待，以及採適度系統的方式進行。（p.71）

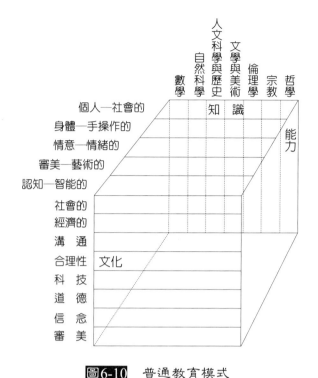

圖6-10 普通教育模式

　　由此可見，該模式促使參與課程發展工作者有系統地考慮他們所處的特殊背景，並將他們的決定與文化、社會的考慮配合。

　　索基特（H. Sockett, 1976）對此種情境模式，表示支持，他倡導一種「透過結構而進行的課程設計」過程。並認為目標模式只在技能發展領域有用，過程模式則較有價值；由於涉及課程設計的交互作用因素甚多，因此須謹慎、鉅細靡遺地緩慢從事。尤須瞭解現存的課程結構，即與史克北所稱的分析情境的看法一致。

第十節　許瓦布的實踐折衷模式

　　許瓦布（Schwab, 1970）（1909-1988）認為課程理論家若一味去尋求課程發展的通用理論（general theories），而不回答每日遭遇的具體課

程問題，可能會誤入歧途。他曾率直地指出：「課程領域以其現有的方法與原則，無法繼續工作，不能對教育的進步有顯著貢獻，……『它』已達到此種不愉快的狀態，是出自於積習、未經檢討就錯誤地依賴『理論』所造成。」（p.1）因此在課程領域，追求理論並不適當（McNeil, 2006）。與其理論並不完全適用於實際上的教與學，甚至該理論仍有其侷限性、不完全性，不適宜直接運用於課程領域。若要使課程領域恢復其對改革教育的貢獻，便需將其從事追求理論的能量，移轉至與理論有顯著不同的三種實踐（practice）運作方式，即實踐式（the practical）藝術、準實踐式（the quasi-practical）藝術，以及折衷式（the eclectic）藝術（Schwab, 1970, p.2）。

　　吾人欲簡述許瓦布所提三種交互作用的變通方案，並非易事。但基本上它們總是仔細考慮到在特定情況（specific situation）中的各種變通的行動過程，以避免真實生活的全部受到抽象原理的支配，致使其獨特性和複雜性遭到漠視。如實踐式藝術不同於追求知識的目的理論，而是涉及選擇與行動的學說，以達成任務為目的，是以其係涉及先對課程問題或病症作診斷，然後據之決定行動；要是問題情境比較不明朗，或吾人實踐的知識浮現不一致的情況，就得訴諸準實踐式，以求解決難題。雖然許瓦布強烈批判理論的缺失，但他並未放棄對理論的探究，因此在其折衷式藝術中，則先肯定理論的效用，力求儘可能地修正理論的弱點，甚至從衝突的理論至實際的問題中發現共同的背景，惟折衷式仍不能綜合各種變通理論，以形成一致的理論（Schwab, 1970, p.13）。許瓦布所提的實踐折衷模式，即在於說明課程的建構，如想要尋求「不變元素」（invariant elements）便有其限制，需要納入實踐模式，作為變遷環境下行動的指針，才是可取（Schwab, 1969, pp.240-241）。職此之故，在各種情境中，究竟要採取何種行動，須依據有關情境中存有的特定事實知識，以及吾人對於行動與情境二者之間的理解與解釋而定。在特殊情境中，須就諸項競爭理論的可應用性與效用，評估其優點，且要藉著深思熟慮（deliberation）達成，就如同陪審團須深思熟慮地裁決證據一樣，故其理論亦有人稱之為「深思熟慮」的課程理論。

　　許瓦布不去追求含有合理普遍原則的課程理論，力促吾人要講求實

踐，在諸項特殊的課程政策或實務案例中，探求好的決定與行動；毋須期待發現清除抽象課程問題的通用途徑，與其正如同吾人期待選舉那位候選人、與誰結婚或從事什麼工作等問題一樣，沒有完整的答案，對這些形成生活的問題，吾人欲作選擇，需要發揮最大的努力，但不必應用任何政治理論、擇偶理論或擇業理論。同理，許瓦布極力主張課程決定不需要課程理論。特別有趣的是，許瓦布曾就理論的與實踐的方式，作成對比式的說明：理論的目的或成果與實踐的目的或成果不同，前者是知識被視為真實的、正當的、賦予信心的一般性或普遍性陳述，具有持久性與廣泛性。後者則為一種決定、選擇及導引可能的行動，惟此項決定僅能應用於所尋求的個案之中，沒有巨大的持久性或廣泛的應用性。

　　為了配合特殊情境需求，從事課程設計；又鑑於知識爆增（knowledge explosion）可能帶來的衝擊，將會使現行的課程完全過時，因此許瓦布主張每隔五至十五年，就得重組課程一次，以應時需（Schwab, 1962, p.200）。

　　瓦克（Walker, 1971）發現課程發展小組實際的工作方法，遵循泰勒倡導的四個步驟的不多，採納許瓦布主張運用的深思熟慮方式者，較為明顯。揆諸事實，許多課程發展小組從未一開始就敘述目標，將之奉為課程設計的起點。如果有敘述目標的情形，係將之作為工作的終點目的，以供教師參考。他們似乎以一組信念與意象（beliefs and images）作為規劃課程的起點，所謂信念包括對內容、學生及其需要、學習方式，學校、教室與教學，社會及其需要的看法。所謂意象涉及好的教學、好的內容與方法、好的遵循程序等。他們耗在敘述與改進這些信念與意象的時間甚多。

　　課程發展小組的工作包括提出課程發展的行動過程，以及討論贊成或反對每種建議案的理由。他們的討論方式，自然是要對特殊的信念與意象組，作深思熟慮地評定，而不是陷入辯論的迷津中，正如陪審團要根據法律作深思熟慮的處理一樣，必須接受所賦予的規定。他們判定獲致最佳行動過程的方式，與陪審團想要判決有罪或無辜的作法無殊，皆需權衡所有的事實，才能作成決定。如是的處理方式，即與許瓦布建議的需作深思熟慮的決定，如出一轍。

　　許瓦布的深思熟慮的課程計畫模式與泰勒法則固有不同，但絕非完全不一致。比如說：

　　1.許瓦布的模式可當做決定目標的一種方式，與其負有深思熟慮、判斷的任務，針對情境中的特殊事件，考慮各種概念與觀念，此就其相關的部分說明。

　　2.再就二者不一致的觀點述之，許瓦布認為手段與目的二者彼此相互決定，然而泰勒卻堅持吾人的行動（手段）須適應於吾人的目標（目的）。因此課程設計伊始，須將目標公開揭示，人人便可見到吾人想要實現的目標，能否成功達成。許瓦布的深思熟慮的過程中，敘述目標似乎是微不足道的事，若有其事，只能視為添加的成分。

　　3.許瓦布的課程編製觀與泰勒法則比較，前者較不能顯示直線式的成分，亦較不具綜合性，但較具有彈性與辯證的成分。

　　觀之當前課程設計的取向，仍然關注目標之所在，以及獲致的途徑，其間固然與特定的背景攸關，且需從特定的背景中去發現。因此許瓦布的模式，自有其貢獻與價值，但許瓦布本人也無法漠視或不承認目標及達成目標之方法的重要，是以泰勒法則，在課程編製的模式所占有的優勢，似乎難以動搖。

第十一節　傅雷禮的解放模式

　　傅雷禮（Paolo Freire〔唸成'frɛəri〕, 1921-1997）是位巴西的教育家和哲學家，為了教導巴西東北部落後地區的不識字農夫，而發展出一套教學法，並寫成《被壓迫者的教學法》一書（Freire, 1970a），也因本著作的出版，而遭受被放逐的命運。在該書中，揭櫫其所倡導的哲學與政治觀點，以及教育學的實務。此地所要描述的重點，是他所提倡的課程發展的方法，該方法的主要目標在於激發以及維持人民的批判意識（critical consciousness）。

　　傅雷禮以為在統治者的眼光中，窮人是懶惰的、不誠實的、詭詐的、沒有生產力的，即所謂生存於社會中的「邊際人」（marginal）

（Freire, 1985）。俊秀分子以爲教育的適當的任務，乃在「治療」貧困者此等有害的方式，使他們能夠識字、守法、情願工作。傅雷禮拒絕此種邊際性（marginality）的觀念，認爲貧困者無論是志願的或不甘願的、知悉的或不知的，均被有權勢者視之爲無知的、卑下的，其心靈已遭侵犯，因而「採用侵入者的觀點，而不用他們自己的觀點來看現實，……他們仿效侵入者的成分愈多，侵入者所居的支配地位就愈穩定。」（Freire, 1970, p.151）只要貧困者愈覺得自己無能爲力時，他們將會繼續保持現狀。傅雷禮試圖把那些受富有人家以奴隸方式支配的貧困、無權、無知的人民，從層層的束縛中解放。他極力反對優勢團體透過文學、習慣、神話、大眾文化等方式培育被壓迫者（貧窮者）的社會現實觀，以致無法體認或評估他們的情境，甚至慮及其他。是以被壓迫者（貧窮者）所具有的宿命論、自我貶損、情緒依賴等人格素質的特徵，有待導正。

傅雷禮指出：教育的眞正目標，在於讓人民再度見到他們自己以及他們所生活的世界，並予以改變之，謀求獲致較合適的生活（Freire, 1970b, p.205）。是以教育的基本任務，乃在克服貧困者前面所述的人格特徵或態度，易以主動自由及肯承負人的責任等素質，不能把貧困者當做物品處理，以爲他們的行爲可經由教育工作者的作爲，予以轉換。而應讓他們能站在自己的腳步上，建構自己的世界觀，即在於協助貧困者能本著自己的而非壓迫者的觀念，從事思考才行，其具體作法有三：（Kneller, 1984, pp.53-54）

1.教育須成為平等者之間的對話（dialogue of equals）　對話是人類具有的特徵，作爲溝通之用（Shor & Freire, 1987, pp.3-4）。若身爲教師者告訴學生：「你們必須這麼做！」學生便無法重新思考或重塑他們的世界。因此，吾人中的每一個人必須同時具有教師與學生的身分。就學生身分來說，他們必須協助吾人瞭解他們的世界的樣子。同時就教師身分來說，吾人必須清晰而明確的告訴學生顯然感到晦澀難明之處。循此方式，吾人才能「共同負責所有成長的過程」（Freire, 1970a, p.67）。是以傅雷禮不贊成把學生當做一無所知的白板，被動服從適應，接受囤積式教育（banking education），而倡導提問式教育（problem-posing education），始能培育學生具備主動、批判思考、或創造思考的能力。

2.焦點必須放在人們的實際經驗（actual experiences）　放棄壓迫者的觀念，設法瞭解這些經驗的眞貌，吾人必須「把自己的文化永遠當作會有問題看待，並且……加以質疑，絕不接納會使文化和我們僵化的神話。」（Freire, 1971）職此之故，吾人不能只是重新應用在其他情境習得的教訓。「實驗是不能被移植的；它們必須重新發明。」（Freire, 1978, pp.9-10）

3.將人民的情境當做質疑的對象　吾人必須接觸人民的情境，將之視爲開放的、未解決的、有待瞭解的，以及有待採取行動的。傅雷禮把這整個過程稱爲「喚醒意識作用」（conscientization），以便瞭解塑造他們生活的社會文化現實及問題的根源，而不能將之歸因於自己「自然的」無能或優勢的權力，而思謀改變這些障礙。

惟如何在大眾中，發展一套有助於孕育批判意識的課程？傅雷禮主張應由一群教師與某個地區的人士組成研究小組，根據當地的生活方式，提出能夠反映該地區人士現實的生產性論題（generative themes）。爲了提出生產性論題，首先該小組的成員與準備受教育者的代表，共同討論他們的計畫，以徵得他們的同意與合作，並訪問當地，觀察人民在家、工作場所、教室、遊戲時的生活方式，使用的語言，人民實際的行爲表現，人民的態度、衣著與彼此間的關係。觀察者鉅細靡遺地尋找每件事物，以瞭解人民分析現實及其情境的方式，俾供協助他們提升有關此類事物之意識的參考。

其次，把這些在當地觀察所得到的初步發現（preliminary findings）提供出來，交由當地人民代表及社區中的自願者組成的一系列評鑑會議討論。當觀察者報告觀察所得的意外事件及其對此等事件的知覺與感受時，原有的小組成員以各種方式，討論有待解釋的這些意外事件，以及它們可能揭示人民生活中的其他層面。從討論的過程中，發現矛盾，讓人民知道他們的反抗情形，這些存在的矛盾，可用作討論及識字訓練的基本論題（initial themes）。

觀察者確定了論題，蒐集當地社區有關的特定材料之後，返回社區，在一系列的「論題探究圈」（thematic investigation circles）會議中，

將論題與具體材料，提供給待受教育者討論，研究小組的協調者提出自己的觀點，並向會議的主講人提出挑釁，以反映出兩種觀點間的關係。傅雷禮曾以酒精中毒爲例說明：對於飲酒作樂者不予責難，而是積極鼓勵他們表達對特定事件的看法。在討論過程中，所提出的評論隱隱約約地揭示其與其他事情之間的關係。像「他做了某事以發洩情感」的評論，乃在於承認他集中注意於工作的壓力——缺乏工作的安全感、低的工資、受剝削的感受——構成了需要「發洩情感」的理由。

論題探究圈的工作完成之後，由心理學家、社會學家、教育家與非專業的志願者組成的科際小組便要確定生產性論題，做爲實際教學中採用的課程；以及發展與每個論題有關的課程材料——如讀本、錄音帶、視聽教具，藉供教師在下一個階段，即「文化圈」（culture circles）工作時採用。

接著把此等具體的教材提供給文化圈，作爲討論的重點。有時候把教材改編成戲劇，且總以問題而不以答案的方式呈現。是以人民雖然可以反思自己的生活，但是此時的作法，乃在於鼓勵他們對情境採取批判的方式，予以瞭解，而非被動地接納壓迫者的解釋。他們的意識獲得培育，也受到鼓勵去質疑他們的世界。

根據持解放理論者的觀點而言，教育的目的在於培育被壓迫者的批判意識，使他們能從他人的支配生活中，獲得自由。此等論者相信，這種觀點不僅是巴西農人教育的適當目的，而且也是大城市的受壓迫者、移民工人、世界各地工廠的工人，以及所有未習會質疑命運者接受教育的最適當目的。

傅雷禮的課程觀念，顯然不是純粹涉及程序的；他與泰勒不同的是，他宗奉培育意識此一固定的目的，但對採用他的模式者隨心所欲地選擇自己所想要的目的之作法，表示反對。從另一方面言之，他的模式與泰勒模式亦有類似之處，二者皆不贊成預先指定課程，只提供一套決定特定課程之目標與內容的程序。因此，傅雷禮的課程設計方案，乃是結合了程序的與合理性的方式，只是傅雷禮的程序似乎與泰勒的有相當大的不同。但是遵循傅雷禮的程序者，是否也會自然地選擇某些目的、教學方法、組織與評鑑教材？如是肯定的，此種處理方式究竟是符合泰勒

的法則，爲其變型之一，或是截然不同的另一種模式，便很難區分了。

　　課程設計模式固有以上九種之分，但目標模式、塔芭模式、歐利瓦模式、技術模式、過程模式與情境模式，較受吾人重視。至於許瓦布的折衷模式，排斥課程理論，固有其見地；傅雷禮的解放模式，針對第三世界貧困者的需求，所提出的見解，當有其價值；惟許瓦布與傅雷禮的模式，就其適用的普遍性和價值而言，恐不如前述各種。另自然模式顧及課程發展過程中實際發生的一切，自顯其重點，但偏重於考慮教材，忽略學生與社會的需求，自然有其缺失。

第十二節　我國過去課程設計的模式回顧

　　我國曾採取的課程設計常被提及的模式，有板橋模式、南海模式與舟山模式，這些模式都以負責辦理課程設計任務的所在地命名，與前述外國的各種模式以倡導者或其特性爲稱呼主體有所不同。由於舟山模式是負責教科書、教學指引和學生習作的發展、審查與發行工作爲重點，不予探討，僅擇就板橋模式與南海模式，略作分析。

一　板橋模式

　　國內曾位於板橋的台灣省國民學校教師研習會（目前改名爲教育部台灣省國民學校教師研習會，可能併入所謂「國家教育研究院」，並已遷往台北縣三峽），爲對國民小學課程作有系統的實驗研究，曾依據本國實際需要，於民國61年夏天開始，逐步擬訂一套課程設計的程序，爲我國小學課程實驗研究工作發展，開了先河，故被教育界同仁譽之爲「板橋模式」，以其具有歷史的意義與價值，值得介紹。該模式的程序簡述如下：

　　1.成立組織　由教育部成立國民小學課程實驗研究指導委員會，聘請指導委員若干人兼研究委員，負責研究指導事宜。

　　2.蒐集資料　蒐集國內外有關小學課程的研究資料，予以分析、比

較，建立資料檔，作為實驗研究時參考。

3.研擬課程綱要　根據上項資料研究之結果，配合國情需要，擬訂實驗課程綱要草案，再經由問卷調查、實地訪問座談，而後修訂定案。

4.訂定教材細目　依據課程綱要，研擬實驗教材細目。

5.編寫實驗教材　依據教材細目，編寫實驗教材及教師手冊。

6.設計製作教具　依據實驗教材，設計各種教學用具。

7.試教修訂　用實驗教材、教師手冊及所設計之教具，在鄰近學校試教，根據試教結果，再加以檢討修訂。

8.實驗課程定稿　經試教、修訂後之實驗教材、教師手冊及教具等初步定稿後，即著手教學實驗。

9.選定實驗學校　由教育部、省市教育廳局會同選定各類型、地區的學校，為實驗新課程的對象。

10.辦理教師研習　實驗學校擔任實驗課程之教師（由一至六年級逐年遞升），至國民學校教師研習會研習四週。

11.進行教學實驗　依照一般實驗研究方法，進行教學實驗。

12.實驗輔導　負責實驗工作學校定期舉行分區教學研究會，召集各該地區擔任實驗課程教師參加，由研究委員、師院教授、縣市督學及實驗課程編輯教師等共同參與輔導。

13.實驗教材修訂　於每一學期結束，即舉行實驗教材、教師手冊等修訂會議。

14.舉行總研討會　於每一學年結束實施。經該會研究發展而出的課程，送國立編譯館，經其編審委員會審查後試用一年，再經修訂，即為國定本教科書。（秦葆琦，民78；台灣省國民學校教師研習會，民76）

二 南海模式

教育部為了整體規劃各級學校人文及社會學科教育的目標、課程、教材、教法與師資，以切合實際需要，增進教學效果，並力求與數學及自然科學教育均衡發展，乃於民國74年11月在台北市南海路成立「人文及社會學科教育指導委員會」，負責發展中小學各科課程，以其設置地

點位在南海路，而有「南海模式」之雅稱。

　　「人文及社會學科教育指導委員會」之下分設十八個學科組，分別探討國民中小學人文及社會學科教育的問題，細言之，其主要工作計有八項，即1.確立教育目標，2.研訂教材大綱，3.教科書編輯計畫及教學單元，4.編印實際教材，5.教材試用，6.教學評鑑，7.教師在職進修和8.研究人文、社會學科及其他學科配合的問題（引自歐用生，民78）。依這些工作項目取來和板橋模式採取的程序相較，較爲突顯的是教育目標的確立和研究人文、社會學科及其他學科配合的問題兩項。至於其他項目則屬大同小異。

三　批判

　　本章三至十一節專論學者、專家倡導的課程設計模式，這些模式是否能爲行政當局全盤接受，不無疑義，但他們頗具影響力則是事實。

　　本節所述的板橋模式係因應實際發展需要，委由機關負起全責而創用者，可說是一種實際運作的設計流程，具體可行，不專受某一學理的影響，是其優點；惟從流程中，不易發現導引此項課程設計的「法則」或「典範」，似有美中不足之處。加之，本模式係符應編製小學教科書任務需求而訂定的程序，是否可以推廣至其他教育層級之教材的編訂之需，有待推敲。至於南海模式雖較板橋模式在工作範圍方面爲廣，架構較爲充實，但其缺乏專人負責與固定之人員進行研發工作，所能發揮的成效如何，仍有待評估，尤其就其是否完全符合模式的要件，更值得加以探討。加上，我國國民中小學課程由國定標準本走向審定開放的多元化政策之後，各家出版商基於市場的爭奪、時效的掌握之考量，多無法遵循審愼的課程發展過程，於是難免呈現內容謬誤、品質參差不齊的現象，令人憂心；於是有人主張恢復過去標準本與審定本並存的作法，這證明物極必反的道理。

　　隨著國家教育研究院於2011年正式成立，以及國立編譯館、國立教育資料館的併入該研究院，今後高級中等以下學校課程的研究發展和教學創新設計，乃是國家教育研究院責無旁貸的工作。

附錄6-1

課程統整的內涵與評述

課程統整（curriculum integration）在台灣課程改革運動中，是一個相當響亮卻極易誤用的術語，即使國外學者如畢恩（J. A. Beane）、霍加提（R. Fogarty）的看法，也未必一致，本章在第一節一之末引述H. Taba所指課程統整不僅要側重學科間的銜接，更應融合成為學生個人經驗的整體，應是較周全的看法。

在1997年出版的《課程統整》（*Curriculum integration*）一書中，畢恩把課程統整分成四個部分：一是人們根據經驗，即把舊經驗重新組織，或將新經驗融入既有意義整體系統當中，以便建構新觀念，並應用於面對新環境的，謂之經驗統整。二是透過課程安排，提供學生分享共同的價值觀或利益的，謂之社會統整。三為如將合適的或相關的知識統整起來，俾處理生活的情境或問題的，便稱之為知識統整。四則至於課程設計的統整，是將對個人或社會而言，具有重要的問題或議題加以組織、規劃中心的學習經驗，並使之得以實際應用於解決現在的問題。事實上，任何課程統整的設計，以書面成品言之，即為課程設計的統整，其內容當然涉及經驗、社會以及知識統整在內，缺一便不甚完備。

葛拉松（Glatthorn）在其《校長即課程領導者》（*The principal as curriculum leader*）一書，曾根據各家說法，把課程統整分成兩大類型，一是保留原有科目名稱彼此分離的統整，另一是統整兩科（含）以上科目的統整，茲分述於後：（Glatthorn & Jailall, 2009, pp.103-104）

一、保留個別科目名稱，採彼此分離的統整類型

(一)相關科目（correlation）與本章第一節二之(一)2.所稱相關課

程設計一致，茲不贅述。

(二)跨課程的技能（skills across the curriculum）

　　即學生在各課程領域可以學到讀、寫和學習技能，不侷限於英語或中文的領域，即使在數學、社會領域課程亦可習得這些技能。

(三)統一的課程（unified curriculum）

　　即以某一科目課程進行統一內容的課程設計，強調該科目的整體性，如全語教學（whole language）、統合科學（unified science）等。

(四)非正式的統整（informal integration）

　　即教師教導某一科目內容時，可以強調或導入其他科目的技能或概念作為補充。

二、統整兩科（含）以上科目的課程統整類型

(一)以科目為焦點（subject-focused）的統整

　　即課程發展者先以一個科目（社會）為起點，然後再把內容相關的科目（如語文、藝術）予以結合。

(二)以主題為焦點（theme-focused）的統整

　　此種統整可分成兩類，一類是課程發展者首先界定主題，然後再由任何科目當中選取支持該主題的內容予以納入。本章第一節二之(四)所述特殊主題課程設計即屬之。另一種是Beane所稱擺脫科目界限，以一個中心主題開始，然後藉由確認與此一主題相關的大觀念或概念進行的課程設計屬之，以下的圖示就是屬於這種類型。

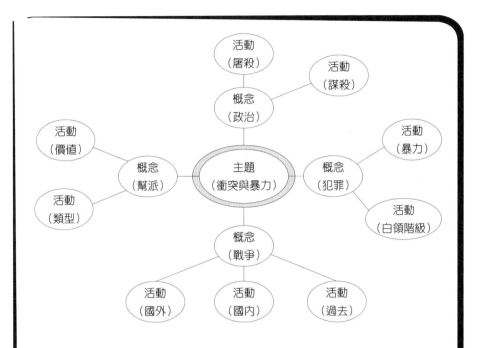

(三)以研究專案為焦點（project-focused）的統整

即課程發展者設計一個複雜的研究專案（如設計在操場的地下停車場），讓學生實際參與，在此一課程中，學生必須熟諳社會、科學、數學、藝術等科目領域的知識才行。

至於課程是否需要採取統整的作法，正、反雙方意見均有其見地，可供參考。支持課程統整的觀點，主要的有：

- ・可使學生學習更多知能。
- ・解決現實的問題，無法以簡單的一個學科內容予以處理。
- ・學生關注的焦點，如生涯發展，常會跨越學科界限。
- ・全方位整體的學習成效，優於片斷、零碎的內容之學習。

當然質疑課程統整的意見，也不無道理，主要的有如下各項：

- ・透過學科知識的學習才是優質教育的重要保證。
- ・主題單元式的學習是膚淺且皮毛的內容。
- ・每一學科有其獨特的求知方式及獨有的體系，不宜混而為一。
- ・設計統整活動如流於撮合性質，難免鬆散，終無頭緒可尋。

📎附錄6-2

認知、情意與技能領域的層次和目標舉隅

一、認知領域（Bloom, et al., 1956）

（註：有關2001年修訂的教育目標分類，詳見第九章第一節二之(二)）

第一層次　知識

「使學生知道讀與寫的正確形式和用法」

「知道比較完整的進化論」

第二層次　理解

「把教學的、語文的材料轉換成符號敘述的，反之亦然」

「預測趨勢的延續性」

第三層次　應用

「能預測某因素的改變，對以前處於平衡狀態的生物情境，可能產生的影響」

第四層次　分析

「分辨事實與假設」

第五層次　綜合

「能有效地述說個人的經驗」

「能提出考驗假設的方法」

第六層次　評鑑

「比較有關特殊文化的重要學說、通則與事實」

二、情意領域（Krathwhol, et al., 1964）

第一層次　接受（注意）

「當別人以直接對話、利用電話，或面對群眾說話時，要小

　　　心注意」

第二層次　反應

　　「從閱讀中培養休閒的樂趣」

第三層次　價值的評定

　　「負責讓團體中保持沉默的成員說話」

第四層次　組織

　　「就社會承負保持人力與物質資源的責任，作成判斷」

第五層次　依據價值（體系）形成品格

　　「根據事實，準備修正判斷以及改變行爲」

三、技能領域（Simpson, 1972）

第一層次　知覺

　　「藉著食物的氣味，予以區分」

第二層次　準備狀況

　　「解說運動規則的知識」

第三層次　指導下的反應

　　「根據指導方向，操縱物體」

第四層次　機械作用

　　「建構一個建築物的模型」

第五層次　複雜的明顯反應

　　「示範撐竿跳的正確方式」

第六層次　適應

　　「改變跑法以增加速度」

第七層　創作

　　「發展描述故事的舞蹈」

🦋附錄6-3

學校需要另一種補充的課程：發展學校本位課程

一、前言

　　我國在中等以下的各級學校，如高中（職）、國中、國小，均由教育部發布課程綱要，作爲編寫教科書、教學指引，或學生習作的參照。依古拉德等（Goodlad, et al., 1979）的觀點，循此而設計的課程，應屬於正式課程（formal curriculum）。過去教科書屬於由國立編譯館統編的年代，雖然屢生爭議，但處於負責運作課程（operational curriculum）層次的教師，以及接納經驗課程（experiential curriculum）層次的學習者，卻毫無選擇的餘地，只有被迫全盤接受。但自民國85（1996）學年度，國民小學教科用書開始全面開放予出版公司／書局編輯，且改採公開審定制以後，隨著九年一貫課程綱要、高中課程綱要的公布實施，國中小、高中陸續開放教科用書採審定制已蔚爲趨勢，此一發展，是否有百利而無一害，尚待觀察。

　　教科用書開放，採用審定制，是民主潮流下的產物，但審訂本教科書是否能完全滿足不同地方的需要，尚有爭議，其補救之道，或可發展學校本位課程（school-based curriculum develpment; SBCD）以做爲一種具有互補作用的補充課程（complementary curriculum）。

　　爲倡導學校本位課程發展，宜先剖析學校本位課程發展的背景、途徑／觀點、影響變項、優缺點等；以及爲了面對當前情勢，就我國發展學校本位課程的取向，提出若干建議。

二、學校本位課程發展的意義與影響因素

傳統上，課程發展率多採取由中央準備好課程教材，然後分送至各地方付諸實施的「中央—邊緣模式」（the center-periohery model）或「由上而下模式」（top-down model），如是處理模式，教師便不參與課程發展工作，與其課程教材已描述得鉅細靡遺，教師的職責只在於將這些內容，直接授予學生即可，無須作任何介入的安排。其次，教材固然由上級制訂，但為使教師事先具備對課程的瞭解，進而專心致力於該等課程的準備，可視需要舉辦教師在職訓練或教材試驗，如是的安排，或許可迫使教師參與課程的介紹工作，充其量只能視為被動的參與，其內心的認知如何？實在難以瞭解或忖測。第三，教師積極投入課程、教材的發展工作，充分表露他們的需求以及展現其能力，俾對課程發展提供特別的貢獻，目前國內課程發展已呈現類似進步的跡象。第四種情形則是中央完全放棄控制課程的意圖，全面推動學校本位課程發展。第五種則為更進一步的設計，即可與學校本位課程並容，而交由每位教師為他們學生而設計的班級本位課程（classroom-based curriculum）（Elbaz, 1991; Sowell, 1996）。

目前我國課程的發展，已逐漸擺脫中央全盤控制，但在課程綱要的鬆綁之下，各地方課程發展特色的空間已經存在，不過由於教師目前已可以作某種程度的介入課程綱要的訂定、教材的撰擬，與教科書的選擇等工作，算有顯著的進步，但在如是的情況之下，欲求完全達到學校本位課程發展，尚不可能，遑論班級本位課程發展，但至少可達到某種程度的學校本位課程發展，以為中央課程發展活動的補充系統（complementary system）（Sabar, 1987; Skilbeck, 1985）。有鑑於此，本文似宜先將學校本位課程發展的定義及主要影響因素予以說明，以增進對學校本位的課程發展的瞭解及其重要性的體認。

(一)學校本位課程發展的意義

　　狹義的學校本位課程發展意義，雖然不少（黃政傑，民78），但主要的有廣、狹兩種定義。狹義的定義指的是「由校長、學校教職同仁，或僅由學校教職同仁自主決定並採用實施一系列已準備完成的課程產品。」（Sabar, 1991, p.367）就其廣義觀點言之，學校本位課程發展是「由欲參與作（課程）決定的所有成員，包括校長、教師、學生與家長等涉入發展計畫、實施、評鑑整個學校方案活動的過程。」（Ibid）就學校本位課程作為正式課程之補充課程的角度而論，本文作者較傾向於採取廣義的觀點分析，與其較為周延性與具有綜合性，不僅顧及學校內的因素，也須反映校外情境的需求。其中校內有待考慮的因素約可包括：學生的性向、能力與教育需要，教師的價值觀、態度、技能、知識、經驗、特殊的優缺點和角色，校風與政治結構（包括傳統、權力分配、權威關係、培育順從規範與處理偏差行為的方法等共同的假定和期望），物質資源（包含建築物、設備，以及增加建築物與設備的潛力），目前課程所感受到的問題與缺點。另有待考量的校外因素有：文化和社會的變遷以及期望（包括家長的期望、雇主的需求、社區的情感與價值、變遷中的人際關係、意識形態等）、教育系統的需求與挑戰（如政策、考核、地方教育當局的期望或要求或壓力、課程方案、教育研究等）、教育性質的改變、教師支持系統（如師範校院、研究機構等）可能的貢獻、流入學校的資源等（Brady, 1990; Skilbeck, 1976b）。

(二)學校本位課程發展的影響因素

　　依英、美諸國的情況分析，影響學校本位課程發展約有如下各點（王文科，民78，民83；Kelly, 2009）：

　　1.1960年代早期，英、美倡導的計畫式課程發展（planned curriculum development）被認為不符學習者的需要和特徵，易之而起的應是提供符合學生個別化需要的課程（Skilbeck, 1976a），這種

改變亦為特殊教育課程奠定基礎;蓋課程不應是千篇一律的內容,而該邁向多元需求的變化性結構。

2.體認賦予教師和學習者大量自由,乃為個別化教育的必要條件;與其自由乃為民主的表徵之一,控制、支配的作法,不允持續運作。

3.學校是人為的社會機構(human social institution),須能適應其所處之社會環境的需求,為了使學校能滿足社會環境的需求,有自主發展的空間,應是基本的條件之一。

4.個別教師發展(teacher development)或個別學校教職同仁發展(staff development)為學校本位課程發展,提供了可能性。唯有他們持續受有關課程的研究與發展訓練(Stenhouse, 1975),始能修正、調適以及發展適合於個別學生特殊環境之課程。

史克北(Skilbeck, 1976b)極力倡導學校本位課程發展,強調該課程較之其他課程發展的類型,更能提供滿足個別學生需要,具有持續性適應的課程內容,隨時掌握學生個別差異,作適度的調整與回饋。他所倡導的課程設計模式包括圖6-9所示的五個要素。

學校本位課程發展的方式,將導致多樣化課程(curriculum diversity),史克北認為多樣化課程如能賦予所有學生意義的教育經驗,則更可顯現其重要性。因為如此而來,教師需要負責設計作業,以適應個別學生需要。所有學生若認為安排的一切課程具有意義,且皆為能接受的真正的教育經驗,則唯有在具有地方性的學校層級發展課程才能圓滿達成所需,因此課程多樣化,將是學生所較能接受的內容。

三、學校本位課程發展的途徑/觀點

依課程與教學二者之間關係的差異性觀之,影響學校本位課程發展的途徑,約可分成技術途徑/觀點(technical approach)與非技術途徑/觀點(nontechnical approach)(Sowell, 1996)。

(一)技術途徑／觀點

　　此種技術只視教師為整個教育組織階層架構的一分子，教師與課程發展者的任務有明確的區分。傳統的課程發展方式，即採此一觀點。其課程發展的過程具有相當的理性和系統性，並事先決定由此而訂定的課程實施後，預期所要達成的成果／目標。參與此種課程發展的人員包括：非負責教學工作的成員（包括行政人員、課程專家或諮詢人員）、教師、社區相關人士。由他們組成的委員會負責修正學區的課程，從其組織成員觀之，雖也納入教師，讓他們有表現意見的機會，但是大多數的意見，並非來自教師，而是以行政人員所提供的課程知識為主體。

　　技術途徑／觀點發展出來的課程，可在各類班級中採用，與其較不關注使用該種課程脈絡或情境（Snyder, Bolin, & Zumwalt, 1992）；教師的任務也較為單純，只要將計畫好的課程，負責在特定的教學情境中實施即可。由於該類課程也是迎合學區的需求、顧及情境的因素，因此亦被視為學校本位課程發展的一種。

(二)非技術途徑／觀點

　　該項觀點視課程與教學為一體兩面，是互不可分的實體。一般言之，教育工作者比較喜歡該種途徑，與其允許教師與學生間的互動，並可滿足教師自己發展的現實觀。因此該種觀點非常仰賴教師的課程知識，仰仗著教師對學生的瞭解與教學情境的掌握，俾進行課程的規劃與調適、修正。

　　非技術觀點固然以教師為發展課程的主體，但為求周全考量，校內相關同仁的參與，亦不可避免且有相當的必要性，尤其是要進一步實施班級本位課程時，更應持如是的觀點。總之，這些可能參與學校或班級本位課程發展的人士，約有如下各類人員：

　　1.行政人員：負責協助教師及其他學校人員接受與課程有關的專業發展，有時候亦充當變遷催化員，協助實施學校本位課程發展。

2.資源專家：主要包括媒體專家、圖書館員，以及諮商員、社會工作員與健康保健員等。媒體專家建議所需使用的媒體資源，以及科技產品的運用等。圖書館員提供各類有關的印刷材料資訊，以及告知教師在什麼時候如何使用可資運用的資源。至於諮商員、社工員及保健員則分別依其專長對學生的能力、興趣、家庭背景、社區資源、健康、生涯等資訊，提供參考建議。

3.師生：他們是學校本位課程發展的積極生產者，尤其教師應具備如下的基礎知識，即課程內容知識、普通教學法知識、教學內容知識、學習者及其特徵知識、教育脈絡（情境）知識、教師哲學知識（目的、目標與價值）等（Shulman, 1987）。

非技術觀點發展的課程內容，主要是考量學生的興趣和需求，或社會與文化的需求，因此其課程發展者一開始時，並不陳述他們所意圖的學習成果（Klein, 1991），與其認為對學生預期學習的內容，無法作事先的預測，因而採取以特定脈絡／情境作為設計課程的鵠的（Harste & Short, 1988; Paris, 1993）。

學校本位課程發展採取的觀點，通常是依教師、行政人員的主張為根據，必要時，亦可採納相關諮詢人員的建議意見，並兼容並蓄技術的觀點與非技術的觀點。唯不論如何，學校本位課程發展，允許教師提議新的課程、重新設計報告卡、改變課程表、選擇參與在職工作研討會、參加教科用書的選擇、成為課程發展委員會的成員、在校內與來自他校的教師和校長共聚一堂，公開討論，頗有助於教師專業的成長（Reynolds, 1992; White, 1992）。

四、學校本位課程發展的變項

當實際規劃學校本位課程發展方案時，會因涉入之變項的範圍及程度，而有差異。例如：真正涉入的人士有哪些？課程發展的決定是基於外來的因素、一般的考量或特定場所的考慮？所認定的特別情境代表的涵義為何？等等，都會對方案的設計，以及適應層級

的決定，造成相當的影響。試以圖6-11的矩陣說明，就適應層級分，屬於最低的層級是採用精確性（fidelity adoptions），即採用的教材，完全由他人開發完成；執行的一切教學活動亦具高層級精確性地由外界發展者所提供。就此（最低）層級精確性來說，根本談不上課程適應情事，至於採用精確性的最高層級是所謂「補充式發展」（completementary developing），係指由教師及其他伙伴將現行教材予以修正，以求全面發展適合當地需求的新活動（Sabar, 1991）。

　　圖6-11虛線都分是屬於較具有高層級精確性的學校本位課程發展案例，由沙巴爾（Sabar, 1991）修正自休特（Short, 1983）的矩陣圖而來，頗符合當前的需求。以適應層級來說，課程係在校內發展，即屬於特定場所（site-specificlocation）；參與者包括專案以及執行補充式發展的教師，他們負責將現有教材進行適當調適，即從可用教材中進行選擇、作局部修正，以及發展另加的補充材料。

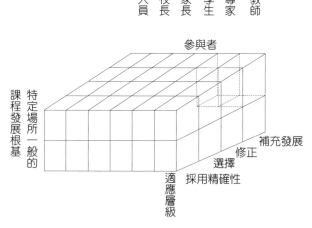

圖6-11　確認課程發展策略的矩陣

註：改繪自 "school-based curriculum development" by N. Sabar, 1991, In A. Lewy (Ed.). *The international encyclopedia of curriculum*, p. 369. Copyright by Oxford: Pergamon Press.

　　根據上述的分析，我國當前的學校本位課程發展的適應層級偏向於採用的精確性最低者，有待提升，以求達到最高層級，欲求達到補充發展目標，除了凝聚共識之外，仍待繼續努力。

　　揆諸實際，學校本位課程發展目前適用範圍較為普遍的應推特殊教育領域，與其強調個別化的教育，一方面顧及學生的特殊性；同時亦考量學生所處環境，甚至未來職業需求而設計之轉銜計畫（transitional plans）的差異性。如倪突茲基與哈默—倪突茲基（Nietupski & Hamre-Nietupsk, 1987）為智能缺陷學生設計的功能性、適齡的社區參照活動，可說是學校本位課程發展的代表，其將此類活動的設計分成如下的步驟：

　　1.確定領域：確定活動設計宜考量在統整成人生活中所需涵蓋的職業、家居生活、社區生活、休閒娛樂生活等領域。

　　2.描述環境：就上述任一領域，教師運用生態清單，確認學生現在經驗到的或可能在將來經驗到的特定環境與地點，並予以描述。

　　3.界定每種環境內的子環境。

　　4.詳細描述學生在哪些子環境中，所要表現的活動。

　　5.安排可能之教學活動的優先順序，以供訂定個別化教育方案的目標之用。其中需考量優先順序的因素有家庭的喜好、學生的嗜好、教師的喜愛、發生的頻次、安全的關注、社交的重要性等。

　　6.描述執行此等活動所需的各項技能。

　　7.找出學生已知或不知如何執行工作的特定步驟。

　　8.決定必要的適應性措施，如輔具、修正教材、規則、材料，或提供個別服務等。

　　9.發展教學方案。

五、學校本位課程發展評析

　　學校本位課程發展何以可能成為符合學校需要的另一種補充

課程？宜先針對其優、缺點，提出評析，然後再進一步探究其可行性。

　　一般言之，學校本位課程發展，約有如下六項優點：

　　1.學校本位課程發展能讓全校大多數或全體教師共同參與作業，小則可以充分考量特定學生的能力、興趣、需求等以及社區的需求，大則可與國家教育目標有所關聯或一致。

　　2.學校本位課程發展而得到的產品，可充分反映各個參與者的專長，並因而激發教師的教學興趣。

　　3.學校賦予教師充分的自由與自主，並需學習新的知能，有助於提升教師的職業地位和聲望。

　　4.學校本位課程發展可促使教師分配較多時間於每節課的規劃，進而改善對學生實施的訓練。

　　5.學校本位課程發展可鼓勵教師更積極參與課程決定的機會。

　　6.學校本位課程發展有助於教師的升遷以及得到較多的報酬。（Marsh & Stafford, 1988; Sabar, 1991）。

　　至於學校本位課程發展，可能發現的缺失，約有如下三項：

　　1.學校本位課程發展出來的教材品質可能偏低。由於教師每日的教師負荷量稍嫌繁重，又得加重他們從事教材發展的額外工作，可能因而減少他們可用於教學的時間之外，教師有無該領域的背景與訓練，亦有爭議。

　　2.學校本位課程發展有賴學校的倡導、人員的投入、經費的支撐以及社區的合作，否則，其成效便值得質疑。

　　3.學校本位課程發展時需重組學校行政結構，並改變教師間、師生間的權力結構，是否會遭致抗拒，可能影響其成果（Marsh & Stafford, 1988; Sabar, 1991）。

六、學校本位課程發展的努力方向

　　根據本文的分析，當可瞭解為求課程具有適應性，在運作現行

課程之際，輔以學校本位課程發展，似有裨益。唯有求真正落實學校本位課程發展，筆者以為以下的前置作業須配合進行，否則亦可能徒具形式，茲分成以下四項說明之：

(一)採逐步漸進方式，發展學校本位課程

由於教師普遍迷信教科用書的情形相當普遍，欲倡導學校本位課程發展，須事先凝聚教師及相關人員的共識，並培育其能力，但在短期內要求所有教師及人員具備如是能力，恐有困難。因此，可採逐步漸進方式，先以鄉（鎮、市）為單位，進行地區性跨校本位課程發展（locally crossschools based curriculum development），然後逐步推展到各個學校為本位課程發展，終而達成以班級為本位的課程發展理想。

(二)培養教師及相關人員發展課程的知能

學而不思固然不妥；不學而思亦易弄錯方向。學校本位課程發展如為正式課程的補充，則教師及相關人員應具備該方面的知能，似已不可避免。為了供給他們所需的這些「滋養分」，職前教育固不宜忽視，在職進修教育的辦理，更應積極推動，以收職前與在職教育互補之效。甚至有必要推動教師及相關人員發展課程的實務工作研討會，希望配合教師及相關人員的知能，做好正式課程的補充任務。

(三)採取激勵措施

惰性乃人之常情，避免不易。如何予參與課程本位發展教師及相關人員的具體成果，提供獎勵之措施，似為可循的方向，如減輕教師／相關人員的教學時數／工作負荷量、提供進修機會、公開表揚等，予辛勤工作者得到獎勵之餘，更使他們的工作因受到肯定而願意全力以赴。

(四)鼓勵出版商發展區域本位課程

出版商不宜繼續因陋就簡編輯適用全國各地之教科用書，改採以區域為本位課程發展（regional-based curriculum development），

藉與地區學校／班級本位課程發展取得較密切的聯繫，徹底發揮互
補功能，達成課程與教學目標。

參考書目

（本書書後參考書目中已列者有略）

王文科（民78）。《課程發展與民主》。輯於中國教育學會主編，《民
　　主法治教育》（611-623頁）。台北：台灣書店。

Elbaz, F. (1991). Teachres' participation in curriculum development In A.
　　Lewy (Ed.), *The international encyclopedia of curriculum* (pp.365-367).
　　Oxford: Pergamon Press.

Harste, J. C., Short, K. G. With Burke, C. and contributing teacher researchers.
　　(1988). *Creating classrooms for authors: The reading-writing connection.*
　　Portsmouth, NH: Heinermann.

Klein, M. F. (1991). Curriculum design. In A. Lewy (Ed.), *International
　　encyclopedia of curriculum* (pp.335-342). Oxford: Pergamon Press.

Nietupski, J. A. & Hamer-Nietupski, S. M. (1981). An ecological approach to
　　curriculum development. In L. Goetz, D. Guess, & K. Stremel-Campbell
　　(Eds.), *Innovative program design for individuals with dual sensory
　　impairments* (pp.225-253). Baltimore, MD.: Brookes.

Ornstein, A. C. (1989, December). Textbook instruction: Processes and
　　strategies. *NASSP Bulletin*, l05-111.

Paris, C. L. (1993). *Teacher agency and curriculum making in classrooms.*
　　New York: Teachers College Press.

Reynolds, A. (1992, Spring). What is competent beginning teaching? A review
　　of the literature. Review of Educational Research, 1-35.

Sabar, N. (1987). School based curriculum development: The pendulum swing.
　　In N. Sabar, J. Rudduck, & W. A. Reid (Eds)., *Partnership and autonomy
　　in school based curriculum development.* 20 University of Sheffield

Division of Education, Sheffield.

Shulman, L. S. (1987). Knowledge and teaching: Foundations of the new reform. *Harvard Eduactional Review, 57* (1), l-22.

Snyder, J., Bolin, F. & Zumwalt, K. (1992). Curriculum implementation. In P. W. Jackson (Ed.), *Handbooks of research on curriculum* (pp.402-435). New York: Macmillan.

Sowell, E. J. (1996). *Curriculum: An integrative introduction*. Englewood Cliffs, N. J.: Prentice-Hall.

White, P. A. (1992). Teacher empowerment under "ideal" school-site autonomy. *Educational Evaluation and Policy Analysis, 4* (1), 69-82.

（本文修正自作者在「中日課程改革國際學術研討會」上發表之論文，1997年3月22-23日）

📖 附錄6-4

發展學校本位課程的理念及實務分析

一、前言

　　我國教育部於民國87（1998）年9月30日公布國民教育階段「九年一貫課程總綱綱要」，該綱要與過去教育部歷次所公布的課程標準主要的差別，約在基本理念、課程目標、應培養的基本能力等方面之外，它將過去所採分科的課程設計，改為學習領域的課程發展，在普通教育更是首見。

　　如針對課程發展觀點言之，此份課程總綱要較為顯著的特色，除了採領域教學外，應在課程統整（curriculum integration）以及學校本位課程發展（school-based curriculum development; SBCD）兩項，就後者而言，該綱要規定：應充分考量學校條件、社區特性、家長期望、學生需要等相關因素，結合全體教師和社區資源，發展學校本位課程。

　　本文旨在分析學校本位課程的意義和影響因素、學校本位課程發展的優勢和限制、影響教師投入學校本位課程發展的因素、學校本位課程發展的代表性模式、學校本位課程發展的行政組織、學校本位課程發展的努力方向。

二、學校本位課程發展的意義及其影響因素

　　學校本位課程發展一詞，始自於1973年由A. M. Furumark和L. M. McMullen在北愛爾蘭的新阿爾斯特大學（New University of Ulster）所舉辦的學校本位課程發展國際學術研討會（International Seminar on School-Based Curriculum Development）上採用。近二十餘年來，有的國家如美國，幾乎以學校焦點（school-focused）來替代學校本

位（school-based），以課程決定（curriculum decision-making）來取代課程發展（curriculum development）。本文為了依循國內的現行用法，仍以學校本位課程發展稱之。

Furumark指出：學校本位課程發展標示著為了改進課程的品質，由投入學校日常工作的成員，即教師、家長、學生、學校行政人員所倡導、計畫和執行而承擔的一切活動（Center for Educational Research & Innovation, 1979）。

McMullen則認為：雖然學校本位課程發展意指課程發展係以學校為本位，但大部分仰賴的是學校的教職員和資源（Center for Educational Research & Innovation, 1979）。Furumark和McMullen兩位的觀點固可協助吾人瞭解學校本位課程發展是須付諸行動的，但也因而引發不同的詮釋，有的認為應由教師個別在教室內導入新的教材或新的教學方法；亦有人認為應由校長驅動全校採用與時俱進的課程、嶄新的教學方法，以及修正現有權威的關係，這將存在著以後的爭論。

主張就課程涉及內容而論學校本位課程者，如Skilbeck（1984）將學校本位課程界定為：透過學生就讀教育機構所計畫、設計、實施和評鑑的學習方案（p.2）。又如Harrison（1981）認為學校本位課程發展是參與者的意圖課程（intended curriculum）、運作課程（operational curriculum）和知覺課程（perceived curriculum）的結合，「這三個階段的課程被當作連結的組合，彼此交互作用，為了作持續的修正，須繼續予以評鑑和做決定」（p.52）。

主張學校本位課程發展涉及權威關係者，將焦點置於教育網絡中的組織變遷，要求學校積極且直接投入教育的革新工作，而非僅在於生產新的課程與教材而已，即是認定學校本位課程發展與過程有關，在此過程中，根據學校倡導的課程或學校要求的有關課程為基礎，而引發中央與地方教育當局之間權力、責任和控制權的重新分配，賦予學校法定與行政的自主性以及專業的權威，好讓他們自

己去管理他們的發展過程。有關此一主張不外是學校要求自主和參與管理而來，這也顯示出傳統由中央負責課程發展方案獲致成功的成分，可能比預期的還要少，無法令人感到滿意，必須徹底從事改革。

　　Marsh、Day和McCutcheon（1990）則分從活動的形式（type of activity）、投入的人員（person involved）以及專注的時間（time commitment）等三個向度建構學校本位課程發展的變化矩陣，共有六十四種（參見圖6-12）。有關這三個向度內涵如下：

　　1.活動形式：包括創作教材、適應現有教材、選擇現有教材、探究活動領域。

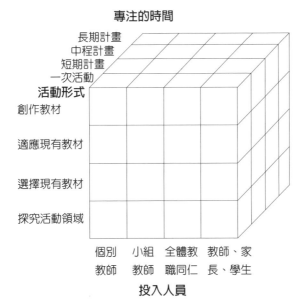

圖6-12　學校本位課程發展的變化矩陣（Marsh, et al., 1990, p.49）

　　2.投入人員：包括個別教師、小組教師、全體教職同仁、教師、家長與學生。

　　3.專注的時間：包括一次活動、短期計畫、中程計畫、長期計

畫。

　　學校本位課程發展儘管有如上所述的爭議，但是一般所採取的廣義說法為：由欲參與作課程決定的所有成員，包括校長、教師、學生及家長等涉入發展計畫、實施、評鑑整個學校方案活動的過程。Walton（1978）甚至進一步釐清說，學校本位課程發展典型上是「創作」（creating）新的產品或過程，但也涉及從可採用的商業性教材中進行「選擇」（selecting），並作各種的「適應」（adaption），但是後二者費時較少，花錢也較少，但可能因而降低參與的熱誠。此種情況或許和Shohan（1995）的研究結果所稱：課程計畫人員視教師為主要的消費者，但教師卻認為他們自己是較積極的選擇者（selectors）和適應者（adapters）相似。

　　學校本位課程發展由學校及個人大量投入時，須將注意力轉向大規模改變與調整組織及行政的一般性問題，此舉則須將下列四項問題納入優先考量的範圍：

　　1.什麼是變遷的過程？如何將之導入學校並持續下去？所有的變遷過程大抵經歷三個階段：第一，現有的態度及行為模式必須鬆綁，秉持重新開始和批判的態度來因應，因此所有的組織成員心須營造一種開放的胸襟，準備去適應變遷。其二，變遷過程本身須進行試驗，並調整以發展出新的方法。其三，接納思考和處世的新方法，吾人亦須瞭解評鑑最後成果的方法、變遷的幅度、方向及推廣使用的程度；變遷的速度，新方法可持續多久，變遷導致的權力結構的改變是否會被視為威脅等。有些變遷衍生的問題可能需要時間來討論、解說、勸說；決定變遷可能引發不同陣營或層級間的衝突，而壓縮彼此對話的空間，為了因應變遷，成員間會有增加相互間的溝通需求；變遷須定有目標和期待；變遷是否能獲致成功，最後須加以評鑑。

　　2.什麼因素會掌控學校及其成員面對變遷？一般言之，此等因素包括：營造正確的團體決定的氣氛；將變遷視為團體的新規範來

自我調節；對抗抗拒的個人、組織和結構的根源；必須時時訓練熱心的領導分子，作為倡導教育創新的代言人。

至於影響學校本位課程發展的因素，依英、美諸國的情況分析，約有如下幾點（Kelly, 2009）：

1.提供個別化需要之課程的呼籲：1960年代早期，美國和英國倡導的計畫式課程發展（planned curriculum development）被認為不符合學習者的需要和特性，易之而起的是提供符合學生個別需要的課程（Skilbeck, 1976a），這種改變亦為特殊教育課程的發展奠定基礎；蓋課程不應是千篇一律的內容，而應該邁向多元需求的變化結構。

2.賦予教師和學習者大量自由觀念的倡導：此舉乃為個別化教育的必要條件；賦予自由，乃為民主的一項表徵，一味操控、支配的作法，不再被允許持續運作。

3.符應地方特定需求的主張：學校為人為的社會機構（human social institution），需能適應其所處的社會之環境需求，為了使學校能滿足社會的需求，有自主發展的空間，應是基本之需求。

4.提供教師發展長才的條件：個別教師發展（teacher development）或個別學校教職同仁發展（staff development）為學校本位課程發展，提供了可能性。唯有他們持續接受有關課程的研究與發展的訓練（Stenhouse, 1975），始能修正、調適以及發展適合於個別學生特殊環境的課程。

5.實踐發展與實施一貫的作法：如果學校課程的研究發展與實施，能在同一個環境進行，則整個課程計畫系統的建立及回饋的檢討，便可一氣呵成，減少因課程發展者和實際執行者訊息的溝通未能順暢，或意見上的落差而降低課程的品質。

三、學校本位課程發展的限制與缺點

學校本位課程發展固然有上述的有力發展因素，但是其仍承受

若干校內、外因素的干擾而造成發展上的瓶頸，亟待瞭解，俾能設法克服之，茲分別說明於後，藉供參考：

學校本位課程發展可能遭遇的外在因素，主要的約有如下各項：

1.政治的限制：有些政黨特別關心教育的發展，由於學校本位課程發展增加學校的權力，無形中中央政府的權威性便遭到削弱，影響所及，政治對學校的控制力量，也會相對受到影響，如此一來極易導致政治上的反彈力量而大肆抨擊，加上，一些家長因對學校本位課程發展的不瞭解，而大肆反對，也是限制學校權威的一股強大政治力量。

2.法規的限制：有些國家的教育法規，嚴格限制每一科目授課的時數及內容等細節，如未加以鬆綁或修正，不易引導教育的變革，學校本位課程的發展將因而受到層層束縛而無法推展。

3.經費的限制：學校本位課程發展的過程本身需耗費昂貴的費用；教師除了本身需從事的教學活動之外，尚需投入更多時間於開發新教材的工作及爭取校外的支持性協助，凡此都需仰賴經費的支持。此外，學校需將若干經費彈性運用於學校本位課程發展，如果經費拮据，這種想法可能就會落空。

4.教育行政和視導人員的態度：如果教育行政人員及視導人員出自專業的背景，較會具有遠見，能瞭解變遷的需求，對變革懷有期待，較易對學校本位課程發展採取正向的支持態度，反之，則較難預料。

5.評量制度的影響：校外的考試會對學校本位課程發展造成至少兩種障礙，其一，學生家長為了使其子女參加校外考試取得好的成績，對於足以影響成績但其品質無法掌握的學校本位課程發展，產生抗拒；加上高一層級的教育機構的考試科目，對於曾修習過的某些特定課程的學生較為有利，使得家長不願意其子女接受與考試無直接關係的課程，間接就對學校本位課程發展造成相當大的衝

擊。

　　6.課程教材的來源：多數學校本位課程發展方案，需要特別來源的教科用書、其他印刷教材、視聽器材、人工製品等；尤其是採用個別化教學或小班教學時，更需如此，但這些教材除非由準備教材的供給中心所提供，否則可能遭遇到匱乏之苦。

　　7.輿論的支持度：學校本位課程發展與其他教育上的變革相同，必須爭取一般輿論的支持，方得成功。因此，有賴透過大眾傳播媒體的宣導，方易奏效。

　　至於學校本位課程發展在校內可能遭遇到的限制，約有如下各項：

　　1.正式結構的束縛：由於當前學校行政體制採分工負責的階層體制，在如是的體制之下，各層級主管是否願意接納變革，投入學校本位課程發展，確有疑問。欲推展學校本位課程發展，固然需要教師接受在職教育，但主要的努力方向，也不能漠視階層體制的影響，如何促請各層級主管共同合作，則為校長課程領導必須正視的課題（王智弘、王文科，2012；單文經等，民90）。

　　2.教師的學術背景：教師控制整個班級的教學，往往偏好自己既有的學術背景，對於未來和未知充滿懷疑與恐懼，欲要求他們接受學校本位課程發展的責任和冒險，非常不容易；但是學校本位課程發展卻亟須教師們的合作，否則不易獲得成功；因此，如何強化教師在職教育中有關課程發展的學科，便顯得十分重要。

　　3.家長與學生的態度：家長對於自己過去求學期間未曾遭遇，但卻即將發生在其子女身上的課程安排，難免產生疑慮；另外，學生對於將來與升學或就業缺乏明顯相關的課程，不易感到興趣。

　　一般論及學校本位課程發展的缺點，仔細加以歸納約有如下各項（Marsh & Stafford, 1988; Sabar, 1991）：

　　1.學校本位課程發展出來的教材之品質可能較差：由於教師每日教學的負荷量稍嫌過重，又得從事教材發展的額外工作，可能因

而減少他們可運用於教學以外的時間，教師有無該領域的學術背景與訓練，確有爭議。

2.學校本位課程發展，須有學校倡導，大量的人員投入與經費的支撐，以及社區人士的合作，否則，其成效值得質疑。

3.學校本位課程發展需重組學校的行政結構，改變教師間甚至師生間的權力結構，但如是處理，是否會遭到抗拒，可能影響其成果。

四、影響教師投入學校本位課程發展的因素

根據前面的分析，可以瞭解：在學校本位課程發展過程中，教師實居於相當重要的關鍵地位，是以本節擬就影響教師參與該課程發展的因素，加以分析，藉以鼓勵並促成教師發揮其動力，貢獻其所長的實務參考。

就教師的觀點，述說其參與學校本位課程發展的理由，不外想透過如是的安排，讓自己所講授的內容適合於大多數學生，因而自己獲得最大的滿足；以及教師本身特別的需求，因礙於教學環境的限制，而無法達成，透過學校本位課程發展，將可予以取得解決。Marsh、Day、Hanay、McCutcheon等（1990）亦曾指出影響教師發展學校本位課程，必須就如下四項因素，取得某種程度的妥協才行，即教師所喜歡做的預測（prediction）、必須考量的情境（situation）、外界賦予的期待（expectation）和規約（prescriptions）（如法令規定等）。

教師參與學校本位課程發展的動機，可概念化為兩項主要因素，即教師對目前工作的滿意度（current level of job satisfaction）和教育的創新（educational innovation）要求（詳見圖6-13）。其中工作滿意度，確為一項關鍵的變項。當教師對於學生表現的成果感到滿意，就會對這種事情的狀態，保持緘默，以維持教室教學活動的規律化和安全感，因而維繫一種平衡的狀態，絲毫沒有參與學校本位課程發展的動力；但教師若對當前自己的表現不感滿意，且係由

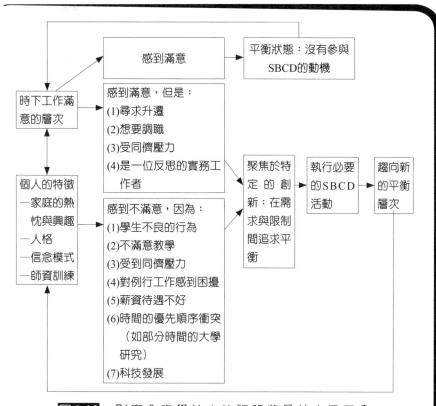

圖6-13　影響參與學校本位課程發展的主要因素
（Marsh, et al., 1990, p.52）

於學生的行為欠佳、同儕壓力、厭倦於例行工作、時間安排順序衝
突、科技發展等促成時；又教師即使對自己的表現感到滿意，卻又
想要獲得升遷，提升對課程的設計能力，反思自己有無解決問題能
力時，便有想透過學校本位課程發展來達成的動機。但也有部分教
師對於學生在特定科目表現欠佳、可使用資源不豐、對諸多規章和
教學徹底感到厭倦，而無法對自己的教學感到滿意時，就難以啟動
參與學校本位課程發展的動力了。

　　影響教師參與學校本位課程發展的第二個因素為教育創新，
由於大眾傳播媒體、專業協會、人事主管等要求教師需要嘗試新的

教學實務，而對教育創新格外感到敏銳，教師進行課程實驗、調適和修正，即是嘗試努力於課程的創新作為。可是教師是否真正的決定朝創新的路子走去，可能會受到不少的驅力或限制（參見圖6-14）。這些驅力約有：來自其他同僚的團體壓力、個人的雄心壯志、介入所感受的興奮、認同團體或組織的目標、未能充分包容學生的需求。至於阻礙教師從事學校本位課程發展的因素有：耗時太多、失敗機會太高、未受到獎賞、受到重要團體批判的可能、不信任小組計畫情境等。至於構成教師參與學校本位課程發展的的阻力或助力的唯一技能為與他人一起工作的技能，另唯一的特定知識為學科的知識，足見人際關係與學科知識二者（Bezzina, 1991）構成個人參與學校本位課程發展成敗的兩項關鍵因素，值得教師深省。

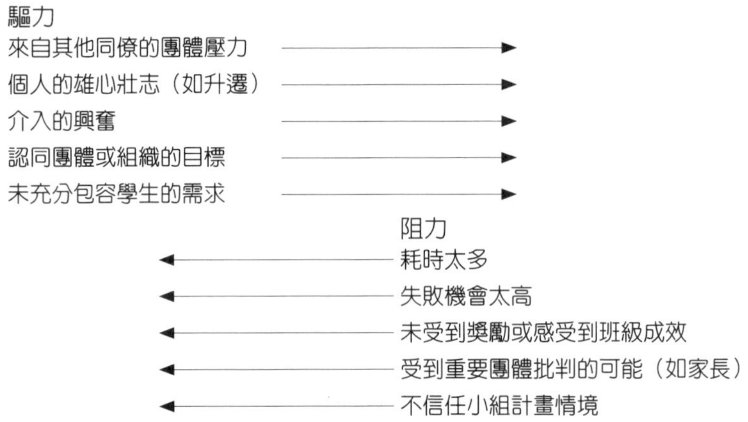

驅力
來自其他同僚的團體壓力 ─────────→
個人的雄心壯志（如升遷） ─────────→
介入的興奮 ─────────→
認同團體或組織的目標 ─────────→
未充分包容學生的需求 ─────────→

　　　　　　　　　　　　　阻力
←───────── 耗時太多
←───────── 失敗機會太高
←───────── 未受到獎勵或感受到班級成效
←───────── 受到重要團體批判的可能（如家長）
←───────── 不信任小組計畫情境

圖6-14　運用教育創新的勢力場（Marsh, et al., 1990, p.55）

五、學校本位課程發展的代表性模式

　　由經濟合作發展組織／課程改革中心（OECD/CERI）於1974年共同舉辦的學校本位課程研討會（Seminar on School-based Curriculum Development）上，所提出的兩種模式為例加以說明，以作為行動的指引，但不能將之當作僵化的公式。

(一)Skilbeck的情境模式

　　Skilbeck（1984）的學校本位課程發展是情境的課程設計模式之一，它包括五個要素。第一為情境分析，包括對情境的觀察以及分析構成該情境諸項交互作用的因素；其中包含校外的因素，如家長的期望、雇主的需求、社區的情感和價值觀、人際關係、意識形態等；教育系統的需求和挑戰、教材性質的改變、教師支持系統的可能貢獻、流入學校的資源；校內因素如學生的性向、能力和教育需求、教師的價值觀等；校風與政治結構；物質資源；現有課程的問題與缺點。第二，根據情境診斷結果，準備課程目標。目標的敘述包括教師和學生的行動（不一定要採用行為目標）以及期望的學習結果；目標的確立，應考慮人類有價值的或主要的經驗，學生與當代文化的問題，學生學習求知的方式，根據第一個步驟診斷而得的可能性和限制。第三，建立課程方案，包括詳述執行目標所需的資源，仔細描述學校特定職務的工作，設計教學的活動。第四，解釋和付諸實施，即透過探討過去的經驗，分析有關革新的理論和研究，以及想像的預測會發生的新舊之間的衝突、抗拒和混淆。第五，調控、回饋、評估與強化，包括評估學生的進步情形，評估學生在各方面表現的成果，根據各參與者的反應作成合理的紀錄，和計畫強化該過程（有關該設計模式請參見圖6-15）。

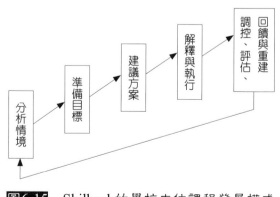

圖6-15　Skilbeck的學校本位課程發展模式

　　學校課程設計小組可基於實用和心理上的理由，決定自哪一個特定階段開始進行。唯就實務而言，各個階段或許均可同時進行，一般很少依循著直線由目標到評鑑。況且該模式並未堅持採取手段和目標分析。只是鼓勵課程發展小組仔細考量過程的不同部分，瞭解課程發展為一有機的整體，以及採取一種有系統的適中方式運作。

　　對該模式亦有持反對意見者，其可能的原因在於，本模式似乎賦予教師過多的權力，以致讓家長、學生、社區團體可能遠離參與的機會，但如能依課程設計的各個步驟，釐清每一種參與者的角色，如表6-1所示，則教師很難大權獨攬。

表6-1　作課程決定的過程

過　程	參與者	角　色
情境分析	教師、部門主管、校長 學生 家長 專家、顧問（地方教育局處、大學校院、他校、研究機構） 行政人員（管理）	決定、討論 討論 討論 建議 支持
目標	教師等 學生 家長 專家、顧問 政府與相關部門 行政人員（管理）	決定 討論 討論 建議 支持、建議、討論 支持
設計	教師等 學生 家長 專家、顧問 專案小組	決定 討論 討論、支持、建議 建議 支持、建議、討論

過　程	參與者	角　色
付諸實施	教師等 學生 行政人員（管理）	決定 討論 支持
評鑑	教師等 學生 專家、顧問 政府部門 行政人員（管理）	決定 討論 建議 支持、建議 支持

資料來源：Centre for Educational Research and Innovation, 1979. School-based curriculum development. Paris: OECD, p.34.

(二)把焦點置於學生的模式

　　如圖6-16所示，本模式係以學生為起點，首先要瞭解的是學生已經具備的知能為何？期望於他們獲得哪些知能？如何根據他們的年齡與社經背景激發其學習動機？第二，考慮資源與限制：即教師人數及其經驗和知能；秘書人員所能提供的協助；可用的視聽器材和印刷資料；可供購買材料和設備的經費；外界的限制和控制；宿舍的設備和用具；上課時間表的彈性；地方社區可用的資源；學校其他教職員、視導人員、學生、家長的可能反應。第三與第四為一般目標與特定目標的擬訂。第五，選擇課程實施的方法和工具（包括教學媒體的選擇）。第六為評量學生，究竟要就學生間作比較或只就個別學生個人的潛能加以評量即可？學生的成就要以分數、等第或文字表示。第七和第八個步驟與付諸實施有關。先考慮功課表的編排、空間的分配、人員的調度、材料的充實、處理教職員會議的時間安排、決定評量制度，以及如何將評量結果納入以後的修正案中。

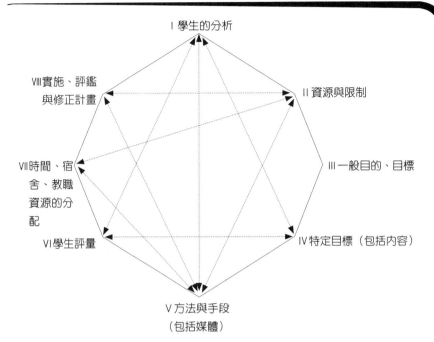

圖6-16 學校本位課程發展圖示（Center for Educational Research and Innovation, 1979. School-based development, Paris: OECD, p.36.）

註：

1.正常的入口為Ⅰ，但從他處入口亦可。

2.雖然在選擇上是由Ⅰ-Ⅷ依實線進行，但是實際上的過程是複雜的；它可跳階段而行，由一個階段到另一個階段（虛線），在不同點開始。

3.基本上是所有階段應一次加以考慮。

六、學校本位課程發展的行政組織

在所有層級及各個部門的課程計畫，個別的學校往往被視為居於最關鍵與最重要的單位，由於受到學校本位管理的影響，造成權力下放的結果，學校的校長不僅在課程計畫方面，而且在預算的掌控、學校人員的聘用與解僱、教職員的在職教育，以及對教職員

的視導和評鑑方面，享有相當的自主權（David, 1989）。Bezzina（1991）曾對澳大利亞六十四位小學教師做的研究指出，學校本位課程發展過程中最具有影響力的人物是校長，當然在學校課程發展委員會中，校長的關鍵地位便不言可喻。

在於學校承負課程發展的重責大任之下，多數學校設有課程發展委員會（curriculum committees or councils）。該委員會會遇到下列的事件，並因而提供適宜的建議：增加學校新的方案、刪除現有學校的方案、修訂現有學校的方案、對全校教師學生和家長實施意見調查、評鑑學校課程、計畫克服現有課程缺失的方式、爲學校爭取被認可而作規劃、選擇一系列具有連貫性的教科書、運用圖書館和學習中心、爲特殊兒童規劃方案、爲學校證實確實遵循上級與中央政府的法令規章、許可全校性的事件如科學博覽會等、視導學生的成就評量、協助學校增加擁有的權力、降低學生的缺席率等（Oliva, 2001）。

至於學校課程發展委員會與校長和相關人員的關係，如舊學校本位課程發展的觀點言之，採取一種屬於統整、合作的模式是最符合民主條件的，可詳如圖6-17(a)-(d)所示。我國國民中小學九年一貫

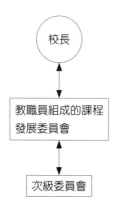

圖6-17(a)　校長與全體教職員課程發展委員會一起工作，必要時可指定課程發展委員會的次級委員會

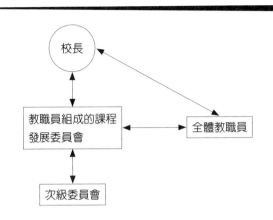

圖6-17(b) 校長與教職員課程發展委員會一起工作，並讓全體教職員投入

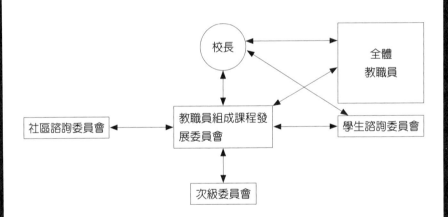

圖6-17(c) 校長與市民、學生、教職員投入課程發展委員會

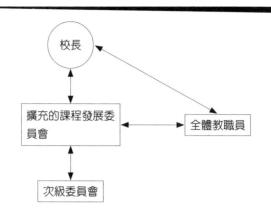

圖6-17(d) 由校長、市民、學生和教師組成的聯合課程發展委員會（Oliva, P. E., *Developing the curriculum* (5th ed.), Boston: Allyn and Bacon, 2001, pp.65-68）

課程綱要總綱對於課程發展委員會的相關規定僅有如下各項，本節所述或許可做補充之用：

　　各校應成立課程發展委員會，下設各學習領域小組負責課程之規劃、決定學習節數、審查教科用書、設計教學主題與活動、負責課程與教學評鑑。

　　學校課程發展委員會由學校行政人員代表、年級及領域教師代表、家長及社區代表組成，必要時得聘請學者專家列席諮詢。

　　學校得考慮地區特性、學校規模，及國中小之連貫性，聯合成立校暨課程發展委員會，小型學校亦得配合實際需要，合併數個領域小組成為一個跨領域課程小組。

參考書目

王智弘、王文科譯（2012）。《課程領導》（J. W. Wiles著）。台北：五南圖書。

單文經等譯（民90）。《校長的課程領導》（A. A. Glatthorn著）。台北：學富文化事業公司。

Bezzing, M. (1991). *Being free and feeling free: Primary teachers' perceptions of participation in curriculum development.* (ERIC Document Reproduction Service No. ED 368 693).

Center for Educational Research and Innovation (1979). *School-based curriculum development.* Paris: OECD.

David, J. I. (1989, May). Syntheses of research on school-based management. *Educational leadership, 46*(8), 45-53.

Harrison, M. (1981). School-based curriculum decision-making: A personal viewpoint. *Curriculum Perspective, 2*(1).

Kelly, A. V. (2009). *The curriculum Theory and practice.* London: Sage.

Marsh, C., Day, C., & McCutcheon, G. (1990). *Reconceptualizing school-based curriculum development.* London: The Falmer Press.

Marsh, C. & Stafford, K. (1986). *Curriculum: Practices and issues* (2nd ed.). Sydney: McGraw-Hill Book Co.

Sabar, N. (1991). School-based curriculum development. In A. Lewy (ED.). *The international encyclopedia of curriculum* (pp.376-371). Oxford: Pergamon Press.

Shoham, E. (1995). *Teacher autonomy in school-based curricula in Israel: Its significance for teacher education* (ERIC Document Reproduction Service No EJ 522241).

Skilbeck, M. (1976). School-based curriculum development. In J. Walton & J. Walton (Eds.). *Rational curriculum planning* (pp.159-162). London: Ward Lock Educational.

Skilbeck, M. (1984). *School-based curriculum development.* London: Harper & Row.

Stenhouse, L. (1975). *An introduction to curriculum research and development.* London: Heinemann.

Walton, J. (1978). School-based curriculum development in Australia In

J. Walton & R. Morgan (Eds.). *Some perspectives on school-based curriculum development*. University of New England.

（本文原發表於國立彰化師大主辦，國民中學九年一貫課程學校總體計畫課程研討會，民國90年11月20－21日，經修正後轉列於本書）

討論問題

1. 泰勒模式與龍崔利技術模式有無雷同之處？

2. 學校本位課程發展的根據，可能具有的優、缺點如何？

3. 泰勒模式、瓦克自然模式與歐利瓦模式對於課程設計之目的或目標的根源，有何異同之處？

4. 行為目標應用於課程設計有何利弊？

5. 課程統整的優、缺點為何？

6. 試舉例說明蓋聶等人倡導的新順序原則。

7. 傅雷禮的解放模式之重點為何？課程如何塑造？

第 7 章　課程設計(二)

第一節　為障礙者提供學習服務的課程設計

　　有關障礙者教育的問題之一，是涉及如何將他們分類或標記。雖然早期在該領域的專家似乎樂於將他們細分成多種類別，每一類別賦予特殊的標記，安排特殊教師，以及設計特殊方案，以謀求適應；但是目前的趨向則是力求減少此種區分，且將可以接受教育的障礙者安置在普通學校上課，通常以「輕度障礙學習者」（mildly handicapped learners）稱呼他們；舉凡可教育性智障者（the educable mentally retarded）、學習障礙者（the learning disabled）、行為異常者（the behavior disordered）、輕度情緒困擾者（the mildly disturbed）、輕微腦功能異常者（those with minimal brain dyfunction）等均包括在內。

　　美國國會在1975年制定的全體殘障兒童教育法案（the Education of All Handicapped Children Act）或稱94-142公法規定：每個殘障兒童不僅要能接受「個別化教育方案／計畫」（IEPs）（參閱附錄7-1），而且方案的內容需詳作規定，包括敘述目前的表現水準、年度目的與短期目標、兒童能參與普通方案的教育服務與其範圍、方案開始實施的日期和持續的期限、決定目標是否達成而採用的規準、評鑑程序與時間表力求客觀。該法案甚至要求殘障者「回歸主流」（mainstreaming）、「盡最大的適宜程度」與非殘障者一起接受教育。

　　麥米連（Macmillan, 1982）曾將94-142公法作過一番分析發現，該公法為殘障者提供四項基本的權利與保護措施：即學習者的分類和安置應得到適當的處理、評估期間應受到保護避免接受歧視的測驗、安置在最少限制的教育環境之中，以及安排個別化教育方案。是以，為了滿足殘障兒童的獨特需要，所安排的課程須朝向個別化教學（individualized instruction）的方案邁進。

　　我國於民國102年1月23日修正公布的特殊教育法第19條規定：「特殊教育之課程、教材、教法及評量方式，應保持彈性，適合特殊教育學生身心特性及需求；……」第17條規定：「托兒所、幼稚園及各級學校應主動或依申請發掘具有特殊教育需求之學生。經監護人或法定代理人

同意者，依……規定鑑定後予以安置，並提供特殊教育及相關服務措施。……」第28條規定：「高級中等以下各教育階段學校應以團隊合作方式對身心障礙學生訂定個別化教育計畫……」涉及對身心障礙者的保護及賦予的權利，和美國94-142公法的精神殊無二致，因此美國爲符應94-142公法而採取的規劃作法，可供吾國規劃個別化課程的參考，茲以美國的作法，分從早期介入方案（early intervention program）、回歸主流運動、課程設計等項說明之。

一 早期介入方案

　　貧困環境與發展的學習問題或輕度智能障礙之間有關係存在的觀念，已普遍爲大眾接納，因此多數早期介入方案，便將焦點置於貧困環境中成長的兒童。由於該等方案重視貧困的兒童，復根據「愈早（開始）愈好」（the earlier, the better）的理論指引，它們將適用的對象伸展及於幼童和他們的父母，以及家庭。曾有人評估四種爲未滿十二個月兒童安排的實驗方案，發現他們至三歲時的平均智商優於所有的控制組（Ramey & Bryant, 1982）。米爾瓦基方案（The Milwaukee Project）研究所選擇的兒童，係與經濟遭到嚴重剝奪的家庭爲鄰，且其母親居於臨界智力的位置。此等兒童在第一年的生活，即開始接受處理，其母親也接受某種職業訓練，以及學識技能的學習；參與該方案曾被預測有智障的兒童，在九歲時的表現爲中等或中上，高於控制組兒童在九歲以後的表現（Kirk, Gallagher, & Anastasiow, 1993）。

　　在兒童早年方案中，獲致最大成效的一種是由魏卡特等（David P. Weikart et al.）倡導，專爲處於文化不利地位的智能障礙兒童實施補救教學而推動的百利學前教育方案（Perry Preschool Program）所採用的認知導向課程（The Cognitively Oriented Curriculum）（引見王文科，民80，376-382頁）。有人針對百利方案，進行縱貫式調查研究，並將參與該方案與未參與該方案兒童的表現比較，獲致數項正面的結果，如前者停留在校學習的時間較久，其在社會能力測驗上得到較高的分數，列入智能障礙者的人數較少，耗在特殊班的年限較少，受到拘捕的人數較少，就

業的等級較高，接受社會福利支持的等級較低，（女性）在十幾歲即已懷孕者少。又對該方案採取成本—利益分析獲致如下的結論：最初投資的收益，為學前教育一年成本的七倍（Schweinhart et al., 1985）。

根據為智能障礙者實施的早期介入方案，其最初的研究對象，多為三或四歲的兒童，從追蹤研究此等方案獲得的結果，予以綜合，約有如下三項結論（Kirk, Gallagher, & Anastasiow, 1993）：

1.接受各類型學前教育方案的兒童，在方案結束後的三年所測得的認知能力，優於控制組。但逾此期限，實驗組與控制組之間，不再顯示顯著的差異。

2.以後的期間，實驗組的兒童被分派接受特殊教育者少於控制組的兒童。

3.實驗組兒童與控制組兒童比較，前者倒退一個等第或較多等第的較少。

又學前教育方案具有上述的特徵，實得力於：家長的投入、視察人員的計畫領導、教師的熱衷與堪任己職、課程的效能、良好的在職進修訓練，以及評鑑的實施（Schweinhart, et al., 1985）。

美國為提早替殘障兒童提供特殊服務，將94-142公法於1986年提出殘障教育法修正案，即99-457公法，旨在為三至五歲殘障幼兒提供特殊服務，該法案具有三大特色：父母大幅度投入幼兒教育，由專業人員組成科際服務小組，培育學前教育人員同時為殘障暨非殘障幼兒服務。至1990年，94-142公法再度修正為障礙者教育法案（Individuals with disabilities education act），即所謂101-476公法，以障礙（disabled）來替代殘障（handicapped），以及擴充為障礙學生（disabled students）提供的服務；該法案於1997年和2000年再作修正，其揭示的原則有六，即免費、適當的公共教育，適宜的評量，個別化教育計畫，最少限制的環境，家長與學生參與作決定，以及提供程序上的保護。該法案至2004年復修正為：障礙者教育改良法案（Individuals with Disabilities Education Improvement Act of 2004），務期與把所有兒童帶起來法案（No Child Left Behind Act）一致，確保障礙者接受公平、有績效、卓越的教育。我國修正通過的特殊教育法第23條規定、為推展身心障礙兒童之早期療

育，其特殊教育之實施，應自三歲開始。即在強調早期介入之重要。我國於民國96年7月也將身心障礙者保護法修正爲身心障礙者權益保障法，亦有類似的趨向。

二　回歸主流運動與融合運動

自1960年代以來，許多著作大力批判過去智能障礙者的教育方案實施不當，其中主要的有如下四項：

1.智能障礙者在學齡期間受到注意，及至長大成人以後，便未再受關注。

2.特別班的安置，不利於智能障礙者發展自我概念。

3.教師爲智能障礙者帶來自我應驗的低學業成就預言。

4.隔離的特別班方案沒有效果（Kolstoe, 1976, pp.46-49）。

有鑑於此，要求改革的呼聲日益強烈。此種轉機，除了要歸功於社會大衆的關心、專業人員的推動、立法者的努力與政府的支持之外，教育哲學上正常化原則的主張，也居於重要地位。目前的回歸主流的觀念，與正常化原則的精神一致。截至目前，對於回歸主流的概念尚待釐清。有的以爲回歸主流的範圍，包括毋須特別協助的普通班以及部分時間的特別班在內。亦有人以統整化（integraion）、反機構化（deinstitutionalization）、沒有標記（non-labeling）與不作分類（declassification）等方式描述回歸主流。而回歸主流的定義，可以如下所引者作爲代表：

> 回歸主流根據教育機會均等哲學而來，爲具有殘障條件的學生安置在最少限制環境，而作成的教育決策與計畫的過程，務期透過個別計畫的實施，促成適宜的學習、成就與社會的常態化。
> （Stephens, Blackhurst, & Magliocca, 1988, p.12）

事實上，回歸主流除了將輕度智能障礙學習者納入普通班受教之外，經常要伴隨著個別化教育方案（IEP）的詳細說明書以及多學科團隊

的支持。又回歸主流運動不限定於只爲輕度智能障礙者服務，舉凡輕度障礙學生及資賦優異學生均在服務之列。

回歸主流運動爲輕度障礙者帶來的服務，其效能如何，有待分析。一項綜合性研究，提出如下令人感到沮喪的發現：

1.回歸主流實務無法讓障礙者習得優異的學業表現，與一般特殊教育提供的服務結果無殊。

2.回歸主流無法修正存在於自足式特殊班（self-contained special class，係在普通班之外，將相近教育需要的特殊兒童另集合成班，且全日在該班受教的安置作法）的嚴重不平衡現象。

3.普通班教師，不因該班安置障礙兒童所造成的分歧，而修正教學的方式與策略。

4.回歸主流無法增進社會人士對障礙學生的接納（Semmel, Gottleib, & Robinson, 1979）。

麥米連等人（Macmillan, Keogh, & Jones, 1986）的研究，亦獲得相同的結論：即僅把輕度障礙者安排在普通班級施教，但未作特殊處理，對大多數的這些兒童來說，不易得到同儕的接納。因此，美國聯邦政府於1980年中葉倡導一種創新措施，將在普通班受教的少數障礙學生安置在調出方案接受服務，以迎合其特殊教育需求，這種使回歸主流的學生能合理滿足其特殊教育需求的安排，即是合併普通教育與特殊教育方案的措施，以求普通教育和特殊教育共同爲評估有學習問題學生的教育需求負責，一起合作發展有效教育策略，以迎合學生的需求，謂之普通教育創新方案（Regular Education Initiative, REI；或General Education Initiative, GEI）；亦譯「普通教育開始方案」）（Gearheart, Weishahn, & Gearheart, 1992）。最近，美國甚至倡導全面融合（full in chusion）的理念，將特殊學生與普通學生完全融合在一起，同在一班受教，但仍顧及特殊學生的需求。

綜上所述，研究該領域的專家似乎獲得相同的結論，僅在普通班級安置輕度障礙者，如未輔以其他措施，則無法充分達成預期目標，即使特殊班亦是如此，如何作好課程設計，似爲有效的措施之一。

三 課程設計的目標與內容

　　一般言之，大多數爲輕度障礙者安排的課程，強調以下的各項目標（亦請參考Kirk, Gallagher, Anastasiow, & Coleman, 2006）：

　　1.傳授功能性的學術技巧（functional academic skill）　即傳授讀、寫、算的基本技巧，使得障礙者能夠在社區與家庭過著正常的生活。

　　2.養成生活的自理能力　務期障礙者在生活上得以自立自主，可不必長期依賴他人的資助，一方面可以減輕社會的負擔，一方面可以維護自尊，增加信心，乃爲獲致幸福的基本條件。

　　3.增強過團體生活的能力　障礙者不論在現在或在未來，皆要過正常的生活，和他人維持和諧的人際關係，爲了達成此種社會的適應能力，教育上須引導他適度控制內在的衝動，尊重別人的權益，保持應有的禮儀，積極培養其合作的習性，使之成爲社會中的建設分子。

　　4.準備職業生活所需的技巧　爲使障礙者不致成爲社會經濟的負擔，應根據個人的能力與性向，考慮社會經濟的需求，訓練他們獲致一技之長，以培養將來謀生的能力。惟職業訓練除了技能的訓練之外，仍不宜忽視服務態度與工作情操的培養。

　　5.傳授維護自己權益的技巧　多數的障礙者在社區中過著自立的生活，與其來往的人士，難免有不肖分子，可能想利用機會，侵占其財富、社會的利益等。此時他們須能經由理智判斷，予以拒絕。

　　至於爲身心障礙者設計的課程類別，有平行課程、功能性課程、社區本位課程、生活管理課程、特殊化課程等，詳見附錄7-2。在此茲以爲輕度智能障礙者設計的課程爲例說明。輕度智能障礙者除了有智商的差距之外，即使在人格特質、文化背景及過去的經驗方面，亦有不同，於設計課程時，不能不加以考慮。另一方面，輕度智能障礙者在普通班接受教育會遭遇相當大的學習困擾，爲他們提供的教育方案的主要目標，已如上述；輕度智能障礙者的課程設計，須以按部就班方式，達成此等目標爲主要取向。

　　基本教學上的需要，普通教育係將兒童按等級編班，輕度智能障

礙者的課程設計，通常可按學前、小學、初中、高中四個等級，予以組織，各個等級所要強調的課程內容，如圖7-1所示。從該圖中將可發現，小學階段較強調準備與學術工具科目，較少強調職業前的發展。到了中學階段，恰好相反，課程設計的內容，逐漸增加職業發展的比重，並漸減學術科目的發展，並將之應用於日常生活情境之中。此外，尚值得注意的是各個等級的教育，均相當重視第二種（溝通、口語與認知發展）與第三種（社會化、家庭生活、自我照顧、娛樂與人格發展）的內容領域（引自王文科，民75）。

由於輕度智能障礙者具有如下的認知缺陷：注意力不足，短期記憶能力差，運用記憶策略不當，知覺速度遲緩，不能有效地將輸入的資料歸組，不能有效運用記憶的複誦技術（rehearsal），不能計畫、選擇、安排以及評鑑所運用的策略。有鑑於此，該領域中有不少的領導人物，便針對輕度障礙者此等缺陷，執行若干特殊教學方案，謀求改善之。如道格拉斯（Douglas, 1980）及其在麥吉爾（McGill）大學執教的同僚，便為活動過度兒童的發展認知訓練方案，強調「實施運思」（executive operations）的任務（包括分析、反省、計畫、調整等），結果發現，該方案對於此類兒童產生相當積極的影響。另外麥米連等（Macmillan, Keogh, & Jones, 1986）在閱覽有關認知訓練的文獻之後，獲得的結論為：從許多的角度可以發現的證據指出，認知訓練方法對於很多輕度障礙的學習者來說，是一種有效的處理。

四 障礙者通用的課程設計模式

波勞威、斐頓與佘納（Polloway, Pallon, & Serna, 2005）曾為特殊需求的學習者符合當前實務的修正課程模式（modified model），該模式因重點的不同，又可細分成如下四種模式：

※(一)學業矯治模式（academic remedial model）

係基於個別學生呈現某方面的缺陷或不足，須予以矯治的觀點而發，包括基本學業技能與社會適應技能兩類；基本學業技能類乃針對學生在閱讀、數學、語言等方面的明顯不佳，試圖予以矯治，藉以增進其

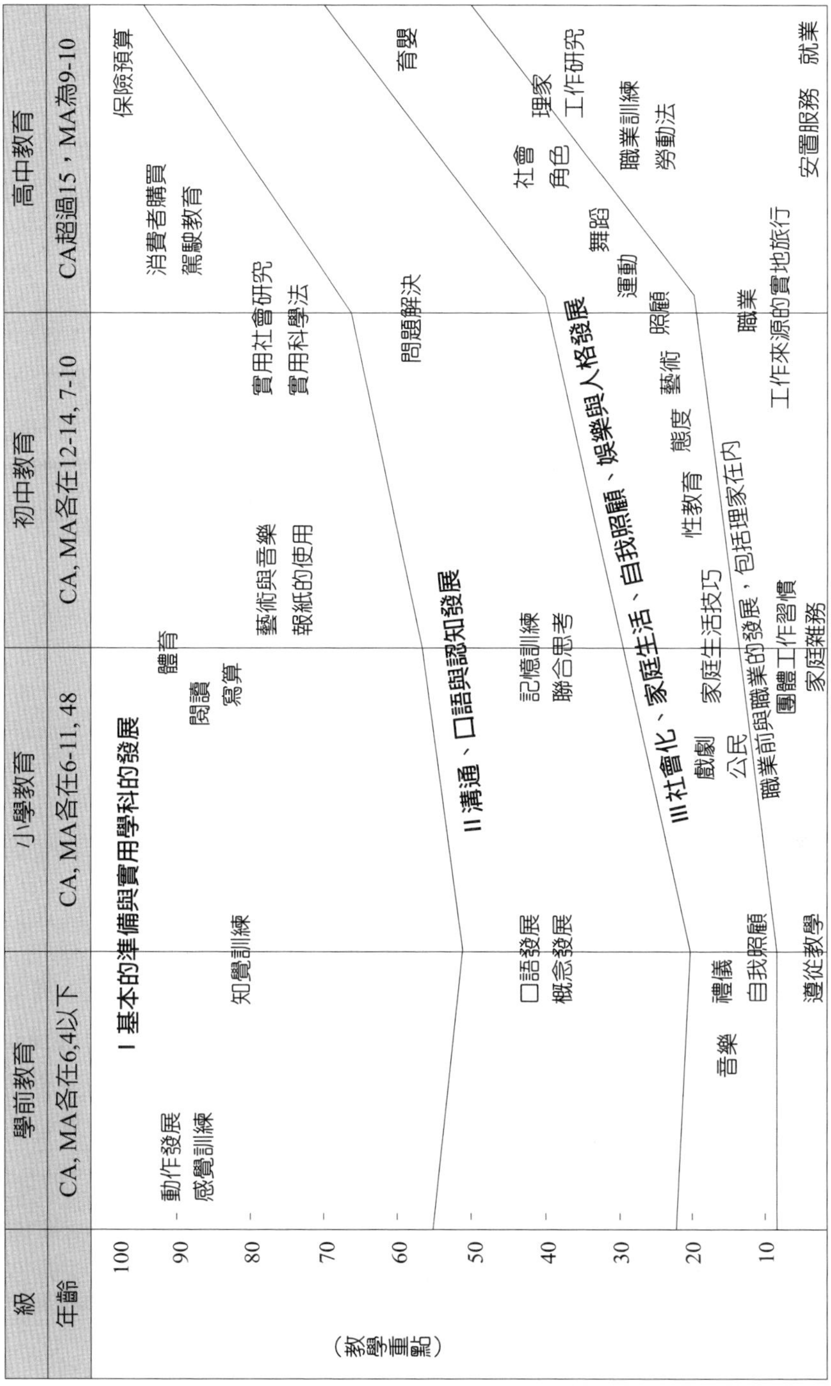

級	學前教育	小學教育	初中教育	高中教育
年齡	CA, MA各在6,4以下	CA, MA各在6-11, 48	CA, MA各在12-14, 7-10	CA超過15，MA為9-10

I 基本的準備與實用學科的發展

II 溝通、口語與認知發展

III 社會化、家庭生活、自我照顧、娛樂與人格發展

（教學重點）年齡：100、90、80、70、60、50、40、30、20、10

學前教育：動作發展、感覺訓練、知覺訓練、口語發展、概念發展、禮儀、自我照顧、音樂、遵從教學

小學教育：體育、閱讀、寫算、藝術與音樂、報紙的使用、記憶訓練、聯合思考、戲劇、公民、職業前與職業習慣、團體工作習慣、家庭雜務、獨立工作習慣

初中教育：實用社會研究、實用科學法、問題解決、性教育、家庭生活技巧、家庭工作職業的發展，包括理家在內、態度、藝術、照顧、職業、工作來源的實地旅行

高中教育：保險預算、消費者購買、駕駛教育、育嬰、社會角色、理家、工作研究、職業訓練、勞動法、舞蹈、運動、安置服務、就業

圖 7-1 輕度智能障礙課程內容領域

學業成就，使之達到識字水準，是為多數小學特殊教育的焦點，中學的個別化教育計畫中亦多寄以重視，且適用於輕度或中度障礙者。至於社會適應技能類，除了專為情緒障礙或行為困擾者單獨設計課程之外，大多融入一般課程中規劃，以促使學生習得社會技能，達到行為改變等目標。一般而言，輕度與中度障礙者安排的中小學教育宜重視該類課程的規劃。

※(二)普通教育支持模式（general education support model）

在融合教育思潮的激盪之下，障礙學生雖得以在普通班就讀，卻常因表現笨拙而得到低的等第，甚至陷入輟學危機，為了針對如是窘境，有四類取向可提供支持，一是透過小老師的協助，使學生能有進步的成績；二是採取補償措施，如將課堂內容錄音俾提供複習之用、以口頭方式回答書面測驗等均屬之；三是運用學習策略，提供學生學習如何學習的技巧，充分運用已有的知能去學習新的資訊；四是特殊教育教師與普通教育教師合作和協同教學，避免過度依賴傳統上講究的矯治技能的方法，順應重要內容取向的教學活動。

※(三)精熟學業內容模式（academic content mastery model）

係基於障礙學生須與其同儕學習類似內容而規劃之課程，分成兩類，一是複製式內容，即在特殊教育情境和普通班傳授的科目、教材與技能相同。二是修正式內容，即特殊學生修讀的主題與普通班學生接受的內容相對應，只是程度有深淺之別。

※(四)成人成果模式（adult outcomes model）

可分成三類，一是充分考量社區本位且符合成人社會需求的職業訓練，二是滿足成人社會需求的生活技能；一般所稱生涯教育（career education）課程，即涵蓋職業技能與生活技能二者。本模式的第三類為採學徒制實施訓練，至於所訓練的內容須為社區所重視，並能培養學生成為健全國民為取向。

上述四種通用模式彼此並非互斥，而是可視目標、適用對象（障礙類別、程度）、教育層級，予以作適度合宜的結合，藉以發揮特殊教育的效能。

五 課程設計模式舉隅——以智障課程為例

　　為智障者設計的課程，可分成兩個主要模式，一是發展取向的模式，另一為補救取向的模式（蔡蕙如，民82）。

　　發展取向的課程設計模式，以為課程的設定與提供，應強調使智能障礙者能依一般兒童之發展過程，儘量獲取學習經驗，俾使個體的成長與學習潛能之發展，能達到其實際年齡的程度。至於補救取向的模式，則強調對兒童行為缺陷的補救，務期智能障礙者先行克服或彌補現有的缺陷或不足，然後逐漸奠立基礎能力，以達到適應環境之目標。不過近年來，學者專家（蔡蕙如，民82；Lynch & Lewis, 1988）則強調發展性課程與功能性課程並進實施的趨勢。功能性課程即需考慮學生在學校所學的和目前及未來的獨立生活技能是否有關。惟不論採取哪一種課程設計模式，其作法有將普通課程降低程度或簡化使用的現象發生，因而形成所謂降低程度的課程（watered-down curriculum）。

　　發展取向的模式雖主張智能障礙者仍適合依照一般兒童學習發展程序予以安排課程，惟前者之發展速率較後者遲緩，課程內容宜不超出智能障礙者能力所及為度，否則容易造成挫折，反而無法達成預期目標。功能取向模式即根據兒童本身及其在適應環境時技能上的獨特需求，選定其學習目標，因此應屬於相當個別化的課程，但需仰賴教育人員或復健人員高度的能力、動機、創意以及行為上的配合，方克奏效。當然兩種模式如能兼籌採用最為理想，惟目前國內有鑑於「啟智學校（班）課程綱要」採分科設計課程的質疑與責難，似有偏向於重視功能取向模式的現象，強調以「生活經驗」為中心的課程，可稱之「生活經驗統整課程」、「統整生活經驗課程」或「生活教育中心課程」。林寶山（民81）認為這種課程設計多仿照美國北科羅拉多大學（University of Northern Colorado）的「學習經驗核心課程」而來，它將兒童生活經驗分成八個單元或類別而設計，不採分科方式安排學習經驗，這八個單元為：溝通技巧、數學能力、社交能力、健康、安全、美育、動作與休閒生活技能、職業能力等。惟智障者的課程設計，宜採合科或分科；或依

學生能力、就讀年級不同,再決定採合科或分科,似乎是一件值得探討的問題,尤其不能置情境需要於不顧,單憑個人所學即遽下斷語。

由台灣省立台南啟智學校負責修訂的「國民教育階段啟智學校(班)課程綱要」,以養成自立自主的國民為目的,務期達成「個人生活適應」、「家庭生活適應」、「學校生活適應」、「社區生活適應」、「職業生活適應」等目標。為了達成上述目的、目標,該課程計分成生活教育、社會適應、實用語文、實用數學、休閒活動、職業生活等領域。顯然將國民教育階段的啟智課程由原來的學科本位轉向功能為主、發展為輔的取向。

為配合2013年12年國民基本教育的實施,特殊教育力求與九年一貫課程、普通高中課程、職業學校群科課程接軌,分別編訂「國民教育階段特殊教育課程綱要」、「高中教育階段特殊教育課程綱要」、「高職教育階段特殊教育課程綱要」因應。

至於各類身心障礙的課程設計模式,參見王文科主編(2013)的著作《特殊教育導論》。

第二節　資優與特殊才能者的課程設計模式

為資優及特殊才能者設計的課程模式頗多(參見王文科,民81;George, 1993),惟如以充實制為主體分析,阮祖里(J. S. Renzulli)的充實三合模式(enrichment triad model; ETM)和普渡的三階段充實模式(Purdue three-stage enrichment model)最具有代表性,但充實三合模式偏向認知、研究解決問題取向,三段充實模式則以發展創造力為重點,兼顧社會、情意與認知目標,和威廉斯(F. E. Williams)的認知—情意模式(cognitive-affective)、貝茲(G. Betts)的自主的學習者模式(autonomous learner model)相似,可相互輝映;又充實三合模式所提議學生以個人或團體方式探討真實問題,進而謀求解決而言,如以個人獨立研究的方式進行,如何使其達成如是的任務,崔芬格(D. F. Treffinger)的增加自我指導模式(model for increasing self-directedness)

或可提供參照。至於整體資優教育課程的規劃，阮祖里的多種菜單模式（multiple-menu model）則具有指引的作用。凡此等模式，均爲本節探索的範圍。又本書所探討的內容，係屬較爲常見，除此之外，讀者如想再涉獵其他，請見：Davis, Rimm和Siegle（2011）主編的著作。

又資優課程之設計，乃在針對所鑑定出來之資優與特殊才能者的特徵，安排分化（或稱「差異化」）課程（differentiating curriculum），予此等特徵提供增強和練習的機會，以提升其發展層次。於設計課程時，宜顧及哪些因素和排除哪些不利因素，亦爲重要考量之範圍，本節將以此等因素結尾，藉以發揮提醒的作用。

一　充實、認知、研究解決問題取向的充實三合模式

充實三合模式係由阮祖里（Renzulli, 1977）所倡導，爲最佳的充實方案之一。阮祖里以爲資優教育的目的，在於培育兒童成爲能夠運用適當的探究方法，以眞正研討實際的問題或主題；並將之與其秉持的假定結合，成爲充實三合方案的兩項目標（Renzulli, 1977）：

1.學生花費在資優方案的時間較多，得有機會追求符合自己期望的深度與範圍；同時因而獲允按著自己喜愛的形式，進行學習。

2.在資優與特殊才能學生方案中，每位教師的基本任務，係爲每個學生提供下列各方面的協助：(1)確認及訂定與學生的興趣一致、且實際上可解決的問題；(2)習得解決這些特殊問題所需的資源，以及研究的技巧；(3)發現學生產品的適當出處。

依據上述目標，可知充實三合模式旨在配合不同經驗資優學生的需要而設計，但亦適用於資優的學習障礙學生（Baum, 1988）。該設計共分成三種充實的層次或「類型」（詳如圖7-2），即第一類型、第二類型與第三類型的活動。但在規劃此等充實活動之前，教師需先評量學生的興趣與學習的形式。

※(一)第一類型活動：一般試探性活動

一般試探性活動（general exploratory activities），係爲傳授學生一種新的或伸展的學習領域而設計。試探性活動的主題係根據學生的興趣、

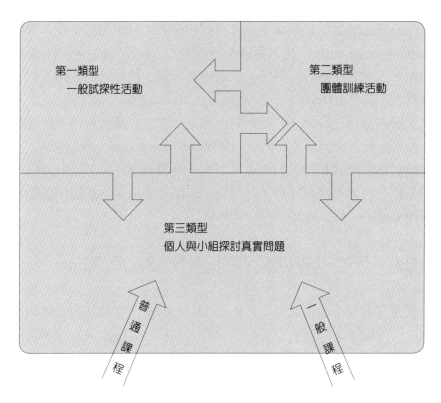

圖7-2 阮祖里的充實三合模式（Renzulli, 1977; Reis and Renzulli, 1985）

第三類型活動可能提議的方案、可能傳授學生的學科結構與方法論等而來，希望學生從接觸的各類活動主題或機會中，配合自己感到興趣的領域，擴充學習的深度與層次。為了設計充實活動，設計者須對普通課程有充分瞭解。阮祖里曾建議，瞭解最適用腦力激盪學科的教師，列舉充實的主題時，應顧及與普通課程活動結合，及可應用於其他學科者為佳。

　　為了讓學生順利從事一般試探性活動，學校宜設置資源中心，備妥各類書籍、雜誌或其他媒體，以供學生選擇主題所需的資料。此外，安排學生實地參觀的活動，以便從中攝取經驗，亦不失為一種有用的試探性活動，好讓他們得與從事創造與解題活動的師傅（mentors）或社會資源人士，如藝術家、演員、工程師、博物館館長、企業界領袖等，直接

接觸：惟其目標，非止於「看」，而是須與此等人員密切溝通，並投入他們的活動，可能在資源中心置有愛迪生的傳記，提供一系列較複雜的電的問題，以及訂購有關電粒子的影片。試探性活動通常較適用於科學中探討「方法」而非「事實」的問題。

※(二)第二類型活動：團體訓練活動

團體訓練活動（group training activities）泛指包括認知，情意、學習如何學習，發展高深的研究與參考程序，以及發展書面、口頭和視覺溝通等五類技巧在內的歷程活動（process activities）。阮祖里肯定透過歷程活動，可習得認知、情意、學習如何學習、發展高深的研究程序和溝通諸類技巧。但對所有兒童來說，想把這些技巧學好，最好的途徑是將之應用於處理實際生活的問題。因此，他建議教師，為了使學生獲得這些技巧，應盡其可能透過普通教室（班級）的活動進行，如學生開始作研究，且需另增非在普通班級所能習得的技巧時，教師宜予增強與補充，以為第三類型活動奠定基礎。

此處所指之認知類的訓練，如以布魯姆（Bloom, et al., 1956；黃光雄，民72）的教育目標分類中的認知領域分析，由於「知識」與「理解」層次，是所有學生須具有之基本技巧，因此，資優與特殊才能學生宜把重點置於分析、組織、批判思考與創造等技巧訓練。情意類訓練則在於發展自我、人際、處理關鍵性生活事件等技巧。學習如何學習類訓練包括傾聽、觀察和覺察，作筆記與提出大綱，訪談與調查，分析與組織資料。發展高深研究與參考程序類包括準備第三類型探究、圖書館使用技巧、使用社區資源等。發展書面、口頭與視覺溝通類包括訓練書面、口頭與視覺溝通的技巧（Davis, Rimm, & Siegle, 2011）。

※(三)第三類型活動：個人與小組探討真實問題

個人與小組探討真實問題（individual and small group investigations of real problems），促使學生成為研究者或成為能創作的藝術家，是該模式中，真正為資優教育而安排的分化途徑。第三類型活動的目標在於：

1.協助年輕人運用適當的探究方法，成為真實問題或主題的實際探討者。

2.提供學生主動參與確立有待探討之問題，以及採用方法解決該問

題的機會。

3.允許學生把資訊當作原料處理，而不讓他們根據他人獲得的結論，提出報告。

4.提供學生從事探究以創作的產物為導向的活動。

5.提供學生應用思考與感受過程於眞實的情境，而非將之應用於結構性作業的機會。

設計第三類型活動，可分成三個步驟進行：

1.採取可運用工具回答或研討的問題。

2.確立適當的方法論與資料蒐集的技術。傳統上根據百科全書即可撰寫報告的作法，應予捨棄。

3.確認關注產物的有關人士。在該模式中，教師不再是唯一的有關人士，所有的學生應有共同分享產物的機會。

在第三種類型的課程中，以倡導由教師為學生提供研究方法以及實驗室環境（laboratory environment）的任務，最有價值。以其強調討論的問題，應秉持科學家的態度，或專家運用的過程進行。所謂實驗室環境，指的是與生活相似，並依眞實為基礎而安排的情境；可能是在某一形式或氣氛之下，進行的一系列討論活動，惟其場所不拘，不必限定在科學實驗室。如兒童想研究運動場的空間及設施，以便向校長提出改變用途的建議，即可以運動場為「實驗室環境」，研討設施的用途、變通使用的模式、每天使用的次數、天氣條件等。然後，根據這些資料，繪製運動場模型圖，向校長提出研討的發現和建議的事項。惟其作法，須著重眞實的問題、實際的過程、有產物的活動，最後須將產物公諸於大眾。

根據充實三合模式而來的另一種課程為全校性充實模式（School wide Enrichment Model; SEM）。該模式先從全校學生選出15-20%作為人才庫（talent pool）學生，這些學生接受第一、二類型充實活動和在藝術、科學、創作、法律、政治、數學、管理、歷史、運動、商學、生態學等方面的興趣鑑定，以及相關的教育服務，俾協助他們導向第三類型的充實活動。

人才庫學生在第三類型的探究活動中，普通班教師若發現學生

有研究的潛能，便在一張如燈泡型的行動資訊表（Action Information Message）上填註，然後將之送交資源教師。該生的計畫一旦被認可，他可能花上幾天、幾週或幾個月的時間和資源教師一起工作，執行計畫。人才庫的學生中約有50-60%須提起動機與發揮創造力，至少每年要有一項第三類型的計畫。

　　普通班教師也協助人才庫學生濃縮課程（curriculum compacting），使他們有較多時間接受挑戰性與充實性活動以及第三類型計畫。濃縮的課程包括基本技巧領域，如數學、語文、科學與社會科等，且採實施前測試或單元結束後測驗的方式決定學生是否需要濃縮課程；另有以有效且經濟的教材，加速的步調濃縮之（蔡典謨，2001）。Tomlinson（2001）曾提出濃縮課程可分三階段進行：第一、教師確認適合接受濃縮課程的資優生，並評量他們已知和未知的內容；第二、教師註記學生在學習中尚未精熟的技巧和理解能力，然後擬訂計畫及目標；第三、教師與學生設計供學生學習或探究的作業。

二　發展創造力為重點取向的三段充實模式

　　普渡的三段充實模式，係似三種類型的教學活動，發展三個層次的技能。該三種類型的教學活動，固以發展創造力為支點，但也強調聚斂性的解題、研究技巧，以及獨立學習等訓練活動。該三種類型的教學活動，固可經由資優與特殊才能教育方案，間歇使用，但須漸漸增加強調高層次思考能力的成分。

　　普渡的三段充實模式及其涉及的教學活動與目標如下（Davis, Rimm, & Siegle, 2011）：

※(一)第一階段：發展基本的擴散性與聚斂性思考能力（basic divergent and convergent thinking abilities）

　　該階段應實施的教學活動包括期限較短且由教師引導的作業，此等作業以創造思考性質者為主，但也顧及邏輯與批判思考性質者。其中一些具有創造性思考的作業如：試列舉垃圾袋的特殊用途、考慮改良腳踏車、預測不見得會發生之事件的結果（如若沒有電視，會怎麼樣？），

此等作業，用以發展學生的流暢、獨創、變通、精密等能力，以及其他有關的能力與態度。

☀(二)第二階段：發展創造性解題能力（development of creative problem-solving activities）

本階段的活動可能要1.延伸較長的時間；更重要的是2.教師應少給予指導，而讓學生更具主動性。其具體的例子有如：

1.學習並練習使用創造思考技術，如腦力激盪（brainstorming）與分合法（synetics）。腦力激盪法原由奧斯邦（Alex Osborn）倡用，應用此法時，先由參與者提出問題，然後鼓勵大家毫無保留地提出意見，並隨著記錄各種不同的意見，直到大家辭窮意盡時，才分析比較何者為解決問題的最佳策略，亦即是集思廣益的思考方法。分合法由高登（William J. J. Gordon）所倡導，係指把顯然無關的諸元素結合起來的方法，包括直接類推（direct analogy）、個人類推（personal analogy）、狂想類推（fantasy analogy）等。直接類推是指將兩種事物、觀念作直接比較，如以螞蟻爬越垃圾筒的邊緣敏捷的情形，而悟及履帶爬越壕溝之情況，得以發明履帶。個人類推乃假定自己是某一動物或物體，設身處地去思索、想像，如荷蘭有位化學家比擬想像自己是一條正在吞食自己尾巴的蛇，因而導出苯分子式結構。狂想類推係指個體有意自我欺騙，以使自己相信自己所知的原理並不存在，化相識為新奇以想像探索問題的解決方法，如：如何將置於球場的石頭搬走？學生可用狂想類推提出各種答案，再加分析評量後決定何者最佳。

2.運用有系統的解題模式，如創造性問題解決模式、未來問題解決等，並循界定問題、列出想法、評鑑想法、付諸實施等步驟行之。

☀(三)第三階段：設計獨立學習技巧（development of independent study skills）的活動

本階段的活動旨在讓年輕人以迎接挑戰的方式，界定與釐清問題，從書本或其他資源蒐集所需的大量資料，解釋發現、發展溝通結果的創新方法。易言之，本階段不只是協助學生使用圖書館中的百科全書，而是協助他們根據目標擬訂學習計畫，發現將觀念傳遞給他人的方法；下列的方案，屬於本階段可採行之活動：

1.撰寫短篇故事。

2.撰寫並創作短劇。

3.撰寫並錄製電視商業廣告片。

4.研究有關當地空氣污染的報告。

5.研究社區領導人物的背景，供作當地廣播電台播放故事之用。

6.拍攝歷史的發源地，並提供圖片展覽。

　　為了充分瞭解阮祖里的充實三合模式與普渡的三段充實模式的有關概念，費賀遜與柯格夫（Feldhusen & Kolloff, 1981）將之匹配，提出二者的相似與差異之處。就其相似性言之，阮祖里的第二類型活動與普渡模式的第一階段活動類似，阮祖里的第三類型活動與普渡的第三階段雷同。但阮祖里的第一類型活動在普渡的模式中，沒有對應的階段。此外，二者均不同，尚有：

　　1.普渡模式在第三階段所設計的獨立學習活動，期望較小，侷限於閱讀、蒐集資訊、解釋材料、提出創造性結果。

　　2.普渡模式的第三階段的活動與阮祖里的第三類型充實活動比較，固顯得較為保守，但其對「資優與特殊才能」的界定，卻採取較為寬大、鬆懈的觀點：即學生的成就水準在60至80百分等級，智商在110至140即屬之。

　　費賀遜與柯洛夫主張，高能力的學生可採跳級、提早入學、在中學實施大學課程等加速策略行之。又費賀遜有鑑於資優學生差異甚大，沒有單一的方案，足以滿足所有資優者的需要，因此，欲設計單一方案以配合大眾需求，即是不切實際的（Kirk, Gallagher, & Anastasiow, 2006）。

　　普渡模式的三段充實模式同時顧及社會的、情意的與認知的目標。資優學生與能力相近的人一起學習，除了瞭解外，更應能欣賞彼此的特殊才能。此種社會性的接觸與支持，協助資優學生視自己為能幹的、能勝任的與具有創造性的獨立學習者。

三　結合認知與情意因素的三向度模式

　　威廉斯的認知情意模式本為倡導小學課程之用，以協助教師為所有

學生安排充實的教育方案。但後來卻可應用於任何的教育等級,且在資優教育方案的設計方面,普遍被採用,究其理由不外有三:1.其內容、方法與目標相當合理;2.其體系完備:包括重要內容領域的教學策略、專書(教室內鼓勵思考與情感的觀念→Glassroom Ideas for Couraging Thinking and Feeling),內裝小冊子、錄音帶、在職訓練教材、需要評估表、學生進步紀錄表等的材料箱;3.實施容易,其中有成百項詳細的學習活動與專題。

威廉斯模式除了根據智能結構模式而來,強調認知行為的流暢、變通、獨創與精密等特性外,尚在期望的行為結果加上情意的行為。此外,他又設計一套適用於藝術、音樂、自然科學、社會科、算術與語言等科目的教學策略,再加上教師的教學方式,合組而成三個向度的課程模式(詳如圖7-3),其特徵是:「教師使用的策略(第二個向度)在運行不輟的小學課程中,運用於各種教材領域(第一個向度),旨在引出學生四種認知的與四種情意的行為(第三個向度)。」(Williams, 1970)。為了增進讀者瞭解該模式,茲配合圖7-3,簡述三個向度於後:

第一個向度(D₁)是課程(即教材與內容),包括藝術、音樂、自然科學、社會科、算術與語言六個平面(教材與內容)。

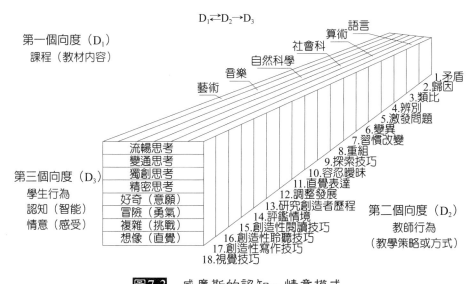

圖7-3 威廉斯的認知——情意模式

　　第二個向度（D_2）是教師行為（即教學策略或方式），包含十八項活動與技能（詳後），教師可將之運用於上述的六個教材與內容。

　　第三個向度（D_3）是學生行為（即「思考與情意」歷程），是整個課程的骨幹，分成八部分，其中四種為認知（智能）歷程，即流暢、變通、獨創與精密；另四種為情意（感受）歷程，即好奇（意願）、冒險（勇氣）、複雜（挑戰）與想像（直覺）。藉著兩種歷程的結合，方能有效運用智力，以形成創造的歷程。

　　威廉斯以為借這三個向度的彼此交互作用，始可產生最佳的教學成效；在美國深受教師的喜愛，認為是培育學生創造力的良好教學系統。從圖7-3中的標示，足以見到三個向度的交互作用方式，又稱為「D配方」（D Formula）。

　　該六種教材與內容、十八種教學活動，以及八種認知與情意歷程組合，共有864（6×18×8）種教室的教學活動。威廉斯在前引的書中，為了便於1.一種特定的科目與教材，2.使用其中一種教學方法，以及3.增進其中的一種認知或情意技巧，而設計的活動與任務，至少有387種，可供教師參考、採用。

　　至於第二個向度所包括的十八種活動與技巧，如配合阮祖里式的活動，可如表7-1所載。即使威廉斯本人也肯定認為阮祖里充實三合模式可與自己的課程模式結合。事實上二者確可相互補充，「其中一種指引應做的是什麼，另一種則為達成目標的多元策略。阮祖里模式提供方向，威廉斯模式產生結果。」又阮祖里的第一類型與第二類型充實活動被認為適用於所有的學生，威廉斯的活動原先也為所有學生而設計。只要運用一些鉛筆的作業，威廉斯的十八種教學策略，便可重新安排，納入阮祖里的第一類型與第二類型活動中，適用於所有的學生；再加上由威廉斯所判定的某些第三類型活動策略，便可適用於資優、特殊才能和創造力學生，表7-1即是代表。

　　威廉斯為了說明該兩種模式在運作中呈現的互補關係，曾以某班的數學為例，從第二類型的充實活動開始說明：

　　為了供測量之需，教師隨機選取教室內的五件物體備用。提出的某些建議有房屋的長度、屋頂的高度、桌子的面積、盒子的體積、字紙簍

表7-1 依阮祖里式活動分析威廉斯的策略類別

第一類型活動：探索策略	
矛盾	自我矛盾的敘述或觀察
歸因	具有的屬性、特質或特徵
類比	相似性或相似的情境
辨別	未知的元素或缺少的聯結物
激發問題	招致試探或發現的探究
變異	藉著改變、矯正或替換，試探東西的動作特性
習慣改變	感受僵化與習慣性思考
第二類型活動：訓練策略	
重組	重組結構，獲致結果
探索技巧	歷史、描述或實驗研究技巧
研究創造者歷程	分析傑出人物的特質與研究歷程
評鑑情境	訂定規準，作成決定，批判思考
創造性閱讀技巧	藉閱讀，產生主意
創造性聆聽技巧	藉聆聽，產生主意
創造性寫作技巧	藉寫作，自我表現
視覺技巧	藉視覺方式，表達意見
第三類型活動：結果策略	
容忍曖昧	沒有強迫終止討論，容忍開放式情境
直覺表達	瞭解內心預感並表達情感
調整發展	從調整經驗或情境中發展
評鑑情境	以因果及涵義作成決定與結果
創造性寫作技巧	藉作品而自我表現
視覺技巧	藉視覺方式，表達意見

資料來源：Williams, 1979.

開口的周長。把全班分成幾個工作小組，三至四人一組，每小組選用一個記錄員，該員負責記錄小組的測量，告知學生須投入兩種任務所需的團體活動。

第一項任務是，每小組在未使用精確測量工具以前，須估計或預測教室內所選出之五種項目的量度。此時，不准用尺。僅有即席而測的才會被接受，同時告知各組，他們宜創造聰明方法，預測五項東西的量度。注視各小組，並觀察發生的事情（擴散性思考）。若此時學生不知

取得測量面積、體積或周長的方法，此時是教師介入，提出此等事實的最佳時機。

俟各組即席使用某些方式，預測五種量度，並作成紀錄之後，再傳送給每組以碼或米為單位的木尺。第二項任務是以某些固定單位的量尺，真正測量該五種項目（聚斂性思考）。於是得到兩份紀錄，第一份紀錄是即席預測結果，第二份是實際測量結果。此種情形，給每一組兩種進一步研究的資料。

現在即賦予每一組的任務，是設計某種圖表系統，比較即席臆測與絕對測量的結果。即可以棒狀圖、直線圖或餅形圖，或採綜合圖表之。如果班上學生未接受製圖技術訓練，現在是提供此種信息的時機。

藉著此種具有挑戰性的訓練活動，激發學生導入第三類型的生產性活動。某些學生可能試圖設計一種獨創性製圖系統，用以比較即席而作條件下獲得的主觀預測資料與測量條件下獲得的客觀準確資料。一些好追根究柢的人，可能懷疑形狀不規則物體，如梯形狀的字紙簍的體積或面積，如何測得。此時，可向他們介紹微積分原理，如果他們有如是的期待，可允許他們以個人的身分或參與加速小組，學習高等數學（Williams, 1979）。

教師使用威廉斯模式時，在三個向度中的任一個，至少須選取一種因素，方可設計活動，如某項活動可能把焦點置於自然科學、重組法與好奇三種為基礎進行之。某項結合三個向度的活動，可能要求學生注意某個月的天氣，至月底，繪出天氣變化次數圖；又為了延伸此項活動，要求學生將今年的變化與去年的比較，以預測下個月的天氣，或預測數個月或好幾年的天氣趨勢。

四 迎合學生社會——情緒的與認知的需求為重點的自主學習者模式

自主學習者模式在1970年代末期，由貝茲所倡導，其目的在於：發展較積極的自我概念，瞭解自己的優異性以及自我和社會的關係，發展能有效地與同儕、手足、父母及其他成人互動的適當技巧，增進各學科

的知識，發展思考、作決定與問題解決的技能，參與選擇過的活動以助長及統整個人之認知的、情緒的與社會的發展，展露自己在校內、外情境的學習責任，成爲肯負責、有創造力、獨立的學習者（王文科，民81; Betts & Kercher, 1999; Betts & Neihart, 1986; Maker & Schiever, 2005）。

該模式本爲高中生安排，目前也適用於小學及國中層級，強調爲迎合資優與特殊才能學生的需要，需透過以下五個向度的活動，始可達成：

※(一)定向輔導（orientation）向度

旨在讓學生及其父母、教師、行政人員、社區人士熟悉有關資優、特殊才能、智力、創造力和潛能發展等概念的基礎，及該模式的期望。

※(二)個別發展（individual development）向度

旨在賦予學生終生學習所需認知、情緒、社會與身體的適當技巧、概念及態度，易言之，乃在協助他們成爲自主學習者。

※(三)充實活動（enrichment activities）向度

旨在賦予學生試探不屬日常課程部分內容的機會，而去尋找他們想要學習的、追求他們的主題的方法，俾將資訊綜合以納入有意義的成果之中。在該向度有兩種分化的課程，一由教師所發展的，一由學生所發展的分化課程，使之能超軼一般的課程範圍，最終目的，在讓學習者得以依自己的風格自由選取內容或主題。

※(四)專題研究（seminars）向度

旨在讓三至五位學生組成的小組有機會研究某（些）主題，提供予其他小組或感興趣人士作爲專題研究的題材，以及以他們選擇或發展的規準施予評鑑。學生個人或組成的小組有獨立學習機會，意即已獲允由學生角色轉移到學習者角色。

※(五)深入研究（in-depth study）向度

即允許學習者有長期機會採小組或個人方式，就其感興趣的領域進行研究，最後提出的研究成果，則交由參與者或感興趣者予以評鑑。

本模式格外強調的不僅是學生的認知需求，亦鼓勵學習者在學習情境中展現的獨立自主性。

五 邁向自我指導的漸進式自我指導模式

透過教育，學生學會什麼時候、於何處、採用何種方法、學習什麼內容，至於學習的效果如何，則有賴他人的評鑑。因此，學生若缺乏訓練或沒有經驗，欲期望他們突然成為講究效能、自我創新，以及自我指導的學習者，無異是緣木求魚。即使資優兒童亦不例外，唯有獲得協助，才能在發展技巧以及獨立學習（或研究）所需的態度方面，有所助益。換言之，欲讓學習者成為一個自我指導的學習者，仍須經過一番教育的過程才行。

倡導資優者自我指導學習最力的人物，應推崔芬格，他認為自我指導學習，是由學習者為自己的學習負責，教師只擔任催化員（facilitator）的角色，為主要目標（Treffinger, 1975）。詳言之，由教師與學習者共同確定學習目標、預先具備的技巧與能力、教學程序、評估成果的方法等，是一種有組織的、結構的學習策略，賦予學生學習自己特別感到興趣之領域的技巧與能力。

崔芬格曾設計一種符合邏輯、漸進步驟的方案，以供增進學生的獨立、自我倡導學習的教學之用（Treffinger, 1975, 1978; Treffinger & Barton, 1988; Treffinger & Sortore, 1992），即：

1.由教師指導的步驟，即命令式（command style）步驟，係由教師規定整班或個別學生的活動、工作時間、地點、目的，以及評鑑標準。

2.第一個自我指導的步驟，即任務式（task style）步驟，係由教師創設各種學習活動，或規劃各種變通方案（如學習中心），學生從中選取所需。

3.第二個自我指導的步驟，即同伴式（peer-partner style）步驟，係讓學生扮演較主動的角色，參與決定他們學習的活動、目標與評鑑標準。

4.第三個自我指導的步驟，即自我指導式（self-directed style）步驟，學生能創設邏輯方案、從事選擇、執行活動、評鑑自己的進展情形；惟教師仍可在旁協助。

　　學生在指導自己工作方面，可能會因自己能力與經驗的不同而異，所以教師必須決定學生準備自我指導的程度。崔芬格爲了協助鑑定學生所需接受的程度，而設計了檢核表。如學生毋須仰賴教師的忠告，即能評鑑進展的情形；又如學生使用他人曾使用的同一標準，就能鑑定他自己工作或產物的優點與缺點；即顯示他準備進入該方案的第四階段。

　　爲了助長學生的自我指導，崔芬格提出如下的建議（Treffinger, 1978）：

　　1.兒童自己能做（或能學著做）的事，當他們正在做時，不要予以抑制。

　　2.發展開放的與支持自我指導學習的態度。

　　3.強調知識的相互關聯性與延續性，以協助學生綜合各種主題或問題，並述說其間的關係。

　　4.提供解題、探究以及獨立研究技巧的訓練，亦即協助學生學習診斷需要、發展方案、安置資源、執行適當的活動、評鑑以及提出結果。

　　5.在學校或家裡，處理困難的情境，作爲獨立解決問題的機會，而不是把困難的情境當作只需要成人智力去解決的問題。

　　根據上述，自我指導學習，至少具有如下的特徵：

　　1.自我指導學習的教學速率富有變化，活動的性質因資優學生的不同而分化；具有組織性、計畫性與結構性。但不意味著每個學生必須獨自作業；只要有習得社會技巧的機會均可。認知與情意的高層次思考技巧，均須納入學習經驗中。加上，自我學習經驗納入了評鑑，故學生可參與決定自己的成果以及評量進步的情形。

　　2.自我指導學習的一種類型爲獨立學習，該類型對於發展正面的情意特徵，有所貢獻。以其透過此種學習，學生能夠自我訓練、具有創造力、滿足個人興趣，以及練習作決定。

　　3.資優者的自我指導學習，須仔細考慮學習者的背景，以及整個學習情境、計畫教育工作者與學習者間的互動關係。

六 指引課程設計的多種菜單模式

　　阮祖里在1988年提出的多種菜單模式，與在三合模式中所提出的學習經驗類型有別，目標在於如何以有效且有趣的方法，傳授學生內容知識，可說是一套課程設計指南，用以協助課程發展者「……確認合適的內容或技能……檢核各種教學的順序與選擇的活動……（和）備妥一份藍圖，俾將內容與過程的片斷得以和諧及有效的方式，適度地結合起來。」他所計畫的五種菜單，務期能配合資優教育的目的，以為課程設計者，提供指導作用。

※(一)知識菜單

　　阮祖里最重視知識菜單（knowledge menu），它為教導某特定領域的知識，提出可行之順序的建議；本菜單共分成四個子類或步驟：

　　1.定位、定義與組織（location, definition and organization）　即向學生介紹「……某領域的通性、該領域內知識的分支，以及任一分支知識的特定任務和特徵……（和）……協助學習者見到大的景象。」運用分支圖解以解說學習領域的組織，課程設計者將揭示該領域的目標；專注的子領域；發問子領域問題的類別；資料來源；基本參考書目與專業期刊；重要的資料庫；主要的事件、人物、場所與信念；以及局內人的幽默、瑣事、醜聞等。

　　2.基本原理與功能概念（basic principles and functional concepts）　在某領域中的基本原理，一般說來是與真理一致（如地球繞太陽公轉一次為365又1/4天）。功能概念大部分是作為該領域的辭彙，可在書末的字彙辭典中找到。

　　3.有關特定事項的知識（knowledge about specifics）　指組成該領域的重要事實、習俗、趨勢、分類、標準、原理和通則，以及理論和結構。依照阮祖里的說法，該領域的知識約有95%是包括在這座「資訊倉庫」中。

　　4.有關方法論的知識（knowledge about methodology）　指某一領域標準的研究程序，即如何界定問題、敘述、假設、鑑定資料來源、建構蒐集資料工具、綜述與分析資料、擷取結論，與報告研究發現。

※(二)教學目標／學生活動菜單

教學目標／學生活動菜單（instructional objectives/student activities menu）的前面四個部分爲：

1.同化與保留（assimilation and retention）　指資訊輸入過程：聽、看、觸、讀、操縱、作筆記等。

2.資訊分析（information analysis）　建議「爲了達到較高理解層次，所採用的處理資訊的方式」，例如：分類、排序、蒐集資料、詮釋、探索替代方案，以及做結論和解釋。

3.資訊綜合與應用（information synthesis and application）　處理思考過程的輸出或成果，如寫、說、建構或表演。

4.評鑑（evaluation）　指依個人的價值或傳統的標準，概覽與判斷資訊。

※(三)教學策略菜單

教學策略菜單（instructional strategies menu）詳列教師們熟悉的教與學方法：練習與背誦、講演、討論、同儕教學、學習中心活動、模擬與角色扮演、學習遊戲等。

※(四)教學順序菜單

教學順序菜單（instructional sequence menu）處理事件的組織與順序，以使有計畫的學習活動達到最大成效。根據蓋聶（R. M. Gagné的學習條件模式，這份有固定順序的菜單包括：引起注意、告知學生目標、把主題與先前習得的材料關聯起來、（以參與的或被動的學生角色）呈現資料、評估表現與提供回饋，以及提供遷移和應用的機會。

※(五)藝術變化菜單

即阮祖里建議教師爲了使上課活動變得有趣而活潑，「……作出他們自己創造性的貢獻」。藝術變化菜單（artistic modification menu）提議分享個人的知識、經驗、信念、局內人的資訊、詮釋、爭論、偏見或「教師可能把材料個人化的另加方式」。

多種菜單模式中有許多的要素是屬於標準的良好教學實務。惟誠如阮祖里所說的，它在於「……指導我們考慮廣泛的選擇範圍；以及在發展過程，爲了達成平衡性與綜合性時，必須把許多因素交互關聯在一

起。」對資優生的教師來說，本模式可爲創造發展未包括在一般學校方案中的特殊過程領域，提供一種組織的架構（Cited in Davis, Rimm, & Siegle, 2011）。

七　設計資優課程應否考量之因素

　　資優與特殊才能學生不僅有個別間差異存在，存有個別內的差異，亦爲事實，於選擇或設計適合他們需求的課程時，有若干因素必須予以包括，有些因素則不須納入，究竟如何取捨，柯拉克與卡卜連（Clark & Kaplan, 1981）所提有效課程必須與不必包括的因素，似可作爲參考，茲引述如下：

　　1.課程「應」予計畫並依序組織之，舉凡對習得教材內容，精熟技巧，創造產物，以及發展與自我、他人和環境有關態度和鑑賞能力都應包括在內。課程「不應」是雞零狗碎、缺乏具體規準可供參照的、未經選擇的學習活動之混合物。

　　2.課程「應」強調在「相同」課程結構內的教材、技巧、產物，以及自我瞭解的交互依賴性。課程「不應」把焦點僅置於認知能力的獲致，而忽略情意的發展，反之亦然。

　　3.課程「應」涵蓋採用下列任一或所有手段，以迎合某種教學步調的需求：

　　(1)使用繼續不斷的導進課程，俾能在短時間內，達成學習經驗的範圍。

　　(2)分派學生超越於期待同年齡／年級層次的那些課程。

　　(3)排除早已習得的課程內容，而以更能適合學生興趣、能力與需要的課程取替。

　　課程「不應」因學生爲資優或特殊才能而予以懲罰，即不應漠視他們具有界定其爲資優的那些特徵，以致限制他們的學習的機會。

　　4.課程「應」允許個人的興趣、需求、能力與學習偏好的某部分，得以表現；課程「應」允按某種程度的個別化和自我選擇，予以組織。課程「不應」沒有明確界定期望以及明晰表達教師中心與學生中心的學

習活動。

5.課程「應」提供學生機會，學習把現有知識再概念化，從各種觀點覺察事物，以及為了新目標或以新方式運用資訊。課程「不應」只強調知識的累積或增強精熟，而不同時鼓勵學生成為生產性的思考者。

6.課程「應」提供的學習經驗，可讓學生注意社會上未解決的爭議問題與難題，並能應用個人的與社會的資料，分析、釐清此等問題與難題，且有所反應。課程「不應」僅把焦點置於當前世界的知識，而應鼓勵發展需要有所發明的知覺，以重建該世界成為理想的世界。

7.課程「應」納入助長發展複雜思考歷程、鼓勵創造獨特產物，以及發展生產性思考策略等學習經驗。課程「應」同時教導基本的與高層次的思考技巧，以作為每一種學習經驗的主要部分。課程「不應」過度強調精熟基本的基礎技巧，亦不應免除資優／特殊才能學生精熟這些。課程「不應」漠視精熟高層次思考技巧所需的基本或基礎技巧的發展。

8.課程「應」提供機會，讓學生練習領導者與追隨者的技巧，以及適當變換溝通技巧與策略的形式。課程「不應」根據如下的假定設計：即資優／特殊才能學生不需發展技巧與理解能力，即可達成賦予領導者職位的目的。

設計資優課程除了應考慮上述八項「應」與「不應」因素之外，對於要授予學生的課程經驗宜仔細設計，並盡最大可能促其能付諸實施（Van Tassel-Baska, 1993; Van Tassel-Baska & Stambaugh, 2006）。

八 迎合資優生教育需求的差異化課程設計

Tomlinson（2000, 2003）主張差異化所強調的不只是教學策略、教學處方，它是一種思考教與學的創新作法，須承認學生背景的多元，學習準備度，語言、興趣與學習的側面圖，是以差異化教學乃在於採取有效手段來處理學生的各種變異，防範陷入一體適用課程的圈套。McBride（2004）以為差異化教學能使學生免受標記影響，提供學生個別展現最佳層面的機會。

為了迎合資優生特殊教育要求，以促其健全發展，達到自我實現，

Clark（2008）提出四個領域的差異化課程與教學設計，並各分成機會的提供與教師的角色兩個向度陳述。

☀(一)提供加速的差異化課程

　1.機會的提供方面，包括：

・與具有類似興趣領域的智能同儕、成人、其他同學一起學習。

・濃縮或調整課程內容，避免重複教導已經習過的內容。

・提早精熟基本技能。

・接觸高階課程、教材、和學習過程。

・接觸有關環境與文化（如審美、經濟、政治、社會議題）的新穎及挑戰性資訊。

・善用學習中心與個別學習的套裝課程。

・使用有組織的前測與後測的自我檢核資訊。

・完成成品的個別化期限。

・使用師傅方案。

・與教師進行個別會談。

・使用進階安置，且可在他校高階班修課。

　2.教師的角色方面，包括：

・瞭解核心課程內容與表現的標準、知識的範圍和順序，以及教學科目的技能。

・評量學生的知識水準和技能，以及早已習得的內容文件記錄。

・教導學生不懂的內容。

・為了個別化步調和學習水準的需要，使用學習套裝課程、中心與文件夾。

・提供各種不同程度的材料與資源。

・提供按自我步調進行的教學方式：使用師傅制、導生制、訂立個別契約以及／或採用獨立學習。

・從高年級、社區或其他擁有高深知能的資源人士中，安排師傅。

・安排進階教學。

・教育獨立的或自我引導的學習技巧。

・就學生的強項領域，提供個別化教學。

‧以採用彈性分組和／或較高年級或年齡的安置作法，來提供適當的團體環境。

‧結合加速以及其他的差異化方法。

‧評鑑加速的成果以及提供自我評鑑。

※(二)增加複雜化和統整的差異化課程

1.機會的提供方面，包括：

‧接觸許多種層級的各種觀念。

‧發展確認資料需求以及蒐集、組織和評鑑資料的技能。

‧發展作決定的技能。

‧使用主題以及跨學科內容的課程。

‧聚焦於組型、關係和關聯性。

‧確認時間對變遷、知識與瞭解的影響力。

‧比較過去、現在和未來事件與研究主題，包括古典文學、哲學和當前事件的關聯。

‧設計與使用蒐集資訊和解決問題的概念架構。

‧發展原創性的應用知識和瞭解的方式，包括提出假設與考驗假設。

‧計劃與執行解決社區問題的途徑。

‧與教師個別面談。

2.老師的角色方面，包括：

‧鼓勵與接受挑戰，以建立通則。

‧從廣泛的學科領域和漫長時間，提供資料。

‧給予時間並提供獨立探索許多學習領域的結構。

‧提供教導獨立研究所需的技能與結構。

‧提供跨學科與廣域主題和議題的內容。

‧給予演示跨學科與全球關係的經驗。

‧把高層次思考技能統整於課程中。

‧允許學生選擇可以展演知識、洞察力的成果，以及在成果和評鑑規準上，與學生協同合作。

‧傳授用來統整思維與觀點所需的技能。

‧統合運用大腦功能來提供資訊。

※(三)增加深度的差異化課程

1.機會的提供方面，包括：

‧發展接納的態度以及延緩判斷。

‧發展研究、建立假設、以及考驗假設的技能。

‧學習各種學科使用的語彙。

‧聚焦議題和觀念的細節與組型，並加以潤飾、增添。

‧找出過去和現在事件的趨向，以預測未來的事件或成就。

‧發現規則與倫理，及其在理論、學科和研究領域方面的重要性。

‧追求觀念與未有答案的問題，且在不強迫提出答案或成果的要求下，統整新的觀念。

‧花較長時間於醞釀觀念。

‧分享深度觀念。

‧與教師個別面談。

‧走入社區蒐集資訊。

‧繳交作業的期限要有彈性。

‧從熟悉到不熟悉、由具體到抽象、從已知到未知進行學習。

2.教師的角色方面，包括：

‧提供不同學科、各種進階難度和複雜度的教材。

‧安排具有專門技能與知識的師傅，如大學教授或社區人士。

‧教導決定和事實、概念、通則、原理，以及理論有關的主題。

‧教導研究技能與方法。

‧提供時間於研究感高度興趣的領域。

‧提供完成作業的彈性期限。

‧教導使用個別時間表及做好時間管理。

‧教導訂定優先順序的技能。

‧教導從已知到未知、從具體到抽象、由熟悉到未熟悉進行學習。

‧發展學生生產技能，包括計畫和組織在內。

‧協助學生決定研究的產品或成果。

※(四)提供新奇性的差異化課程

1.機會的提供方面,包括:

・確認與探索他們自己的情緒、過濾知覺、和防衛機制,以及接納他人的情緒、知覺和防衛機制。

・以多種方式溝通個人的意見及知覺。

・持續發展創造能力。

・在班上以尊重觀念的氣氛來進行工作。

・發展選擇的方案,其中涉及以各種方式進行溝通和意見交換。

・有非結構性的時間,以身心從事探索、檢查、和/或改變現存理論、系統、或學習領域的組型。

・把各領域的知識統整成為新穎的、擴散性、和/或聚斂性身心結構。

・個人詮釋和重新敘述研究領域的知識。

・把知識與瞭解,發展成原創性應用,包括建立假設與考驗假設。

・跟隨擴散性路徑,追求強烈的興趣。

・在評鑑適當使用創意努力方面,接受輔導。

・以資料的可取得性、個人需求與目標和影響的名義,對個人的選擇,施以評鑑。

・以各種不同方式,解決問題。

・發展與執行原創性的探究或實驗。

・讓教師體驗接納不平凡的產品、開放性的作業以及替代性的學習過程。

・與教師個別會談。

2.教師的角色方面,包括:

・創造安全的學習環境。

・提供選擇。

・提供刺激豐富且多元的環境。

・鼓勵自我啟動的探索、觀察、疑問、感受、轉譯、推論和預測。

・允許有舒緩和思考的時間。

・提供問題,作為鼓勵作新奇解決的機會。

- ‧重視不平凡和擴散性思考的價值。
- ‧提供開放性問題與活動。
- ‧在各學科間和學科內部，找尋新的啓示。
- ‧以個人化、個別的、和非傳統的方式，探討學習的領域。
- ‧創造能發生擴散性思考和獲致知識的條件。
- ‧支持探究不同與不相稱的經驗組型，以獲致新奇的、原創性的、重組的知識。
- ‧鼓勵學生尋找原創性詮釋或重新敘述現存的資訊。
- ‧鼓勵冒險、協同合作及多元解決途徑。
- ‧鼓勵挑戰現存觀念、產生新觀念、以及使用各種技術、材料和形式等成果。

　　由於資優生的需求不是匱乏的需求，而是對特定優勢領域挑戰的需求。如果提供給他們的內容，多屬於相同層次，將無法實現此種需求，因此，我們必須找出加速與充實每個優勢領域內容的概念與過程。一般而言，我們的目標是要超越精熟標準內容，以強化學生對各學科和學習領域的內容概念，俾有更深入的瞭解。

📎 附錄7-1

個別化教育方案（計畫）

一、個別化教育方案（計畫）的原理

以美國而論，個別化教育方案／計畫所代表的是，系統探討長期教學的途徑，1975年頒布的94-142公法，即所謂的「全體殘障兒童教育法案」（Education for All Handicapped Children Act），要求為所有被歸類為殘障的學生，採用個別化教育方案／計畫，實施教學，其旨趣在於「確保每個殘障兒童享有受教育的機會，我們能自由主張為這些兒童提供適當的教育服務；我們將要解除行政上的不當限制；我們不要因公共資源的不當，而調整對兒童生活的重要決定。」此處所指的殘障者，大抵以智能障礙者、學習障礙者、肢體殘障者為對象，尤其在1970年代中葉以後更是如此。惟最近，個別化教育方案／計畫也普及、應用於其他類別的學生，尤其在回歸主流運動的激盪之下，在普通班級受教的資優者與特殊才能者，以及接受補償教育方案的學生，亦多採用個別化教育方案。

為求個別化教育方案／計畫，成為規劃適用於任何學生之教育的有效工具，依崔芬格（Treffinger, 1979）的分析，宜參考如下七項基本原理：

1.須有充裕時間，深思熟慮地計畫與訓練教學設計，不致使計畫工作流於繁忙。

2.有效的計畫需要與作教學決定有關的，且經正確評估的資料。

3.個別化方案非指只由學生進行隔離的學習。

4.有效的個別化教育方案／計畫，可能使各類學生獲得不同的學習結果。

5.有效的個別化教育方案，提供許多不同種類的教學活動，以供利用。

6.發展個別化教育方案，須利用多種不同來源的收入，以進行合作式計畫的模式。

7.須有足夠的機會，實施個別化教育方案中所設計的許多種替代方案。

拔特費爾（Butterfield, 1979）及崔芬格指出，當上述的原理施之於資優、特殊才能以及創造力學生時，個別化教育方案在品質方面而言之，才算是眞正的分化教學，而不只是限於數量方面以及學習速率而已。惟卡鐵納（Khatena, 1982）以爲，設計資優者的個別化教育方案，除了依循上述七項原理之外，尚須增加如下四項，方符需求：

1.須改善資優學生個別化方案的焦點，不要強調教學，而應側重個人的傾向及目的的學習。

2.在任何時間只要許可，應由教師中心學習，轉變爲學生核心的學習。

3.預先訂定的學習條件，基於發展的需要，應有彈性與變化的作用設計。

4.個別化教育方案所規劃的要素，並不具制約作用，只是爲資優者及特殊才能者提供暫時性方案的建議。

崔芬格在前引探討資優者個別化教育方案的論文中指出，計畫個別化教育方案的基本原理，不在於詳細規定每項活動，而是向學生提供「彈性服務的契約」（a flexible contract of services），於是他進而對於將以個別化教育方案，作爲管理資優、特殊才能以及創造力學生的有效工具的教育工作者，提出如下的建議：

1.須將注意力放在學生的獨特才能與特徵方面（強調須加以注意的優點及獨特的品質）。

2.個別化教育方案亦須考慮學生的興趣、動機，以及學習的形

式或偏好。

3.為資優者及特殊才能者設計的有效教學方案的基本要素中，所強調的一般目的（即個別化基礎、適度充實、有效加速、獨立及自我中心學習，以及價值與人格發展問題）須予注意。

4.資優、特殊才能與創造力學生的個別化教育方案，應同等關注已知的與未知的，以及未來的與現在的或過去的。

5.個別化教育方案須關注問題的發現與解決，作研究、探究的方法，以及課程脈絡。

6.可讓學生參與計畫個別化教育方案。

7.個別化教育方案須能為有效的協調學校、家庭，以及社區的學習資源，奠定基礎。

8.個別化教育方案須能為協調普通教育的規劃，以及特殊教育的服務，奠定基礎。

9.個別化教育方案的細節，須具有開放性，俾不斷加以檢核，並作適當的修正。

10.公開、客觀地作紀錄，並須讓學生直接投入該歷程。

11.資優、特殊才能與創造學生的個別化教育方案固具有彈性，但不排除系統評鑑的責任（即評鑑須事先訂定公開的標準，並納入學生進步的資料）。

二、個別化教育方案的要素

個別化教育方案運用於特殊領域，被視為是一項重大的進步，以其在下列幾方面的努力，對特殊教育者的教育，產生了實質的作用：

1.每個兒童的個別化教育方案即是一項文件（document）──該項文件係結合醫生、心理學家、諮商員、教師，以及其他專業人員分從不同角度而提出的資料。

2.個別化教育方案有學生家長參與計畫──他們不但主動投

入，且要對最後的計畫簽字表示同意。

　　3.個別化教育方案督促專業人員，為某兒童進行有系統的預估——以為該兒童訂定年度教育的目的與目標時的依據。

　　4.個別化教育方案常指定專人，負責兒童規劃中的各項要素——即將促進兒童進步的工作，委由特定人員負責。

　　5.個別化教育方案者督促每個專業人員注意自己的效能——單選擇一種教學法、一項處理方案，或一種課程，以研究或體驗其效能，是不夠的。現在必須檢查為每個兒童所採用之探討途徑的適當性與效能。

　　6.個別化教育方案確定能將每個兒童，依其獨特性處理。

　　從上述分析可知，為殘障者設計的個別化教育方案結合了學校人員、教師、家長（或監護人），甚至包括他自己在內，以及其他的專業人員，即使在規劃資優者、特殊才能者的個別化教育方案，亦須如是人員參與。

　　以為殘障者而實施的個別化教育方案，通常包括下列諸要素：

　　1.表現水準（Level of Performance）：個別化教育方案須能標示兒童下列全部或部分的結果是：健康與身體檢查、視力與聽力檢查、兒童的發展史、智力或情緒的評量、知覺或成就測驗、適應行為評量、教師用評定量表或直接觀察報告、體能或動作靈巧評量，以及職業或生涯教育評量。每個個案可能只需其中的一、二項或部分即可。

　　2.目的與目標（Goals and Objectives）：根據上述評量結果，個別化教育方案須進而列出每個兒童在校方案的目的與短期目標，且以一學年為單位。各學科（如英語、讀書、數學）及體能、社會、情緒或職業技能的目的，分別填列，某些個案只要寫出一或二個領域即可。

　　3.教育與相關的服務（Educational and Related Services）：確定兒童要安排在特殊班，或接受普通班與資源教學統合的班級教學。

如重度智障者有多重障礙，可能需要許多特定的服務與協調處理。

4.服務的開始與持續期間（Initiation and Duration of Services）：須註明兒童在何時接受教育或相關的服務，以及該項服務持續的時間要多長。

5.評鑑規準（Evaluation Criteria）：至少在學年結束測量兒童是否達成目標，此種安排，須述明採用何種技術或測驗測量兒童的進步情形，在每個領域根據哪種標準決定是否學有所成，由誰決定每項規準是否達成。

至2004年修正的障礙者教育法案，對個別化教育計畫的要素作了部分修正，而包括以下各項：1.敘述兒童現在的學業成就與功能性表現（functional performance）水準；2.敘述可測量的年度學業和功能性目標；3.描述兒童迎合年度目標的進步情形；4.敘述特殊教育和相關的服務以及輔具和服務；5.解釋兒童未參與非障礙兒童就讀之普通班和參與其活動的程度；6.敘述為測量兒童學業成就和功能表現，而須採行調整，以適合個別性的評量方式；7.計畫服務和改變調整的開始日期，以及預定要服務的頻次、位置與期限；8.開始實施個別化教育計畫，至遲不得超過十六歲，且須逐年更新。我國特殊教育法施行細則第9條規定為身心障礙學生訂定之個別化教育計畫包括：1.學生能力現況、家庭狀況及需求評估。2.學生所需特殊教育、相關服務及支持策略。3.學年與學期教育目標，達成學期教育目標之評量方式、日期及標準。4.具情緒與行為問題學生所需之行為功能介入方案及行政支援。5.學生之轉銜輔導及服務內容（包括升學輔導、生活、就業、心理輔導、福利服務及其他相關專業服務）。

戴衛士與黎姆（Davis & Rimm, 1989）引用的資料，指出資優者個別化教育方案應包含要素，與殘障者的大同小異，茲引述於後：

1.現在的表現水準。由智力測驗、成就測驗、評定量表測得的結果，以及由教師、家長、學校心理學家等採非正式的觀察所提出

的報告等予以決定。

2.包括短期教學目標在內的年度目的。這些目的將指定大多數的教學法、學習活動，以及第三項所載為每個學生設計的個別方案。

3.依個別學生的需要，提供特定的教育服務，包括特殊教學策略、特殊裝置、個別方案及作業、實地旅行等。

4.學生參與普通班以及特殊的資優、特殊才能班與活動的程度。

5.設計該類服務開始的日期，以及預期持續的期限。

6.訂定評鑑程序以及適當的客觀標準，以供檢討和修正個別化教育方案之用。

7.決定此等目標是否達成的進度表。

我國特殊教育法規定，高級中等以下各教育階段學校，應考量資賦優異學生之性向、優勢能力、學習特質及特殊教育需求，訂定資賦優異學生個別輔導計畫；至於高等教育階段資優教育之實施，應考量其性向及優勢能力，得以特殊教育方案辦理。

其中在迎合資優生的需要方面，崔芬格主張應多加強，不宜排斥他們有選擇參加各種方案或活動的機會，因此，他為普通班級受教的資優者和特殊才能者，提供六十項足以讓他們享有較佳教學的建議，下列是屬於較具有代表性的幾項（Treffinger, 1982）：

‧使用預測或熟練測驗，測出學生已知的材料。

‧使用個別化學習套袋、編序學習、學習單元、迷你課程，特別是在基礎學科方面適用。

‧務期每天的個別的或小組的方案，繼續不斷。

‧在各學科中，採用創造思考的技術。

‧協助學生學習如「分析」、「綜合」與「評鑑」等高層次思考歷程的意義，以及設計配合這些歷程的獨立學習方案。

‧邀請貴賓講述他們的生涯以及特殊的嗜好。

‧採用不同年齡的同輩個別教導方式。

‧協助學生瞭解自己的優點、興趣、學習形式與偏好，進而對他人的那些特性具有敏銳性。

‧探索現在論題的諸多觀點，並允許他們去分析、評鑑證據，以及衝突的觀念和意見。

‧協助訂定個人的學業上的目的。

在倡導回歸主流教育規劃之際，不允許不提供任何的方案，因資優者、特殊才能者在此思潮的激盪下，只在普通班接受形式教育，而沒有安排分化課程，則不能說學校作如是的處理，已足以滿足他們的需要。

資料來源：王文科，民81。並作增刪。

附錄7-2

特殊教育課程

為迎合特殊教育學生需求而設計的課程，大致有如下五種：

一、平行課程（parallel curricula）

即課程名稱與普通教育對象使用者相同，但因特殊學生需要精熟之內容較少，所傳授之教學領域較少且較簡單，僅侷限於實用的那些內容。即教師應修正普通課程，以迎合每個學生的能力和需求，因此該課程常被稱為降低程度的課程（"watered down" curricula）。

二、功能性課程（functional curricula）

亦稱實用性課程（practical curricula），務期接受該課程學生所習得的技巧與真正的世界有關，能將該等習得經驗在環境中適當地執行功能，為營獨立生活所需者。如不用紙筆活動學習計算技巧，而學習應用這些技巧於購物、領款等。

三、社區本位課程（community-based curricula）

理想上應包括授予學生生活在社區各領域所需的功能性技巧，如過馬路應左右看看、遵守行人標誌等，均屬學生在教室之外的情境所需具有的能力。

四、生活管理課程（life management curricula）

亦稱持續生活需求課程（persisting life needs curicula），包括獨立生活所需的技巧領域，如儀容、溝通、打電話等，為了讓學生習得此等技巧，常要實施密集訓練。

五、特殊化課程（specialized curricula）

在特殊教育中，有特定內容，供課程發展者列出教學方案的大綱和細目，以迎合較特殊性的需求，如社交技巧、生涯教育或職業規劃等。

資料來源：F. E. Meier, *Competency-based instruction for teachers of students arning needs*. Boston: Allyn and Bacon, 1992, pp.133-136.

1. 試舉國內任一層級、任一類別身心障礙者的課程綱要,予以分析其與世界特教發展趨勢的關聯性。

2. 試就任一種資優教育課程模式與普通教育課程模式相較的異同之處,進而批判當前資優教育的弊病。

3. 請綜合說明諸項資優教育課程模式在目標、方法、實施策略上的共同性。

4. 個別化教育計畫與一般教案相較,有何異同?

5. 資優生的差異化課程,就提供加速、增加複雜性與統整、深度新奇性、或課程內容而言,有哪些策略可尋?

第 8 章　課程評鑑

通常一論及課程評鑑，總會提到「判斷」，與其實施課程評鑑，需要在什麼時候進行、根據什麼目的或觀點，或採用什麼方式等細目來作成判斷。在探討課程評鑑的對象、方式與理由之前，若要對課程評鑑的整個過程有所瞭解，須先察知受評對象和所要採取的判斷方式二者之間的密切關係。試舉例說明：如欲評鑑射手在比賽中表現的技巧，便要判斷他在什麼距離，以怎麼樣的準確度，命中鵠的。評鑑藝術品的品質時，便需判斷其所屬的種類。如吾人不能認定環境中的不同種類，需作不同的判斷時，可能會導致混亂。課程評鑑領域採用的模式或隱喻，常有所不同，往往各自形成其特徵，取捨之際，稍有不慎，亟易陷入混亂。

本章爲了協助讀者釐清課程評鑑的觀點，將先就評鑑的起源與發展、意義與形式予以分析，然後再就課程評鑑採行的模式、評鑑與課程發展架構、課程評鑑與政治、評估與課程等項說明之。

第一節　課程評鑑的起源與發展

課程評鑑是一種相當新的學門，其名稱首先出現於1967年史瑰文（M. Scriven）的《教育評鑑的面貌》（*The countenance of educational evaluation*）一書（Popham, 1975）。但課程評鑑的觀念，有其歷史發展的背景。如1930年代，泰勒（R. W. Tyler）在美國進步主義教育協會「學校與大學關係委員會」（The Commission on the Relation of School and College of the Progressive Education Association）的贊助之下，主持「八年研究」（The Eight-Year Study），此研究的目的，在探討不受大學入學規定所限制的高中生入學後的表現，和受限制的學生有何不同，何者爲優？何者爲劣？該研究對課程評鑑的影響頗大，與其提供一個評鑑課程目標達成的模式（Sanders, 1990）。瓦爾堡（Walberg, 1970）就曾指出泰勒後期工作的觀念，如同種子般的影響課程評鑑。

課程評鑑理論與實際的發展，係緊接在1960年代教育心理學被視爲一門研究領域之後。以美國來說，1960-1970年代這段期間，由於課程改

革，特別是數學與科學方面革新欣欣向榮地展開；以及聯邦政府對教育經費補助的增加，附帶提出評鑑成效的要求。因此，課程評鑑便被視爲一門學術研究的領域。然而，教育專家卻意識到先前爲了績效和課程改進需要，將課程評鑑視爲新的需求的觀念，並不適當，課程專家爲了因應時代變遷，逐順應社會需求，著手發展評鑑的新程序（procedures）。因此，在1960-1970年代，爲了探討課程評鑑的好方法，而發表的相關文獻大量湧現（Sanders, 1990），且多環繞在兩種組織的論題，即質的評鑑研究與量的評鑑研究，這兩項研究論題，迄今的影響力仍然未減。

在1980年代美國課程評鑑的趨向，在於探究課程與社會系統中的脈絡變項如價值觀、發展趨向、經濟因素、政治等之間的關係（Alkin & Lewy, 1991）。至2000年「把每個兒童帶起來法案」（No Child Left Bebind Act）公布以後，講究績效，強調證據本位，益使課程評鑑備受重視。

至於我國對課程評鑑採取的態度，較爲消極，僅見於學校校務評鑑中的一小部分，很難突顯其功能，更遑論有大規模且長期的研究，有待加強，以求能與時俱進。

第二節　課程評鑑的意義與形式

■ 課程評鑑的意義

史塔夫賓等（Stufflebeam, Foley, Gephart, Guba, Hammond, Merriman, & Provus, 1971）把評鑑界定爲「描述、獲致，以及提供有用的資訊，藉供判斷，以決定取捨方案的過程。」（p.40）其目標在於改良（improve）而不在於證明（prove）。史塔夫賓與辛飛爾（Stufflebeam & Shinkfield, 2007）亦對評鑑提出以下的操作性定義：「對某種客體之優點、價值、誠實、可行性、安全性、重要性與／或公平正義所描述的和判斷的資訊，予以系統描述、獲致、報告和應用之過程。」（p.16）根

據此等說法，評鑑至少尚須包括五個要點：

　　1.評鑑應是一種繼續不斷的、有系統的過程。

　　2.評鑑的過程至少須包含三項重要的步驟，即：敘述待答問題以及確定有待獲得的資訊、取得相關的資訊、提出結果的資訊報告，以供決策者應用於修正或改良現存的教育方案。

　　3.就評鑑的對象，應提供描述性和判斷性資訊。

　　4.評鑑支持決策的過程，可就諸項供取捨的方案進行選擇，並追蹤決策的影響。

　　5.所謂「改良」係針對評鑑結果的後續工作，以判斷哪種方案最有價值、可行、安全、重要、公平正義等。

　　就第五個要點言之，根據評鑑者提供的資料，判斷某方案的有效或無效、適當或不妥、好或壞、有無價值，以及行動、過程或成果的得當與否等，即為教育評鑑的真諦所在。故有人把教育評鑑界定為：判斷教育規劃、方案、材料與技術的優點、意義或價值的過程（Gall, Gall, & Borg, 2007）。

　　林孔與古柏（Lincoln & Guba, 1980）指出：「評鑑（evaluate）一詞的字根暗示評鑑的功能，在為待評價的東西，安置價值。」（p. 61）如把特定的教育實務，列為評鑑的對象，欲安置予教育實務的價值，即針對該教育實務的成就優點（merit）與本質優點（worth）兩種不同屬性而言。如果學生從社會科中學得基本的社會學習技巧、獲致知識、具備良好公民應有的態度等，便可將社會科課程視為有成就優點。又如語言課程的學習，學生雖學會字彙，但對於文章段落無法瞭解，又不喜歡閱讀，便可評定為缺乏成就優點。所謂教育實務的本質優點，是在決定採用與否，或是否推廣運用時評定之。如下列的評鑑問題，即針對教育實務的本質優點而來：「我們必須採用該課程嗎？」「我們需要該方案嗎？」「我們不必花額外的經費，也可將該實務付諸實施嗎？」根據此種見解，教育評鑑似可界定為：決定教育方案、產品、程序、目標，或變通方案的可能效用等（本質或成就）優點，以求達成特定的教育目的或目標。

　　綜合上述的諸項定義，似可將教育評鑑的性質分成以下四項說明：

　　1.教育評鑑需以有用的資訊為依據。

　　2.教育評鑑乃在判斷或決定教育方案、產品、程序、材料、技術等的優點或價值。

　　3.教育評鑑的目的，在於抉擇變通的方案，或確定教育目標是否實現。

　　4.教育評鑑應視為一種過程，以達成追求「改良」的目標。

　　雖然教育評鑑在於達成「改良」的目標，但所謂的目標，究竟何指？有待說明。多數的教育家認為評鑑係為了達成形成性目標（如協助改進課程）與總結性目標（如決定該課程是否存續）而為。有人（Anderson & Ball, 1978）更進一步明確指出，當將評鑑施之於正式的方案計畫時，評鑑的目標在於：協助作成安置方案的決策過程，協助有關方案的修正過程，協助有關方案存續，擴充或確認的決策過程，取得支持或反對該方案的證據，對瞭解方案的心理、社會與政治過程以及外界對該方案的影響，作出貢獻。塔爾梅齊（Talmage, 1982）亦指出：在界定評鑑意義時，最常被採用的三項目標為：「1.判斷方案的優點，2.協助決策者負責作成決策，以及3.承負政治的功能。」（p.594）當然這些目標並不互斥，只是在不同的評鑑場合強調不同的目標。

　　至於課程評鑑（curriculum evaluation）係為教育評鑑的一部分，其定義大致脫胎於教育評鑑的定義而來，試舉隅說明如下：

　　課程評鑑是一種描述、獲致和提供有用資訊，以供作決定和判斷課程的過程（Devis, 1980）。

　　課程評鑑是一種評估學習方案、學習領域或學習課程的優點或價值的過程（Glatthorn, Boschee, Whitehead, & Boschee, 2012）。

　　課程評鑑涉及檢查計畫之課程與制定之課程的目標、理論基礎和結構，研究制定之課程實施的脈絡，以及分析經驗該課程之學生的興趣、動機、反應與成就（Marsh & Willis, 2007）。

　　課程評鑑係就各個層次的課程（如古拉德的意識形態課程、正式課程、知覺課程、運作課程、經驗課程等層次）判斷其優劣價值，指出缺陷或困難所在，俾使作成行動的決定（黃政傑，民76）。

二 課程評鑑的形式

　　至於評鑑的形式（forms）或功能（functions），可分成形成性評鑑（formative evaluation）與總結性評鑑（summative evaluation）兩種，其劃分的依據為評鑑的時間、評鑑使用的方法與工具、評鑑結果的運用。《教育研究百科全書》第二冊對於形成性評鑑和總結性評鑑，有詳細的描述，茲摘述如下：

　　……史瑰文（Scriven, 1967）把評鑑分成形成性的與總結性的兩種。方案發展在計畫與實行階段的期間所執行的研究，屬於形成性的。形成性評鑑的目標，在於提供發展者有用的資訊，俾在方案發展期間，著手調適。……總結性評鑑涉及決定經調適期之後的方案，在某時間具有的優點。雖然這些分辨有益，但是它們毋須互斥。史瑰文承認該兩種評鑑同時出現在方案的發展、實施以及最後安置的各個階段。在方案的形成性評鑑階段的期間，有關方案的各個部分，作成總結性決定。總結性研究時的結論，其資訊可供作進一步的修正方案之用。……

　　葉爾金（Alkin, 1969）指稱方案評鑑有五種形式；前三種屬「形成性的」，後兩種為「總結性的」。每一種評鑑與方案發展的特定階段，結合成一體。第一種「系統評估」（systems assessment）與方案發展的準備計畫階段結合，亦稱需求評估（needs assessment）。它回答如下的問題：有需要新的方案嗎？哪一種方案？系統能支持新方案嗎？它如何被接納？它如何適合於進行中的教育方案？葉爾金所提到的第二種評鑑是「方案計畫」（program planning），涉及方案的設計，評鑑從該方案的各種因素中，注意內在的「適合性」。第三種為「方案實施」（program implementation），雖然史鐵克（Stake, 1967）使用的名稱為執行（transactions），但是常被稱為「過程評鑑」（process evaluation）。方案實施的評鑑關注方案付諸實施的過

程，不僅涉及方案的活動，而且也涉及組織將方案付諸行動的方式。

　　葉爾金所指的兩種總結性評鑑為「方案改良」（program improvement）與「方案檢定」（program certification）。前者，評鑑的焦點置於方案的效果。方案比較、接受檢查以及檢定研究，皆屬於方案檢定的範圍。（Mitzel, 1982, p.603）

　　布魯姆等（Bloom, Hastings, & Madaus, 1971）採納史瑰文區分形成性與總結性評鑑的方式，並將之推廣於處理學科方面，他們認為：

　　形成性觀察（除了測驗以外，尚有其他用來觀察行為的有效方式）的主要目標，在於決定精熟某種學習任務的程度，以及確認未精熟的部分。或許採用負面的描述，會較明朗；其目標不在於給學習者評分或檢定，而在於同時協助學習者與教師把焦點放在邁向精熟所需的特別學習之上。另一方面，總結性評鑑以普遍的評量為取向，以評定在整個進程或其中的某種內容充實的部分，獲致較大成就的程度。如總結性評鑑的主要目標，乃在決定學生能將文字問題轉譯為數的解決，或他處理除法的準確與迅速程度；另外的目標，包括評定學生的分數，並報告家長或行政人員。形成性評鑑關注的是在於瞭解轉譯字的問題是否不完全，是否由於用字的不當或無法演算算式；除法問題的焦點在於錯誤的形式；此地的目的是在導引學生與教師二者至需要精熟的特定學習之上。（p.61）

　　依照安德森及其同僚（Anderson, et al., 1971）的說法：形成性評鑑係「透過運用實驗研究的方法，與協助方案或產品（課程、書本、電視演出等）的發展者有關。」而「總結性評鑑涉及在方案運作之後，所作的整個評鑑。」（p.61）

　　莫羅哥（Morocco, 1979）認為形成性評鑑適用於方案發展的三個階段，即：

1.計畫與設計階段　形成性評鑑可協助蒐集與達成目標的各項途徑有關的各種資訊，以及試用新計畫而獲致的資訊，如試用計畫者的觀點與態度等。

2.實施階段　形成性評鑑可確認本來在腦海中形成影響力的方案，最後獲致成功的因素或過程。

3.傳播階段　形成性評鑑可提供方案實際運作時的資料，藉供進一步修正該方案以及執行策略的基礎。

執行形成性評鑑時，柯隆巴克（L. J. Cronbach）提供以下建議，可供參考（Cited in Wulf & Schave, 1984, pp.107-108）：

1.尋找課程實施之後，使學生行為發生改變的資料。

2.尋找多向度的成果，並依這些向度分別規劃課程所要達成的效果。

3.確認經修正後的可欲課程的各個層面。

4.當課程尚未定型時，蒐集課程發展中途的證據。

5.設法尋找課程產生效用的方法，以及影響課程效果的因素。您或許可發現教師對學習機會的態度比學習機會本身重要。

6.課程試用階段，可採用教師觀察學生行為而提出的非正式報告。

7.針對早期處理所發現的較明顯缺點，進行較有系統的觀察。

8.就教室發生的事件，實施過程研究，並運用精熟與態度量數，顯示學生的改變情形。

9.觀察課程本身內容之外的數種成果，如態度、一般的理解能力、進一步學習的性向等。

總結性評鑑乃在測量依計畫實施之後的教學效果，此種評鑑經常以各類測驗、學生對教學的反應、教師對教學效能的觀點、對參與方案教學學生的追蹤研究、家長的反應、雇主對參與該方案畢業生所做的評定、大學入學考試委員會的報告，以及各類具有效度的類似效果。

總結性與形成性評鑑是由兩種不同的力量促成，形成性評鑑係由學校內部試圖改善教學活動的壓力所促成，因此此種評鑑應由學校內部（或擴而充之，應由機構內部）的人員擔任，始能對計畫的細節，獲得較清楚的瞭解。總結性評鑑是由學校外部要求報告教學活動的效果的壓

力所促成，為求其客觀無偏，確立其可信賴性，此種評鑑應委由校外
（或擴而充之，應由機構外部）人士擔任。

　　總結性評鑑常從數個具有競爭性的課程方案取來作比較，以決定
哪些要繼續下去，哪些應予終止。為了達成此項目的，波範（Popham,
1988）曾主張可採真正實驗設計中的隨機化前測—後測控制組設計
（randomized pretest-posttest control group design）進行研究（該設計，可
參見第十三章第三節之三）。

第三節　課程評鑑的主要模式

　　課程評鑑的種類繁多（黃政傑，民76；Stufflebeam & Shinkfield,
2007），往往因強調重點的不同，在劃分上有所出入，且各種評鑑模式
之間多少也有相互重疊之處，此乃在分析課程評鑑模式時，事先應有的
體認。本節僅擇就行為目標模式（behavioral objectives model）、作決定
模式（decision-making model）、差異評鑑模式（discrepancy evaluation
model）、不受目標約束的評鑑模式（goal-free evaluation model）、感
應性模式（responsive model）、外貌模式（countenance model）、謝樂
等（Saylor, Alexander, & Lewis, 1981）創設的課程綜合評鑑模式、對抗
評鑑模式（adversary evaluation model）、闡明式評鑑模式（illuminative
evaluation model）、鑑賞模式（connoisseurship model）等。

一　行為目標模式

　　行為目標模式亦有人稱之為「科學」模式（"scientific" model），故
要論行為目標模式，宜先從教育講求科學研究開始著手。

　　十九世紀中葉，當心理學從哲學領域分離出來，獨立成為一門科
學的學科開始，教育是一門科學的觀點，始逐漸被接納。教育科學發展
迄今，其主要的觀念，不外是藉著成就測驗、性向量表與興趣量表的運
用，以評量教育的結果。最先這些量尺，係用來表示分配教育等級、瞭

解有效教學的因素，隨後，開始用之以測量學生真正的成就。目前只要稍爲翻閱教育測量方面的專書，不難瞭解此等測量工具的發展，在技術上已達到高度複雜的地步。

運用量數研究現象的自然科學界，要求測量的過程應力求「客觀」，不因觀察者其態度及價值觀的不同，而有差別；因此主張嚴格控制足以影響研究現象的因素，即對於用以解說結果的變項數量須加瞭解，並作適度的控制。同時也主張在相同條件之下，即使由不同科學家著手的研究，所獲致的結果，應該相同，即在於強調研究結果的可複製性（reproducibility）與複製性（replication）。應用科學方法的終極目標，乃在於發現支配自然現象的法則。有了自然科學此種發展的方向，無形中激發吾人建立「教育法則」的願望。

惟教育科學的研究，僅能力求符合科學方法的標準，因爲教育測量工具雖已蓬勃發展，其客觀性與信度頗令人滿意；但是欲求嚴格控制變項則不可能，能夠達成準確複製目標的例子，亦相當有限。但在美國自桑代克（E. L. Thorndike）以來，在英國自柏特（C. Burt）以來，將教育問題當做科學問題處理的情勢，已是有增無減。尤其當提及課程的效能問題時，研究者以爲基於科學、講究客觀的立場，宜從探討教育測量領域著手。欲求客觀評量應先有目標可尋，因此在評鑑課程之前，應先界定教育目標，然後賦予操作性（若有可能，亦應納入行爲的）定義，此乃科學的課程評鑑的重要主張。

當1950年代末、1960年代初葉，課程評鑑剛嶄露頭角時，界定教育目標，並賦予操作性定義的著作，紛紛出籠。此類著作提示的觀點，不但在編序學習開始起步時，予以借重，也在課程評鑑中，開始採納其作法。科學的課程評鑑模式，從純理論的觀點言，至爲單純，大致上涉及兩個因素，即界定目標，以及根據目標以測量學生的成就。但是到了後來，由於關心課程評鑑者中有的主張課程是否能產生期望的結果，才是重點。有的則強調課程發展的過程，是否能滿足發展者及其支持者的意願，才是重要課題。亦有的擔心新課程是否比舊課程優異，因而使得科學的課程評鑑益趨複雜。就這些分歧的觀點而言，可能涉及「結果與過程」，或「形成性評鑑與總結性評鑑」的爭論。此時，什麼目標要由何

人視爲有效，然後予以接納，仍不明朗。根據早先的研究顯示，教師以及課程發展者之間若不是所認定的有效目標不一致，就是對同一類目標的優先順序的劃分有所出入（Taylor & Maguire, 1966）。有鑑於此，有些教育家反對課程評鑑採用目標模式（Eisner, 1967）。儘管如是分歧，詳述教育目標，在科學的課程評鑑模式中，仍居於關鍵的地位。

泰勒（Tyler, 1949）提出的課程評鑑模式，算是行爲目標模式中最早且迄今影響力仍維持於不輟的一種。該種模式，大致有賴透過以下幾項相關的步驟，方能合理且有系統地進行：

1.以預訂的行爲目標開始。這些目標應針對學習的內容以及期待於學生的行爲二者，作明確的規定。

2.確認可讓學生有機會表現行爲目標所載之行爲的情境，且該情境具有引發或鼓勵該行爲的作用。

3.選擇、修正或建構合適的評鑑工具，並針對該等工具的客觀性、信度與效度加以查核。

4.運用上述工具取得摘要式的或評量過的資料。

5.爲了估計產生改變的數量，在某一定期間的前後，以數種工具取得的結果，予以比較。

6.分析結果以決定課程的優、缺點，以及針對造成此種特定優、缺點組型的理由，提出可能的解釋。

7.根據結果，對課程提出必要的修正（Glatthorn, 1987a, p.273）。

所謂課程的目標，除了認知、情意與技能領域之外，尚包括如藝術等課程的有效目標在內。是以「科學的」課程發展者與「人文的」課程發展者之間，亦需建立和睦的關係。因二者考慮的重點不同，前者視教育乃在達成既定目的（「抵達」），而後者認爲教育係涉及體驗可欲的狀態（「遊歷」）。人文主義者採納涉及課程的一系列「經驗」目標，每一種經驗目標被視爲「一種圓滿的或內在的價值經驗——學生將之視爲直接有趣的、滿足的或享受的」（Pratt, 1976）。人文主義課程的發展者主張：由於許多課程活動採開放式的，非爲特定的目的——結果而準備，因此行爲目標途徑所涉及的，充其量只是與教學的關係而非與教育的關係。

　　科學評鑑模式或行為目標模式大部分是屬於總結性的，強調成果評鑑。自1960年代以來，大多採用行為目標為評鑑的根據，但在早期運用的領域，大抵以自然科學及數學為主，以後再推廣應用於其他的領域，由於目標應用的領域至廣，加上其優劣互見，支持與反對運用之論見，到處可見。有關這些論見，侯本（Hogben, 1972）有著詳盡的描述：

　　在簡單教學（訓練）模式所限定的範圍，行為目標確能為教學及評鑑，提供相當明晰的方向。如果吾人唯一關注的事情，在於評估學生精熟一開始即宣布的特定行為目標的程度，則評鑑是一項相當簡單的工作。若「明白」描述的意圖與學生的表現之間，呈現一對一的關係，則我們確能較容易評估學生最基本的成就要素；這是我們所能做的「一切」。若我們想要評估與評鑑的，超出此一部分，便需要不同的模式。（p.47）

　　此外，行為目標模式講究客觀評量預定的目標，極適合管理的形式。因此，講求成果績效，乃成為維持該模式的主要影響因素。

■二　作決定模式

　　課程評鑑採取科學的探討途徑，同時促成作決定模式的發展。柯隆巴克（Cronbach, 1963）曾在一篇重要的論文中寫道：欲改進教育方案，需要運用「智慧」，其意義係指要作課程決定時，需要蒐集客觀的實證資料，並予以評鑑。史塔夫賓更進一步深思熟慮地考慮作決定模式，此種評鑑過程（如圖8-1）的中心，是作決定者，其所關注的事項為改良課程。為了協助作決定者作成正確的決定，事先得仰賴評鑑，以便於描述、獲致，以及提供有用的資訊，藉供判斷決定取捨的方案。

　　史塔夫賓以CIPP模式描述評鑑方案所需獲致的資訊，以及以下四種提供資訊的評鑑方式（Wiles & Bondi, 2011）：

　　☀(一)脈絡評鑑（Context evaluation，或稱背景評鑑，以C表之）

　　1.目標　係屬最基本的評鑑類別，其目標在於界定課程方案運作的脈

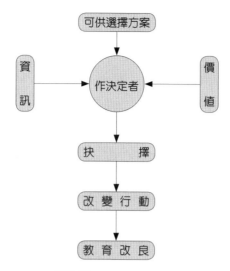

圖8-1 作決定模式

資料來源：Stufflebeam, et al. (1971), p.39.

絡（背景），確認在評估脈絡（背景）中的需求、問題、有利條件和機會，以協助作決定者界定目標與優先順序，以及協助關聯的使用者判斷目標、優先順序與成果。

2.方法　個別敘述或說明在脈絡（背景）中主要次級系統相關的展望；將諸次級系統中真正的與預期的輸入與輸出加以比較；分析實際情況與意圖之間差異的可能原因。

3.與決定過程的關係　為了替所要服務的情境作決定，目的須與遭遇到的需求相結合，目標須與所要解決的問題相契合，即須迎合變遷而作計畫。

☀(二)輸入評鑑（Input evaluation，以I表之）

1.目標　確認與評估系統的各種能力、可供使用的資源及輸入策略，以及設計執行策略。

2.方法　敘述並分析可用的人力和物質資源、解決策略，以及為了求得在行動過程的貼切性、可行性和符合經濟原則，而作的程序設計（procedural design）。

3.與決定過程的關係　選擇支持的來源、解決策略，與程序設計，即

著手規劃變遷的活動。

❋**(三)過程評鑑（Process evaluation，以P表之）**

1.目標　確認或預測在程序設計或執行過程中的缺失，以及記錄及判斷程序上的各種事件和活動。

2.方法　調控活動潛在的程序障礙，以及對之保持警戒，以防範未然。

3.與決定過程的關係　在於執行和重訂方案設計與程序，即有效地實行過程控制。

❋**(四)成果評鑑（Product evaluation，以P表之）**

1.目標　結合成果資訊和目標，以及脈絡、輸入、過程資訊間的關係。

2.方法　以操作性方式界定與評量和目標有關聯的規準、比較這些量數與預先決定的標準、以記載的輸入和過程資訊解釋成果。

3.與決定過程的關係　決定繼續、終止、修正或重新定位某項變革的活動，呈現清楚的成果紀錄。

在圖8-2的六角形，代表四種決定類型，即：

❋**(一)計畫決定（planning decisions）**

乃依脈絡（背景）評鑑所得資料而來，重點在依據提供的資訊，訂定目的或目標。

❋**(二)結構決定（structuring decisions）**

係依輸入評鑑資料而來，務期確定適中的策略及程序，以求達成計畫決定的目標，並就各種策略的優、缺點予以分析。

❋**(三)實施決定（implementing decisions）**

得自過程評鑑提供的資訊而定，即將已選取的策略、程序付諸實施。

❋**(四)再循環決定（recycling decisions）**

依成果評鑑所得資訊而行，以決定某種活動或方案本身是否延續、改變或終止。

CIPP模式執行的每一個過程，均需採取如下的步驟：

1.決定有待評鑑的是什麼？評鑑的資料旨在滿足哪些決定的需求？

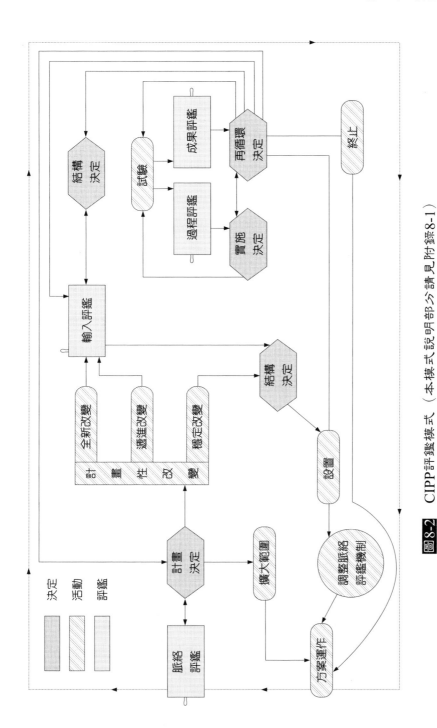

圖8-2 CIPP評鑑模式（本模式說明部分請見附錄8-1）

資料來源：Stufflebeam, D. L. et al. (1971) *Educational evaluation and decision making.* Itasca, 111.: F. E. Peacock, p.236.

2.作成這些決定所需的資料類別是什麼？

3.蒐集資料。

4.界定、決定有待評鑑之事物品質的規準。

5.根據這些規準，分析資料。

6.提供作決定者所需的資料。（引自Glatthorn, 1987, pp.273-274）

　　評鑑過程的最後是，期望發展出一系列可達成預期結果的替代方案，藉供課程的作決定者從中選擇最適合所面臨環境中的一種，並假定所作的選擇，會達成改良課程的預期理想。

　　CIPP模式的缺失，在於未能認定在組織中，作決定過程的複雜性，它的假定過於理想化，因爲在實際情境中，政治的因素對於此等決定，將會產生莫大的作用；而且運用該模式於實務時，常是所費不貲，執行困難。

三 差異評鑑模式

　　普羅瓦士（M. Provus）在美國匹茲堡公立學校（Pittsburgh Public Schools）發展「差異評鑑」模式，由於該模式與史塔夫賓的模式有些相關，故亦有人視之爲「作決定模式」的一種。

　　普羅瓦士的評鑑模式亦可視爲一種過程評鑑，他以該模式計畫、試驗以及延續評鑑方案。普羅瓦士認爲「方案是包括三個步驟的過程：1.界定方案的標準；2.決定方案某部分的表現與控制該方案此一部分的標準之間，是否有差異存在；以及3.利用差異的資訊，改變表現或變更方案的標準。」（Provus, 1971）

　　差異評鑑模式主張在進行評鑑單一方案時，宜包括三種內容，即輸入、過程與輸出，每一種內容的評鑑又分成四個主要的發展階段與步驟，第五個步驟爲「方案的比較」以及「成本—利益分析」，是一個選擇的步驟，比較諸項方案的可行性以及界定每個方案的成本利益。這五個步驟可簡述如下：

　　1.設計（或稱「定義」）　在於界定方案的目標以及達成目標的教學方案。

2.設施　在於檢查設施的情形是否與設計藍圖符合。

3.過程　在於注意教學方案的進行情形,並比較表現與標準間的差異程度。

4.成果　在於檢查方案是否達成終點的目標,把設計階段訂定的目標與學生的表現相對照,即可發現二者的差異,並瞭解方案的最後效果。

5.比較　前四階段是屬於發展性的,本階段則為已完成的方案作成本利益分析,藉供抉擇。

圖8-3的流程圖,可用來解說普羅瓦士所述對進行中方案的評鑑過程。評鑑者從一項進行中的方案開始(第一步驟)著手,在該方案中已確定的標準(S)是方案設計過程中的一部分。然後根據表現(P)取得的適當證據,與標準作比較(C),任何差異(D)便昭然若揭。如是獲得的差異資訊,可供決定下一個階段要繼續進行,或改變方案的標準或運作後再予繼續進行,或從第一階段重新開始進行,或終止該項方案。所有這四個階段所需的資料需蒐集完備,始可進行成本—利益分析。

階　　段	內　　容		
	輸入	過程	輸出
1.設計	設計適當		
2.設施	設施精確		
3.過程	過程調節		
4.成果	成果評估		
5.方案比較	成本利益分析		

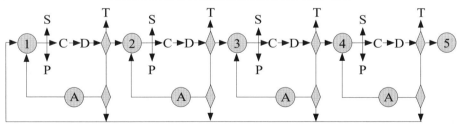

S—標準　　　　　　　　　　A—改變方案表現或標準
P—方案表現　　　　　　　　T—終止方案
C—比較
D—差異資訊

圖8-3　普羅瓦士的差異評鑑流程

　　普羅瓦士模式主張評鑑目的與目標，乃為特色之一，與其許多方案不將它們納入評鑑過程中，尤其當方案──表現的資料與標準未能配合時，就需如此。普羅瓦士指出，一旦存在如是差異，方案計畫者便要修正方案的標準，或改變方案或捨棄一切。如未發現顯著的差異，便要繼續進行下一步驟，直到整個方案被視為有效而予以接納，或視為無價值而予以廢棄。

四 不受目標約束的評鑑模式

　　有人認為不受目標約束的評鑑是似是而非的作法，因為該模式沒有參照的目標，如何能對物體或行動的價值作成判斷？但是不受目標約束的評鑑的倡導者史瑰文卻認為，評鑑工作若一味遷就目標，容易造成偏見，並不理想，因此他主張評鑑者不能受方案發展者揭示之目標的影響，以致有所偏失。史瑰文說：「對我而言，似乎可簡單地說，考慮與評鑑目標是不必要的，那是一種可能具有污染性的步驟。我著手提倡一種替代性的途徑，即評鑑真正『效果』，而不在教育這個區域『描述性需要』的剖面圖，我把這種途徑稱為不受目標約束的評鑑。」（Hamilton, et al., 1977）儘管如此，在任何的個案中，史瑰文認為不受目標約束的評鑑是雙面兼顧和具有補充作用的，即吾人為了探求所有的成果，可從不受目標約束出發，然後轉到目標本位的途徑，以確定評鑑可以決定目標是否已達成（王文科，民78）。

　　不受目標約束評鑑中的評鑑者，是沒有偏見的觀察者。他採用的資訊，具有品質客觀（qualitative objectivity）的特性。所謂「客觀」是指免受偏見或歪曲而言；即評鑑者蒐集資料時，毋須考慮其是否與整個方案預定的效果有關。前述的「描述性需要」是由評鑑者預先決定，與其他模式中的陳述的目標相似，也就是整個方案預定的效果，倡導不受目標約束的評鑑者認為應予放棄。

　　不受目標約束的評鑑，基本上來說，是屬於總結性評鑑。以消費者為導向，而不提供課程計畫者有用的形成性資料。在消費者意識日益高漲的年代，以及對教育制度普遍缺乏信任的今天，他們可能要求教育

工作者與評鑑者本身，應格外關心某些教育方案與決定所造成的不幸影響，是以不受目標約束的評鑑納入整個評鑑方案中，便益顯其重要性與迫切性。

史瑰文的主要貢獻，顯然可見，在於將評鑑者與行政人員的注意力，再度導引至非預期的效果（unintended effects）的重要性之上。惟其應是用來補充而非取代目標本位的評鑑，以其單純運用時，無法為決策者提供足夠的資訊。此外，尚有些評論者責難史瑰文未能為不受目標約束的評鑑之發展與執行，提供明確的方向，影響所及，此種模式只有專家才能採用（Fitzpatrick, Sanders, & Worthen, 2004）。

五　感應性模式與外貌模式

感應性模式的創始者史鐵克（R. Stake）以為，傳統式評鑑係先陳述目標，然後運用客觀測驗和評鑑者的標準，蒐集與分析資料，屬於預定式評鑑，並不自然，而另倡此一模式，他認為任何一種教育評鑑，如符合下列的情況，即屬於「感應性評鑑」：

1.直接以方案活動為導向的成分，多於以方案意圖為導向的成分。

2.在於反應有關人士（audiences）需求的資訊。

3.提出攸關方案報告成敗的不同價值觀（Stake, 1977, p.163）。

因此，感應性評鑑設計在於強調：

1.教育的議題（issues），而不是目標或假設。

2.直接或間接涉入或參與正接受評鑑之課程，以進行觀察。

3.由各種有關團體（不限於教學團體）所持有的各種不同價值標準。

4.繼續不斷地注意有關人士所需求的評鑑資訊（Brady, 1990, pp.173-174）。

感應性評鑑模式對於問題的確認，特別敏感；是常在自然情境中採用的評鑑模式，也具有相當的彈性，是其特色。

感應性評鑑的主要過程，共有十二項，史鐵克將之排成鐘形（如圖8-4）。該十二項過程，可以順時針或逆時針方向進行，亦可同時發生。惟該評鑑過程由開始以至結束，皆要不斷地進行觀察，俾獲致回饋。

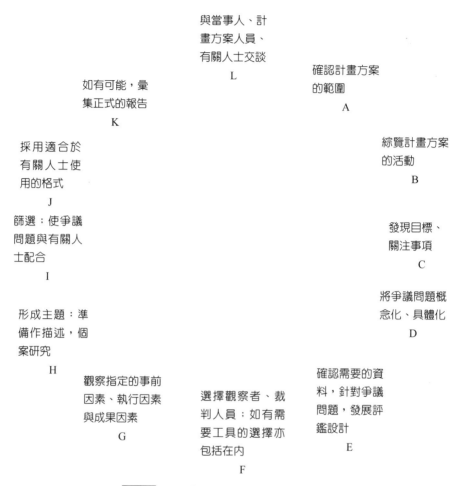

與當事人、計
畫方案人員、
有關人士交談
L

確認計畫方案
的範圍
A

如有可能，彙
集正式的報告
K

採用適合於
有關人士使
用的格式
J

綜覽計畫方案
的活動
B

篩選：使爭議
問題與有關人
士配合
I

發現目標、
關注事項
C

形成主題：準
備作描述，個
案研究
H

將爭議問題概
念化、具體化
D

觀察指定的事前
因素、執行因素
與成果因素
G

選擇觀察者、裁
判人員：如有需
要工具的選擇亦
包括在內
F

確認需要的資
料，針對爭議
問題，發展評
鑑設計
E

圖8-4 感應性評鑑中的主要事件

資料來源：Stake, R. E. (1978). A theoretical statement of responsive evaluation. *Studies in Educational Evaluation, 2*, pp.19-22.

　　從圖8-4分析，感應性評鑑中的事件，可以階段表示（高強華譯，民78）：

　　第一階段（正午至四時，即L-D）：評鑑者與當事人、方案人員及「有關人士」交談，以獲致對該計畫方案所持的不同觀點與價值觀。這個階段所包括各所在時間的重要任務，簡述如下：

　　1.12時（L）的重點　此一步驟是實現時鐘上所列舉的其他任務的方

法。評鑑人員與當事人、計畫方案人員、有關人士交談，涉及的主題範圍相當廣泛，如：他們是否眞的需要一項評鑑？何以需要？哪些是重要的問題？他們對評鑑人員所呈現的價値問題、活動、課程內容等之觀感如何？若評鑑人員對上述問題有所記錄，對爾後各時所列的重點均有助益。

2.1時（A）的重點　評鑑人員與當事人合作確定計畫方案，俾在空間範圍、時間限制和樣本特性、內容範圍方面有所限定和區分。

3.2時（B）的重點　評鑑人員要從綜覽整個評鑑活動，是屬於非結構性、說明性的、具有特色的活動。

4.3時（C）的重點　評鑑人員務期能發現評鑑的目標和重點。尤其不同群體可能持有不同目標，欲發覺不同的評鑑目標，方法之一是將不同群體關注的項目一一列出，再從他們最關注的項目中，探求眞正的目標所在。

5.4時（D）的重點　評鑑人員須分析並綜合種種的事務與問題，以提供作決定所需的基礎資訊；因此評鑑人員對於不同的觀點，方案中值得與否或應增或減，宜加區分、掌握。

第二階段（五時至七時，即E-G）：乃在確定需求的資料與選擇蒐集資料的方法，茲分述如下：

6.5時（E）的重點　評鑑人員須將所需資料和所探討之事項結合，其目的乃在於確能蒐集得到眞正重要的資料，惟對這些資料的是否完備周全，須作必要的查證。

7.6時（F）的重點　評鑑人員計畫蒐集資料的活動，如訂定觀察計畫、選擇觀察對象和工具、安排觀察活動及其他資料蒐集活動等。

8.7時（G）的重點　評鑑人員觀察各項事前、執行以及成果的因素，同時也要探討方案的理論基礎、蒐集各種資料、進行判斷等。

第三階段（八時至十一時，即H-K）的重點：評鑑者根據各種自然方法，傳達發現結果，茲分述如下：

9.8時（H）的重點　評鑑人員分析所得資料，從而形成主題，俾對方案作描述或進行個案研究。他們須從整體考慮，對意圖或預期與實際觀察之間的一致性，以及事前、執行與成果的因素之間的關聯性，作適

當而中肯的分析。

10.9時（I）的重點　評鑑人員對於各種分析和發現的效度須加以檢驗。即應讓不同人士分從不同觀點，表示其對評鑑方案成效的贊成與否的看法，有時候甚至要考慮運用小組審決的制度。

11.10時（J）的重點　評鑑人員應將各種不同反應資料蒐集齊全，並加以篩選、組合，以求發揮最大效能。

12.11時（K）的重點　評鑑人員視當事人需要或同意的程度，提出正確而翔實的資料，以描述評鑑的報告與發現。

綜上所述，可知感應性評鑑的主要優點，在於它對當事人的感受保持敏銳性。藉著確認當事人關注的事項並感應其價值觀、讓當事人確切參與整個評鑑過程、調整報告的形式以迎合當事人的需求，都是基於同一出發點而為，如能善加運用，評鑑結果對當事人而言，應有高度的效用。值得而言的第二項優點為其具有彈性，即評鑑人員能從已為當事人認定的各種方法中擇取蒐集資料與提出報告的途徑。感應性評鑑的主要缺點在於其易被當事人所操縱，他們所表現的關注事項，有時候可能在於轉移別人對他們所不願展現之弱點的注意力。

史鐵克為了蒐集和分析資料，也提出一種外貌模式，該模式所要蒐集的資料包括描述矩陣和判斷矩陣的資料，且每一種矩陣又區分成事前因素（antecedents）、執行因素（transactions）與成果因素（outcomes）。其中描述矩陣又分成意圖（intents）和觀察（observations）兩個向度（詳如圖8-5所示）。

外貌模式採取的步驟如下：

一、決定特別課程的意圖。意圖包括教育目標及預定教材、教學或環境；以事前因素、執行因素與成果因素來做列舉，事前的意圖與課程實施前的任一條件有關，包括學生的興趣和動機、社區的信念，和教師的背景與興趣。執行的意圖是課程參與者所表達的目標，參與者係指學生、教師、行政人員和家長。由於每一天參與者之間會有無數次的遭遇，這些執行的意圖可能會是動態的，和隨時可變易的。成果的意圖係指預期學生學習得到的，包括認知、技能和態度在內的成果，以及期待對教師、行政人員、家長以及社區中其他成員的影響。

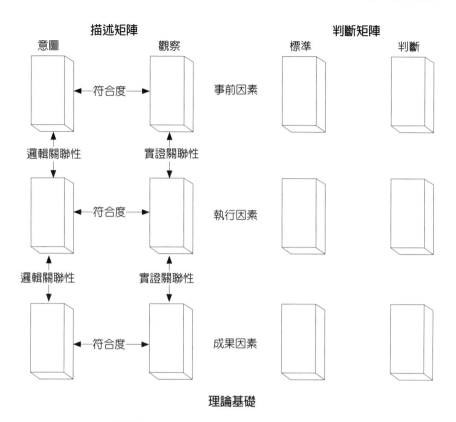

圖8-5　史鐵克的課程評鑑外貌模式

資料來源：引自 *Curriculum: Alternative approaches, ongoing issues,* by C. J. Marsh and G. Willis, Upper Saddle River, N. J.: Merrill/Prentice Hall, 2007, p.287.

　　二、採用觀察去蒐集使用特別課程的資料。觀察指的是實際的教育目標及實際使用的教材、教學或環境。史鐵克雖然同意透過非正式觀察蒐集資料，但是他也堅持使用如問卷與心理計量測驗等正式方法來蒐集所需資料。他指出：為了記載原訂的意圖和真正發生的意圖二者之間的差距，觀察必須包括：

　　(一)課程實施之前教室發生的事件，特別是師生互動條件等事前的觀察；

　　(二)在課程實施中實際持續執行的活動，即所謂執行的觀察；

　　(三)透過執行課程所實際達到的成果，即所謂成果的觀察。

三、以關聯性（contingency）和符合度（congruence）名義分析差距性。所謂關聯性係指事前因素、執行因素與成果因素之間的關係而言，例如教師對學生預期的互動（執行因素），可能是根據對學生的能力和興趣有充分的瞭解而來，而且觀察所得的資料能與是否已經實現的這些意圖一致。又這種關聯性如係針對意圖向度的事前因素、執行因素與成果因素之間的關係，謂之邏輯關聯性（logical contingencies）；如係針對觀察向度的事前因素、執行因素與成果因素之間的關係，謂之實證關聯性（empirical contingencies）。至於符合度指的是意圖的事前因素、執行因素與成果因素和真正觀察的事前因素、執行因素與成果因素之間符合的程度。具體言之，分析差距性時要回答以下三個問題，即：

(一)在意圖向度的事前因素、執行因素與成果因素三者之間的邏輯關聯性如何？

(二)在實際觀察向度的事前因素、執行因素與成果因素三者之間的實證關聯性如何？

(三)在意圖的事前因素、執行因素和成果因素與實際觀察的事前因素、執行因素和成果因素之間的符合程度如何？

四、分析課程整體的理論基礎。史鐵克堅持主張蒐集課程內隱的和外顯的理論基礎之資料，有其重要性。課程發展者和教師所提出的正式聲明和偶發性評論的資料，均須蒐集。

五、蒐集判斷矩陣的資料。矩陣中標準的這個欄位指的是絕對標準和相對標準。前者如教材專家所訂定的理想說明書；後者如根據與其他課程比較而得的那些標準。是以評鑑意圖關聯性的標準是邏輯，而檢驗關聯性邏輯的依據是評鑑者以前研究或評鑑所得的資料。另評鑑觀察關聯性的標準，是實證性的證據，而實證性資料的來源是評鑑者直接觀察學生行為所得，或運用問卷、檢核表、評定量表、晤談等觀察工具或方式所得，有時候也可從文獻探討中獲得（楊文雄，民70，39-40頁）。

六、根據評鑑者以標準解說差距的程度，來進行判斷。

史鐵克以為評鑑工作不只是蒐集資訊，且須加以判斷。因此在評鑑工作完成之前，評鑑者須將蒐集而得的資訊與參照方案的標準比較，以顯示其優點或價值。惟為了確保評鑑的客觀性和合理性，判斷所依據的

標準和達成判斷的程序，宜力求描述清楚。

　　史鐵克的貢獻在於擴充評鑑的視野，同時注意事件的意圖與觀察二者的重要性，重新強調課程評鑑的重要性及成果，對有關人士的感受保持敏銳度，考慮師生間的互動以及受評的脈絡。儘管如此，他的研究方法仍然偏向測量取向，及理論取向，且與泰勒的目標理念沒有太大的區隔。西伯里（Westbury, 1970）曾依據史鐵克的早期著作，提出如下的批評：雖然這些類別，就一般的意義而言，有其用途，但並未與立即有助益的課程發生密切的關係；它們並未能指引評鑑者準確地關注所想要注視的現象。

　　達維士（Davis, 1980）曾綜合史鐵克對課程評鑑領域的貢獻，提出以下六點：

　　1.評鑑的概念即指描述各種事件；特別是事前的觀察、執行的觀察與成果的觀察等項。

　　2.運用所有涉入之人士的觀點與價值。

　　3.運用正式的與非正式的評鑑方法。

　　4.評鑑的觀念應能反應特殊的議題和有關人士的需求。

　　5.決定諸項目的、意圖過程與預期成果之間「一致性」的重要性。

　　6.決定諸項意圖、真正過程與真正成果之間「符合度」的重要性。

六 謝樂等創設的綜合性課程評鑑模式

　　謝樂等創設的評鑑模式指出評鑑需涵蓋以下各項要素（參閱圖8-6）：

☀(一)目的、子目的與目標（評鑑）

　　目的、子目的與目標在形成性階段，即要根據以下各項完成評鑑工作：

　　1.分析社會的需要。

　　2.分析個人的需要。

　　3.參考各群體的目的、子目的與目標。

　　4.參考教材專家的目的、子目的與目標。

5.運用先前的總結性資料。

　　課程計畫人員須就既定的目的、子目的或目標是否迎合社會與學習者的需要，自行加以分析；也需調查學生、教師、學生家長與其他有關人士的判斷；進而諮詢教材專家，以決定既定的目的、子目的或目標是否切合特別學科的需求。先前對課程方案所作試驗而取得的資料，可用來修正目的、子目的與目標，俾供接著的試驗之需。基於實際的情況，毋須將每個目的、子目的與目標均交付上述所有的群體表示意見，課程計畫人員可把目的的部分交付所有群體認可；至於子目的與目標只需送請教師、教材專家與課程專家確認。

　　※(二)整體方案（評鑑）

　　即對課程功能作整體的評鑑。課程計畫人員可從中瞭解整體課程的目的與目標，是否已經獲得實現。

　　謝樂等建議欲對整體教育方案進行形成性評鑑，須借重「能勝任工作人士的判斷、對人的需要研究所得的資料、研究小組的建議」。他們也主張對教育方案進行的總結性評鑑，宜透過「調查，追蹤研究，學者、公民與學生的判斷，測驗資料」達成之（Saylor, Alexander, & Lewis, 1981, p.334）。具體言之，整體方案的總結性評鑑有如下幾項可採行的具體方式：

　　1.蒐集實證性資料，以決定課程目標是否達成。

　　2.分析全校的測驗資料。

　　3.追蹤學生畢業後成敗的研究。

　　4.向教師、學生家長、學生或有關人士調查。

　　※(三)教育方案特定部分（評鑑）

　　所謂特定部分（specific segments）係指：組織課程領域的計畫、每個領域的課程設計、提供的其他學習機會、提供的課外教學活動、為學生提供的服務，以及足以反映出機構氣氛的各種非正式關係（Saylor, Alexander, & Lewis, 1981, p.344）。評鑑教育方案特定部分的資料，可向負責地方學區、州或全國評估的單位取得。

　　※(四)教學（評鑑）

　　在教學的目的與目標確定之後，須對教學實施前應具備的條件，

加以評鑑（即史塔夫賓等所稱的脈絡評鑑），舉凡學習者的整體教育環境、學習者與教師的特徵、教室的交互作用，以及課程設計，均列入待評鑑的項目，以其可能影響教學目的與目標的選擇（Saylor, Alexander, & Lewis, 1981, pp.350-352）。對於教學成效進行的形成性與總結性評鑑資料的取得，可運用標準參照測驗、常模參照測驗，或其他評鑑技術完成。

☀(五)評鑑方案（結果的評鑑）

評鑑課程的方案須不斷加以評估，至於這項評鑑如何進行，須在一項革新或變遷方案付諸實施前，就要決定。亦即須小心規劃進行中評鑑與最終評鑑的技術，俾供遵循。

如進行一項研究方案時，系統內或系統外的專案，須就提議要進行的研究技術加以檢討，以決定這些技術是否能迎合可被接受的研究標準。

當最後蒐集得到資料之後，課程計畫人員可能覺得有需要借重評鑑專家的協助，處理與解釋這些資料，即立即要決定所有的變項是否考慮周全、控制是否得當、評鑑所得的量數是否足以評估目標的適當性等。當評鑑方案發現瑕疵時，須加以改變。

謝樂等人的綜合性課程評鑑模式認爲評鑑應屬綜合性與多面性，圖8-6即在說明課程評鑑的範圍及其具有之性質，其中不但涉及評鑑過程的各個部分的處理情形，也同時納入形成性與總結性評鑑方式，史鐵克之感應性評鑑概念亦納入其中。

七 對抗評鑑

近年來，有人試圖將若干司法審判程序（judicial procedures）應用於方案評鑑，而形成對抗評鑑（adversary evaluation）。即想從兩面看評鑑問題，要求特定的個人，針對某個爭論的觀點，作成判定。

由於評鑑人員可能被認爲與方案發展者的利益存在著過於密切的關係，引人關注，才發展出對抗評鑑。當把評鑑視爲邁向方案改良的目的時，上述二者的關係將造成特殊的問題。此類評鑑極需借重彼此之間存

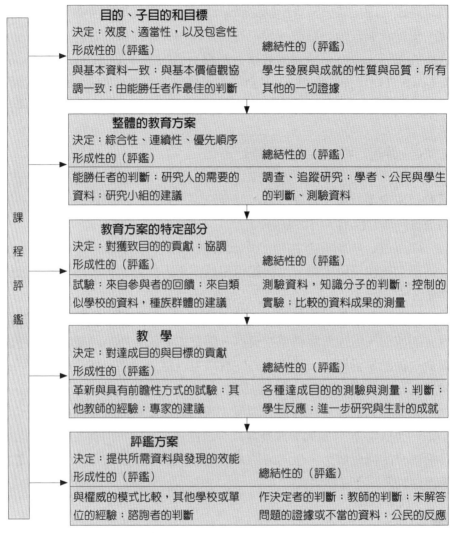

圖8-6 課程評鑑的範圍與性質

資料來源：Salyor, Alexander, & Lewis, 1981, p.334.

在著密切工作關係的評鑑人員與負責教學方案設計、輸送的人員。處在這些環境之下，評鑑人員易於過度強調優點而壓低弱點，以維繫方案在計畫與實施期間，他們和負責規劃人員之間的支持性關係。有關評鑑人員的偏見問題，可從圖8-7中觀之。

對抗評鑑藉著確定與存在的每個問題有關的負面和正面意見，提出

以下的評論是由一位對評鑑教學方案感興趣的人士所提出：

「教學評鑑的基本困難存在於幾乎不可能做到完全公平的判斷。原因是評鑑人員與他們的雇主之間的關係特性而造成。」

「如果評鑑人員是學區的一分子，他就要面對著自己的發現與行政人員願望一致的巨大壓力。如行政人員承諾要將大筆公款用於發展新的方案。若評鑑反映此舉可能會遭到挫敗，他們勢必感到不悅。」

「即使有外來的評鑑人員參與，仍可能存在問題。他們是暫時為學區所僱用。若評鑑結果不是『正面的』，他們不會再被邀請參加。」

當你回答以下問題時，請思考所持的論點所在：

1.上述暗示的問題的嚴重性如何？

2.要如何去做，才能減低這些壓力中的某些強度？

3.想要進行無偏見的評鑑可能嗎？

圖8-7　可能有無偏見的方案評鑑嗎？

資料來源：Armstrong, 1989, p. 249.

解決該可能難題之道。其中渥爾夫（Wolf, 1975）倡導的對抗評鑑模式，共分成四個階段：產生問題階段、選擇問題階段、準備論證階段、聽證階段。

※(一)產生問題階段

在本階段中，評鑑人員與負責教學方案的關鍵人員一起工作，以確認在判斷該方案相對的優、缺點時，可能被考慮到的問題。有時候，這些問題以發問方式提出，如該方案所花的經費達成效果了嗎？學習者發現它有趣的程度如何？所涵蓋的內容是否與替代方案的內容作了公正的比較？無論何時，採用本法，在本階段的評鑑人員總要列出一長條可能有關的問題。

※(二)選擇問題階段

在本階段，評鑑人員與負責教學方案人員就上一階段產生的問題，選取一些，來加以評鑑。選擇的條件是根據覺察到認為重要的，即加以選取。

※(三)準備論證階段

此時要分成兩組，一組就前一階段所選出的每個問題，有關可用來作為支持正向回應的證據，儘可能蒐集齊全。另一組則將有關可用來作

爲支持反向回應的證據，予以網羅殆盡。如一組儘可能尋找支持該新方案錢花得有效能之觀點的資料，另一組則反之。接著，該兩個小組亦須應要求著手蒐集相關的資料。

※(四)聽證階段

本階段是由一小組負責的專家聚集一堂，判斷所有的發現結果。該小組的成員爲：學區有關人士，或與方案無利害關係的外聘專家，或結合學區與校外有關人士，通常該小組人員約在十二人左右。代表正、反雙方的每一組代表提出支持或反對每個問題的論點時，該評審小組仔細聽取。俟所有的證詞都發表完畢後，該評審小組人員聚在一起，針對檢討的方案，作出最後的評鑑式判斷。

本模式的優點是：與問題有關的每一件證據都會向聽證小組提出，所有的論點具有競爭性，可提升其品質，正、反兩方無不竭盡所能尋找最能支持其立場的證據。惟並非所有問題均可明確畫分爲兩種相對的觀點；又須找出可以贊成和反對意見予以爭論的問題，可能會漠視一些重要的問題。加之，某些提出論證者的表達技巧，可能影響評審小組成員的判斷。參與人士很多，可能所費不貲，都是本模式可以預見的缺失。

對抗評鑑適用的時機如下：

1.當評鑑目標影響到很多人時。

2.當評鑑目標已引起爭議，並引發廣泛興趣時。

3.當決定是屬於總結性時。

4.當評鑑人員是外來時。

5.當涉及的問題明確時。

6.當行政人員瞭解對抗取向評鑑的強度時。

7.當對抗策略所需額外費用有資源可用時。（Worthen, Sanders, & Fitzpatrid, 1997）

八 闡明式評鑑

闡明式評鑑係由帕雷特與哈米爾頓（Parlett & Hamilton, 1976）所倡導，首在「闡明」（illuminate）有關人士對一種課程或方案的瞭解。帕

雷特與哈米爾頓為了描述闡明式評鑑的特徵，特將它和傳統的評鑑作一區分。他們認為傳統的評鑑模式係導源於心理學的實驗式考驗傳統，根據預先決定的規準判斷課程的成效，且憑藉科學的統計分析方法而得各種數據資料。此一模式依帕雷特與哈米爾頓的說法，約有如下的缺失：

1.難以控制所有有關變項。

2.須將方案付諸實施之後，評鑑工作方可進行。

3.侷限於蒐集可量化的資料，漠視有價值的主觀資料。

4.評鑑期間唯恐破壞實驗的進行，無法對研究設計作調整、改變，因而不能實施新的理念。

5.實驗方法可能無法對地方的或不尋常的條件，作出靈敏的反應。

6.時間與資源所費不貲。

7.實驗方法無法應用於實際的生活情境。

闡明式評鑑與傳統的評鑑比較起來，受到的約束較少，強調描述與解釋，較不關注測量與預測，其目的在於：

1.檢查情境對課程的影響力、有關有利與不利的意見，以及學生表現受到影響的程度。

2.辨認與討論課程的重要特性，以及涉及實施課程的關鍵過程。

3.確認課程中全部具有有價值的部分。

為了達成上述目的，課程評鑑人員須覺察教學系統即課程與學習環境之間的交互作用情形。帕雷特與哈米爾頓指出：任何一種新課程或方案無法與其所存在的學習環境隔離，應一併加以考察為妥。因為導入一種新的課程會對學習環境產生影響，而這些影響接著也會對新的課程發揮作用而緩和其影響力。

闡明式評鑑選用的技術，以適合評鑑需求為主，因此用來評鑑的技術有許多種，而且評鑑人員的態度是接納而非操弄接受評鑑的系統。蓋評鑑人員充分熟悉受評環境是重要的。至於評鑑人員可能使用的程序有如參與觀察與人種誌田野工作，具體採用的技術約有：1.將與有關人士的討論或有關人士相互之間的討論，作成紀錄。2.彙整觀察學生就座後的情形、師生互動的情況，以及時間與設施的利用情形等。3.與教師、學生、教職員晤談。4.蒐集問卷調查與測驗（含性向測驗與成就測驗）

資料。

闡明式評鑑共分成觀察（observation）、探詢（inquiry）與解釋（explanation）三個階段。觀察階段是指評鑑人員須浸淫於情境之中，俾能對它有所瞭解，以漸進步調揭開所存在的日復一日的現況；根據新近獲得之資訊，描述複雜的情境，並將他們的發現與訪談師生的結果相驗證。探詢階段則針對第一階段所載的問題，作密集式的、直接的、系統性的選擇考量，評鑑者聚焦於環境中最重要的特定事件；有關師生提出的問題與稍早觀察所得的資料，均要再做檢查，以確認特定的影響因素。透過問卷調查，可以得知教師態度與意見的特定資訊。解釋階段則在評鑑人員能確認存在於任何方案中的那些原理與組型，並試圖將之置於較寬闊的脈絡中予以解釋。有人（Brady, 1990; Marsh & Stafford, 1988; Pralett & Hamilton, 1976）曾把闡明式評鑑的三個階段以圖示之（見圖8-8），從中不難發現三者有明顯的重疊與交互關聯之處，隨著這些階段的移動，問題可獲得釐清，這可從帕雷特與哈米爾頓的以下說法得知：

	第一階段：觀察	第二階段：進一步探詢（選擇）	第三階段：尋求解釋
特徵	評鑑人員熟悉評鑑情境，並針對以下各項，蒐集有助於確認常見事件、一再出現之趨向、經常出現之問題等資訊： ・以下情境進行中的事件： ——教室 ——教職員會議 ——學生會議 ——學校開放日 ——檢查人員會議 ・業務處理 ・非正式評論 ・背景資訊	評鑑人員： ・把焦點置在第一階段所選取的最值得注意的問題。 ・詳加討論較具持續性且可進行密集式探究的領域。 ・更有系統地進行選擇性的觀察。	評鑑人員尋求： ・支持方案之組織的那些原理、原則。 ・確認方案組織之運作的因果組型。 ・將個人的發現置於較開闊的、解釋性脈絡中。 ・根據獲得的資料重視替代性的解釋。
目標	認知情境	縮小探究的廣度	為作解釋或瞭解而提供基礎

圖8-8 闡明式評鑑的階段

資料來源：Brady, 1990, p.181; Marsh & Stafford, 1988, p.73; Parlett & Hamilton, 1976.

雖然這三個階段有重疊且在功能上有交互關聯之處。從一個階段過渡到另一個階段，猶如展開研究一般，問題領域會逐漸獲得釐清和重新予以界定。研究的進程不能預先予以圖示。研究者以一系列資料庫開始著手，有系統地縮小他們探究的廣度，而逐漸集中於浮現的問題之上。這種「導進的焦點」可使獨特的與不可預測的現象放出適當的重量，減弱資料負荷過量的問題，防止累積大量未予分析之材料（Parlett & Hamilton, 1976, p.148）。

至於評鑑人員的角色，帕雷特與哈米爾頓簡潔地界定為：對環繞在方案四周的複雜現實，提出一種綜合性的瞭解：簡言之，即在於「闡明」。因此，評鑑人員的報告應能「強化討論、清理複雜性、將重要的與具有爭議性的內容區分以提升爭辯內容的精緻性。」（Parlett & Hamilton, 1976, p.153）

九　鑑賞模式

在外貌模式的部分提及西伯里對史鐵克模式的批評，曾引起相當大的迴響。有人認為採取理性的、科學的方法探討課程並不完備，亦非他們關注的重點；易言之，他們對於師生在課程中「遭遇」（teacher-child-curriculum "encounter"）的品質層面，感到濃厚興趣，卻對於以量化估計課程目標達成的程度之作法，感到索然，轉而全力集中於「學習環境的歧異性與複雜性」方面，如此一來，評鑑人員的立足點與人類學家關注的重點無殊，講求描述與詮釋（description and interpretation），而非重視測量與預測。採取此種觀點的評鑑人員本諸「整體性」、「完整性」以及「綜合性」的立場，予以「闡釋」、「描繪」、「思索」。此種新的評鑑方式稱為「解釋性的」（hermenutic）途徑。

Hermenutic（解釋性的）係由hermenutics（解釋學）而來，hermenutics一字源自希臘字，為「解釋」之意。從教育的觀點言，解釋學大致有如下的意義（Kneller, 1984, p.68）：

1.當代的解釋學以為教育就像會話或遊戲一樣，其目的在於瞭解。

2.瞭解人的動作或產品,因此大多數的學習,就像是解釋教材。

3.所有的解釋在傳統內進行。

4.解釋者以其初步瞭解的開始解釋。

5.解釋涉及自己公開對文本的(類推)質疑。

6.吾人須依自己的情境解釋文本。

解釋性評鑑的目的在於描述學習過程與成果,不涉及與預定成就標準的關係,但涉及參與者判斷課程經驗的教育價值。爲了運用此種評鑑方式,所採取蒐集資料的手段,包括觀察、討論、分析學生寫作的內容等項(Rowntree, 1981, p.123)。

以解釋學途徑從事評鑑人員所提出的描述,係本諸結構論的角度而非經驗論的立場,因此關注觀念與意義的問題,但不注意事件與事實的問題:尋求發現從事課程運作人員賦予課程遭遇的意義,以及坦誠報告此等意義的適當方式。

艾斯納(E. Eisner, 1991)本諸自己在審美學以及藝術教育的背景,主張以「批判」(criticism)以及「鑑賞」(connoisseurship)方式從事評鑑,與解釋學的觀點類似,強調品質的鑑賞(qualitative appreciation),一般稱之爲鑑賞的評鑑模式。在該模式中,艾斯納(Eisner, 1985)主張評鑑的過程中所捕捉教育生活的豐富片段多於測驗的分數,其採用的程序之一是教育批判(educational criticism)。它是宣露(disclosure)的藝術,在於宣露如鑑賞家能覺察到之事件或物體的品質之過程一樣。在這種教育批判中,評鑑人員發問下列的問題:「某校在本學年間已經發生什麼事件?屬於關鍵性的事件是什麼?這些事件何以存在?學生與教師如何參與該等事件?結果如何?此等事件如何獲得強化?此等事件讓兒童學習到的是什麼?」從這些問題似可發現,教育批判包括四個部分(Eisner, 2002):

1.描述(discription)部分 試圖描述教育生活中有關規章、建築等的品質。

2.詮釋(interpretation)部分 運用社會科學的觀念,探索意義,以及爲了分析社會現象而發展替代方案。

3.評鑑(appraisal)部分 爲了改進教育的過程和提供作價值選擇的

基礎，而作成判斷。

4.主題部分　爲批判提供關鍵性的、總結性概念與結論，並可藉之瞭解其他的教育環境。

爲了批判評鑑方案的豐碩內涵，艾斯納認爲尚可借重影片、錄放影帶、相片、記錄師生的晤談等工具或手段，來描述或宣露學校生活的層面，藉以彌補教育批判所提供之資訊的質與量的不足。

教育鑑賞是欣賞（appreciation）的藝術，特指區辨不同品質的能力，涉及記錄已說的是什麼？未說的是什麼？已說的是如何說？其音調如何？以及其他標示意義的因素等，俾使教師、評鑑人員及其他人士充分瞭解教室內所發生的課程現象有關的範圍、豐碩內涵，以及複雜程度。

艾斯納採用的另一種評鑑程序是分析學生的作品，以協助評鑑人員瞭解已經完成的是什麼，以及揭示班級表現的事實。

鑑賞模式的基本課題，乃在向某些人士——學生家長、董事會和政府機構的有關人員——溝通學校所發生的、且可以藝術問題視之的好或壞的事件。評鑑人員藉此以塑造教育實際及其結果的景象。

教育批判雖然是屬於鑑賞模式的一個程序，但其任務可能比教育鑑賞還來得繁多，其以清晰的方式，描述猶如活動蜂巢的教室內所發生的是什麼，藉供其他人士瞭解。

由於教育研究受到科學方式的支配，「一盎司的資料似乎勝過一鎊的洞察。」而造成教育的批判、鑑賞傳統，無法受到重視。

批判、鑑賞是一種看（seeing）而非測量（measuring）的方式，固有其特色，但要使負責評鑑者能夠獲得解釋的能力，似需要事先接受特殊的訓練，但究竟要訓練至何種程度才能令人滿意，未嘗不是一個難題，是以如何避開主觀，力求客觀，便陷入爭議（Stufflebeam & Shinkfield, 2007）。但此一模式能超越數字遊戲，而從另一個角度探討評鑑，如運用得當，仍不失其價值。

從艾斯納與帕雷特和哈米爾頓所倡導的模式觀之，二者有明顯的相似之處。事實上，當艾斯納（Eisner, 1985, p.191）討論到「批判」時，稱之爲：「闡明某事物的品質，以便於能評定其價值」即可證明。但二者

最明顯的相似性在於他們強調質的技術和資料，以及他們試圖描繪「全景的」故事。但也因如此，他們受到嚴厲的批判，認定他們重視質的資料，可能造成主觀的評鑑。

綜合本節所述可知，評鑑課程方案有多種模式可循，各有優點與缺點，因此不能要求課程計畫者限用一種評鑑模式，事實上，他們可採用兩種以上的模式，著手評鑑課程方案。但是具有一致性的整體評鑑計畫的發展，必須要考慮如下四項因素：

1.應視課程設計的形式與使用的教學模式而定　如特殊能力與技術設計的教學模式，宜採行為目標模式評鑑之。

2.應顧及評鑑的目標　如評鑑的目標為測量預先描述的成就目標，則適用目標模式；如目標在於測量整個方案的結果或影響，史瑰文倡導的不受目標約束的評鑑模式，較為適用；如目標在於協助方案的發展，納入形成性評鑑，則作決定、差異、感應性或外貌模式可以採行。

3.應考慮服務的對象（有關人士）　如作決定與行為目標模式，可滿足科層體制中管理人員的需求；但不受目標約束的評鑑感應性評鑑、對抗評鑑，可為教育對象以及實際行政工作人員提供所需的服務。

4.應考慮評鑑的內涵　如屬於綜合性與全面性，謝樂等倡導的綜合性課程評鑑模式較能顧及；如欲對評鑑的各個層面或某些向度作深入瞭解，闡明式評鑑或鑑定模式不失為可行的選擇。

另我國高等教育評鑑中心基金會對於各大學校院推展的認可（accreditation）評鑑模式，係以預先訂定的認可標準，採觀察教學、訪談師生與畢業系所友、文件查閱、問卷調查等方式進行，自成一套系統，但並非聚焦於課程領域，讀者若有興趣，可上網查尋（網址：http://www.heeact.edu.tw）。

第四節　課程發展架構的評鑑

課程評鑑須依課程發展與實施的架構和脈絡而定，惟國內目前尚乏具體可循的課程發展與實施的架構可循，因此本節的敘述，暫以國外資

料，特別是以美國的資料爲主；從中或可供我國確定課程發展架構，以及尋求評鑑途徑的參考。

　　一般被確認的課程發展架構約有六種，以下所述中的前五種係依歷史年代次序排列，第六種則是早就存在，只是最近特別受到重視而已！

一　學校本位的課程發展

　　學校本位課程發展（school-based curriculum development, SBCD）意指在學校內部及其社區（而非出自外界），對有關課程計畫、設計、實施與評鑑所作的決定（Sabar, 1991, p.367）。在1970年代末、1980年代初，課程專家認爲教師與學校是課程發展過程的貢獻者，而不僅是接納的伙伴而已，學校本位課程發展便順理成章成爲中央課程發展活動的補充系統。因此支持學校本位課程發展的學者，深深感受到學校在計畫、發展、實施與評鑑課程方面，應是全面的參與者，於是學校須成爲創造性的工作場（creative workshop）（Goodlad, 1980），教師也須爲所要教的內容與方法的決定，積極參與（Schwab, 1983）。

　　泰勒提出課程發展歷程的四個主要因素或問題，是爲大家所熟稔的，加上他主張方案或計畫的倡導、設計、發展、執行與評鑑宜由學校教師負責，因此，此種課程發展或設計的模式，亦被視爲評鑑「學校本位課程發展」架構的代表。

　　泰勒主張在設計與發展的循環中，評鑑與課程必須緊密地統整在一起：「隨著材料與程序的發展完成，應予以試驗、評估成果、指出不適當性、提議待改良之處，而有再設計、再發展，以及接著的再評估。」（cf. Glatthorn, 1987a; Tyler, 1949, p.123）此等程序，可詳述如下：
　　1.界定目標。
　　2.設計允許或鼓勵學生表現所要評估之行爲型式的情境。
　　3.選擇與／或設計適當的評鑑工具。
　　4.蒐集適當的評鑑資料。
　　5.根據敘述的目標，分析與解釋結果。
　　6.依照結果，提出建議。

　　泰勒模式顯然可爲學校本位課程的發展，提供可行之建議，確有其優點，但對於教室層次的教材、師、生的交互作用，未提出具體可行的評估作法。換言之，該模式雖將重點置於測量成果，但未充分顧及教室與學校經驗，是爲美中不足之一。又學生學習的材料，僅就它們能否獲致成功，予以評估，卻未對教材內容的直接評估，提出具體的作法，乃是其缺點之二。再則，如果課程發展以區域或國家層次爲核心時，在發展課程與實施課程之間的關係，如何協調便是一項重要的事件，但泰勒模式未顧及此一事情發生的可能性與重要性，其缺失自不容忽視。是以儘管泰勒在近四十年前即提出評鑑是「藉著課程與教學方案，決定教育目標眞正實現之程度的過程」（Tyler, 1949, pp.105-106），在當時來說，算是較具周全的看法，但以今日的角度分析，仍不能與「總結性評鑑」的精神相提並論。

　　欲將方案評鑑的任務，超越成果評量的範圍，史鐵克提出的架構可作爲補充；他的模式指出評鑑除了測量方案的成果之外，尚須包括事前與執行的資料，才算完備。此外，史瑰文主張評鑑方案，須運用多種標準，而不應拘泥於目標達成與否一項，亦可作爲評鑑學校本位課程時，補充單依泰勒模式所造成的缺失。

　　至1970年代，學校本位課程發展與評鑑再度復甦，惟此時的重點與泰勒模式所重視的目標達成的方向不同，主要的方向置於教室處理（交互作用）（classroom transactions），即將教室處理（交互作用）作爲課程的主要因素，影響所及，有些評鑑者便認爲課程是：

> 決定是否蒐集有關學生進步的資訊，以至於如何設計或順應符合學生需求的學習經驗……這種決定可能受到有關個別學生的個性或接受的協助程度此種資訊、班級與教材的組織、教材與例子的選擇、學生的回饋、學生之間獲允交互作用等的影響。這些是各個教師所要作成的一切決定，但不問其他的課程決定是否仍由教師負責。（Harlen, 1981, p.194）

　　吾人從以上的敘述可以發現，泰勒處理的課程，係指完全由學校

教師所發展出來的。而前段所引的建議，對於傳授學校本位課程與國家發展課程的教師而言，均屬有效，以其二者均把焦點置於教室層次的課程。在多數的環境之中，由於「相互適應」（mutual adaptation）是比「忠實」（fidelity）較喜歡被採用的運作方式（Fullan & Pomfret, 1977），蓋所謂「相互適應」係指教師在實施課程的過程中，會視教學對象與情境的不同，和課程設計人員作充分溝通，以修改原先的課程計畫或理想而已！至於「忠實」專指課程的實施時，教師應依照原課程設計人員的理念進行。至今該兩種觀點，已有轉移到重視教室教學情境的行動落實觀的現象，此與學校本位課程發展有關，因此評鑑團體必須面臨的責任，除了在於協助教師能為他的適應決定，提供良好的基礎，更應考量課程實施轉化的落實。儘管如此，與課程實施之忠實觀有關的「課程一貫」（亦譯「課程一致」，curriculum aligment），希望在正式書面課程、運作課程（或稱「傳授課程」）、評鑑課程（或稱「測驗課程」）之間，緊密形成結合的一貫作法（Galatthorn, Boschee, Whitehead, & Boschee, 2012），在講究系統之效能的前提之下，仍有其一席之地，不容漠視。但此舉易被視為違反教師的專業自主權與創意，並給予考試領導教學，注入活力；但亦有人認為，如將之應用於學生須精熟學習必修科目或核心領域，似亦有其價值（黃光雄、蔡清田，民88）。

　　總之，不論是在哪個層次（地方、地區或國家）的課程評鑑人員，主要的任務之一，即須充分考慮教師擔任評鑑人員時所應負起的任務，以及考慮測量工具和程序的適當性等。

■二 國家課程研究計畫的發展

　　1960年代早期，美國國家課程研究計畫（National Curriculum Study Projects）或組織所發展的課程，在中學部分如美國學校數學研究小組（the School Mathematics Study Group; SMSG）的數學課程、生物科學課程研究（the Biological Science Curriculum Study; BSCS）的生物課程、物理科學研究委員會（the Physical Science Study Committee, PSSC）的物理課程、化學教育材料研究（the Chemistry Education Materials Study;

CHEM Study）的化學課程，以及英國的納費爾基金會的科學計畫（the Nuffield Foundation Science Projects）；在小學部分如美國的過程探討的科學（Science-A Process Approach; SAPA）以及小學的科學研究（Elementary Science Study; ESS）等，成為課程發展的優勢架構。類似的計畫通常要運作好幾年（約至多五年），且交由獨立的組織負責，一旦任務完成，該項計畫即告終止。但其中亦有些計畫是附屬於大學的，如哈佛大學的哈佛計畫物理（Harvard Project Physics; HPP）；有些則由類似英國的學校委員會（Schools Council）、美國麻州劍橋的課程發展中心（Curriculum Development Center; CDC）等組織負責。

起初對上述課程採用的評鑑模式，與泰勒所主張的模式和程序大同小異。但後來發現該模式不能迎合國家計畫的需求，以其焦點放在根據標準程序，而進行一系列小規模的評鑑活動，殊不充分；影響所及，不論短期或延續性的計畫，其評鑑工作傾向於與研究結合，而轉由大學負責，希望透過研究與評鑑的結合，運用創新的程序，處理除了認知成就之外的許多成果變項，以及從事發展創新評鑑工具的研究。

研究取向的評鑑研究所獲得的結果，在專業性文獻上到處可見，確實增進吾人對課程發展與實施知識的瞭解，有其重要性；惟這些評鑑研究的結果，對決策的直接影響，並不多見。有人認為，之所以造成此種情形，可能是資訊來得太遲所致。

晚近戴維斯（Davis, 1981）提供評鑑人員執行有意義評鑑的必要條件，算是另一個可欲的極端評鑑方式。他主張評鑑人員必須真正地「逞威」（run the show），並發展一種稱之為「標準化評鑑」（Standardised Evaluation）的策略，該項策略包括以下各項：

1.選來供作評鑑的方案，須有相當明晰的目標與運作程序。

2.評鑑專家負責該方案的運作與評鑑在內的研究架構。

3.方案依標準形式付諸實施。亦即依照該方案含蘊的概念，在實施的場所、人員的配置，及運作的方式方面，力求達到合理可行的條件。

4.選取參與的學校與班級，力求他們的意願能與研究設計的需求配合一致。

5.在處理的選擇、方案實施的調整、成果的重複測量以及任擇處理

方式的控制和調整等方面，研究設計幾乎要求達到符合實驗室的模型。

6.此種評鑑獲得的結果，爲評鑑正常實際環境的方案，提供標準。（p.167）

1960年代早期的評鑑人員，很難獲得課程發展者的信任，但到1980年代早期，根據戴維斯的描述可知，若干評鑑人員才眞正相信，他們必須獲准「接掌」整個課程發展的過程才行，此乃是一項有趣的轉變。戴維斯提出的建議，係由於許多的評鑑研究的品質與可靠性，無法令人感到滿意而造成的結果，尤其是屬於國家教育計畫的評鑑研究更是如此，它們既不直接處理正規的學校課程，其所訂的成敗的常模與規準，亦多不適用。然而類此標準化評鑑完成之後，有關課程發展與實施的許多問題依舊存在，乃可以瞭解：在適當的條件之下，該方案若是失敗，須作成的判斷便相當清楚，即不是放棄，就要加以修正；該方案若是成功，不論是全面性的或局部性的，資料即在於顯示，該方案或有作較大規模嘗試推廣的價值。換句話說，戴維斯的主張在若干案例中，或許可行且甚有價值，但卻不能認爲它比起先的一系列評鑑較具有價值。

戴維斯指出課程發展中付諸實施的重要性，此一階段是泰勒模式較少關注的部分。傅連（M. Fullan, 1981）與塔米爾（P. Tamir）曾分別針對課程實施的評鑑有關的問題，提出概述。塔米爾甚至以圖8-9的句子說明。

從圖8-9九個描述句子的方向，吾人可以界定特定評鑑研究的形式，亦可從中發現各個不同方向間交互作用的關係。

國家方案的課程評鑑尙有兩個重點值得重視，第一、是課程教材的內容分析；第二、爲基於適應的決策目標，特別需要實施評鑑，尤其要著重方案適應的合理性和可欲性兩個方面。第三、由國家課程研究計畫發展的課程評鑑，可能會因而由國家中央政府規範教學的基礎科目、學習方案、成就標準等，甚至公開的升學測驗，無形當中影響了教師的教學與學生的學習，儼然形成防範教師的課程（teacher-proof curriculum），甚至發展爲防範教師的教材（teacher-proof material）（黃光雄、蔡清田，民88），宜予以關注。

實施評鑑是有系統地蒐
集、分析並報告與特定
課程有關的資訊

A：要　素

$$\left\{\begin{array}{ll} 傳 & 播 \\ 普 & 及 \\ 師範教育 \\ 採 & 用 \\ 適 & 應 \\ 相關設施 \\ 效 & 用 \end{array}\right.$$

與……的關係

B：決定因素

$$\left.\begin{array}{l} 課程的特徵 \\ 實施的策略 \\ 採用者的特徵 \\ 社會、政治與文化脈絡的特徵 \end{array}\right\}$$

從……的觀點

C：使用的層次

$$\left.\begin{array}{l} 不使用 \\ 取向 \\ 準備 \\ 機械式的使用 \\ 例行的使用 \\ 精密 \\ 統整 \\ 更新 \end{array}\right\}$$

D：使用的程序

$$\left.\begin{array}{l} 不使用 \\ 部分使用 \\ 定期使用 \\ 統整使用 \end{array}\right\}$$

以……為基礎

E：資　料

$$\left\{\begin{array}{ll} 判 & 斷 \\ 觀 & 察 \\ 問 & 卷 \\ 晤 & 談 \\ 考 & 試 \\ 其 & 他 \end{array}\right.$$

透過F：結　構

$$\left.\begin{array}{l} 非結構性的 \\ 部分結構性的 \\ 結構性的 \end{array}\right\}$$

（續下圖）

意即　　　　　　　　G：摘要的方式　　　　　　　對H：任　　務
摘述……於

$$\left\{\begin{array}{cc}實 & 施 \\ 設 & 計 \\ 發 & 展\end{array}\right\}$$ 付諸執行時

方案，當　　　　　　I：階　　段

$$\left\{\begin{array}{c}品質方面的 \\ 數量方面的\end{array}\right\}$$ 目標在 $$\left\{\begin{array}{c}選取因素 \\ 修正、質化 \\ 使用\end{array}\right\}$$
於決定

圖8-9　課程實施的評鑑涉及的層面

資料來源：Tamir, 1985, pp.13-14.

三　非隸屬於大學的國家課程發展中心的發展

　　本架構係指由半獨立的組織設置與運作的國家課程發展中心。為了繼續不斷發展課程，它是一個持久性的單位，通常也獲得教育部門的支持，如以色列的課程發展中心、曼谷的課程發展中心、蘇格蘭的課程發展中心等均屬之。

　　在國家課程發展中心主辦之下，執行的評鑑，有許多方面與上述有關國家課程研究計畫的評鑑方式類似，惟如下兩方面，則有顯著的不同：

　　1.國家課程研究計畫存在且接受支持的時間約為三至五年，但國家課程發展中心則為永久設置的組織，負責發展長期方案，運用標準化程序，不斷建立累積的經驗。

　　2.課程發展中心通常由教育部門管理，而不隸屬於大學，因此較具實用性，採取決策取向的探究途徑，與位於大學內且由大學教師所管理的、偏向於學理與研究取向的國家課程研究計畫，顯有差別。

四 設置在大學的國家課程發展中心的發展

　　附設或隸屬於大學的國家課程發展中心有如美國匹茲堡大學（University of Pittsburgh）的學習研究發展中心（Learning Research and Development Center; LRDC）、耶路撒冷希伯來大學（Hebrew University）的以色列科學教學中心（Israel Science Teaching Center; ISTC）、黎荷弗與特拉維夫大學（Rehovot and Tel Aviv University）的魏茨曼科學研究所（Weizmann Institute of Science）。這些中心與非隸屬於大學的國家課程發展中心類似，為負責長期設計、評鑑與研究的永久性組織。在學術環境方面、在仰賴學術人員的專校方面、在研究與出版的取向方面，這些中心與其他隸屬於大學的計畫類似。這些中心擬訂的計畫具有繼續性，有些甚至持續十年以上。

　　學習研究發展中心採取的策略，是將來自不同學科領域（即心理學、社會學、哲學、人類學）的個人對問題研究的結果，納入整個評鑑研究方案中，在此種架構之下，評鑑人員的任務乃在於補充研究人員、協調工作，以及發現有用的結果。

五 區域的課程發展

　　區域的課程發展主要由教師負責，且由課程發展專家引導。

　　區域的課程發展通常很少接受正式的評鑑，其主要的理由是參與的教師都是對課程發展與實施感到興趣的志願者，但有逃避評鑑的傾向。即使專家實施輔導時，許多教師不是深感備受威脅，就是對評鑑未寄予信任。

　　有人曾對區域的課程發展，提出非正式的形成性評鑑；亦有人折衷量與質的評鑑策略，提出有關區域的課程發展評鑑報告，有助於修正教材及政策的決定。若區域的課程發展趨向得以繼續，就應對於在這些環境之下的課程評鑑寄予關注。

六 出版商支持的課程發展

　　出版商通常不採系統評鑑研究，作為導引課程教材的發展與實施的手段，但是仍有許多的出版商將評鑑活動與市場研究結合。此種評鑑，係根據該領域專家的判斷而來。教科書一經出版，來自教師與他人的回饋，會對他們的修訂版，產生影響。多數的出版商選擇作者，是根據他們的專業聲譽以及專門技能而來，這些作者常會應要求在教師會議或學校，為教師辦理在職進修的研討會，從這些研討會中，可獲得重要的回饋。有關課程教材的傳播與採用的資料，均為評鑑的重要手段，多數出版商均會善加運用。

　　揆諸我國台灣地區的課程發展架構，應優先對類似國家課程研究計畫、設置在大學的國家課程發展中心發展的課程進行評鑑。如尚有餘力，再對類似非屬大學或國家的課程發展中心、學校本位的課程發展實施評鑑。至於類似區域的課程發展，在目前似無必要；類似出版商支持的課程發展，欲予以評鑑，在經費與人員普遍不足的情況，可能尚言之過早。

第五節　課程評鑑與政治

　　探討課程評鑑必須考慮實施課程評鑑有關的「政治」因素，舉凡目的、結果的應用方向等均應包括在內，方始完備。即使對課程感到興趣的人士，亦對課程評鑑表示關注。因此對於與政治有關的課程評鑑功能，應予分析，其中值得而言者，約有如下五項：

　　1.供作調整教育制度的依據　教育制度受到科層體制的控制與管理。科層體制負有分配的功能，根據學校的績效，分配所需的資源，足以對於學校展現的服務效能，非常關注，常採若干的標準作為評核的指標。對行政人員而言，課程評鑑不失為決定學校展現服務效能的一種手段，藉著評鑑，行政人員可從中瞭解教育的績效，以及獲致作決策的資料，

以為今後調整教育制度的具體憑據。

2.提供家長選校的依據　教育制度有其服務的對象，如學生及其家長屬之，他們關注年輕人因接受教育而獲得的有價值的技能、態度等，能否執行個人的及社會的角色。為了瞭解其成效，他們認為課程評鑑不失為評估學校所授與學生的是否能具有價值的一項工具，然後家長可根據評鑑結果，作為子女選校的根據，學校亦可根據評鑑結果向家長提出說明。

3.提供對大眾需求的反應　負責編製課程人員基於實際的考慮，常透過正式與非正式的手段評鑑學校。一般除了以正式評鑑學校課程之外，學校本身亦可採行非正式的機構自評（institutional self-appraisal），仔細查核學校的政策與實際，蔚為晚近與教育政治有關的現象。此種評鑑方式乃出自政治家、行政人員以及一般大眾的要求，學校亦可用來解說本身的活動，不失其價值。

4.作為專業改良的依據　教育研究者、視導人員以及教育工作者，為了瞭解教育的特定層面或特殊學科的專業性質，亦可執行研究，然後根據研究結果，對課程的效能，予以判斷，並就改良的途徑，提出專業的建議。

5.據以瞭解政治的意識形態　對政府有關人士及政治家而言，課程往往足以反映出政治的意識形態，因此透過評鑑，以瞭解課程是否能夠達成預期的目的，作為今後應興應革的參考，或者藉著評估課程，檢討現有政治意識形態是否有待修正，以期朝向另一種期望的必要性。

為了調整課程標準、確定其價值、考驗其實用性與估量專業效能、回應績效需求，以及查核進展情形，可以評鑑作為控制課程的手段，惟哪種控制是最主要的？麥唐納（MacDonald, 1976）相當直截了當地提出該問題，他將評鑑的控制分成三種：

1.科層體制式的控制（bureaucratic）　即經由行政機構負責評鑑產生的資訊，可以協助政府機構完成政策目標。

2.獨立式的控制（autocratic）　即由獨立單位，如國家教育研究基金會或大學學者自由出版的評鑑執行結果，但與決策者或實際工作者的興趣或利益無關。

3.民主式的控制（democratic）　即評鑑係應受教者追求的利益，而提供的服務。藉著評鑑，可將資訊傳送給所有關注教育者。

不同的團體對評鑑的探討，所採取的立足點，完全視其在教育與社會制度中任務的不同，而有差異。當論及評鑑控制問題時，麥唐納所提出的三種控制，本質上是具有政治的色彩，涉及資訊的分配與使用，及其權力的作用。對這些問題的瞭解，可視為課程評鑑的一部分，並可認知評鑑模式與評鑑技術之間的差距所在。讀者如欲進一步瞭解課程與政治的關聯性，可參閱附錄8-2。

第六節　評估與課程

評估（assessment）旨在描述某特定時間，某現象的狀態，即僅在描述某種情境的狀況，不含價值判斷的成分，但是為了對情境的滿意程度或達成社會期待的程度，表示意見，或許不免含有某種暗示性的判斷。是以嚴格言之，評估與評鑑有別；如從較鬆懈的角度分析，二者多少具有關聯性。有鑑於此，探討課程評鑑時，就評估與課程二者的關係，略予分析，似有必要。

評估在學校教育中有其應有的地位，自不待言，舉凡教師評定的分數、班級實施的測驗、期末考試，以及公開考試，均為評估工作的一部分。其目標在於提供學生成就、教育潛能的證據，並可藉以矯正學習的方式。不論採取何種評估的形式，會對教室的課程環境，產生影響。由於評估的形式如上所述，涉獵甚廣，此處僅就公開舉行的考試為例，說明其可能對課程的影響，以見一斑。

依據大多數學生的教育經驗，公開舉行的考試扮演著重大的任務，它不只是影響課程，甚至控制了課程，這種說法是根據觀察與經驗為基礎的，而不是經由有系統研究而獲得的結論，有人說「考試領導教學」即是具體的反映。我國在公開舉行的考試中，以中、小學而論，所有科目幾乎都是標準本，因此在考試之前，學習的課程內容，極易受到考試的形式與內容的左右。甚至有的學校在公開舉辦的考試之前，為了使學

生有應試的經驗，紛紛舉行模擬考試。於是考試乃在激發學習動機的觀念，便牢不可破地存在每個人的心靈之中。因此有人便認爲考試會抑制課程的發展、妨礙教學文化的變遷。儘管考試的形式與內容，固然會對學校課程產生負面的影響，但是它們可能也有積極的作用。揆諸事實，負責承辦資格考試的單位或人員，其意圖應在於支持課程，而不在於決定課程，特別是在以學校課程爲本位的考試，以及延續性的評估方面，更是如此。

多數的試題不是屬於論文式測驗，就是選擇式測驗。論文式的測驗側重評定學生的寫作與組織能力；選擇式的測驗亦稱客觀式測驗，應試者可從每題的四、五個選項中勾選一個或若干個正確的答案即可，其所能處理的問題比論文式的測驗爲多，涵蓋課程的內容亦較廣，惟二者對於技能層面的考試，顯得較爲不足。因此，繼續不斷評估課程的所有層面，應納入考慮。即考試不僅限於測量學生的寫作能力或理解教材選出正確答案的能力，亦要評估學生在班級中表現的討論以及實用的能力。易言之，爲了評估學生的能力，須將不同的作業方式，予以納入，較爲周全。事實上，評估程序涉及的課程的技巧與潛能（curricular skills and capabilities）愈多，測得的分數或等第愈能反映受測者的全部能力，此即對評估所界定的廣義意義。

評估與評鑑的要求一樣，如能成果與過程二者兼顧，至爲理想，可惜評估與評鑑犯了同樣的缺點，僅重視成果，而漠視了過程，究其主要原因，根據那托爾（Nuttall, 1982）的說法爲：

> ……研究總是置於專門的類別，探求測驗（以及考試）的效率，以作爲未來成就的指標；而從事研究它們的社會的、心理的以及教育的效應者則較少。

今後如何避免這項缺點，並同時顧及評估的過程，乃是值得努力與關注的方向。

又對熱衷於評鑑課程的每一項任務者而言，美國加州課程聯盟（California Curriculum Alliance）爲負責評估方案小組而設計的課程發展

檢核表（Curriculum Development Checklist）（參見附錄8-3），有助於評估課程工作的進行，可供參考。

附錄8-1

CIPP整體評鑑模式（解說圖8-2）

　　本書圖8-2所提出的是整體評鑑模式（total evaluation model）。圖中的小環（∩）與每種評鑑類型繫在一起，意指描述、獲致與提供資訊的一般過程。

　　最外圈代表一種持續性、系統性的脈絡（背景）評鑑機制，提供適合性與偶發性的脈絡（背景）資料。這種描述、獲致與提供資訊的作用，使得該系統的計畫體得以根據這些資訊決定是否要改變該系統或維繫目前的程序。因此，在脈絡（背景）評鑑機制中的領導人員應與系統中負責形成政策和計畫決定人士，維持持續且直接的關係。若脈絡（背景）評鑑標示意向與實際之間或可能與機率之間發生不一致性，計畫體可能以繼續在同一層次運行為宜。

　　然而，若脈絡（背景）評鑑標示出某種缺陷或指出某些未曾使用過的改良機會，理性的決策體可能會決定導引適當的改變，包括：1.穩定改良，2.逐漸改變，3.全新改變。這三種改變，可從圖8-10所示，依改變的幅度與掌握資訊的多寡呈現。

多		
	穩定改變 活動：恢復舊觀式的 目標：維持現狀 基礎：技術標準與品質管制	**改變型態**（metamorphism） 活動：烏托邦式的 目標：完全改變 基礎：矯枉過正理論
（掌握的資訊）	**逐漸改變** 活動：發展式的 目標：繼續不斷改良 基礎：專家判斷加上結構性的探究	**全新改變** 活動：創新式的 目標：發明、測試、傳播解決 　　　方案以處理重要目標 基礎：概念化作用，啟發式的 　　　研究與結構性的探究
少		
	少　　　　　　　　（改變的幅度）	

圖8-10　作決定的情境（Stufflebeam, et al., 1971, p.62）

　　依計畫決定不同的變化類型，需求的評鑑量數便有很大的差別。如為了符應穩定改變，需用來支持決定的資訊，可從研究文獻或脈絡（背景）評鑑機制中取得，毋須耗費進行評鑑研究。因此該模式顯示，1.決策者在不介入脈絡評鑑以外的其他正式評鑑機制之下，作成導引穩定改變所需之手段的結構決定。2.這些結構決定「直接」促成方案中設置的改變，接著調整脈絡（背景）評鑑機制，以對原來由有系統的脈絡（背景）評鑑所形成的系統的新特性，作例行性的調控。

　　若需要全新的或逐漸的改變，便需有支持該類改變的「特別的」評鑑機制，因為單憑脈絡（背景）評鑑機制與研究文獻，不足以提供支持這類改變的適當資訊。是以脈絡（背景）評鑑可在一般的、未分化的情境中執行；而輸入、過程與成果評鑑通常在特定的情境中進行。

　　必須進行輸入評鑑研究，以確認和評鑑影響期望改變的策略與程序。此種輸入評鑑資訊可協助決策者決定設計期望改變的程序。如圖8-2所示可知，全新取向的輸入評鑑比逐漸取向的輸入評鑑，需要更高結構性的探究。在逐漸與全新情境中作成的結構決定，應包括執行過程與成果評鑑研究的具體說明與預算。結構決定根據完成的輸入評鑑，通常要進入某種試驗或嘗試階段，因為期望改變仍是創新之舉，有待適當的考驗，因此在整個系統中未準確開始設置。然而結構決定，也能規避試驗方案，而導引至在整個系統中改變程序的設置。

　　接著過程與成果評鑑要納入在協助與試驗階段有關的決定之中。過程評鑑提供有關有效執行試驗方案早期的資訊，包括必須修正以前的結構決定在內。在整個試驗中，成果評鑑連同過程評鑑同時進行（只是成果評鑑較重視試驗的進步情況），並支持會導致重新形成變化的再循環決定，即修正策略或程序、終止改變的一切努力，或設置整個系統中的革新措施。就設置的案例來說，脈絡（背

景）評鑑機制須再度加以調整，俾能對整個系統中的新元素作有系
統的調控，並評估其一般性的影響。

資料來源：Stufflebeam, et al., 1971, pp.235-239.

🖋️附錄8-2

課程發展與民主

一、前言

　　民主國家的一切施政、作為，務期本著顧及多數人權益，合乎理性的具體方向推展。考慮多數人的權益，方不致造成少數人擅權壟斷，胡作非為，讓不明原委的多數人無謂的被犧牲，如此一來，各方意見兼容並蓄，始不致有遺珠之憾。所謂合乎理性，泛指一切作業「透明化」，有一定程序可循，無所謂「黑箱」作業的現象發生，凡事皆須經過層層檢核，把握重點與參酌回饋意見，稍有不當，即刻修正，避免亡羊補牢，當是最大優點。

　　教育事業屬於國家事務的一部分，課程又為「教育事業的核心，辦理教育的手段……在教育活動中，課程扮演著重要的角色。」（Taylor & Richards, 1985, pp.3-4）在民主國家尤須本諸民主作法，設計課程方能滿足需求。況且接納課程的對象，涵蓋各個不同階層的子弟，課程內容攸關參與教育工作者，如教師、學生、社會團體、家長等，更不宜草率行事，本諸民主方式運作，始合乎理想。

　　欲論課程發展或決定與民主之關係，可謂經緯萬端，無法一一詳列，本文就其犖犖大者，分從課程的政治學（politics of curriculum）、課程目標的釐訂、學校（本位）課程的發展等三方面，申述課程發展或決定與民主的關聯性。

二、課程的政治學——從中領會課程決定民主化的必要性

　　在教室付諸實施的課程，乃是經由多種衝突因素激盪匯合成流的結果，這些因素，包括中央、省市與地方政府，專業組織，教科

書出版商，家長與社團，學校行政人員與教師等。這些衝突力量，隨著時間、空間的不同，而互有消長。因此，領導課程發展者，如要發展或改良課程，不能置課程的政治學於不顧，本節即針對這些最具影響力的單位，分析其權力的來源，瞭解其影響力，俾從中領會課程決策民主化的必要性與重要性。

各個團體或個人對課程政策與發展的影響方式，不是在眞空中運作，而是在一個相當複雜的社會的與文化的環境展開，各個勢力，在課程決定過程中，或明或暗地較勁。熊氏（Schon, 1971）對於這方面，有相當詳細的解說，他指出：「好的會流行」的觀念，透過若干角色的傳送，納入課程改革的洪流之中，但是此等觀念常無法見容於目前正流行著的觀念，於是便在社會系統中遭到貶抑，俟整個社會系統呈現危機時，新的觀念才能生氣盎然地居於領導的地位，所有的通訊網及大眾傳播媒體，競相報導，使之得以散播開來，但是在它們被普遍悅納之前，處於權力鬥爭的漩渦中，往往是爭論的焦點，政治的氣息，相當濃厚。

我國教育部以維持教學課程水準，制頒課程綱要及編審中小學教科書爲其職權之一，舉凡各級各類學校的課程綱要均由教育部頒行實施。此外，國民小學以及各級各類中等學校的教科書，亦須由教育部編輯或審定。課程綱要是對課程作政策性的控制，圖書的編輯或審定係就課程之具體內容，實施管制，其他各級教育行政機關，則無權過問或替代負責，顯然是呈現濃厚的中央集權制的色彩。

至於院轄市或縣市政府教育局，在當前的政治結構之下，除了遵照辦理之外，無法也無能影響課程的發展與決定。地方教育行政機關，本是接觸實施課程機構的最直接的管理、監督單位，但卻形成功能最不顯著的現象。

依教育行政的層級區分，探討課程的決定與發展，教育部、教育局宜掌握不同的功能，各有所司，不因機關首長的更易、作爲

的強弱，而有不同，如此方能分工合作，一方面可收因時因地而制宜，具有彈性，符合理性的作法；一方面讓各行政單位充分參與，深入探究，使課程發展有其一致性與分化性，符合民主運作的原理。

其次就專業團體而論，該團體理應就專業的觀點，分別對中央、院轄市、縣市層級教育行政機關的課程發展或決定，發揮影響力，但由於該團體組織鬆懈，又常仰賴其他行政機關經費補助，獨立運作能力不強，雖有美好想法，但常因多種因素的限制，而無法有所作為。理想言之，專業團體依層級的不同，應分別對課程的決定與發展，發揮作用。

葛拉松（Glatthorn, 1987a, p.136）以為中央層級的專業組織，在課程的發展與決定，至少應發揮如下的作用：

1.中國教育學會、中華民國比較教育學會、中華民國特殊教育學會等專業團體，應對有關課程涉及的立法，充分發揮支持或反對的力量。

2.專業團體應出版類似課程指南或課程模式的資料，以供規劃課程的參考，但此類資料，易被行政人員或教師視為過於「理想」，與教室實際教學關係不大，值得注意，並設法改進這種不良的印象。

3.贊助有關機構或辦理研討會，以推展、演示新課程，爭取大眾的支持與接納。

院轄市、縣市級專業組織，為了保障其支持者的權益，常會相當積極地介入選舉，可說是政治的熱心參與者，因而會對行政官員及候選人造成顯著性影響。惟揆諸國內情況則不盡然，其他的專業團體較熱衷於政治，想藉此為籌碼，爭取本身的權益。可是教育專業團體在該方面的功能，卻不易發現，或許背後另有隱而未顯的因素存在，不論其原因如何，在一個民主社會中，教育專業團體若不為自己的利益而奮鬥，最後可能淪為政治運作下的祭品，而不知何

以如此。此外，縣市教育專業組織的教師，本應積極參與教科書的選擇，但這種理想，往往由於主持校務者不明民主運作的原理與精神，常常一手獨攬，而且發現所使用教科書品質相當低落，與期望相差甚遠，甚至因而造成教學上的困難。

針對上述可知，國內專業團體屬中央層級者，對課程的發展與決定，本就不大，遑論地方專業團體。如何發揮專業團體在政治上的制衡力量，以為課程的發展與決定，爭得參與的空間，猶待此等專業團體本身的努力與積極作為。

再就地方教育領導者言。地方層級的教育行政人員與校長，在影響課程的決定方面，扮演著重要的角色。惟就一般情形而論，督學瞭解課程的不多，加上他們承擔的責任繁雜，無法將課程與教學的視導列入最高優先順序，即使能如此，獲得同僚積極支持的可能性也不大。至於校長在課程領導方面，似仍隨著學校層級而有差別，目前國小校長多數係循教師、主任，以至校長的層級而上，且原任教班級多為包班制，係其擔任校長之後，對課程領導，較能扮演積極而主動的角色。中學因採分科教學，任職校長者除了對其專長學科較能掌握之外，其他非屬專長學科，常需向各專門科目同僚諮詢，方不致造成錯誤的決定。

最後就班級教師在課程決定方面扮演的任務言之。古拉德等（Goodlad, et al., 1979）將課程分成正式課程（formal curriculum）、知覺課程（perceived curriculum）、運作課程（operational curriculum）、經驗課程（experiential curriculum）與意識形態課程（ideological curriculum），其中知覺課程，亦稱存在教師心中的課程，教師又為實際課程的運作者。由此可見，教師在課程的實施與決定中，應有其地位，否則，中央有再好的課程，恐無法實施，難怪康奈里與邊培利（Connelly & Benperetz, 1980）說：教師在執行課程中，並不保持中立，他們適應、轉譯，以及修正既定課程，以及發展他們自己的課程。他們如此做，似乎是為了迎合內在與外在的

壓力。

　　以教師迎合內在壓力來說。教師有其強烈的個人需求，有待滿足。第一、他們決定課程時，覺得須顧及學生的興趣，對學生關心事項須有敏銳的感應，以激發學生的熱誠。第二、他們需在作重要決定時，有獨立感與自主感。第三、他們需要有自己有用的感覺，即學生需要他們，在組織中他們是重要的。第四、他們有強烈的成就需欲。第五、他們過去的工作經驗以及態度與興趣。竇爾（Doyle, 1986）發現，教師的專業動機（professional motivation）極為強烈，主要關心班級管理（classroom management），為了能預測班級生活，須作適當的控制。因此，他們為課程及教學所作的決定，便完全著眼於上述目標，於是將課程標準化，以減少新奇的因素。他們也將課程簡化，修正複雜的成分，實施例行性教學，以減少需耗費在設計上的時間。

　　以教師面臨的外在壓力而言。扶羅敦等（Floden, Porter, Schmidt, Freeman, & Schwille, 1980）指出：教師承受外在多種壓力，需設法適應。諸項外在壓力中，影響力最大的是教科書的選擇，但有人質疑這種說法，有人指出：最有影響力的因素為學區的課程目標以及考試成績，其他的因素尚有：同事的價值觀與優先順序、行政人員的需求、學生的利益、家長的期望。

　　課程的決定或發展，行政層級計有中央與地方兩級，宜各就專責所在，分工合作，然後再由教育部協調統合，方屬民主上策，符合民主的思潮。專業團體代表各成員的權益，一方面須反映於國會的立法，另一方面也應本諸專業的立場，全力以赴為課程的決定，發揮影響力，始不致淪為行政的附庸，無所作為。至於教育局的督學，宜對課程與教學的原理及實務，有進一步的瞭解，方能提供服務，並向上級提供自己的意見。另為校長者，應本諸專長，並借重教師的專精領域，共同為教科書的選擇作出合理且符合學生需要的決定。至於教師在面臨內、外在壓力之餘，於教科書的選擇方面，

宜以便於班級管理與符應學生需要，爲最主要的考慮。

三、課程目標的釐訂——民主決策的樣式

課程的設計與發展，雖有多種模式，但不能沒有目標，爲其提供方向，是以泰勒（Tyler, 1949）的目標模式，常被視爲課程設計的典範，居於優勢地位，誠非偶然。

泰勒以爲發展課程，應考慮如下四個問題：1.學校尋求達成的是什麼教育目標？2.爲了達成這些目標，應提供什麼教育經驗？3.如何有效地組織這些經驗？4.如何決定這些目標是否獲致？由此可見，目標的決定居於關鍵的地位。

課程目標的訂定，希冀其能成爲導引課程發展的明確指針，由於課程攸關大眾子女的權益，自應寄予重視。再則，課程爲教育的業務之一，教育又爲社會——政治業務之一，是以課程目標的決定，自應建立於大眾參與所得的結果之上，似爲民主社會中人人必須接受之事實。有鑑於此，擬先就參與結構（participation structure）與作決定的形態，予以剖析，以爲決定課程發展目標之策略時，提供參照架構。

(一)參與結構分析

民主政治體系中，人民參與公務之形式頗爲複雜，不克一一列舉，惟其至爲重要者，應算制度化參與（institutionalized participation）；此種參與，咸被視爲公開表示意見的方式，其中屬於討論會性質居多，舉凡立法院會、學校董事會、計畫委員會、市議會等之召開，皆是制度化參與的方式。經由制度化的參與，促使此等組織得有機會關切社會業務。

參與既多呈現制度化，而非採個別形式，人民宜知如何涉入此等參與結構，使之發揮關切人民福祉之正常功能，實有待進一步的瞭解。

依據華德與詹森（Ward & Johnson, 1972）之見，人民欲涉入參

與結構，至少得採取如下四種基本的策略：

　　1.由委員會的諸委員選舉其他人士為委員，此一策略，可使原先非經由人民選舉的才幹人士，得以顧問委員會、審查小組、機動小組等之名譽代表的身分，參與公務，此舉係基於唯才是用的原則，而採取的因應策略；無形中可提升社會中某些人士的地位，使之積極參與社會業務。反之，此舉也可能割離社會中的若干人士，致使社會的業務，因而受到他們的排斥。職此之故，採取此一策略時，須就該社區中「選民」的心理狀態作充分的掌握，並對可能被推選為名譽代表受選民擁護的程度有所瞭解。

　　2.教育─治療策略（education-therapy approach），旨在讓人民參與和課程發展有關的方案之設計工作，俾增長其知識，從事資料蒐集與分析研判的工作，藉以診斷課程發展的現狀，探索問題癥結所在，共同謀求解決之道，避免人民對於任何課程發展方案，產生心理的抗拒。此外，亦可藉著參與策略，使其原有抗拒變遷的心理，消弭於無形，實具有治療與教育的雙重意義。

　　3.諮詢策略（consultation）。為有關的個人或團體，經由一系列會報程序，提供專業性資料，探索他們對這些資料的意見，以及對有關問題的看法。在此種交互作用的過程中，專家應設身處地，從有關個人或團體之立場著眼，瞭解問題，分析其困境，俾協助他們作成決定，如此作法，言之似甚容易，惟運用於處理實際問題，卻常事與願違。

　　4.社區權力策略（the community power strategy）。係針對當前社會、政治體系中的權力結構，宜求重新分配而論。具體言之，社區中任何事務的決定權，不宜單由若干人士掌握；應本諸機會均等之原則，將權力轉移給經常未有機會參與社區業務的少數團體或組織，使之從參與決定中，獲致滿足，藉以泯除彼此之間早已存在的對立狀態；甚至，藉著他們，亦可能對作決定有所貢獻。

　　經由前述分析發現，吾人參與社會業務，已邁向制度化階段，

此時所採取之策略，不外選舉、教育治療、諮詢、權力移轉四項，欲將之轉換爲課程方面的參與，或許稍有困難，但是此一參與模式，不外揭示吾人，在一個民主社會之中，作任何決定之先，應本著多元參與的原則，俾收集思廣益之效。

(二)作決定形態分析

作決定者經常面臨兩種不同情境，自由地作決定。其一是情境確定，作決定者在作決定之前，可通盤掌握與事件有關之事實，方不致漫無頭緒。第二、是作決定者事先無法獲悉即將導致之情境或事件，常易產生慌亂的現象。前者屬於決定論者，容易作成決定，後者須經過一段較長時間，準備選取各種可行的方法，屬於推測的決定過程（Tanner, 1971, p.18）。由此，當可理解，作決定形態，深受情境變化影響。

至於作決定的兩種形態，可能操諸個人或個別團體。不論如何，據一般系統研究方式指出：先經由團體的參與，以決定數組符合情境所需的替代決定方案，應是較爲合理的作法，可是此種決定的過程，須附帶「參與作決定者最好具有創新能力」爲條件。

揆諸史實，人類所作之決定，以數量計，何止千萬，可是迄今，仍缺乏固定的、綜合的作決定理論可資遵循，藉供吾人合理解釋面臨各種問題情境時，所作決定的整個層面。誠如提姆茲（Timms, 1967）所稱：決定理論未臻完美，欲求之在可能溝通問題之觀念的「硬體」科學（"hard" science）中立一席之地，尚需一段遙遠的路程。特別是決定理論中發生甚多的語意問題，亟待統一、克服。即使如此，但在決定過程中，至少有三種可行的分析策略，可供參照。第一是運用判斷或直覺作決定；第二是運用個人之創造性思考作決定；第三是經由正規之分析或邏輯推理作決定。

作決定時，採取主觀判斷策略，乃是作有效決定的一項基本因素，但是此種策略須築基於經驗之上，否則便不可理喻；一般人士咸認爲此種策略，是當作決定者面臨評判問題之利弊得失的情境中

使用之。

其次，創造性思維策略的運用，頗為常見；蓋吾人面臨亟待解決之問題，率多仰賴思維之過程。思維乃是針對傳統方法不能為解決問題提供合理程序的情況，所應運而生者，是以不可落入俗套。

至於正規之分析或邏輯之推理，係作決定過程中最常採用之策略。其間涉及研究、統合、行動並結合判斷、價值及創造思維等組成一合理之過程。簡言之，此種策略實已涵蓋前述兩種策略，較符合科學的原理。

總之，作決定之形態固有不同，然多半是屬於由個人或團體所作推測的形態居多，此種決定的形態，通常以採正規分析或邏輯推理的策略為主。

參照前述參與結構及作決定形態的理論分析，似可發現民主社會制度中，其事業由多元參與而後作成的決定，收益較大。亦屬進步的象徵，堪稱至為合理的措施。課程發展攸關受教者之福祉，國家社會之需求，其目標之訂立，在符合國家發展之前提下，本諸多元參與，而後一元決定之原則行之，當是合理、可行之策略。

本諸多元參與之原則，及以華德和詹森提出之參與的四項基本策略，筆者以為為課程發展目標之訂立，宜採取如下之參與策略：

1.舉辦各科教師座談會：由各科教師代表參加，分就個人工作經驗之所及，各獻卓見，相互溝通，期對課程目標的訂立，取得共識，提供參考。

2.成立諮詢委員會：本諸凡將來欲著手設計及應用課程人員都參與之原理。教育學者、學習心理學者、經濟學者、社會學者、自然科學學者、統計學者、教師、教育行政人員等之代表，宜成為諮詢委員會中的一員，共同為釐訂合理的課程發展目標而努力，商討決策大計。

3.調查輿論趨向：由少數人的意見為依歸，而作成之決定，恐有忽視多數人權益之弊；為彌補無法讓所有關心課程發展之人士鳩

集一起討論之不足，實施調查，藉以探求民情的反映，亦是頗值得採用之策略。至於調查之方式，可以問卷行之，或假手大眾傳播媒體的協助，報導有關訂立新的課程目標的信息，以瞭解民意之所趨。此類調查，董尼森（D. V. Donnison）以為宜形成制度，並以法令行之，且由公家當局在若干年內進行一次為原則，以便較有系統地瞭解大眾的需要與願望。

4.成立聯合委員會：由教育部、政府其他有關部會、大學、民意機關，以及各種有關組織（如私校董事會、工會、家長會、教師團體、政黨、少數團體）等推派代表組成聯合委員會，共同參與磋商課程發展目標的決定大計。

前述四項策略之運用，需時較久，動用人力亦眾，是以須列有較充裕之經費作支柱，始克完成。至於教育當局宜對多元參與所採之策略，作充分的配合與支持，始能發揮有效的成果。

經由前述四項策略的運用，進而擬訂課程發展目標的若干組變通方案，交由上級作最後決定，從中取擇符合當前所需者。一般言之，課程發展目標的最後決定權，係操諸國家最高教育主管當局。然毋庸置疑者，課程目標涉及範圍甚廣，絕非單憑主管機關首長所能逕行裁決；況且當面臨作此類決定之際，又得格外尊重個別之意見以及基於政治因素，勢必作慎重之考慮。加之，課程目標之決定，乃築基於人類的需求與行為模式之上，屬於推測的決定過程，不容掉以輕心。職此之故，經由多元參與而暫訂之課程發展目標的變通方案，須再經由最高教育當局指派之個人或團體，著手分析、評鑑，以便瞭解各種變通方案的利弊得失，並略作損益後，方可交由最高首長裁定。

課程發展的決定，除了本節所述目標的決定之外，尚有政策的決定、內容的選擇、技術的發展以及機會的安全等項。

四、學校（本位）課程的安排——課程發展民主化的落實作法

　　傳統上，課程發展率多採取由中央準備教材，然後散播至各處的「中央—邊緣模式」（the centre-periphery model）或由「上而下」（top-down）的模式。如是的處理使教師覺得被控制，因此對他們的專業實際影響不大，況且教材由遙遠的中央準備，恐無法考慮地方條件的需求。此種模式既有這些缺失，爲了賦予課程再生的活力，不能再寄望於課程發展的機構，而要把希望放在個別學校，讓各校的教師確實負起課程發展的責任，一方面可以滿足他們的願望，一方面亦可激發其潛力（Kirk, 1986, pp.68-70），蔚爲發展學校（本位）課程（school-based curriculum development）的動力之一。如能被接納採用，顯然是課程革新趨向民主化，而不再重蹈中央集權的具體反映。

　　以英國的情況分析，影響學校（本位）課程發展的主要原理有以下各點：

　　第一、堅定課程以經驗爲基礎的信念。經驗即爲學習者的需要與特徵，1960年代早期倡導的計畫式課程發展（planned curriculum development）顯然已不符合時代的需求，應予淘汰，易之而起的應是爲學生提供符合其個別化需要的教育，這種轉變完全在於反映學生的需求（Skilbeck, 1976a），也爲以後迎合特殊需要的特殊教育課程奠定了基礎，課程應不是千篇一律的內容，而是該步向多元需求的多彩多姿的變化結構。

　　第二、允許教師和學習者有大量的自由爲必要條件。自由是民主的表徵之一，不允控制、支配的掌握持續下去。

　　第三、學校是人的社會機構（human social institution），須能符應其社會環境的需求，爲了使學校能夠適應所處的環境，允其有自主發展的空間。

　　第四、個別教師發展（teacher development）或個別學校全體教員發展（the staff development）爲學校（本位）課程發展所必須，亦

即他們必須接受有關課程的研究與發展訓練（Stenhouse, 1975），以便能夠修正、調適與發展適合於個別學生及特殊環境的課程（Kelly, 2009）。

史克北（Malcolm Skibeck）極力倡導學校（本位）課程發展，強調學校（本位）課程發展較之其他課程發展的類型，更能提供予個別學生需要、繼續不斷的適應性課程內容（Skilbeck, 1976），隨時掌握學生的個別差異，作適度的調整與回應。

學校（本位）課程發展方式，將導致多樣化的課程，史克北認為課程多樣化（curriculum diversity）如能賦予所有學生有意義的教育經驗，則可顯現其重要性。因如此一來，教師需要負責設計作業，以適應個別學生的需要。若對所有學生而言，教育皆是有意義的，且所有學生皆能接受真正的教育經驗，則唯有在具有地方性的學校層級發展課程，才能圓滿達成所需，因此課程多樣化應是可以接受的內容。

如果真正要達成課程發展與決定民主化，學校（本位）課程發展須以教師為一切活動的中心，如此一來，教師的角色顯得格外吃重，欲求教師負起如是繁重的工作，除了寄以信任之外，需要給予適當的支持，這種支持的力量，不僅是學校內部的，校外的支持力量亦不可少。

欲讓教師在學校（本位）課程發展中負起發展的重任，最初須施予初步的訓練課程，如有必要，亦得為其安排在職教育的機會，使他能習得革新所需的新技巧，發展他對教育問題的洞察能力，以及賦予研究、規劃的能力。簡言之，如果沒有教師發展，遑論課程發展。欲寄予教師承擔課程發展的責任，給予一切可能的支持，愈顯得格外迫切，為教師安排的在職教育，一方面在謀求在職教育與職前教育的配合，一方面也可藉此，使得學校能與大學或其他負責課程發展的機構，保持聯繫的絕佳機會（Kelly, 1973）。教師也宜與外界單位接觸，從中獲取更多資源的支持，習得課程發展的技巧，

爲學校（本位）課程的發展作好準備的工作。

　　賦予教師負責發展學校（本位）課程任務，符合民主的作法，固值得稱道，但教師不能閉關自守，各行其是，以其仍然難免遭遇問題或困難，解決問題或困難的合理途徑，約有如下各項：

　　其一、讓負責規劃學校（本位）課程的教師，彼此有互訪機會，藉以針對各自問題，相互討論，尋求合理的解決途徑。

　　其二、外界如地方教育行政當局、學校主管、家長、諮詢人員等，宜繼續予以支持、協助和合工。

　　其三、教師除了從其他評鑑者對其所發展的課程提供的資訊予以接納之外，更重要的是教師應作自評的工作，否則無從進步。蓋教師從自評中，可不斷發現回饋的建議，及時修正，是以學校（本位）課程的發展，本質上是屬於行動研究的課程發展模式，視評鑑工作爲形成性，或是闡釋性的，而不是總結性的（Kelly, 1989）。

　　論學校（本位）課程發展有多種方式，本節係基於民主立場，論述教師在此種課程發展中所扮演的任務，及因應的策略，尙有從功能區分與學生角度著眼者（黃政傑，民74），以其側重程序，與本文關係不大，茲不探討。

五、結語

　　綜合本文的分析，首從課程發展的政治層面，探討課程發展或決定，爲了避免產生壟斷，以求符合民主條件的前提，予以申述，並就我國當前課程發展的缺失，提出分析，以作爲革新的立足點。次就課程目標的決定，如何趨於民主化，以參與結構分析、作決定形態分析爲架構，提出合乎民主處理歷程的可行策略；最後針對課程民主化的基礎——學校（本位）課程發展的必要性與可行性，提供解說。

　　我國課程釐訂一向流於僵化，強調共同性，固然有其必要。但教育的目的，除了在於達成齊一性的目標外，因應有個別發展的

目標，亦不容忽視，乃是民主國家教育發展的共同現象。我國當前的課程，是否能充分有效地表達共同性目標，暫且不論；但在順應多樣化需求方面，則顯然呈現嚴重的不足現象，缺乏彈性的課程無法滿足學生、社會環境的需求，一向為研究課程者所詬病，究其癥結所在，課程發展民主化的努力不夠，應是主要原因之一。如何使今後課程的發展與決定，符合民主的條件，應是推動課程發展任務者，必須認真思索的問題。

資料來源：修正王文科（民78），課程發展與民主，輯於中國教育學會主編，《民主法治與教育》（68-632頁）。台北：台灣書店。

附錄8-3

課程發展檢核表

　　課程發展爲人的互動過程，透過此一過程，方可作成課程的決定；作課程決定者在探討與評估課程方案與需求時，經常採用本檢核表。本表中列有十四條課程發展原理。每條原理之下列有若干則問題，可供決定該原理被採用的程度。該原理若被評定爲「0」，表示未被選用；若被評定爲「5」，表示獲得充分的運用；那些問題具有解釋性，希冀因而引發更多的問題與討論。

　　1.課程發展根據社區的哲學信念爲基礎，即在社會需求的背景內決定。

　　(1)地方教育董事會已確定課程發展的方向嗎？

　　(2)社區介入發展學區的哲學與目的嗎？

　　(3)目的反映社會的需要嗎？

　　(4)目的對學生群體來說，符合實際嗎？（如接受大學先修班課程的人數與實際上升入大學的學生數成比例嗎？）

　　該原理運用的程度如何？

無用					充分運用
0	1	2	3	4	5

　　2.課程發展調適學生的差異，並以學習者的成長與發展爲基礎。

　　(1)目標反映學習者的情緒的、社會的與智能的發展階段嗎？

　　(2)以診斷學生的需求結果，決定兒童的安置嗎？（如以學生的興趣和閱讀層次決定閱讀活動嗎？）

　　該原理運用的程度如何？

無用					充分運用
0	1	2	3	4	5

3.設計教學與學習活動時，學習原理是重要的。

(1)在需要重複練習的那些教／學活動中，為了求其清晰，需要重複嗎？

(2)學習活動應由低至高層次的思考導進嗎？

該原理運用的程度如何？

無用 ＿＿＿＿ ＿＿＿＿ ＿＿＿＿ ＿＿＿＿ 充分運用

0　　　 1　　　 2　　　 3　　　 4　　　 5

4.程發展過程係以計畫—執行—評鑑的循環為基礎。

(1)該學區有明晰界定的、有系統的課程發展過程嗎？

(2)課程發展計畫與國家標準的進度表以及教材的選用一致嗎？

(3)適當的計畫時間納入進度表內嗎？

(4)全體教師的發展是執行方案的主要部分嗎？

(5)訂定目的與目標時，運用評鑑資訊嗎？

該原理運用的程度如何？

無用 ＿＿＿＿ ＿＿＿＿ ＿＿＿＿ ＿＿＿＿ 充分運用

0　　　 1　　　 2　　　 3　　　 4　　　 5

5.教學法與教材反映每個學生現存的以及發展中的（視覺的、聽覺的、觸覺的、直覺的）學習方式，並與學習目標一致。

(1)以每個學生的強及弱的學習方式，規劃方案嗎？（如聽覺導向的學生有使用錄音以增強其技能的機會嗎？）

(2)在廣泛的學習活動中，有機會讓學生運用認知的以及情意的學習技能嗎？

(3)有多種教材適用於認知的及情意的學習嗎？該原理運用的程度如何？

無用 ＿＿＿＿ ＿＿＿＿ ＿＿＿＿ ＿＿＿＿ 充分運用

0　　　 1　　　 2　　　 3　　　 4　　　 5

6.課程計畫中決定範圍與順序是重要的。

(1)以重要學習內容界定每一個課程領域嗎？

(2)學習活動的順序乃為每個學習者的主要發展階段而安排的嗎？

該原理運用的程度如何？

無用					充分運用
0	1	2	3	4	5

7.學習者適度的進步需由全體教師安排連貫的方案。

(1)現有學區的計畫，使得年齡層次與所有課程領域間的教材有連貫性嗎？

(2)全體教師一起作業，以求和教育方案取得連貫嗎？

(3)有可用來協助教師觀察學生進步的方法與記錄工具嗎？

該原理運用的程度如何？

無用					充分運用
0	1	2	3	4	5

8.課程內容與學習者有關，且對社會而言是重要的。

(1)學習者參與內容以及活動計畫嗎？

(2)社會之過去、現在與未來關注的重要事件可用來激發學生的動機嗎？

該原理運用的程度如何？

無用					充分運用
0	1	2	3	4	5

9.所選擇的教學材料適合於課程，反之則不然。

(1)課程計畫與評鑑在選擇教學材料之前進行嗎？

(2)教師以及其他投入課程計畫參與者教材的選擇嗎？

該原理運用的程度如何？

無用					充分運用
0	1	2	3	4	5

10.發展出綜合的、平衡的課程。

(1)教學時間分配於所有的課程領域（如社會、自然科學、藝

術、音樂）嗎？

(2)所有內容領域傳授基本的技能嗎？

該原理運用的程度如何？

無用 ＿＿＿ ＿＿＿ ＿＿＿ ＿＿＿ 充分運用

   0   1   2   3   4   5

11.課程計畫包括準備迎合有關教師發展的需求。

(1)教師發展方案為執行法定的變遷而準備嗎？

(2)教師投入有關教師發展的需要評估及決定嗎？

該原理運用的程度如何？

無用 ＿＿＿ ＿＿＿ ＿＿＿ ＿＿＿ 充分運用

   0   1   2   3   4   5

12.課程發展過程中，確定適當的人力與材料資源並予運用。

(1)以國家課程標準及地方研究的課程當做資源嗎？

(2)教師投入課程發展過程，以及他們成為其他教師提供服務的資源嗎？

(3)樣書材料適合教師研究及閱覽嗎？

該原理運用的程度如何？

無用 ＿＿＿ ＿＿＿ ＿＿＿ ＿＿＿ 充分運用

   0   1   2   3   4   5

13.考慮統整科目材料的領域。

(1)設計課程統整方面，顧及時間與資源嗎？

(2)方案以及教學材料可用作資源嗎？

該原理運用的程度如何？

無用 ＿＿＿ ＿＿＿ ＿＿＿ ＿＿＿ 充分運用

   0   1   2   3   4   5

14.課程發展反映開放新的以及變化中的觀念。

(1)賦予教師研究、提議以及試驗新的觀念與教材的機會嗎？

(2)方案經仔細評鑑，方考慮採用或調整嗎？

該原理運用的程度如何？

無用 ＿＿＿＿ ＿＿＿＿ ＿＿＿＿ ＿＿＿＿ 充分運用

| 0 | 1 | 2 | 3 | 4 | 5 |

資料來源：Wulf & Schave, 1984, pp.137-139.

1. 課程評鑑模式中，哪些屬於量的或質的評鑑模式，試舉例說明之。

2. 請說明課程的形成性和總結性評鑑二者的差異。

3. CIPP模式與課程決定的關係為何？

4. 闡明式評鑑與鑑定評鑑二者有無雷同之處？

5. 試簡述感應性模式的特色與重點。

6. 試述泰勒模式與學校本位課程發展的關係。

7. 試述不受目標約束評鑑的特色與貢獻。

8. 對抗評鑑適用的時機為何？

9. 試述課程忠實觀對課程一貫的影響及其與相互適應觀的利弊。

參、教學設計篇

第 *9* 章　教學理論

教學顧名思義至少包括「教師教學」與「學生學習」二者互動的過程，因此有人提出各種不同的教學理論，有人倡導各種學習理論，事實上，教學理論與學習理論二者應有交集，有時候也可以互用，只是強調主體不同而已！有鑑於此，本章所指應涵蓋教學與學習理論二者。又前一章的課程理論受哲學、文化學與社會學的影響較大，教學理論則受心理學的影響爲多。

教學理論究竟應包括哪些，學者（林寶山，民77，民79；黃光雄，民79；Joyce & Weil, 2009）看法不一，且有廣、狹之分，本章僅舉其重要且常見者予以析述。

第一節　史金納的編序教學論

史金納（B. F. Skinner, 1904-1990）熱衷於將其學習理論應用於教育過程。學習過程欲求有效地進行，依史金納之見，乃基於如下三種情況：以細小步驟呈現有待學習的資料；學習者不管習得正確或不正確的反應，立即予以回饋；學習者依自己的步調進行學習。

沿用已久的講演教學法，雖是最普遍的教學技術，但卻違背上述的三種情況，史金納於是提出一種叫編序學習（programmed learning）的替代性教學法，它結合上述三種情況而創；用來呈現編序教材的一種發明設計，稱爲教學機（teaching machine）。

編序學習係採用增強作用（reinforcement）理論而來，早先由普雷賽（S. L. Pressey）於1926年所倡用，但與當時時代潮流不符，未被廣泛採用，後來經史金納再度提倡，方能廣爲流傳。

史金納對編序學習的處理，被稱爲「直線式」（linear）編序，涵蓋以下衍自其學習理論的特徵：

1.采小步驟（small steps）進行　即給學習者小量的資訊，並從資訊中的某一細目（frame）或某一項，依序進入另一細目或另一項，每位學生均須按照相同順序學習資訊，此亦是直線編序的意義。

2.呈現明顯的反應（overt responding）　即學生的反應，能爲他人所

觀察得知，如屬正確的反應，才能得到增強；不正確的反應，則可獲得改正。

3.立即回饋（immediate feedback）　學生反應之後，立即告知其反應是否正確，如果答案正確，回饋就是一種增強物；如果答案錯誤，回饋就是一種更正的方法。

4.依自我步調學習（self-pacing）　即學生依照自己的步調，進行編序學習。

直線式編序固有上述特徵，但有些編序學習可對學生就該編序學習中的某階段先予測驗，如果他們的表現不俗，就可進行下階段的學習。

編序學習的另一種形態為分支式編序（branching program），較直線式編序複雜，但彈性較大，其主要特色乃在「診斷」學生的反應。分支式編序通常涵蓋一種多重選擇的格式，學生在被呈現若干資訊之後，即要面臨一多重選擇的問題，如果回答正確，便要進入次一個資訊系統，如果回答不正確，則給予補充資料；如這種編序學習可說：「如果您選B為答案，請翻回到教材第24頁複習；如果您選D為答案，請重閱第三章；如果您選A，那就對了，請繼續學習下一部分。」圖9-1顯示各種不同編序技術，可供參考。

至於編序學習是否有效？根據史拉姆（Schramm, 1964）的評估發現，答案似乎是肯定的。但何以有效？學者看法十分分歧。如有人認為編序教學所以有效，在於它能使每個細目都有了適當的反應之後，才告結束，而非如史金納論者所主張的是由於外顯反應獲得獎賞，才促成有效的學習。

編序教學的材料可以書本形式，透過教學機或電腦呈現，如以電腦呈現編序教材時，此種過程便謂之電腦輔助教學（computer-assisted instruction; CAI）。

利用電腦，不僅可呈現教材，也可評鑑學習教材的成果。在一編序教材的某一段落完成之後，電腦會施予成就測驗，評定等級，並將得分與在其他編序教材上的得分比較。因此，在學習期間，電腦不僅提供立即的回饋，也為教師及學生提供成就測驗的立即結果。教師根據學生表現的情形，決定教材運作的情況，以及在必要時採取各種修正措施。

(一)直線式編序

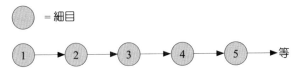

(二)修正的直線式編序

①直線式編序——太簡單的或已知的資訊即可跳過

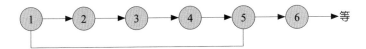

②對話連鎖——前一個細目所問問題,可在下一個細目的某處回答

(三)分支式編序

在分支式編序中,學生的反應,被用作診斷之工具,而非學習之設計,通常學生如能正確回答問題,便可依此種編序繼續往前進;若其回答不正確時,則依其「犯錯種類」而被指引到編序中各個不同的部分。例如:可能教予學生必須重複編序的整個部分,或面對其他有助於釐清其誤解之資訊上,無論何種情形,學生都有一再被測試,然後才依照其測試之表現,來進行此分支式編序。

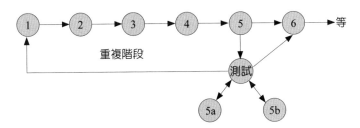

圖9-1 各種不同編序技術

資料來源:王文科主譯,學習心理學(二版),台北:五南,民80,537頁。

電腦輔助教學提供傳統教學所不能提供的立即回饋、個人的注意力、感到興奮的視覺展示,以及遊戲般的氣氛,以激發學生採用各種方式,從事學習的動機。事實上,學生經常被電腦輔助教學激發學習的動機,如果剝奪他們學習電腦的機會,就如同受到懲罰一般;又以電腦當

增強物時，就賦予學生更多使用電腦的時間（以上取自王文科、王智弘，民91）。

第二節　布魯納的發現學習論

布魯納（J. S. Bruner, 1915- ）主張教師的角色，在於塑造可讓學生自己學習的情境，而不是提供學生預先準備齊全的知識：「我們教某一門學科，不在於製造學生成為該學科有限的活圖書館，而是讓學生按精確方式自行思考，去考慮如史學家做的事情，去參與獲取知識的過程。認知是一種過程，而不是一種成果。」（Bruner, 1966, p.72）

布魯納認為學生應依概念與原理，主動進行自我的學習活動；並鼓勵學生親自去體驗和執行實驗，允許他們自己去發現原理。比如：教師不教學生如何計算 $(X + 1)^2 = X^2 + 2X + 1$，而是讓他們運用一種過程習得。在該過程中，中學生使用三種木板實驗，一種是長X吋、寬1吋的長方形，一種是X×X的正方形，第三種是1×1的正方形。要求他們將這些木板合成較大的正方形，學生發現為了塑造較大的正方形，需在每邊為X（X^2）的木板，加上長方形以及（1×1）單位的木板，如圖9-2所示。

布魯納倡導的發現學習法（discovery learning），是一種協助兒童獨立學習的方法，讓學生遵循他們自發的興趣，一方面滿足其好奇心，一方面發揮其能力，進行的學習。教師運用此種方法時，應鼓勵學生本人獨自或採團體方式，解決問題，而不是告訴他們答案。學生能從「看」事情與「做」事情中獲益，而不是從聽講中獲益。惟教師為了協助學生瞭解不易掌握的概念，可採用演示或圖片說明。這種學習具有彈性與試探性的特色，若學生面對不易理解之概念時，應給予較充裕的時間，使他採用自己喜愛的方式解決難題。此外，教師應從激發學生的好奇心著手，並使其降低失敗的危險，以養成良好的學習態度。最後提及教師在設計課程時，應能讓學生定期回溯至重要的概念，如此一來，可達成以下的多項目標：1.發現熟悉的知識，以強化學生的知識結構；2.回到困難的概念，俾進行更詳細的討論；3.重新思考困難的問題，以發現以前未

資源：

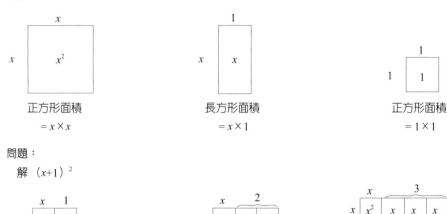

正方形面積	長方形面積	正方形面積
$= x \times x$	$= x \times 1$	$= 1 \times 1$

問題：

解 $(x+1)^2$

解題 $= x^2 + 2x + 1$

解題 $= x^2 + 4x + 4$

解題 $= x^2 + 6x + 9$

這種發現學習方法為了瞭解等式，從操縱木板開始至獲得規則，而解決面積的問題，從解題中可知：當 $(x+1)^□$ 上頭的□以2、3增加時，$x^□$ 上頭的□依序以2、3增加，但 $(x \times 1)$ 木板，以2、4、6比率增加，(1×1) 木板則以1、4、9比率增加。

圖9-2 發現學習應用於數學教學（Bruner, 1966, pp.59-62）

曾呈現的解決方法。換言之，發現學習的終極目標是允許學生能夠獨立學習。

　　根據學者的分析，發現學習有如下的優點（Gilstrap & Martin, 1975）：

　　1.可激發學生的好奇心，引發學生努力工作，發現答案。

　　2.可教導學生獨立解決問題的技巧，促使其分析與操縱知識，而非只是吸收知識。

　　發現學習主要的缺失，在於運用時耗時，且對初學者難以採用。

第三節　奧蘇伯爾的接受學習論

奧蘇伯爾（David Ausubel, 1918-2008）最反對發現學習，他認為學生不可能完全知道什麼是重要的或有關聯的，很多學生需仰仗外在的力量，激發他們去學習學校所教的必要的認知作業。因此，奧蘇伯爾另提出一種替代的教學模式：接受學習（reception learning）（Ausubel, Novak, & Hanesian, 1978）。

主張接受學習論者建議教師的工作，不外是將學習情境結構化，選擇適合學生學習的材料，然後按照由一般觀念逐漸導進到組織特定細節的功課。依據奧蘇伯爾的觀點，接受學習的核心，即是他所說的「解釋教學法」（expository method），即指教師有系統地計畫教導學生有意義的資訊而言，稍後再作詳述。

接受學習論認定的教師角色，雖與發現學習論的觀點，有明顯不同，但是二者仍有共同的論題：其一，二者均要求學生須主動地投入學習過程；其二，二者均強調先前的資訊關係到新的學習；其三，二者均假定資訊一旦「納入」學習者的心智，就不斷發生變化。

運用解釋教學法提供的課程，可分成四個主要階段（Joyce, & Weil, 2009）：

1.呈現前置組體　本階段首在闡明課程的目的，吸引學生注意並導引至學習的任務。然後呈現前置組體（advance organizer，亦譯「先行組織者」、前置組織、前置綱要、或先行組織，詳見附錄9-1）。呈現的前置組織不必詳細，但須能讓學生理解且和早已存在其心中的資訊結合。因此，前置組體須用學生熟悉的語言和觀念呈現。

2.呈現學習資訊（即任務和材料）　新的學習任務和材料以講演、討論、放影片、規定作業等方式，向學生提出。本階段有兩件比較重要的事情，一是維持學生的注意力能夠集中，二是使學生明確瞭解材料的組織，以便有個整體的方向感。與此對應結合的是，在呈現材料過程中，務期其間的邏輯順序明確可循，好讓學生得以見到觀念間的關聯性。

3.聯結組體與呈現的學習資訊　教師應設法把新的資訊納入一開始

上課時所設定的結構中。其具體作法有：(1)提醒學生每一個特定細節與整體大結構的關係。(2)向學生發問，以發現他們是否瞭解課文，以及他們是否將之與先前的資訊、在前置組體描述的組織結合。(3)允許學生發問，俾使他們對課文的理解超越上課的內容。

4.應用 提供予學生的資訊，有時候可供作學生學習一種技巧或協助其解決問題之需，亦可將所習得的內容，應用於後續的學習任務之用。

根據接納學習論的觀點，可爲教學安排提供以下建議：

1.教師宜採用演繹教學法（deductive teaching approach），先導入具有一般概念的主題，然後再逐漸涵括特定的例子。

2.在呈現新教材之前，宜設計簡單式的班級討論活動，俾使學生能共同掌握重要的背景資訊。

第四節　蓋聶的學習與教學事件論

蓋聶（Gagné 1985; Gagné & Drisoll, 1988; Gagné, & Briggs, 2005）主張學習活動須滿足若干條件（conditions），並闡述這些條件與主要的「教學事件」（events of instruction）的關係：教學事件係指將資訊傳遞給班級學生的步驟。

一 學習事件

蓋聶將學習事件（events of learning），依序分成八項，如圖9-3所示，在框格內的項目代表在學習者心智中進行的「內在」事件（internl events）；在框格之外的說法，代表著需與學習者心智匹配，並由教師、學習者或工作的特徵所構成的「外在」條件（external events）。茲分述如下：

※(一)動機階段（motivation phase）

即以透過學習將可獲得獎賞的期望，以激發學習者的動機，如學習者可能期望資訊可滿足他們對某主題的好奇心、可能對他們有用，或可能讓他們特別得到好的成績。

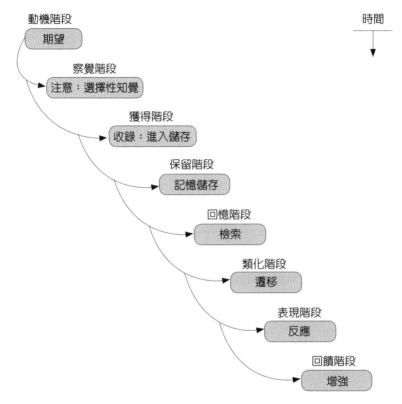

動機階段
期望

察覺階段
注意：選擇性知覺

獲得階段
收錄：進入儲存

保留階段
記憶儲存

回憶階段
檢索

類化階段
遷移

表現階段
反應

回饋階段
增強

時間

圖9-3　學習事件（Gagné & Driscoll, 1988）

※(二)察覺階段（apprehending phase）

學習者應注意到進行學習時，教學事件所具有的主要特性所在；即學習者須注意到教師所說內容的有關部分或教科書中有關的主要觀念。教師為了要讓學習者注意到重要的資訊，便說：「請注意聽我接著要唸出來的兩個字，說說看它們有無不同。」或「請看這張圖上面的部位。」文件也可以不同字體、列出標題，或整理成大綱等方式引發學習者的注意。

※(三)獲得階段（acquistion phase）

當學習者注意到有關資訊時，本階段即已固定。呈現的資訊無法直接儲存在記憶之中，而是須將之轉化成有意義的形式，且與已在學習者記憶中的資訊有所關聯的才行。學習者可能將之轉換為心像或在新、舊

資訊之間建立聯結的關係。教師可藉著以下的作法，鼓勵學生做此種處理方式：運用前置組體、展現心像、允許學生看見或操弄物體、指出新知與舊資訊之間的關係。

※(四)保留階段（retention phase）

新近獲得的資訊，須由短期記憶轉移到長期記憶之中，欲達成這個目標，可透過複誦（rehearsal）、練習、精密化（elaboration）等方式完成。

※(五)回憶階段（recall phase）

學習的重要部分是學習取用已經學習過的材料。藉著組織的安排，可以取得所需：如呈現按類別或概念歸類過的有組織材料，比隨機呈現的材料，容易回憶；新、舊資訊間的聯絡，也易回憶。

※(六)類化階段（generalization phase）

習得的資訊如果無法應用，價值便很有限；因此在學習過程中，將資訊類化或遷移至新情境，乃為一個關鍵階段。學習者將資訊運用於新的情境之中，即構成遷移。

※(七)表現階段（performance phase）

學習者以外顯表現，揭示已習得的資訊。

※(八)回饋階段（feedback phase）

學生表現之後，應接受回饋，以標示他們是否已經瞭解。對成功的表現給予的回饋，可視同增強物。

二 教學事件

次就教學事件（events of instruction）言之。蓋聶根據自己對關鍵的學習事件所作的分析，提出關鍵的教學事件。他指的學習事件雖也能應用於教室及教室之外的發現學習或獨立學習，不限於教師實施的教學，但是卻以假定一位教師對一班學生上課的情形而論：

※(一)引發動機與告知學習者目標（activating motivation and informing the learner of the objective）

上一節課的首要步驟，即在引發學生的學習動機，最常用的方法是

上課的內容，足以激發學生的興趣，或點出資訊的用途等。

引發學生動機的方式之一為告知學生在本課結束時，他們能做什麼事。亦即學生需瞭解為什麼他們現在要學的這些內容，以及未來要學哪些內容。告知學習者目標也有助於他們把注意力集中於該課的有關部分。

※(二)導引注意（directing attention）

教師必須把學生的注意力導引到有關的資訊，把他們的智能集中於關鍵點上。

※(三)刺激回憶（stimulating recall）

學生為了能有效同化新資訊，需回憶起早已存在記憶中的相關資訊。藉著提醒學生回想稍早習得的資訊及其與新材料的關係，教師可以刺激學生回憶有關的基本知能。

※(四)提供學習輔導（providing learning guidance）

即提供新知並進行討論；學習輔導的方式係由學習目標決定，如強調概念學習，可能是敘述規則以及給予正確例子與反例。發現學習的輔導，可能是提供適當材料與提供暗示，以為學生邁向成功之路而用。

※(五)提升保留（enhancing retention）

提升保留新近獲得之資訊的方式有多種，其中之一即要求學生練習新技能，另一種方式為多提供範例。分段複習也有助於提升保留能力。

※(六)增進學習遷移（promoting transfer of learning）

學生的記憶中，一旦建立新的資訊，接著應促使學生能將原理或概念類化至新的環境之中。

※(七)引出表現；提供回饋（eliciting the performance; providing feedback）

在一個教學循環結束時，學生應表現出他們已知者，俾讓教師能夠告訴他們是否習得正確。

根據上述可知，蓋聶的教學事件顯然是本諸學習事件而來，二者的關係如圖9-4所示。

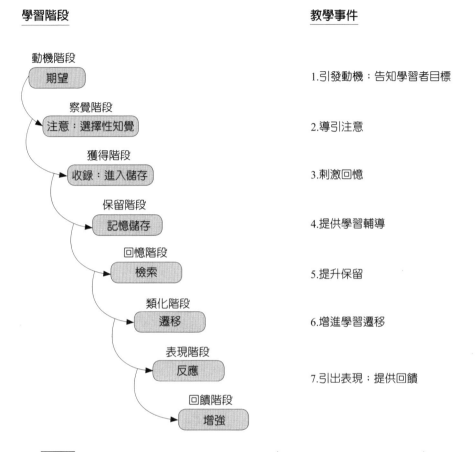

學習階段　　　　　　　　　　　　　　　　教學事件

動機階段
期望　　　　　　　　　　　　　　　1.引發動機：告知學習者目標

察覺階段
注意：選擇性知覺　　　　　　　　　2.導引注意

獲得階段
收錄：進入儲存　　　　　　　　　　3.刺激回憶

保留階段
記憶儲存　　　　　　　　　　　　　4.提供學習輔導

回憶階段
檢索　　　　　　　　　　　　　　　5.提升保留

類化階段
遷移　　　　　　　　　　　　　　　6.增進學習遷移

表現階段
反應　　　　　　　　　　　　　　　7.引出表現：提供回饋

回饋階段
增強

圖9-4　學習階段與教學事件的關係（Gagné & Driscoll, 1988）

Gagné和Briggs（2005）根據他們自己的分析，將前述的教學事件，作如下的修正：

※(一)獲得注意

教師根據教案開始教學，首先須能引起學生的興趣、好奇心和注意力，因此教師必須把學生的注意力導引到有關的資訊上面，將他們的智能集中於資訊的關鍵點。

教師通常用來獲致學生注意力的作法，是從激發學生的好奇心著手，而這種作法，經常是透過發問問題予以達成。此外，向學生提出明顯矛盾的問題、與日常生活不一致的問題、看起來不合邏輯的事情，均

是可以獲致學生注意的可行技術。又如使用圖表、圖片、圖解或影片等，亦是可以引起學生注意的輔助教具。

※(二)告知學習者目標

要讓學習者感受性聚焦的最佳方法，是要告訴他們在上課結束時，期望他們在行為上達成的成果。教師的作法是要提早告訴他們每課或單元要採取的考查方式，或期望他們展現能力的方式。

要使教學事件獲致成功的關鍵，在於向學生清楚溝通目標，而溝通目標的最佳方式，是由教師提供期望學生於上課結束後能夠執行的作業範例。這種成果的達成與否，可透過考試、班級討論或問答的場合，來予以瞭解。

※(三)刺激回憶先前的學習（複習）

學生為了能夠有效同化新的資訊，須回憶起早已存在於記憶中的相關資訊，教師藉著透過要求學生複習、做摘要、重新敘述等方式，提醒學生回想在稍早已經習得的資訊及其與新材料的關係，以刺激學生回憶有關的基本知能。

※(四)提供刺激材料（輸入、範例）

提供刺激材料是教案的核心，這些材料不需要耗費太多的時間去解說，但是要具有真實性（authentic）、選擇性（selectivity）和多元性（variety）。所謂真實性，係指教師在上課提供的內容，讓學生在接受評量、後續的年級、或在教室外的世界可以使用。所謂選擇性，係指教師在上課一開始，強調文本或作業的關鍵部份，以協助學生能做選擇性的複習和掌握上課內容的重點。至於多元性，則指教學的樣式（如視覺、聽覺、觸覺）和教學活動（如大團體討論、小團體討論、問與答）多樣化，以激發學生的思考和興趣。

※(五)引發期望的行為（檢核理解力、引導練習）

本事件在於探索個人的學習過程，瞭解學習者做摘要、引述、應用、或解決與上課內容有涉之問題的方式。在本階段中，學習者反應的正確性與否，並不重要，只要提供的活動能激發學習者嘗試去反應即可。又這些活動乃在於鼓勵學習者去組織，以迎合所述之學習成果為目標。

書本中的練習題、書面報告、口頭報告等作業，乃在於要求學生將所學予以應用；這些引發期待成果的活動，宜提綱挈領，且不宜具有評鑑性質，並要求學習者根據提出的條件，予以組織後，再作反應。

※(六)提供回饋（引導練習、結束）

本教學事件在時間上言，係與前一事件密切關聯。只是性質上有所不同，在於本階段係用於指引個別學生、小組學生、全班的行為，並會對學習者正確的反應，具有評鑑性地予以肯定；但對於反應不正確的，並不會給予具有評鑑性的懲罰，而是鼓勵他們繼續思考，以獲得正確的反應。

※(七)評量行為（獨立練習）

最後的教學事件，在於確定教師評量學習者達成期望之目標程度的方式。所引發的活動有立即的（一種可以口頭發問和回答的問題）和延宕的（以提出報告或寫出一篇文章為主軸）之別，以及具評鑑性和非評鑑性之分。第五階段的教學事件描述的，是立即的和非評鑑性的引發活動；但在本階段的教學事件，則屬於延宕性的引發活動，基本上具有評鑑的性質。

最後評鑑學生等第事件的方式，有以下各項可供取擇：測驗或小考、家庭作業練習、班級作業練習、實作評鑑、實驗作業、口頭報告、研究論文、獨立研究、學習檔案、小論文等。

三 學習成果

蓋聶認為學習成果（learning outcomes）（Gagné Briggs & Wager, 1992, pp.43-49）有些是可觀察的表現於外的部分，有些可能儲存於個體內部的部分，後者便稱之為能力（capabilities）（Gagné, 1985, pp.47-49），謹將該五種成果簡述如下：

※(一)智能技巧（intellectual skills）

個人運用智能技巧，即指他運用符號或概念與其所處環境互動；其範圍由基本的讀、寫、算及於高深的科學、工程學與其他學科的技巧。學習一種智能技巧意指著學習「如何去做」每種智能類的事情，一般來

說，是所謂習得「程序知識」（procedure knowledge），這種「認知如何」（knowing how）的知識與「認知事實」（knowing that，如某東西存有或具體若干特性）的「語文資訊」不同。

又智能技巧分成五類，每一類築基於前一類之上。如考慮經濟學上的「需求」與「價格」概念時，最簡單的層次是學習者須能認識這兩個詞，「分辨」它們的不同，這是學習需求與價格「概念」的預備條件；按著這些概念須以例子與反例的方式，予以「定義」。概念弄清楚之後，有待學習的是「規則」。在本例中，規則為「在其他一切情況相等時，對產品或勞務需求增加，其價格也隨之增高」。將簡單規則結合，便成為「高層次規則」，如「需求增加，價格隨之增高」、「供應增加，價格隨之降低」、「需求增加，供給隨之增加」等三個簡單規則可形成一個高層次規則：「若需求增加，供給或價格（或供給與價格）將隨之增加。若需求增加導致供給增加，價格可能維持穩定。若需求增加並不導致供給增加，價格就容易攀升。」

※(二)認知策略（cognitive strategies）

學習者習得用來管理自己的學習、記憶與思考的技巧，亦即用以控制自己內在過程的技巧，通稱為認知策略。透過認知策略的學習，學習者得以成為「學習如何學習」的獨立學習者。

※(三)（語文）資訊（（verbal）information）

（語文）資訊是一種我們能夠「敘述」的知識，是一種認知事實或陳述性知識（declarative knowledge），可用口語寫作、打字、繪圖等方式表達出來。

※(四)動作技巧（motor skills）

指學習者學會以若干經過組織的動作行動執行運動而言；如穿針、擲球屬之。

※(五)態度（attitudes）

指學習者習得會影響個人作行動選擇的心理狀態。如偏好娛樂的人選擇高爾夫可能性的行動，此種對學習者來說是「選擇」而非「特定表現」的傾向，即是所謂的態度。

第五節　布魯姆的精熟學習論

　　一門科目期望達成的學習成果有精熟成果（mastery outcomes）與發展成果（development outcomes）之分，前者指的是所有學生須精熟該科目的最基本技能（要素）；後者專指較複雜的遷移式目標（如應用、問題解決等），學生邁向該目標而努力所達成的進步結果，容有差異。對精熟學習的另一種觀點是應用於班級教學所採取的基本策略，可適用於一切預期的學習成果，此即由布魯姆（Bloom, 1976; Bloom, Madaus, & Hastings, 1981）、卜羅克（Block, 1971; Block & Anderson, 1975; Block & Burns, 1976）等人所描述的精熟學習策略，本節所述之精熟學習觀點，即循此而來。

　　精熟學習隱含的一個基本觀點在於：務求所有的學生或近乎全體的學生在學習次一技能之前，須先精熟某種特定技能至預定的水準。可是每個學生達到精熟標準的步調並不一致，因此布魯姆為解決存在其間的個別差異問題，提出精熟學習的理念。這種以團體為本位，由教師控制步調的精熟學習與前面強調以個人為本位，依學習者步調進行的精熟學習，如個別化教學制不同（Anderson & Block, 1987, pp.58-59）。

　　布魯姆的精熟學習理念係根據卡羅（John B. Carroll）在1963年所提在學校學習程度的見解而來。卡羅以為學生在學校的學習為學習所傳授內容需要的時間量，以及真正花費在該項學習時間量的函數，以公式表之為：

$$學生在學校學習的程度 = f \left(\frac{花費在學習的時間量}{學習所需的時間量} \right)$$

註：卡羅的「學校學習模式」主張對教學效能有貢獻的要素
　　有五：性向（apptiude，即學生一般的學習能力）、瞭
　　解教學的能力（即學生學習特別課目的準備度）、毅力
　　（perseverance，即學生願意主動學習所耗的時間）、機會
　　（即允許學生學習的時間量）、教學的品質。

　　卡羅模式的涵義之一爲：如所有學生花費在學習的時間量相同，而且接受的均屬相同種類（kind）的教學時，學生的成就若出現差異，基本上乃在於反映出學生性向有差異所致。

　　布魯姆首度提出以精熟學習來解決個別差異問題的建議，部分是根據上述卡羅模式的涵義而來。然而他在1968年提出的看法爲：不在於提供給所有學生等量的教學時間，而在於允許學生有差別的「學習」；或許要求所有或近乎全體學生需達到某種成就水準，但允許學習的時間可有所不同。亦即布魯姆主張：爲了要達到合理之學習水準，我們應給予所有學生學習所需的時間和教學。若某些學生呈現不學習的危機時，則應給予額外的教學，直到他們肯學習才停止。

　　布魯姆假設在規定時間內，不能精熟所修讀內容的學生，宜允予額外教學時間，以求達到最聰明的學生所能達到的典型成就水準。因布魯姆認爲全體學生中有80%的學生，能達到僅有20%的學生所能達到的水準，且在這些環境之下，學生的性向或能力幾乎與成就沒有相關。如同在醫院對感冒患者或對肺炎患者，不應給予等量處理，但均以達到治癒的目標爲止一樣。同理，布魯姆主張：我們教學的重點，應在「處理」學生，俾讓他們達到預定的精熟水準。

　　從上述分析可知：布魯姆的精熟學習是要讓全體學生或接近所有的學生精熟依課程目標設計的教學策略，它結合一般的班級教學與回饋校正（feedback-correction）的技術，以克服個別學習造成的錯誤，並爲那些有需要的學生提供額外的學習時間，因此精熟學習是運用一般團體本位的教學，並爲那些在團體本位教學期間未臻精熟之學生，提供精心設計的校正學習，以爲補救。

　　又精熟學習原理中所提學校學習的模式，包括六個因素：開始學習的認知行爲、開始學習的情意特徵、教學的品質、成就的層次與形式、學習速率、情意的成果。其中開始學習的認知行爲（開始學習以前已知者）與情意特徵（學習任務的動機與態度傾向）二者是屬於學生的特徵，最後三個則是與學習成果有關的變項（Bloom, 1976; Anderson & Block, 1987）。根據布魯姆與他人的研究揭示，上述六個有關學校學習模式的變項中，有三個是重要的，即開始學習的認知行爲（約可用來說

明成就變異的1/2）、開始學習的情意特徵（約可用來說明成就變異的1/4），以及教學的品質（約可用來說明成就變異的1/4）。另外的研究指出，影響教學品質的重要因素有五：教師用來解釋、演示或圖解學習內容的明確「線索」（cues），教師要求學習者「主動參與」或練習有待學習的反應，教師在整個學習過程中運用正、負增強的情形，教師為獲致學習效能的回饋而評鑑學習成果，教師在需要的時間與場所提供的正確程序。

布魯姆的精熟學習策略具有的主要特性，可從以下的步驟中發現（Gronlund & Linn, 1990, p.460）：

1.課程可細分成涵蓋一、兩週學習活動在內的一系列學習單元。這些單元在教科書中以章或其他某些有意義的學科內容部分呈現。

2.每個學習單元確立具體的教學目標。廣泛的學習成果（如知識、理解、應用）固然要強調，目標則宜採具體術語界定。

3.每個學習單元的目標訂有精熟標準，通常以期望學生正確回答測驗題的百分比表之。精熟標準的訂定雖有點武斷，但可以學生以前修讀課程的表現為指引。雖然每個單元的精熟標準訂在80-85%正確之間，但是通個標準須視各種學習環境及測驗條件而定。

4.每個單元的學習任務採正規教材與團體本位教學方法教導之。本步驟與傳統班級教學類似。

5.在每個學習單元結束時，實施診斷——進步測驗（形成性測驗）。這些形成性測驗的結果可增強已精熟教材之學生的學習，以及診斷未精熟教材的那些學生學習錯誤之處，這些測驗結果通常不分派等第。

6.為未精熟學習單元的學生規定校正學習錯誤以及安排額外學習時間的程序。此等處方——校正技術包括閱讀替代性教科書的某些頁的內容、使用編序教材、運用視聽教具、接受個別指導和利用小組學習。如採任一技術無法改進特定學習問題時，可鼓勵學生採另一技術。在校正學習之後，學生通常要接受重測。

7.在完成課程的全部單元之後，實施期末測驗（總結性測驗）。測驗之結果，係用以分派學習課程的等第。所有等第的分派係依該課程開

始時所訂定的絕對標準而來，即所有學生若達到規定之精熟標準甲等，就全部評為甲等。

8.單元測驗（形成性測驗）與期末測驗（總結性測驗）的結果，可供評量與改進教學的依據。

精熟學習在應用時，須對未達預定精熟水準的學生，施予校正教學。惟如何找到這些額外時間，則是煞費苦心，通常將之定位在正規教學時間之外，如放學後或休息時間。精熟學習實施時的問題即出現在此，由於中小學授課時間固定，可用於額外教學的時間不易找到；因此多數中小學教師運用精熟學習策略時，便採用由布羅克與安德遜（Block & Anderson, 1975）發展一種在上課期間使用校正教學的教學方式（參見附錄9-2）。至於精熟學習的實施程序，請見圖9-5。

精熟學習的應用有如下限制，值得注意：

1.精熟學習適用於有階層之分或有順序可循的教材，即學習某一單元即為以後各單元的學習，奠定基礎；但不適用於高層次的學習，如科學探究、擴散性思考、創造力、自我表現、對社會問題的敏銳感受，以及對文藝、音樂等的鑑賞。

2.精熟學習論常與行為目標、績效責任並列，主張予學生足夠時間，俾協助他們達成目標，固屬理想。其間發展心理學為該理論提供基礎，但該理論付諸實際時，卻搖身一變而含有濃厚的行為主義色彩，因此有人（Cronbach, 1977, p.346）認為布魯姆的理論，充其量只能算是學習論，而不能視為課程論，尤其他未能提出需公開傳授的內容是什麼，此一問題，備受爭議。

3.精熟學習喜歡把教材依序排列，將內容予以細分，固是揭示塑造教學的方式，但有些根據該理論擬訂的方案，卻過度強調支離破碎的知識，以致忽略整體的學習經驗。曾有一項閱讀方案因要求教師把時間均耗在教導支離破碎的閱讀技巧，以致學生無暇閱讀故事或詩篇的流弊。

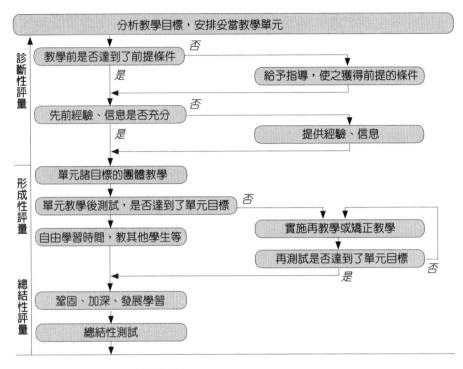

圖9-5 精熟學習的實施程序

資料來源：吳志超、劉紹曾、曲宗湖，1993，176頁。

第六節 兩位蔣遜以及史雷文的合作學習論

合作學習（cooperative learning）是時下常被提起的教學方法，其意義有如下的說法：

1.合作學習是鼓勵學生為達成團體目標的一種教學方法，可適用於任何科目、年級。它能鼓勵學生作出最佳表現，並幫助他人全力學習，喜歡與尊重他人（Nattiv, 1986）。

2.合作學習是一種教室的學習環境，學生在異質團體中一起學習任務（task），鼓勵彼此分享經驗，相互幫助，提供資源，分享發現成果，批判並修正彼此的觀點（Parker, 1985）。

3.合作學習是學習任務的再設計，允許兒童在小組內分工合作；結合教室的學業活動與社會互動的部分，提供兒童奉獻己力，加速小組的任務進度並分享學習的喜悅（Sharan & Shachar, 1988）。

4.合作學習是一種有結構、有系統的教學策略，在合作學習中，教師將不同能力、性別、種族背景的學生四至六人分配於一小組中一起學習，它能適用於大部分學科及不同年級，且根據全體小組成員的習得分量給該小組獎勵（Slavin, 1983）。

兩位蔣遜（Johnson & Johnson, 1987）曾就合作學習模式的重要屬性，提出以下四項：

1.藉著共同目標、分工、成員間資訊或資源的分配、分派學生以及頒給團體獎，以達成積極性的相互依賴。

2.學生相互間彼此作面對面的交互作用。

3.個人能熟練分派的材料，達成工作績效。

4.適當運用人際以及小組技巧。

兩位蔣遜評論已完成的二十篇研究，比較合作學習經驗與競爭或個別學習經驗，結果發現，合作學習呈現正面的成果，如獲得較高的成就、提升批判思考能力、對科目表現較積極態度、令學生相信等第系統是較公平的評分方式。他們在結論中，為運用合作學習的教師，提出六項有用的指針：

1.合作的程序可與任何形式的學業任務配合運用，尤其愈需概念學習的任務，就愈需合作的效能。

2.須將合作式小組作結構性安排，俾便在發生爭議時，可獲得建設性的處置。

3.鼓勵學生彼此為達成任務以及討論題材而合作不輟，如此方可運用高層次學習策略。

4.鼓勵學生彼此支持各自的成果，調適彼此與任務有關的成果，相互回饋，以促使所有學生皆能投入。

5.合作式團體須具有異質性。

6.鼓勵成員間維持正向的關係。

合作學習小組視待完成任務，而有不同的持續期間。在某些場合，

小組爲了在短期間內完成特定任務，如學習與教材、解決問題等而組成；亦有爲了達成班級長期目標而組成的基本小組（base groups）便可持續一個學期／學年，彼此協助作筆記、提供支持與隸屬感。

　　至於合作學習技術，較爲實用且廣被採用的應推美國的約翰霍布金斯大學所發展與研究的「學生小組學習法」（student team learning method; STL）。所有的合作學習法的共同理念是學生不但爲所屬同伴學習負責，也爲自己的學習負責，而且大家在一起工作。學生小組學習法除了合作學習之外，格外強調小組的目標與成就，唯有小組的所有成員瞭解學習目標，全力以赴，方克達成。即在學生小組學習法中，學生的工作，不是以小組方式來「做」某事，而是以小組方式來「學習」某事（Slavin, 1990）。其主要概念有三：

　　1.團體獎賞（team reward）　若小組達成已訂標準，則可獲頒證書或其他團體獎。小組不曾爲了獲取某種未得過的獎而競爭。所有的小組均在規定的週數中，達到標準。

　　2.個人績效（individual accountability）　小組的成就端賴小組全體成員個別的學習而定，並使小組成員彼此能夠相互教導，最後達到每個人毋須其他成員的協助，即可接受測試或其他的評量。

　　3.成功機會相等（equal opportunities for success）　學生藉著改進自己的表現，作爲對小組的貢獻。即使高、中、低成就者面對挑戰，均能竭盡所能，全力以赴，且所有成員的貢獻，同受重視。

　　學生小組學習法受到普遍的研究與發展的有以下四種，前兩種屬於一般的合作學習方法，適用於大部分科目與年級；其餘的則有特定科目與年級適用上的限制：

　　1.學生小組成就區分法（student teams-achievement divisions; STAD）即按學生表現的水準、性別與種族混合編成四個人爲一組的學習小組。教師教完一課之後，學生在自己所屬小組工作，務求小組的每個成員均能掌握該課的內容，最後，所有學生可在不必相互協助的情況之下，個別接受小考。學生測驗得分與其過去平均分數比較，根據他們各個超越自己以前表現的程度，核給改進積點（points），然而將這些積點合成小組分數，或計算爲小組平均數，若這個分數達到某一標準，可獲頒證書

或其他獎賞。由教師開始上課到小組接受測試，可能要耗上三至五節的上課時間。

　　學生小組成就區分法，可適用於小學二年級至大學的每一科目，尤其適用於有單一正確答案目標者，如數學計算與應用、語文用法、機械、地理與繪圖技巧等。

　　由於本法的採計的小組分數是根據學生自己過去記錄的改進情形而來（機會相等），且所有學生都有機會在固定週次內成為小組之「星」。

　　2.小組遊戲競賽法（team-game-tournaments; TGT）　小組遊戲競賽法將學生分成四至五人的異質性小組，每一小組的成員共同學習教師所發的作業單。每一單元作業完成之後，接受小組之間的成就測驗競賽，大約每週實施一次。依學生能力之高低，將每組成員分派至各測驗桌，不同測驗桌擺著不同的測驗。各組高能力的分派到第一張測驗桌，能力次高者分派至第二張測驗桌，依次類推，每桌得最高分者替小組取得相同的積點分數，且每桌的最高分可躍至高一桌（如由第六桌至第五桌），第二高分留在原桌，低分者則降下去。由此觀之，TGT與STAD在過程上極為相似，只是前者不使用小考與個別改進計分系統，而以遊戲以及各組代表成員和他組與其在過去學業成就表現相似成員競賽而已！

　　3.小組輔助個別化方案（team-assisted individualized program or team-assisted individualization; TAI）　該方案結合小組與個人一起作業的特點，先對學生施予安置測驗，以決定自己歸屬的小組，每個小組屬於異質性，由四至五位學生組成，然後依他們自己的速率進行學習。在該方案所列的個別化學習期間，學生為所屬小組應負責準備的教學單、問題單，練習測驗，以及期終測驗而努力。教師每天與負責課程中相同部分的學生小組一起工作。通常每週教師要算出小組所有成員完成的單元數，然後根據最後通過測驗的人數，計算小組的得分並建立表現標準，以超出標準的分數的多寡，作為頒發證書或其他團體獎的依據。TAI與STAD及TGT一樣，富有動態的作用。學生為了使小組獲得成功，彼此相互鼓勵、協助。由於期終測驗的分數是唯一計算的分數，且每位學生在沒有其他同學的協助之下，接受最後測驗，以取得個人績效。又由於學

生依他們的水準或先前具備的知識，接受安置，而有「獲得成功的機會相等」，對低成就者而言，在一週完成三個減法單元與高成就者完成長除法單元一樣容易。

數學教學常採用該方案，一般而言，屬於該方案的學生顯著高過於控制組學生。

4.合作統整閱讀理解法（cooperative integrated reading and comprehension; CIRC） 合作統整閱讀理解法主要在閱讀、理解及語文教學上使用，在發展過程中包括以下幾個基本要素：

(1)追蹤（follow-up）：閱讀教學採異質分組方式進行，焦點放在一個基本故事之上，有效應用追蹤的時間，促使合作小組結合閱讀組的活動，達到閱讀理解、解碼（decoding）、拼字等學習目標。

(2)朗讀（oral reading）：指提供學生大聲朗讀的機會，俾能從聽眾處得到回饋，同時亦能訓練聽眾對朗讀的學生作出適當的反應。

(3)閱讀理解技巧（reading comprehension skill）：以合作小組方式幫助學生學習更廣的閱讀技巧，重視詮釋性與推理性理解，並教導統合認知策略。

(4)寫作／語文藝術（writing/language arts）：指透過設計，實施及評鑑寫作、閱讀過程，使小組成員協力計畫、草擬以及編纂文章；結合閱讀方案中的寫作活動與閱讀理解技巧，獲得較為完整的學習。

史雷文認為無論採取哪一種合作學習模式，均要求學生分組學習，每個學生不只對自己的學習負責，也要為其他同伴的學習負責。唯有小組所有成員都學會了，始算達成小組的目標以及表現出小組的成就。此種技術不但運用於一般學生有效，對若干處於不利地位學生而言，亦有明顯效益（引見Adams & Hamm, 1990）。

至於合作學習的具體運用，請見附錄9-3。

第七節　開勒的個別化教學制

開勒（Fred S. Keller, 1899-1996，亦譯凱勒）首度提出「個別化教學

制」（personalized system of instruction; PSI）的方案（Keller, 1968），故該方案亦稱開勒制（Keller Plan，亦譯凱勒計畫）。

以美國的教學發展分析，有走向個別化教學的趨勢，其步驟約可分成以下四項：

1.決定該科目所應涵蓋的材料。

2.把材料劃分成各自獨立的單元。

3.創用評量學生是否瞭解或掌握某一單元材料的方法。

4.允許學生依照自己的步調，由某一單元循序漸進學習另一單元。

該四個步驟固是多數個別化教學制的主要因素，但吾人一旦採用個別化教學制之後，仍須作出許多武斷的決定，諸如：

1.在該科目教學過程中，應包含什麼材料？

2.該科目須分成多少獨立的單元？

3.每個單元應包括哪些（如閱讀作業、錄音帶、影片、實地參觀、出席講演會或演奏會、訪問政治家或作家、執行實驗等）？

4.如何評量每個單元（如論文式測驗、選擇式測驗、口頭報告、書面報告等）？

5.需求的精熟程度如何（如教師要求學生需完全精熟某一單元，方可繼續學習次一單元）？

6.是否要求學生完成某一單元或整個學科的學習需有時限（如教師或許認為所有學生須於學期結束前完成該科目的學習；惟學生或許認為在該期間內，以依自己覺得合適的步調學完某一單元，才學次一單元）？

7.是否需安排自由討論的時間，供學生與教師或學生相互間探討該學科的教材內容？

8.是否讓考試成績欠佳學生有重考的機會？有些教師允許學生接受多次的單元測驗，然後保留最高分，而捨棄其他分數。

個別化教學制的效能如何？有待分析，李安（Ryan, 1974）曾閱覽許多比較個別化教學制與傳統講演式教學的文獻之後，獲得以下的結論：「這些研究幾乎毫無例外的揭示，接受個別化教學制進行學習的學生，比接受講演式教學的學生，有著較優異的水準。」（p.16）邱里克等

（Kulik, Kulik, & Carmichael, 1974）在評述採用個別化教學制與講演式教學的大學科學科目之後，獲致與上述結果類似的結論。

以美國的情形而論，過去懷疑個別化教學制功能的教師與行政人員，現在卻主張予以普遍推廣應用於數學、語文等科目的教學。開勒以為該制的優點，乃在於它能使教師成為一個教育的工程師、權變的處理者，就其專長為大多數前來求教的青少年，提供服務，因此要對傳統上以執行傳遞文化、塑造地位尊嚴等功能的教學方式「道別」。依開勒之見，未來的教師應對學生的學習方式，寄予較多關注，而不再一味傳遞文化、任由學生學習。明日的教師不論採取認知取向或行為取向，為了要發現適用於學習的方式，應對教室的各種形式，作仔細的思索，不宜停留在傳統的教學方式，而須採用如羅傑斯（Carl Rogers）所稱的「助長學習者」（faclitator of learning），或如開勒所說的「教育的工程師」（educational engineer）或權變的處理者（contigency manager）。

許多人相信，現代教師將會秉持開放的態度、嘗試採用各種教學方法的意願、接納有關學習與學習者的新知。為了決定學習經驗含蘊的範圍，他們熱衷於工作分析，俾使學生得以進行適當的學習，攝取經驗。在這一方面，個別化教學制不失為一種可行的教學策略。

個別化教學制除了開勒制之外，較為大眾熟知的尚有聽—教法（audio-tutorial approach）、個別處方教學（individually prescribed instruction）以及依需要學習方案（program for learning in accordance with needs; PLAN）、個別指引教育（individually guided education; IGE）等（Mitzel, 1982）。

聽—教法是1961年由生物學家坡圖威（Samuel Posclethwait）在美國普渡大學（Purdue University）為補救其開設的植物學概論教學，而發展出來一種運用錄音帶以及其他視聽器材的教學法，經發現有效之後，再決定將整個課程轉換成聽—教法，分成獨立研究時間、一般集合時間、週統合測驗時間三種。

個別處方教學是1964年在美國匹茲堡大學（University of Pittsburgh）的學習研究發展中心（Learning Research and Development Center），由葛拉瑟與波爾文（Robert Glaser & John Bolvin）發展出來。PLAN係於1967

年至1971年在傅雷納根（John Flanagan）領導下發展出來的。個別處方教學與PLAN二者普遍運用於中小學，均主張審慎訂定學習目標，然後實施診斷，處方教學循環。

個別指引教育是1965-1966年在柯勞梅爾（Herberr J. Klausmeier）指導之下，由威斯康辛大學的認知學習研究發展中心創的學習方法，至1976年，全美已有三千所中小學採用。在個別指引教育學校服務之教師，採用個別處方教學與PLAN的基本診斷——處方教學；運用標準參照測驗、觀察時間表、工作範例，由教師評估每個學生的成就水準、學習方式與動機，然後再爲每個學生確定適當的教學目標、訂定教學方案。俟教學告一段落，教師依個別目標再評量其成就，以決定目標是否達成。

第八節　後設認知的學習策略論

後設認知（metacognition，亦譯爲元認知、監控認知、統合認知）這個詞的英文字頭meta有「在……之上」、「在……之前」的意思，而cognition則涉及思考過程，因此後設認知便是指涉學習者用以理解所接受之內容的心理過程，是以有所謂吾人對自己的學習的瞭解（Brown, 1978; Flavell, Miller, & Miller, 1993）；或對如何學習的認知；或對認知的認知等說法。學生在發展的過程中，學習評量自己，以瞭解是否眞正習得、計算學習某內容所需時間、選擇有效的解題計畫等技巧均包括在內。如當您閱讀本書的某一章節，起初不甚瞭解時，可能再慢慢細讀一遍；可能從所附圖表等，掌握線索；可能重讀前面某些章節，以便找到問題所在；都是後設認知策略的例子。

雖然多數學生，會逐漸發展適當的後設認知技巧，但是有的學生則無法如此。如有人（Rohrkemper & Bershon, 1984）曾訪談上過數學課的三至六年級學生，問道：「當你寫作業碰到困難時，是否對自己說了些話？你說了些什麼話？」多數學生答說：他們曾對自己說了些話。多數的反應標示：學生告訴自己要專心或要向教師求助。然而有少數學生面對困難時，卻顯得手足無措。

對於不曾自己發展後設認知策略的學生，可透過教學協助之，結果發現在他們的成就上，獲得顯著改善。帕琳莎（Palincsar）及其同僚曾應用後設認知策略，在教室進行訓練研究，他們採用的方法為「交互教學法」（reciprocal teching）（Palincsar & Brown, 1984）。該法對於閱讀理解感到困難的學生，傳授四種關鍵性的後設認知技巧：

1.思索已讀過內容中，可能被問起的重要問題，且確信自己能夠回答。

2.把已讀過的最重要資訊，作成摘要。

3.預測該書作者，在下一段要討論的內容。

4.找出本段不清楚或無法理解的地方，然後試看看自己是否能理解。

教師將這四個步驟教給學生，供作閱讀教本時採行。通常由教師先作示範，然後才逐漸交由學生自己負責。在剛開始上幾節課後，學生才扮演教師角色，引導全班同學遵照上述四個步驟進行學習。有關交互教學法的更進一步說明，請參閱附錄9-4。至於交互教學法的研究，發現似乎在增進初中低成就學生的閱讀理解方面，有顯著進步（Palincsar & Brown, 1984; Palincsar, 1987）。

交互教學法除了上述用以指導閱讀理解有困難學生的學習技巧外，也運用以下四種活動，將典型的討論活動轉變成為更具有生產性與自我指導性的學習經驗（Palincsar & Brown, 1989）：

1.預測（predicting）　討論活動一開始便根據：(1)書中的標題或副標題；(2)該團體先前對與該主題有關之知識的瞭解；(3)與該類資訊有關的經驗等，來預測書中有待學習的內容。

2.發問（questioning）　推選一人引導全體討論已讀過之內容的每一部分。引導討論者接著就有關的資訊發問，學生針對問題回答，並進而提出更多的問題。

3.摘要（summarizing）　引導討論者接著摘要說明書中的內容，其他學生則可針對摘要，提出評論或加以修正。

4.釐清（clarifying）　書中的若干部分（如概念或詞彙）不清楚，須加討論以求釐清。

　　綜上所述，可知：交互教學法乃是透過班級對話，提供探索有待學習之內容的機會；且交互教學法以團體討論（group discussion）為中心，教師與其學生在討論文本過程中，輪替擔任領導者角色。

　　有關該四項活動的情況，參閱附錄9-5。

　　後設認知策略也可透過心智示範法（mental modeling）（Duffy, Roehler, & Herrmann, 1988）的過程，容易地教給學習者。心智示範法包括以下三個重要階段（Duffy & Roehler, 1989）：

1.揭示學生涉及的推理。

2.讓學生察覺到涉及的推理。

3.要求學生將焦點放在應用推理。

　　心智示範法的目的在於協助學生內化、回憶這些解決問題的方法，並將之類化於不同的內容。運用此一方法的教師，不只在於傳授知識，他也要示範作決定的過程。相對而言，利用機械式的記憶各個步驟，對於協助學習者解決在其他環境中發生的類似問題，並無多大幫助；或當提出的主題喪失其立即的重要性時，難以獲得有待回憶的內容。

　　當要求學生從事複雜任務時，心智示範法顯得特別有用且重要。例如：當吾人從事網際網路搜尋時，需要高層次思考技能來設計搜尋策略、評鑑其成果、放棄不能使用的項目，以及綜合發現。這些任務中的每一項，對學習者來說，均具有挑戰性，學習者透過心智示範法來予以探討，將其思考綜合起來。

第九節　數位學習趨勢論

　　近年來，在教育環境使用科技，已有顯著增加的趨勢，使在教育環境中活動者務須具有各種媒體素養，從事其工作。這些素養當中，包括利用線上輸送有別於印刷物的內容，這種差異，使學生成為資訊的批判性消費者。就科技運用於當前課程／教學發展的趨勢，依Oliva和Gordon, II的分析，有線上學習（online learning）、融合學習（blended learning）和移動學習（mobile learning）。

■一 線上學習

使用科技概念來提供學生學習機會的手段，在教育界來說，並非新意。但是最近網際網路的使用，確實讓學習者更有機會接觸科技。隨著科技的持續精進，教師、家長和學生對理解線上課程如何協助擴展他們的學習經驗，感到興趣。

線上學習提供的課程，有四個值得吾人注意的向度：

1.**寬廣性**：學校提供的是一整套的課程，或補充其他學校的那些課程。

2.**範圍**：若課程由一個學區、跨多個學區、跨省、全國、或全世界實施，必須考量政策上的涵義，因為在一個區域被接受的課程，未必能遷移到其他地區。

3.**輸送**：學生和教師同步在一個環境工作或以非同步方式進行工作。

4.**教學方式**：教學是以面對面，或採在融合或混合環境中進行。

就線上學習環境來說，教師所扮演的多種角色，與在傳統班級執教的教師相似。如在教室裡，教師給學生提供支持並和學生建立良好的關係，都是影響學生學習成功的關鍵因素。期望教師定期與學生溝通、提供回饋、提供介入措施、其他傳統功能等。

採線上學習活動的教師面對與其教學環境有關的獨特性挑戰，如在某些課程中，教師被期待送出資訊，且專注於學生的管理時間技巧而成為管理學生學習的人員或成為課程工作的助長者。教師也會在其他課程中，使用融合學習作為輸送的模式。

■二 融合學習

把線上學習與傳統教室教學結合，而成為融合學習的方式日增。所謂融合學習，即：學生至少有部分時間離家到學校教室，接受有人監督的學習，以及至少有部分時間透過學生控制某種成分、時間、地點、途徑和／或步調，來進行線上輸送學習。

經由研究發現，融合學習模式有多種，比較實用的有如下六種：

1.**面對面的驅動者**：教師以面對面方式輸送線上課程，如科技實驗室或教室。

2.**輪流**：在傳統的教室環境裡，學生輪流由一套課程表至一對一、自我步調的在教室電腦利用線上課程。教師同時監督線上教學與教室教學。

3.**彈性**：教師支持學生在小組、師徒場合，在彈性需要的基礎上，利用線上平台，輸送課程。

4.**線上實驗室**：在自然的實驗室環境，透過線上平台，由教師輸送整體課程，班級則交付輔助性專業人員監督。此外，學生在這個期間修習傳統課程。

5.**自我融合**：學生選讀線上課程，以補充傳統學校課程提供的不足。線上的班級總是處於偏遠地區的，而傳統班級都是位在教室環境中的。

6.**線上驅動者**：教師把所有課程透過線上平台由遠端輸送給學生。教師有需要和某些學生作直接的接觸。

輸送模式讓教師和學生埋頭致力於學習的過程，而有其重要性。為了充分運用融合學習環境。R. Reynard指出：科技應統整於課程設計和教學，非侷限於輸送和散布內容。教師有時間探索兩種不同環境所代表的不同教學涵義的，以及思考如何為學生去結合該二種環境，乃是極為重要的。（引自Oliva & Gordon, II, 2013）

融合學習提供多種機會來賦予學習的彈性、方便性以及學生的積極投入性，但也面臨挑戰。在此種學習模式中，教師不但要全盤透徹瞭解內容，也需要運用必要的教學方法，讓學生在融合環境中，進行學習。融合學習環境中的教師面臨的另一個挑戰是，使用科技來提振教學的價值，而非藉之來驅動教學。進而言之，若科技只是用來補充課程，而不是課程的一部分時，學生覺察的課程，便毫無意義可言。

三 移動學習

近些年來，移動科技已進入教室，透過大規模的無線觸接和較快速

的多頻率功能,使得移動學習幾乎是無所不在。所謂移動學習,是指使用無線數位工具,提供個人學習的機會。無線移動的設施,有如智慧型手機、平板、個人媒體演奏器、膝上型輕便電腦、手機等,均可在課程中使用。

由於學生和家長將移動科技融入班級的需求日增,於是行政人員、和教師被迫去找尋可以將之納入一個安全的且有意義的方式。

根據研究調查,雖然揭示,行政人員與教師對使用移動科技來營造學習機會,頗感興趣,但是在他們的使用方面,有啓示作用,例如:教育工作者、科技開發者、和課程發展者需要考量提振移動科技納入班級情境的關鍵因素,約有如下五種:

1.脈絡(Context):許多使用者想維持匿名。以網路衝浪(surfing the web,用來描述於全球資訊網進行探險)方式去蒐集和使用脈絡資訊,可能與他們的願望相衝突。獲得觸接網際網路機會時,必須考量如何預防把資訊洩露給第三者。

2.移動(Mobility):學生在上課時間,觸接網際網路,可能會和教師上課或課程相衝突。

3.依隨時間的學習者:爲了記錄和組織移動學習的經驗,必須開發工具。

4.非正式(informality):當學生的社會網路遭受攻擊時,他們可能選擇放棄若干科技。

5.所有權(Ownership):如果學生自己個人的設施,可以爲機構創造出標準化議題和控制議題,學生就想要善用自己的設施。

促使學生努力於移動學習機會中進行學習,雖然也會面臨挑戰,但它在培育國民在團體工作、於多元環境中構思等素養方面,會有所助益。

根據上述,吾人得以瞭解線上學習與融合學習的成分,且透過線上學習,由於師生共同努力,而超越傳統學習所達到的效果。移動學習促使教師、科技開發者、和課程發展者去考量需要關注的關鍵因素。

附錄9-1

前置組體（先行組織）

　　如果每一課的內容複雜且繁多，在呈現課文內容之前，可先以一種架構或結構，把該內容組成有意義的若干段落，介紹予學生瞭解。欲提供此種架構的方式之一為使用前置組體。前置組體提供學習者將要學習的內容先作概念性的預習（conceptual preview），並協助他們將這些內容加以儲存、標記和整理，以供記憶和以後運用之需。

　　前置組體，特別是在高度複雜的行為層次方面，很少以單語或成語呈現，而是將概念融入課文結構內，以為一天的功課提供鳥瞰式的作用，而且所有的主題以後將有關聯性存在。前置組體可以文字或以插圖與圖表方式呈現。

　　前置組體有解釋性和比較性兩種。解釋性組體（expository organizers）先提供種類關係的基本模式，作為新的種類、亞類和種的一般類屬概念（general/subsumer），以後再為特定亞類或提供較有限的類屬概念。因此，須先分辨不同種類的森林，然後再區分亞森林與樹。在學生討論機械能的特定類型如潛能與動能之前，教師須先環繞在機械能的概念，建立起解釋性組體，描述它是什麼，如何發揮作用，並舉隅說明。解釋性組體由於能為不熟悉的材料，提供觀念的架構，就顯得特別有用。比較性組體（comparative organizers）則多用於比較熟悉的材料，其設計乃要將新的概念與存在於認知結構中基本上相似的概念統整起來；又為了防止二者因為類似，可能造成混淆，也設計將新、舊概念予以釐清。如學生學習長除法時，比較性組體可能指出除、乘之間的異同，如乘數與乘數位置互換，其積不變；而被除數與除數互換，其商則不同。比較性組體能協助學生瞭解乘與除之間的關係，因此除法的新材料就固著在乘法的舊材料之中。

資料來源：Borich, 2007; Joyce, Weil, & Calhoun, 2003.

附錄9-2

應用精熟學習的教學方式

應用精熟學習的教學方式包括以下要素：1.敘述一課的目標，並準備教這一課的教材。2.發展適合這一課的兩種類似測驗，並建立精熟標準。3.向學生解釋目標與精熟的標準，並期望他們都能學習該等技能。4.教這一課。5.實施「形成性測驗」，達到精熟標準的學生接受充實活動，或讓他們協助未達精熟標準的同學。6.對未達精熟標準的學生實施「校正」的課，只是使用的策略不同於第一次上課所實施者。7.給予接受校正教學的學生實施總結性測驗。8.根據總結性測驗，評定學生等第。

茲將精熟學習的方式簡述如下：

一、準備功課

教師為了準備精熟學習的上課，需明定每一課的目標，準備適合於目標的教學與練習材料，以及兩種小考題目。

第一種小考稱為形成性小考，第二種稱為總結性小考，是教師在實施為期一至二週的某教學單元結束時，用來評估學生對所上過的內容的瞭解情形，所採行的平行式小考。所謂平行式小考是指兩次考試涵蓋內容相同、難度相等，只是題目不同。如：

形成性小考題目

1. $\frac{1}{3} + \frac{1}{4} =$
2. ＿＿＿是硬的：①水　②冰　③茶
3. 碳酸鈣的分子式為：＿＿＿
4. 法國的首都在＿＿＿

　　總結性小考題目

1. $\dfrac{1}{2} + \dfrac{1}{3} =$

2.＿＿＿是軟的：①棉花　②木頭　③銅塊

3.硝酸鈉的分子式為：＿＿＿

4.法國的首都在＿＿＿

　　其中兩次小考的第4題一樣，理由是教師要求全班同學知道該特定的知識而作的處理，不是要求學生如答第1-3題可應用於不同問題的通用技能。

　　上述小考的題數與形式可靈活變化，但不宜太多或太長，以學生花費15-20分鐘可以完成為度，因其目標乃在精確評量學生是否瞭解上過的課為主。雖然有些材料需要求學生全部答對，其精熟標準便要定在100%，但一般都定在80-90%之間，且以定在90%居多。教師於每次準備形成性小考的同時，也需準備提供替代的教材，以備校正教學之需。

　　至於在形成性小考達到規定標準之學生，將接受充實活動的安排。這些活動除需具有教育價值之外，需以擴充學生瞭解已學過之教材的視野，而不是教予將來要學習的內容。技巧的應用，如數學的應用題、自然科學的實用題都是最佳的充實活動。

二、主要活動

　　精熟學習係循定期活動循環進行，每一循環的主要活動有：

(一)引導學生認識精熟取向

　　教師在開始運用精熟策略時，保留若干時間，引導學生認識精熟學習的策略：1.學生採用一種可協助自己學得好的教學方法進行學習；2.根據學生期末考表現，評定成績；3.根據預定的表現標準，而不以同學間表現的相對關係，評定等第，強調每個學生達到精熟標準才是最重要的目標；4.達到標準的每個學生均評定為A。

(二)實施整班教學、討論方式，教這一課。

(三)上完課後，實施形成性小考。

(四)根據形成性小考結果，將班上分成兩組，施予校正教學或充實活動。

(五)施予總結性小考並告知學生分數。教師覺得學生接受校正教學已有成效時，施予總結性小考；但在形成性小考已達精熟標準者，則不需實施。學生接受總結性小考的人數中，須有3/4達到或接近精熟標準者，方符合要求。否則教師仍須重複運作校正教學——總結性測驗的循環，直到有3/4學生達到精熟標準為止。

資料來源：參考Block & Anderson，1975寫成。

附錄9-3

主要合作學習模式的具體運用

　　本書第九章第六節已將合作學習論的定義、主要概念及技術，作過概要式的分析。在諸項技術的運用中較具成效的有：學生小組成就區分法（STAD）、小組遊戲競賽法（TGT）和皆可熟二式（Jigsaw II）。其中後者在本書未曾提及，前二者則略作過分析，僅就其具體之運用策略先作介紹，然後再就二者作一綜合性比較。

一、學生小組成就區分法的設計

　　使用學生小組成就區分合作學習模式的具體作法，包括五個要素，即班級上課、編組、小考、個人改進的分數，以及小組認可。

(一)班級上課

　　學生小組成就區分法使用的教材，經常是由教師採直接教學或講演──討論方式傳授之，但亦偶爾使用視聽媒體。採學生小組成就區分法教學的班級與一般教學的方式有別，在於採前者講授時，學生必須仔細聽講，俾在未來的小考，得到良好表現，使得每個人的測驗分數，對整個小組的分數有所助益。因為他們個別的測驗得分，將決定整個小組的分數。

　　班級上課使用的教材，係由教師自編，即編製一份作業單、作業答案單、每單元的測驗，每一單元通常需上課一至二節。

(二)編組

　　依據學生的學業表現、性別，甚至族群、膚色等，將四至五個學生編成一組。如以四人為一小組，其中半數為男生、半數為女生；3/4為多數族群，1/4為少數族群。該小組可能各有一位表現優異者、表現低劣者，以及兩位一般表現者；而所謂優劣是比較性的結果，且以一班為單位，不必與全國常模作比較。

　　每個小組的主要功能，在於準備使兩個成員能在測驗上有良好

的表現。因此在教師講授教材之後，小組成員須去做作業單或其他材料，並在一起討論問題、對照答案，以及訂正錯誤觀念等，約需一至二節時間。

編組的作法如下：

1.依班級學生數決定小組數：若每組為四人，其組數為班級人數除以4即得。若有餘數1、2、3，則第一、第二與第三組可各加一人，而成為五人。如果34/4＝8，則第一、二組各為五人，其餘六組各為四人。

2.排列學生等級：在一張紙上，將班上學生過去的表現，由最高至最低成績排列等級。

3.分派學生到各組：分派各組的標準為其學生包括表現優異、中等與低劣者，且力求各組平均表現接近相等。如先就一班學生區分成高度表現者、中等表現者與表現差者三類，然後依所需八組，分別以A至H編碼。如表9-1所示。在表上位居高等者為A，依序排列中等、差者，若已標記到最後一組號碼時，則依相反順序繼續編碼。如表9-1的第八、九名學生皆編為H，第十名編為G，依此類推。當您依序編到A時，則由下而上重複之。請留意表中的第十七、十八名等第的學生沒有分派組別，他們便可加入五人的小組中，但先要檢查各組性別或族群的平衡，如果該班有1/4為不同膚色的人，則每個小組中至少要包括這類學生一人。

4.將各組學生名字寫在小組名單中。

依學生小組成就區分到各組的每個成員，皆在為所歸屬的小組盡最大努力進行學習；而且每一小組也盡最大努力去協助其成員給予支持。

(三)小考（測驗）

各組學生在教師上完一至二節課，並經一至二節練習之後，學生接受1/2至1節的個別測驗。在考試時，學生各自作答，不可討論，是以每位學生為個別負起學習教材的責任。

表9-1　分派學生至各小組

	等　第	小組名稱
高度表現者	1	A
	2	B
	3	C
	4	D
	5	E
	6	F
	7	G
	8	H
中等表現者	9	H
	10	G
	11	F
	12	E
	13	D
	14	C
	15	B
	16	A
	17	
	18	
	19	A
	20	B
	21	C
	22	D
	23	E
	24	F
	25	G
	26	H
表現差者	27	H
	28	G
	29	F
	30	E
	31	D
	32	C
	33	B
	34	A

註：取自Slavin, 1995, p.76.

(四)個別改進分數

在個別改進分數所隱含的觀念是：為了使每個學生達到表現的目標，他必須比先前更努力以及表現更好才行。在這種評分制中，每位學生須改進過去的表現，始成為其小組做出最大貢獻。其作法如下：

1.根據學生在過去測驗上的平均分數，訂定基本分數：如教師在施測三次（以上）小考之後，開始使用學生小組成就區分法設計，便可使用學生小考的平均分數為基本分數；否則可以學生在前一學年學期分數訂定之，如表9-2所示。

表9-2　決定最初的基本分數

上一學年等第	最初的基本分數
A	90
A^-/B^+	85
B	80
B^-/C^+	75
C	70
C^-/D^+	65
D	60
F	55
平均三次測驗分數	
甲生的分數	90
	84
	87
	261/3 = 87
甲生的基本分數 =	87

註：取自同表9-1，p.77。並參考Eggen & Kauchak，1996，p.288。

2.在每次小考結束之後，即計算個別改進分數。根據學生在測驗上的得分超過他們基本分數的程度，而為所屬小組賺得點數，通常的作法為：(1)在基本分數10點以下的改進積點為0；(2)在基本分

數以下1點至10點的改進積點為10；(3)在基本分數以上1點至10點的改進積點為20；(4)在基本分數10點以上的改進積點為30；(5)成績完美（不管基本分數如何）的改進積點為30。根據學生的基本分數與測驗分數，便可計算其改進積點，如圖9-6所示。

日　期	9/20					
測驗名稱	加法測驗					
學　生	基本分數	測驗分數	進步積點	基本分數	測驗分數	進步積點
A	90	100	30			
B	90	100	30			
C	90	82	10			
D	85	74	0			
E	85	98	30			
F	85	82	10			
G	80	67	0			
H	80	91	30			
I	75	79	20			
J	75	76	20			
K	70	91	30			
L	65	82	30			
M	65	70	20			
N	60	62	20			
O	55	46	10			
P	55	40	0			

圖9-6　積點計算

註：修正自同表9-1，p.81。

(五)小組認可

　　小組認可即在於計算各小組的分數，俾供作頒發證書或提供獎勵，其作法如下：

　　1.將各小組成員的改進積點（非原始測驗分數）加總之後，除以成員人數，並去除小數即得各組之分數。如某小組四個成員分數分別為30、20、20、30，則該小組之分數為：（30 + 20 + 20 + 30）

÷ 4 = 25。

2.訂立獎勵標準，一般可分成三級，如傑出、優異、佳。但務求所有各組均可獲得獎勵，各組間不作競爭、比較。要得到佳的等第，須大多數成員的分數在基本分數之上；若要獲得優等，則多數成員至少應在其基本分數10分以上才可。惟這些等第的基準，若有必要，可以改變。

運用學生小組成就區分法時，須同時注意以下三點：

1.每一次評定測驗分數前，應重新計算學生在所有測驗分數的平均分數，作為該次的基本分數。

2.在本方法實施五至六週之後，重新分派學生到各小組。如是安排，在於提供低分組學生新的機會，讓所有學生可與其他同學一起工作，保持計畫的日新又新。

3.學生等第的報告，須依據學生實際考試的成績，而非以改進積點或小組分數取代。惟可將小組分數占若干比例（如20%），為其成績的一部分。若學校另給學生評定努力等第的，便可採用小組分數和／或改進分數決定之。

二、小組遊戲競賽法的設計

小組遊戲競賽法的具體作法，除了不使用小考（測驗）與個別改進分數之外，皆與學生小組成就區分法大同小異，其進行程序如下：

(一)班級教學與編組

教師上課的計畫與編組學生的方式，和學生小組成就區分法相同。每一教學活動進行一至二節；各小組成員學習時間亦為一至二節，且每個小組有由教師準備的作業單兩份以及答案單兩份。1-30的號碼卡以及由有關學者內容之問題組成的遊戲單和遊戲答案單。學生從號碼卡中抽取一個號碼，即是需回答遊戲單上同一號碼的問題。

(二)競賽的進行

　　競賽係以進行遊戲為其結構，且多在週末舉行，並須於教師上完課，小組學習結束後實施。

　　競賽的進行，係由教師先分派學生上競賽桌參加競賽，每桌以三人為度，總人數除以3，除盡即為桌數；如有餘數，則前一、二競賽桌將有四人與賽。

　　本程序的具體作法如下：

　　1.製作競賽桌分派單：即依學生過去表現分桌，表現最佳的前三位學生在第一桌；接著的三位在第二桌，依此類推。如圖9-7所示。

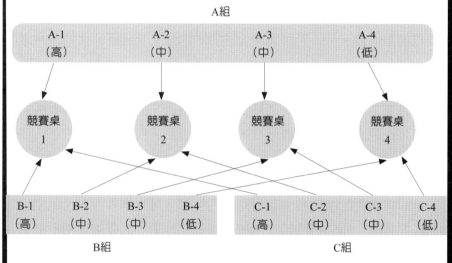

A組

圖9-7　競賽桌分派參考圖

註：取自同表9-1，p.86。

　　使得等第相同者，在同一桌。每桌備有遊戲單、答案紙各一張，號碼卡一組，以及一份計分卡。

　　2.開始遊戲競賽：遊戲一開始，各組學生先抽取一張卡片，以號碼最大者作為第一位誦讀者（reader），然後順時針而行擔任誦讀

者；每一輪的誦讀者的左邊依序為第一位、第二位挑戰者。第一輪競賽開始時，第一位誦讀者先將卡片弄混後，擇取最上頭的一張，大聲唸出與卡片號碼相對應的題目，如果該題為選擇題，他可將答案一併唸出。如果題目為數學題，所有學生（不只是誦讀者）須予作答，以便準備挑戰。當誦讀者提出答案之後，其左側的學生（第一位挑戰者）有權挑戰，提出不同答案；若他放棄或第二位挑戰者有著與前兩位不同的答案時，第二位挑戰者可以提出挑戰。但兩位挑戰者務必小心，因為他們的答案有誤且已持有卡片時，則要被收回。

當每個人已經作答、提出挑戰或放棄時，第二位挑戰者（或位在誦讀者右邊的遊戲者）檢查答案單並大聲誦讀正確的答案，答案正確的遊戲者便可擁有該張卡片。若兩位挑戰者答案皆非，必須送回以前贏得的卡片；若該題無人答對，則該卡片送回原來的卡片堆中。

至第二輪時，每個人向左移一個位置。原來的第一位挑戰者擔任誦讀者，第二位挑戰者成為第一位挑戰者，而原來的誦讀者成為第二位挑戰者，遊戲繼續進行，由教師決定，或直到時間終了，或卡片用完為止。

3.統計點數：當第一場遊戲結束時，遊戲者在第一場遊戲記分卡上記錄贏得的卡片數；若尚有時間，學生可以再弄混卡片，繼續第二場遊戲，直到時間結束，放在遊戲記分卡上記載第二場遊戲贏得的卡片數。通常在一節課結束前10分鐘按鈴，要求所有學生停止遊戲，開始計卡，然後在同一張卡片（如圖9-8）上寫下姓名、隊名與卡片數。若學生不只玩一次，將要把每次遊戲贏得的卡片數加起來，列在每天小計欄上。對四年級以下的幼童來說，只要蒐集分數單即可；俟較高年級時，才要求他們計算比賽點數。

桌別：＿＿＿＿＿＿

姓名	隊別	第一場	第二場	第三場	每天小計	競賽點數
A-1	A	5	7		12	20
B-1	B	14	10		24	60
C-1	C	11	12		23	40

圖9-8　遊戲記分卡

註：修正自同表9-1，p.89。

　　表9-3(1)、9-3(2)、9-3(3)是摘述所有可能競賽所得的點數，一般來說，三人一桌時，沒有平手的情形，給予最高得分者60點，第二高分者40點，最低者20點。這些點數則填列在圖9-8遊戲記分卡的競賽點數欄內。當每個人統計自己比賽所得點數後，由一位學生蒐集遊戲計分卡。

表9-3(1)　四位遊戲者的競賽點數

遊戲者	沒有平手	前二位平手	中間二位平手	低分平手	前三位平手	後三位平手	四位平手	前二位後二位平手
最高分	60	50	60	60	50	60	40	50
中高分	40	50	40	40	50	30	40	50
中低分	30	30	40	30	50	30	40	30
最低分	20	20	20	30	20	30	40	30

註：取自同表9-1，p.90。

表9-3(2)　三位遊戲者的競賽點數

遊戲者	沒有平手	前二位平手
高得分者	60	50
中得分者	40	50
低得分者	20	20

註：出處同表9-3(1)。

表9-3(3) 兩位遊戲者的競賽點數

遊戲者	沒有平手	前二位平手
高得分者	60	40
低得分者	20	40

註：出處同表9-3(1)。

(三)計算小組分數

競賽結束之後，經查對在遊戲記分卡上的點數無誤之後，開始把每位學生的競賽點數，轉移記載於小組摘要單內（如圖9-9）；接著加總各小組所有成員的分數，再除以成員人數，即得該小組的平均分數。通常以四次競賽（四週）為一統計單位。

(四)小組認可

小組遊戲競賽法如同學生小組成就區分法一樣，根據各小組的平均分數，給予三種獎勵，如小組平均為40、45、50，則頒給傑出、優異、佳的證書。除此之外，每個入選小組的名稱，或成員姓名及照片，甚至可貼在布告牌上，以示慶賀。

小組摘要單

小組別成員姓名	1	2	3	4	5	6	7	8	9	10	11	12	13	14
張○○	60	20	20	40										
林○○	40	40	20	60										
陳○○	50	20	40	60										
蔡○○	60	60	20	40										
蘇○○	40	40	60	20										
小組總分	250	180	160	220										
小組平均	50	36	32	44										
小組得獎別	優等獎			甲等獎										

小組平均小組總得分 / 小組成員人數

圖9-9 小組摘要單樣張

註：修正自同表9-1，p.91。

　　由於在每次競賽結束之後，為著下一場的競賽，須將學生重新分派到新的競賽桌，Slavin（1990）將之稱為昇降（bumping），另要計算出小組分數，即可進行昇降作業。

　　昇降的步驟如下：

　　1.根據登錄在遊戲記分卡上的分數，可以確認每張競賽桌上的得高分者與低分者，就得高分者在其所屬桌次代碼予以圈起來。如果任一桌得高分者有平手情形，則以擲銅板決定要圈選何者；惟每桌以圈選一人為限。接著各場比賽亦作相同處理。

　　2.各桌得低分者則在其所屬桌次代碼下劃線，如任一桌得分有平手情形，亦擲銅板決定要在何者下劃線，每桌劃線桌以一人為限。

　　3.一次競賽結束後，第二次競賽開始的桌次排序有所改變，其作法為，被圈起來的號碼依原來的減一（如原來在第四桌的便要昇到較難的第三桌，惟第一桌的贏得者仍留在第一桌）。被劃線的號碼依原來的加一（如原來第三桌便要降到第四桌，惟在最後一桌的低分者仍留在原桌）。

　　有關這些步驟的圖示，請參閱圖9-10。

三、皆可熟二式的設計

　　皆可熟（Jigsaw）是原先由阿隆松及其同僚（Aronson, Blaney, Stephan, Sikes, & Snapp, 1978）倡導的教學策略，乃在鼓勵小組各成員依特別為皆可熟量身訂做的學習材料，透過相互間的依賴而進行學習。如是設計的教材，使得唯一見到某一部分的成員成為「專家」（expert），是以學生們為了學習其他不屬於自己唯一見到部分的資訊，必須相互依賴。由於皆可熟策略在運用時，可能有兩大缺失，最大問題在於教師須事先準備所需的特別學習材料，構成巨大負擔；其二是「非專家」（nonexperts）無法觸及所有的教材，一旦學生無法從「專家」的講述中學習得好，便會無所依靠。為了克

（五張競賽桌）
競賽桌分派單

學生姓名	隊名	1	2	3	4	5	6	7	8
蘇○○	A	1	1	2					
陳○○	B	1̲	2	2					
林○○	C	①	①	1					
李○○	D	①	1	1					
呂○○	A	2̲	②	1					
張○○	B	2	③	2					
周○○	C	3	3̲	4					
許○○	D	③	2̲	3					
徐○○	A	3̲	4	5					
葉○○	B	4	④	3					
楊○○	C	④	3	3					
謝○○	D	4̲	5̲	5					
吳○○	A	4	4	4					
蕭○○	B	5̲	5	5					
鄭○○	C	⑤	4	4					
黃○○	D	5	⑤	4					

↑　　　↑
最近競　下一次競賽
賽結果　分派的桌別

圖9-10 依昇降分派競賽桌單樣張

註：②代表在第二桌得高分者

2代表在第二桌位居中間分數者

2̲代表在第二桌得低分者

本圖修正自同表9-1，p.92。

服如是的缺失，史雷文（Slavin, 1986）便加以修正，成為皆可熟二式。

　　皆可熟二式是合作學習的一種型式，其中的個別學生是某主題中的各個子題的專家，然後各自將該子題傳授予其他同學。它採用任務專門化（task specialization）或分工的概念，爲了達成學習活動的諸項目標，不同的學生分派不同的角色，須就學習任務中的特定部分充分掌握以成爲專家，並運用其專門技能授予其他學生。是以皆可熟二式的成功之關鍵，在於促使小組各成員學習內容時，彼此互依。

　　茲分從皆可熟二式模式的計畫、實施和評量說明之（Eggen & Kauchak, 1996）：

(一)計畫

　　皆可熟二式模式的計畫可分成四個步驟：

　　1.確定目標：首在教導學生精熟有組織的知識體系，包括掌握教科書中的各章、故事、傳記或事件史。爲了協助學生瞭解主題，應提供可使用的材料，如書籍、錄音帶、錄影帶、影碟。

　　2.設計學習材料：即在於蒐集材料以及爲導引學生學習和教學而設計專家單（expert sheets）。其中材料的來源包括現有和曾使用過的教本、圖書館藏書、百科全書、雜誌以及非書資料，如錄影帶、影碟等。此外，教師亦須設計學習單，協助學生聚集於重要的資訊與問題，可包括探討問題、大綱、矩陣、圖表與階層圖等。

　　3.形成學生小組：作法與學生小組成就區分法同，即分組宜考慮成就、性別、文化背景等，以求得平衡。本小組另一外加的因素爲分派專家，但讓學生自行選擇主題總比分派要佳。

　　4.安排評量：事先設計一個評量矩陣，可以使得測驗上各個主題皆得到同等重視且掌握適中難易度，如圖9-11所示。

(二)實施

　　皆可熟二式的實施可分成以下四階段：

　　1.蒐集資訊：先分派學生至各組，並給予他們準備發展專門技能的主題。教師首次使用本策略進行教學的，需依專家單在學生群

主　題	題　目		
	知　識	理　解	應　用
自然地理			
歷　史			
文　化			
經　濟			

圖9-11　評量矩陣設計

註：取自Eggen & Kauchak, 1996, p.298.

中走動，俾協助他們瞭解如何建構以及努力。至於真正的學習時間可在班級或分派家庭作業進行之，不過剛使用本策略的前幾節以在班級實施較佳，如是安排可給教師調整活動以及為小組提供建議之便。

2.專家會議：在學生學習個別主題之後，舉行專家會議可賦予「專家」有機會比較所做的筆記以及釐清誤解的領域。會議中需有位討論的引導者，負責調整場次以及促使每個人皆能積極參與。

3.小組報告：此時專家回到所屬各小組，輪流向小組教導他們的主題。

4.評量與認可：評量個別學生成就與認可小組成就的方式，和學生小組成就區分法的作法類似。

(三)評量

以皆可熟二式進行教學，欲評量學生的瞭解情形，可分成三個層次：

1.評量團體過程，以瞭解小組中的每個成員是否有生產性地學習去執行功能，包括聽、說、分享觀念，以及協助小組正向發展，專家能否清楚解決內容。此一過程需透過示範與角色扮演教導之。

2.評量專門技能的發展：皆可熟二式需有精細的學習技巧，如記筆記與組織，以及傳授內容予他人的能力。教導這些技巧的方式是教師以放聲思考（thinking aloud）進行示範；當學生練習時，教

師應予以指引並提供回饋。

3.評量學生對內容的瞭解：為了使評量工具符合目標，圖9-11的矩陣與目標可供參考，可以紙筆測驗行之。

就上述三種合作學習的活動設計以及小組輔助個別化方案（TAI），相互之間有著類似性與差異性，波里奇（Borich, 2014）曾列表（如表9-4）比較如後：

表9-4　四種合作學習活動的異同

學生小組成就區分法	小組遊戲競賽法	皆可熟二式	小組輔助個別化方案
教師採演講或討論方式，提供學習內容	教師採演講或討論方式，提供學習內容	學生閱讀教本中的段落並被分派特定的主題	由監控者給學生施測診斷測驗，以決定所要提供的教材。
小組透過工作單上的問題／難題進行工作	小組透過工作單上的問題／難題進行工作	小組內的學生依分派同一的主題者以「專家小組」方式在一起聚會	依學生自己的步調提供或分派作業供學生學習
教師就學生學過的材料實施小考	小組彼此就某些觀點玩學業性競賽	學生回到「家庭」小組，與同伴分享主題知識	小組同儕檢核文本和答案，並由監控者施測
教師決定小組平均分數以及個人改進分數	教師就為期四週的小組點數予以劃記，以決定最佳的小組以及最好的個別得分者	學生就討論過的每個主題接受小考 個別接受小考用來計數小組得分以及個別改進的分數	小組測試平均數和完成工作單元數，由監控計數，以核給小組分數

註：取自Borich, 2011, p.383.

參考書目

Aronson, E., Blaney, N., Stephan, C., & Snapp, M. (1978). *The Jigsaw classroom*. Beverly Hill, CA: Sage.

Borich, G. D. (2014). *Effective teaching methods: Research-based practice* (8th ed.). Boston: Pearson Education, Inc.

Eggen, P. D. & Kauchak, D. P. (1996). *Strategies for teachers: Teaching content and thinking skills* (3rd ed.). Boston: Allyn & Bacon.

Slavin, R. E. (1986). *Using Student team learning* (3rd ed.). Baltimore, MD: The Johns Hopkins University, Center for Research on Elementary and Middle School.

Slavin, R. E. (1995). *Cooperative learning: Theory, research and practice* (2nd ed.). Boston: Allyn and Bacon.

附錄9-4

交互教學法

　　交互教學法是教師在教室應用自我引導學習的策略，透過對話，以提供探索有待學習內容的機會。交互教學法的中心為團體討論，其中教師與學生輪流在討論文本中擔任領導者。

　　教師一開始先向學生介紹交互教學法如下：

　　「未來幾週，我們將一起為改進所讀過之教材的理解能力而努力。有時候，由於我們太熱衷於理解字的寫法而未能注意到字、句的意義。我們將學習一種更能使我們注意到正在閱讀之內容的方式，當你們閱讀時，我將教你們做以下的活動：

　　1.思索已讀過內容中，可能被問起的重要問題，且確信自己能夠回答。

　　2.把已讀過的最重要資訊，作成摘要。

　　3.預測該書作者在下一段要討論的內容。

　　4.找出本段不清楚或無法理解的地方，然後試看看自己是否能理解。」

　　「這些活動將幫助你們注意正在讀的東西，並確信你們能瞭解它。」

　　「從這種方式，你們將學習該四項活動，且閱讀小組的成員可輪替當教師。當我擔任教師時，我會讓你們見到我細心閱讀的情形，且在閱讀時告訴你們我所找出來的問題，將所讀到的最重要資訊摘述出來，和預測出我認為作者可能接著要討論的內容。我也要告訴你們，我是否發現所閱讀的內容有不清或混淆之處，以及我如何予以理解的方式。」

　　「當你擔任教師時，首先會問我們，你在閱讀時所找出的問題。你會告訴我們，有關我們的答案是否正確。你會把閱讀時習得

的重要資訊作成摘要。你也會告知我們，你是否在本段找到混淆的內容。這樣經歷過多次，你也會應要求預測，你認為下一段可能要討論的是什麼。當你擔任教師時，我們會答你的問題，並批評你的摘要。」

「這些活動，我們希望你們能學會運用，不但在此班時如此，而且隨時隨地只要你們想瞭解與記憶自己所閱讀之內容——如社會科、自然學或歷史時均可使用。」

日常的程序：

1.把當天所要處理的內容發給學生。

2.解說閱讀第一段時，你先當教師。

3.教導學生默讀你認為適當的段落。一開始時，以一段接一段的方式最容易進行。

4.當每個人已讀完第一段時，作如下示範：

「我認為老師可能問的問題是＿＿。」

要求學生回答你的問題。如有必要，他們可以看書。「我以以下的方式摘述本篇的重要資訊＿＿。」

「從本段的標題，我預測作者將討論＿＿。」

如果妥當，「當我閱讀這一部分時，發現以下的內容不清楚＿＿。」

5.針對你的教學以及本段，請學生作評論，如：

「有更多重要的資訊嗎？」

「對於我的預測，有人可做補充嗎？」

「有人發現尚有混淆不清的地方嗎？」

6.分配要默讀的下一部分。選派一位學生擔任該段落的老師。以比較喜歡說話且你認為比較能從事該項活動的學生開始擔任老師。

7.如有必要，可透過下列活動，訓練這位學生「老師」，如：

「你認為當一位老師應該問什麼問題？」

「叫某人回答你的問題。」

「答案正確嗎？」

「你如何把該部分重要的資訊作成摘要？」

「你預測作者接著可能討論的內容嗎？」

「在書中有不清楚的地方嗎？」

雖然應鼓勵其他學生參與對話，但宜給負責該部分的這位學生「老師」首先發表的機會，並引導對話的進行。另應給這位學生「老師」更多的回饋和讚美，如：

・你問的問題問得好且很清楚。

・那是個好問題，包括重要的資訊。

・摘要作得好。

・預測的不錯，讓我們看看對不對。

8.隨著日子的消逝，試著讓自己漸漸離開對話，好讓學生「老師」自行倡導活動，由其他學生提供回饋。你的任務是監控、維持秩序、協助他們不偏離主題與克服障礙。

資料來源：Slavin, 2006, pp.252-253.

附錄9-5

交互教學法運用預測、發問、摘要與釐清四種活動對話

教師：（讀出書中內容）「大嘴魚配合環境改變牠們的膚色與游動。例如：大嘴魚生活在綠色植物中就變成綠色，俾和綠色植物匹配。」

甲生：（引導討論）關於這一段，我有一個問題：大嘴魚的樣子看起來有什麼特別嗎？

教師：（釐清）你指的是綠色的樣子嗎？

乙生：（精密化）牠不只是綠色而已！牠會和環繞在四周的各種植物的顏色相同。

甲生：（持續說）是的，正是那樣。這部分我的摘要為：大嘴魚看起來如同環繞在四周的樣子。我的預測是有關牠的敵人和自我保護的方式，以及敵人是誰。

丙生：（補充摘要）他們也會談到有關大嘴魚游動的方式。

丁生：（再加入）牠來回擺動。

戊生：（補充）……沿著其他植物游動。

教師：（發問）當某物看起來與動起來像他物時，我們稱呼牠什麼？像我們昨天看到叫「竹節蟲」的昆蟲呈現的方式嗎？當我們談到竹節蟲時，我們要釐清該詞？

己生：擬態。

教師：答對了。我們已說過我們說大嘴魚擬態為……。

全體學生：（一起）……植物。

教師：對！讓我們看看甲生的預測是否正確（全班翻開課本）。

資料來源：修正自Borich, 2014, p.332.

1. 編序教學的理論根據為何？具有哪些特徵？

2. 發現學習的優、缺點為何？其與接受學習的差別如何？

3. 何謂前置組體？有哪些類別？

4. 試析述蓋聶的學習事件與教學事件的關係。

5. 布魯姆的精熟學習論具有什麼特質？實施的步驟為何？有何優、缺點？

6. 合作學習的基本概念為何？並舉一種方法說明之。

7. 何謂交互教學法？並解說交互教學一般進行的活動順序。

8. 就本章所揭示的各種教學理論，哪一種／哪些適用於資賦優異學生的教學？

9. 線上學習、融合學習與移動學習各有何優、缺點？

第 *10* 章　教學設計(一)

　　如何設計教學活動，蓋聶等人（Gagné Briggs & Wager, 1992）主張應涵蓋界定表現目標、分析學習任務、設計教學順序、計畫教學過程、選擇與運用媒體、設計個別的課、評估學生表現等，歐利瓦（Oliva, 2009）則將教學設計分成確立教學目的與目標、選擇教學策略，與選取評量教學的技術等項。為求與第六章所述歐利瓦的課程設計模式一致，本章試從歐利瓦的觀點出發，探討教學設計的內涵。又有關教學評量部分，將留至第十二章分析，因此本章僅擇就教學目的與目標的確立以及教學策略的選擇兩大主題提出探討。在未提到該兩項主題之前，似宜再回顧一下歐利瓦的教學模式。

　　從第六章圖6-8所提歐利瓦課程設計模式中，可以發現課程——教學連續體的子集之一為教學階段，共分成六項要素（即VI、VII、VIII、IXA與IXB、X、XI），茲將該子集另行再繪成如圖10-1所示，以便於查閱、說明。

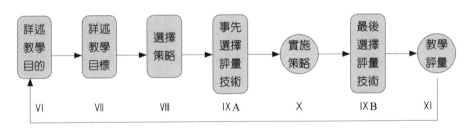

圖10-1　　教學模式（Oliva, 2009, p.309; Oliva & Gordon, II, 2013, p.298）

　　歐利瓦教學模式共分成兩個主要部分：

1.計畫階段：包括四項要素，即

VI：詳述教學目的。

VII：詳述教學目標。

VIII：教師計畫教學策略。

IX：為評量教學所涵蓋的事先與最後選擇評量技術二者（A與B）。

2.運作階段：分成實施教學或教學演示與教學評量。

第一節　教學目的與目標

　　教育所要達成的成果（outcomes），從廣義至狹義區分，依序為教育目的（aims of education）、課程目的（curriculum goals）、課程目標（curriculum objectives）、教學目的（instructional goals）與教學目標（instructional objectives），雖然其間目的與目標的用語有的人視為同義語而加以混用，但對初學者而言，似有加以釐清的必要。茲以圖10-2說明之。

　　從圖10-2可知，位於頂點的教育目的，是學校課程目的與目標之所自。接著，課程目的與目標則為教學目的與目標的根源。目的乃基於國家甚至國際的考慮而由俊秀人士或團體所陳述。課程目的與目標係分由各所學校或學校系統中的課程小組所制訂。至於教學目的與目標則由學校的班級教師自己決定，或班級教師在他班教師與地方課程小組成員的協助之下決定之。

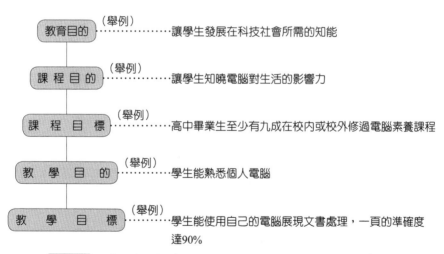

圖10-2　成果階層（Oliva & Gorden, II, 2013, p.173）

　　所謂教學目的是指期望班上每個學生表現的一種陳述，這種陳述以一般性的術語而非以成就水準表之。至於教學目標係指由教學目的衍生

而來，以可測量的和可觀察的名詞，陳述班級中每個學生可能展示的表現。有人認為教學目標可稱為表現目標或能力，且需以行為目標示之。有關行為目標的運用與批判，已見諸本書第六章第三節，本節不再贅述。

選擇與撰寫教學目的與目標，至少有三種原則可供遵循：即1.教學目的與目標應能反應出與早已訂立之課程目的及目標的關係；2.根據認知、情意與技能三個學習領域予以具體化；3.應能同時確認高層次與低層次的學習，但較著重高層次的學習內容。後面兩種原則，可併在一起說明。

一 教學目的與目標以及課程目的與目標間的關係

教學的目的與目標係衍自課程目的與目標，負責班級教學教師應對它們之間的關係有所瞭解。有關他們之間的關係，在圖10-2雖已有概略的舉例，為了讓讀者有更深刻的瞭解，此地將再加說明。

以小學五年級為例。若選出的「課程目的」為：在這一年的學習期間，學生的閱讀技巧將有所進步。根據此種一般性的目的，可演繹而得下列的「課程目標」：第一，至8月底，有70%的學生的英文理解能力有所精進。以及第二，至學年結束時，全體學生的閱讀理解成績超過年級常模的75分。

至於「教學目的」則依循課程目的與目標而來，如：1.學生在無多大困難的情況之下，表現默讀新教材的能力；以及2.學生在無困難的情況之下，能以口頭表達新教材的能力。如就該兩項目的而論，均屬對每個學生所賦予的期待而作的陳述。惟這些陳述都屬於一般性用語，未涉及精熟應達的標準。每項教學目的可再轉化為「教學目標」，如為了增進默讀的目的，教師可以設計以下的目標：1.學生默讀五年級國語課本中的某一課之後，能以口頭說出它的大要，且能瞭解其中的四個重點；以及2.學生默讀五年級國話課本中的某一課之後，能就教師所準備的十個書面問題，答對其中的八題。

除非教學目標基於對特殊學生群體，如資優或身心障礙學生的考

慮，而另有分化的目標；否則對一般學生的期待，賦予他們所能達成的精熟目標，大抵一致。如果教學目標係針對某個班級的全體學生而訂定，這些目標可稱爲最低能力（minimal competencies）。

　　課程目的與教學目的以及課程目標與教學目標之間的關係，有時候也會令人感到容易區分。唯課程目的與目標大抵上說來，比教學目的與目標廣泛，且鎖定在全體學生，通常是跨越年級限制，甚至有時候是跨學科的。而教學目標則比課程目的和目標具體，且以學生在班級的表現作描述，這樣的目標也呈現了教師個人努力教學的效果。

■ 認知、情意與技能領域的教學目標

　　爲了能具體表達教學的目的與目標，通常都從三種學習領域，即認知、情意及技能三方面加以描述。三者究竟以何者至爲重要，可說是爭論不休的問題，惟在升學導向的我國，認知領域的學習似乎占了優勢，以致其他兩個領域的學習成效較不易彰顯。如就常態來說，三者似有重疊之處，即每一種領域的學習雖占了優勢，但實質上也涵蓋了其他的領域在內。亦即有時候欲明確地將某些學習歸類在某一領域，似有困難。如將學習定位在技能領域爲主，但也會涉及認知與情意領域。也可能將學習定位在認知爲主，而以情意爲輔；或以情意爲主，認知爲輔；或以認知爲主，情意和技能爲輔。不過，也有可能將教學領域定位在某單一領域，而排除其他領域。只是教學目的或目標，如僅偏限於一域，似非理想。因此，負責實際班級教學的教師宜對三個領域有所瞭解。

※(一)原創認知領域的教學目標

　　布魯姆等（Bloom, Englehart, Hill, Furst, & Krathwohl, 1956）依照認知的複雜性，設計一種分類目標的方法，共分成六個層次，從最簡單的知識（knowledge）層次及於最複雜的評鑑（evaluation）層次，如圖10-3所示，這些層次具有階層關係，即較高層次目標包含且依較低層次目標而來。

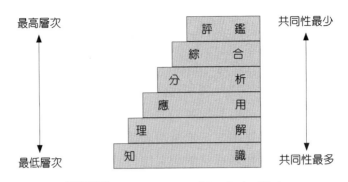

圖10-3 教育目標分類：認知領域

　　認知領域的每個層次，各有不同的特徵，也採用行動動詞來代表每個層次，茲舉例分述於後：

　　1.知識層次（knowledge）　知識層次的目標，在於要求學生記憶或回憶如事實、專門術語、問題解決策略、規則等資訊。在本層次常用來描述學習成果的行動動詞舉例如下：

　　界定　列舉　回憶　描述　配合
　　引述　確認　指名　選取　標記
　　列出綱要　陳述

　　茲以上述行動動詞列舉知識目標如下（亦可參閱本書第六章附錄6-2，以下各層次同，不再贅述）：

　　　・學生能正確回憶星期一午餐的三種主菜名稱。

　　　・學生能根據記憶配合我國的年代與戰役的名稱，達85%的準確性。

　　2.理解層次（comprehension）　理解層次的目標，要求學生具備某種程度的理解力。即期待學生能改變表達的方式：轉譯、重述讀過的內容；發現表達（或解釋）內容中諸要素之間的聯結或關係；從資訊（推論）中攝取結論或發現結果。描述本層次學習成果所使用的行動動詞如下：

　　轉換　估量　推論　解釋　分辨
　　預測　辨認　作成摘要　析述意義　擴展

茲以上述動詞，列舉理解目標例子如下：

‧學生在本學期結束能以流暢的文字，將某一故事的主要事件作成摘要。

‧學生能根據書本的例子，分辨課程目標與教學目標的不同。

3.應用層次（application） 應用層次的目標，要求學生將以前學過的資訊（而非剛學得的資訊）在某情境中運用。應用層次目標與理解層次目標的不同，在於應用需在一個不同的或常應用的環境中，呈現待解的問題。是以學生不能根據原先解決問題時所習得的「內容」或仰賴相同的「情境」去處理問題。描述本層次目標的動詞，舉隅如下：

改變　修改　找出關係　計算　操作

解決　組織　遷移　發展　準備

運用　揭示　演示

使用上述或類似動詞來描述該層次目標的例子如下：

‧學生能揭示《論語》中的觀點，在今日是否適用的情形。

‧學生能演示能量恆存定律，在日常生活中應用的情形。

4.分析層次（analysis） 分析層次的目標，要求學生能確認邏輯上的錯誤（如：指出矛盾或錯誤的推論）或分辨諸項事實、意見、假定、假設或結論之間的不同。預期達到本層次的學生，能找出諸項觀念之間的關係，並加以比較。描述本層次學習成果的動詞有如：

細分　區辨　指出　演繹　解說

找出關係　圖示　推論　分辨

列出綱要

採用這些或類似動詞描述該層次目標的例子有如：

‧學生能從荒謬的敘述，找出矛盾所在。

‧學生能從政治的宣示中，指出反金權而非反財團的觀點。

5.綜合層次（synthesis） 綜合層次的目標，要求學生能提出一些獨特性或原創性的東西。即期待學生能以獨特方式，解決某些不熟悉的問題，或結合若干要素，以形成獨特的或新奇的解決問題方法。可用來描述本層次學習成果的動詞舉隅如下：

分類　創造　形成　編組　設計

預測　組成　生產

使用這些或類似動詞描述綜合層次的例子如：

‧學生能根據一短篇故事，寫出令人激賞的結局。

‧學生能寫出孫中山先生的傳記。

6.評鑑層次（evaluation）　評鑑層次的目標，要求學生對某些方法、觀念、人群，或具有特定目標的產物等之價值，予以判斷並作成決定。學生判斷所依據的基礎（如他們據以作成結論的外在標準或原理），宜予敘述。用來描述本層次目標，所使用的動詞如：

評價　批判　證實　比較　支持

對比　判斷　複核效果　辯護

採上述這些或類似動詞，描述評鑑目標的例子如：

‧學生能根據曾在班上討論的五項規準，判斷一篇以前未讀過之文章的價值。

‧學生能根據民主原理的諸項論點，為對某一國家經濟制度的描述，提出辯護。

※(二)修正後的認知領域教學目標

■Anderson-Krathwohl的分類

原先認知領域教學目標的分類，計有六類，已如前述。2001年由L. W. Anderson和D. R. Krathwohl（主編）以及六位貢獻者出版對Bloom認知分類目標的修正專書，主要的轉變有（Anderson, et al., 2001）：

1.各類名稱、順序、辭類有所更易　原創的目標均以名詞表示，修訂的名稱概以動詞示之。其中知識（knowledge）稱為記憶（remember）；理解（comprehension）稱為瞭解（understand）；綜合（synthesis）易名為創造（create），且將之列為教育目標的最頂端類別；其餘類別均分別改為動詞的形式而為：應用（apply）、分析（analyze）和評鑑（evaluate）。

2.由單向（度）目標轉化為雙向（度）目標　傳統分類只有認知過程（cognitive process）向度，而分成六類，新修訂的分類所包括的認知過程向度的改變，除了如前項所述新創的六類之外，另增加知識的向度為四類，即：

(1)事實的知識（factual knowledge）：學生必須熟悉學科的基本要素或解決學科中的問題，此類知識又分成：①術語知識（knowledge of terminology）和②特定細節與要素的知識（knowledge of specific details and elements）。

(2)概念的知識（conceptual knowledge）：涉及較大結構內諸項基本要素間的交互關係，能將諸要素結合在一起發揮功能；此類知識分成：①分類與類別知識（knowledge of classifications and categories）；②原理與原則的知識（knowledge of principles and generalization）；③理論、模式和結構的知識（knowledge of theories, models and structures）。

(3)程序的知識（procedural knowledge）：指做事的方法、探究的方法，以及使用技巧、演算方法、技術和方法的規準。該類知識包括：①特定學科技巧與演算的知識；②特定學科技術與方法的知識；③決定使用適當程序時機之規準的知識。

(4)後設認知的知識（metacognitive knowledge）：指的是一般認知的知識，以及吾人對自己認知的覺察和認知，包括：①策略性知識；②有關認知任務的知識，涵蓋適當脈絡的與條件的知識；③自我認知。

至於認知過程向度的結構，可簡述如下：

1.記憶　指學生從長期記憶檢索相關的知識，包括：(1)再認（recogniz-ing）與(2)回憶（recalling）。

2.瞭解　指學生能從教學訊息中創造意義，建立新知與舊經驗間的聯結，包括口頭的、書面的與圖形的溝通在內，可分成以下各項：(1)詮釋（interpreting）；(2)例示（exemplifying）；(3)分類（classifying）；(4)摘要（summarzing）；(5)推論（inferring）；(6)比較（comparing）；(7)解釋（explainning）。

3.應用　指學生能在某情境中執行或使用一種程序，包括：(1)執行（executing）（熟悉的任務）；(2)實施（implementing）（不熟悉的問題）。

4.分析　指學生把材料細分成有組織的成分，並測知各成分間彼此的關係及其與整個結構或目標的關係，包括：(1)區分（differentitating）；(2)組織（organizing）；(3)歸屬（attributing）。

5.評鑑　指學生根據規準和標準，作成判斷，包括：(1)檢核（checking）；(2)批判（critiquing）。

6.創造　指學生把諸元素結合起來，以形成一種新奇的、一致的整體或製造創新性的產物，包括：(1)產生（generating）（假設）；(2)計畫（planning）（解決問題的方法）；(3)生產（producing）（滿足條件的規劃方案或產品）。

綜合分析認知過程的向度與知識的向度，可得修正的認知領域目標的分類，如圖10-4所示，可用來檢查有關的重點、有無注意課程的連貫性，以及檢測有無失漏之處，俾供教師決定課程與教學在哪個地方、在什麼時候需要改進。

知識向度	認知過程向度					
	1.記憶	2.瞭解	3.應用	4.分析	5.評鑑	6.創造
(1)事實的知識	目標1					目標5
(2)概念的知識		目標2			目標4	目標5
(3)程序的知識				目標3		
(4)後設認知的知識						

圖10-4　修正的認知領域分類

註：修正自"A revision of Bloom's taxonomy: An overview", by D. R. Krathwohl, 2002, *Theory into Practice, 41*(4), pp.216-217.

■Marzano-Kendall的分類

R. J. Marzano曾於2001年出版設計新的教育目標分類（*Designing a new taxonomy of educational objectives*）一書，2007年Marzano和Kendall（2007）將之修正而成一種新的教育目標分類，該分類結合三種領域（domains）和六個處理層級（levels of processing）而成；三個領域為知識資訊（knowledge information）、心智程序（mental procedures）和技能程序（psychomotor procedures）；六個處理層級由下而上的順序為檢索（retrieval）（認知）、理解（comprehension）（認知）、分析（analysis）（認知）、知識利用（knowledge utilization）（認知）、後設認知系統（meta-cognition system）、自我系統（self system）。

　　該種分類對於設計和分類教育目標、創新評量、重新設計州的和區的標準、塑造課程、以及列出思考——技能課程綱要方面，有其貢獻。

■ Webb的知識深度系統（Depth-of-Knowledge; DOK）

　　Norman L. Webb為了研究讓評估、課程和標準一致的方式，於1977年提出一種分類系統，而成為有名的知識深度系統。該系統認為在學習過程中回憶和理解教材是學習過程中的唯一目標與Bloom將之拆分成回憶和理解兩個階段有別。

　　Webb於1999年以數學知識深度分成四個層次分析，第一層次為回憶層次（recall）、第二層次為運用技巧和概念（skill/concept）探討問題、第三個層次為運用推理、計畫、證據、高層次等策略思考（strategic thinking）、第四為延伸思考（extended thinking）。Webb並主張這四個層次彼此是處於相依的關係。又由於知識深度系統的出現，亦得自其他學科內容領域專家以及主要州學校董事會的幫助，始能迅速擴展到其他學科。

　　由於Bloom原創的認知領域目標的分類，較為大家所熟悉，且為專業人士所運用已超過五十年，是以儘管有修正的分類方法出現，使用原創分類者仍然較多，惟各種修正的分類法，吾人亦可試著去瞭解，或許可藉以補充原創分類法的不足之處。

※(三)情意領域的教學目標

　　克拉斯渥爾等（Krathwohl, Bloom, & Masia, 1964）依據情意的複雜程度，把情意領域的目標由接受（最簡單層次）至形成品德（最複雜層次），共分成五個層次。這種分類方式與認知領域相同，均假定這些層次有階層關係，較高層次目標係包含且依著較低層次目標而來（如圖10-5所示）。

　　為了便於說明情意領域各層次目標，茲以行動動詞描述的例子，分述於後：

　　1.接受層次（receiving）　接受層次的目標，要求學生知曉或被動地注意若干現象與刺激，期待學生注意或傾聽。描述本層次學習成果的動詞有如：

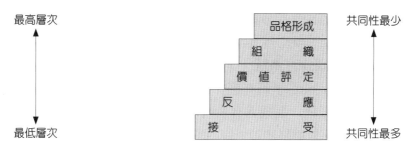

圖10-5 教育目標分類：情意領域

注意　目睹　注視　知曉　聽

控制　分享　傾聽

使用上述動詞描述的接受目標，可如以下例子示之：

・學生能不離座地傾聽莫札特協奏曲。

・學生能傾聽別人發表的意見。

2.反應層次（responding）　反應層次的目標，要求學生對某些刺激注意或反應，以順從某些期待。即要求或指引學生做某事時，期待他們願意遵從、參與或反應。描述反應層次成果的某些動詞有：

讚許　跟從　遊戲　順從　遵守

練習　討論　參與　自願

使用上述動詞描述反應目標的例子如：

・當要求學生照章行事時，他們無異議地照著做。

・當要求學生練習樂器時，他們會照著做。

3.價值評定（valuing）　價值評定的目標，要求學生能在情境中表現與單一信念或態度一致的行為，這種表現既非被迫，亦非出自順從的要求，即期待學生展現一種偏好或表現一致性高的信念。用來描述價值評定層次成果的動詞有如：

行為　辯論　協助　爭論　表現　行為

組織　相信　表達　偏愛

運用上述動詞描述價值評定之目標的例子如下：

・學生表達對道德重整團體而非自己對國家發展之貢獻的讚許。

・當討論社會問題時，學生能表達對拒毒運動的意見。

4.組織層次（organization）　組織層次的目標，要求學生能對某一價值體系作出承諾。本層次包括：(1)說出吾人何以評定某些事物（不評定其他事物）之價值的理由；(2)在評定與不評定價值的事物之間，作出適當的選擇。即要求學生就他們喜歡的與偏愛的予以組成價值體系，然後決定哪些價值體系居於優勢的地位。用來描述組織層次成果的某些動詞如：

抽取　決定　選擇　取得平衡　界定

予以系統化　比較　形成　理論化

使用上述動詞來描述組織目標的例子有如：

・學生能形成自己支持公民權立法的理由，並能確認立法是否與自己的信念一致。

・學生能選擇營養的食物而不選擇便宜的食品。

5.品德形成層次（characterization）　品德形成層次的目標，要求學生表現的一切行為與其價值觀一致。位在該層次的學生，不僅已習得前面各層次的行為，而且將自己的價值觀，統整在一種代表完整哲學的體系中，不允表現與這些價值觀脫序的品德行為。對該層次行為的評鑑，是針對學生發展出一套一致性生命哲學的程度而來（如：在所有情境展示對人類的價值與尊嚴的尊重情形）。用來描述該層次成果的動詞有：

避免　內在化　抗拒　展現　管理

接納　展示　要求　修正

採用上述動詞，描述本層次目標的例子如：

・學生藉著幫助身心障礙同學教室內、外的行動，以展示自己對他們的協助和照顧的態度。

・學生能習慣地遵守一套法律與倫理的標準。

※(四)技能領域的教學目標

技能領域的教學目標除了本書第六章附錄6-2所載的辛普森（Simpson, 1972, pp.43-56）的分類方法之外，尚有哈樓（Harrow, 1969）的分類目標，此地採用後者的分類解析。哈樓把技能從最簡單的模仿層次及於最複雜的自然化層次，共分成五個層次描述。圖10-6即在解說技能領域層次所作的階層式安排。這些行為的基本重點置於神經肌肉技巧

的靈巧程度。在該種分類中的行為由最簡單的及於最複雜的，行為也隨著由粗大及於精細的動作技巧。

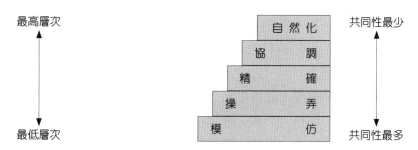

最高層次　　　　　　　　　　　　　　　　　　共同性最少

　　　　　　　　　　　　　自　然　化
　　　　　　　　　　協　　調
　　　　　　　精　　確
　　　　操　　弄
最低層次　　模　　仿　　　　　　　　　　　　共同性最多

圖10-6　教育目標分類：技能領域

　　技能領域目標的各個層次，各有不同的特徵，僅以代表每一層次所使用的動詞及例子舉隅於後：

　　1.模仿層次（imitation）　模仿層次的目標，要求學生就展示給他們的可觀察的行動，公開模仿之。由於本層次的表現缺乏神經肌肉上的協調性，因此，其行為通常只是較粗糙的且不完美的。在本層次，期待學生觀察行為，並能重複表現可見得到的行為演示。用來描述該層次成果的動詞有如：

　　排列成行　抓握　重複　平衡　掌握

　　依靠　遵循　安置

　　使用上述或類似動詞的模仿層次目標，可舉例如下：

　　・在展示一種燒開水的安全方法之後，學生能重複該種行為。

　　・在揭示徒手畫平行四邊形之後，學生能複製這種圖形。

　　2.操弄層次（manipulation）　操弄層次的目標，要求學生從書面的或口頭的提示，但未提供任何視覺模型或作直接觀察的條件之下，能表現如前一層次的行為。即期待學生根據閱讀或聽指導說明，便能完成一件行為，但是這種行為表現依舊是粗糙的，也缺乏神經肌肉的協調。用來描述操弄層次成果的動詞與模仿層次相同，只是以口頭指導或書面說明有別而已！

　　茲舉操弄層次目標的例子如下：

・根據放在您面前的傳單的說明，練習調整您的顯微鏡，俾能見到樣品的輪廓。

3.精確層次（precision）　精確層次的目標，要求學生表現一種獨立於視覺模型或書面指引的行為。在本層次複製的熟練行為，達到高層次的精巧，即行為表現具有準確性、勻稱性、平衡性等。期待學生在不必控制的情況下複製行為，且將錯誤減至最低程度。用來描述本層次（含表演行為）成果的表達方式有：

正確地　獨自地　控制地　無誤地

熟練地　平衡地

茲舉精確層次目標的例子如下：

・學生能準確地把樣品放在顯微鏡槽上，並熟練地使用高倍力的焦距，以便能從四種物件中，正確地鑑定出其中的三種。

4.協調層次（articulation）　協調層次的目標，要求學生依確立的適當順序與準確表現行為的方式，在適時與適速的控制之下，表現一系列有關的協調行為。用來描述本層次成果（含表演行為）的用語如下：

信心　統整　速度　協調　勻稱

穩定　和諧　適時

茲將有關協調層次目標，舉例如下：

・學生能在十分鐘內寫出所有的聲母與韻母，且上一行與下一行之間的間隔極為勻稱。

・學生能在九十秒鐘內，用掌上型的電子計算器準確地算出十題簡單的算術題。

5.自然化層次（naturalization）　自然化層次的目標，需要在所傳授的技巧或表現方面，達到高層次的熟練程度。在本層次表現的行為，費力最少，成為慣性、自動與自發性。即期待學生自然且不費勁地再度表現行為。用來描述本層次行為的一些用語有如：

自動地　專門地　容易地　不費勁地

例行性地　完美地　自然地　自發地

泰然自若地

茲舉自然化目標的例子如下：

・在學期結束時，學生能應要求每次自然地寫出所有的聲母與韻母，以及1至100的數目。

・第一學期結束之後，學生不需要藉工具的協助，就能自然地畫出正確的正三角形、等腰三角形與等邊三角形。

第二節　教學策略

所謂教學策略（strategies of teaching），泛指教師運用提供教材的方法（methods）、程序（procedures）與技術（techniques），以達成有效的成果而言。在教學上採用的策略通常是多種程序或技術並用（Oliva, & Gordon, II, 2013）。而決定策略的來源，不外是教學目標、教材、學生、社區與教師，Pawlas和Oliva（2008）為了協助教師選擇有效的教學策略，曾提供以下的指針，可供參考：

1.策略須能迎合「學習者」的需要與興趣，並配合他們的學習方式。

2.策略須能為個別「教師」採行。

3.策略的選擇須迎合「教材」的需要，有的教材採演示或練習策略優於採講演策略。

4.所採策略須在「時間允許」情況下方可進行。

5.所採策略須有「足夠資源」支持。

6.所採策略須配合現有「設施」。

7.所採策略須能達成「教學目標」。

由此可知，策略之選擇涉及甚廣，無法一一論述，本書僅根據波里奇（Borich, 2014）的觀點為主，參考相關文獻，分從直接教學策略與間接教學策略、評量本位的教學策略、差異化教學策略、發問策略、班級管理（班級經營）策略等方面予以探討。本節先分析直接與間接教學策略、評估本位教學策略和差異化教學策略，其他各種策略留至次章再論。

一　直接教學策略

※(一)直接教學的意義與適用時機

　　為求最有效地達成教導事實、規則與行動順序的過程，謂之直接教學（direct instruction），亦稱解釋教學或教誨式教學（expository or didactic teaching）。由於該種教學，教師是主要的提供資訊者，故稱為教師中心的策略（teacher-centered strategy），亦即在運用此種教學策略時，教師的角色，乃在於儘可能採最直接的方式，傳遞學生事實、規則或行動順序。其具體作法，係採解釋、舉例的講演式教學進行之，並提供學生練習與回饋的機會。直接教學式的講演是一種多元展示的教學，不僅需花大量的口頭講演時間，也需包含師生問答、複習與練習、改正學生錯誤等師生互動的過程。

　　直接教學策略有其適用的內容、時間與目標，在以下的情況之下，較為適用：

　　1.當教師須將教科書或作業簿的材料區分、細分或轉化為較易吸收的形式，使學生易於瞭解時，採用直接教學是合適的作法。

　　2.當教師欲激發或提高學生的學習興趣時，避免學生誤認學習內容枯燥，教師應適時直接提供有前瞻性與有趣味的教材。

　　3.為了達成精熟學習的目標時，教師充分運用班級時間，並讓學生充分練習基本的事實、規則與行動順序，直接教學不失為一種有效的學習程序。

※(二)直接教學的成分（或功能）

　　直接教學的組成因素（或稱功能），依有關學者的看法（Rosenshine, 1983; Rosenshine & Stevens, 1986; Slavin, 2006），約有如下幾項：

　　1.每日複習、檢查前一天作業（如有必要實施）以調整和診斷進步情形後，再教學　每日複習與檢查前一天（家庭）作業，使學生記得先前的知識，並瞭解新知與以前習得內容在邏輯上有所關聯，具有整體性和連續性。如從中發現學生未能精熟和新任務有關的舊知識，則宜予重新

教學,以便補救。

2.提示結構化的新內容　以逐步漸進的方式提示和先前知識一致的教材,且一次傳授一種觀念,俟精熟該觀念之後,再導入次一種觀念。至於將內容結構化,旨在讓學生進行有意義的學習,其方法有如下各種可供參考(Borich, 2014):

(1)部分─全體關係組織法(part-whole relationships):即先以最具通則性的形式,導入主題,然後再將主題細分成易於分辨的子題,如是的安排,容易吸引學生,且提示各子題內容時,總要溯及全體。

(2)順序關係組織法(sequential relationships):即傳授予學生的內容,依照事實、規則或行動在實在界或實際經驗的順序,予以安排。

(3)組合關係組織法(combinatorial relationships):即將可能影響事實、規則與順序之運用的各種要素或向度,組合成單一的格式。如是形成一個整體的架構,藉著揭示某些事實、規則與順序的組合符合邏輯,而其他的組合不符邏輯,來引導內容的次序。如社會科中的市場產品與各種運輸工具間的關係便可形成一種組合的架構。

(4)比較關係組織法(comparative relationships):即將兩個以上類別的事實、規則與順序並排,供學生觀察,找出他們之間的相似性與差異性。

一般教師在教室授課,將規則與例子結合,提示內容時,常先提出規則,再舉一個或多個例子說明;也有先舉一些例子解說規則者,即所謂採「規則─例子」或「例子─規則」順序,提示教材的方法;惟如能先提示規則,再舉例子,接著又重複述說規則,即所謂「規則─例子─規則」順序,成效或許較佳(Hermann, 1971; Tomlinson & Hunt, 1971)。

3.引導學生練習　學生在教師引導下提出反應練習此一步驟,首先應使班級處於不具評量的氣氛中進行,為了避免讓學生處於威脅的情境,並鼓勵他們進行學習,允許學生自己寫下答案,然後再看投影片上的正確答案,如此一來,教師便可導引每位學生都肯寫下自己的答案。

提示(prompting)也是引發學生提出正確答案的方式之一。當學生答錯時,教師如認為有必要,宜予以提示,俾能轉變為正確的答案。其具體作法有:(1)所有學生同時寫下自己的答案,然後鼓勵他們提出問

題。(2)不論學生有無舉手問問題，俟時機予以提示，俾訂正錯誤。(3)要求學生寫下答案，交由同學互相檢查、訂正。(4)預先設計學生常答錯的問題，然後考查學生答案的準確性。

示範（modeling）是另一種引導學生練習的安排，他們可從示範活動中進行模仿或從中進行推動。

4.回饋與訂正錯誤　學生對問題提出的答案，約有四種類別：(1)正確、快速而堅定；(2)正確但猶豫不決；(3)不細心而錯誤；(4)知識不足而錯誤（Rosenshine, 1983）。對於正確但猶豫不決以及不正確的答案，須予以回饋，並作訂正。至於最常採用的訂正策略有：

(1)複習所需的關鍵性事實或規則，以獲致正確的解答。

(2)解釋獲致正確解決答案所需的步驟。

(3)以線索或暗示作提示。

(4)採用一項不同但類似的問題，以引導學生得到正確答案。

5.獨立練習以臻精熟　教師一旦成功地引發學生的行為、提供回饋、實施訂正，學生需要的是能有機會獨立練習該種行為，練習的最佳時機為習得的事實和規則結合在一起所形成行動順序的時候，唯有此時的學習，才具有意義。

提供各種獨立練習的機會，旨在發展學生的自動反應能力，所以他們不需回憶學習內容的每一個單元，而是能同時運用所有的單元。

6.定期的週複習與月複習　透過定期複習所教過的有關知識，俾和未來的功課能夠結合，且可從中判定哪些關鍵事宜、規則和順序，需再教一次。長久以來，定期複習幾乎已成為每一教學策略的一部分。

如果學生在週複習與月複習的反應，屬於正確的、快速的與堅定的反應達95%，這個步調應算適當。獨立練習與家庭作業應可提升正確答案的百分比，能由引導練習與回饋的60-80%至週複習或月複習的95%。如果結果低於這些水準，教師需檢討上課的步調是否太快了。

直接教學的形式，並非只有講演一種，其他形式如編序教本、電腦輔助教學軟體、同儕與跨年齡教導、視聽語言設施、專門化的媒體等均包括在內。

二 間接教學策略

※(一)間接教學的意義和舉隅

直接教學策略適用於傳授事實、規則與行動順序；間接教學策略（indirect instruction strategies），則最適用於教導概念（concepts）、組型（patterns）與抽象觀念（abstractions）。

當教師提示予學習者的教學刺激為內容、材料、物體或事件的形式，並要求他們不止於習得這些資訊，而是要將之形成結論與概括性通則，或發現各種關係的組型，即是運用了間接教學模式。如此一來，學習者可在這種刺激物上加料，重加安排，使其更具有意義，引發的反應或行為，就有多種不同的類型。職此之故，使用間接教學模式所得的成果，很少是單一的最佳答案。

通常來說，直接教學大部分是應用於認知、情意與技能學習中較低層次的部分。在實在界的活動，常涉及認知領域的分析、綜合和作決定的行為，情意領域的組織與品德形成行為，以及技能領域的協調與自然化行為。由於這些行為的學習與較低層次行為的學習不同，而使得教學益趨複雜化。雖然為了獲致較複雜的行為，需要許多低層次的行為來協助，但是在這些高層次行為習得之前，更有賴師生的互動。

※(二)間接教學的成分（或功能）

1.預先提供組織內容的工具　間接教學不能隨機進行，以其比直接教學複雜，需要耗費較多時間，進行計畫。高層次學習所需的計畫常是間接教學最易被漠視的部分；尤其當內容複雜面廣泛時，在上課前應將所要提示的內容，加以組織成有意義的架構或結構，此即間接教學計畫的第一要素——預先組織內容（content organization）。

提供此種架構的一種方法為使用前置組體（advance organizer），有關前置組體的意義已見諸本書第九章第三節或附錄9-1。

適用於建構間接教學內容的方法有問題中心法（problem-centered）、作決定法（decision-making）等，可用來組織各課的內容以及構成前置組體。

　　(1)問題中心法：即預先確認並提供學生解決某特定問題所需的一切步驟。本方法以觀察一特定事件為起點，而作成該事件如何發生以及為什麼會發生的結論。如教師上普通自然科學課時，可以演示裝在密閉瓶子的液體，無法以管子引出開始。「為什麼會這樣？」的問題即是確立有待解決的難題。然後教師可能教給學生如圖10-7(a)的問題解決順序。這幅流程圖與該事件發生的順序，便構成該課的前置組體。每一個步驟給該課的特定部分提供一種組織的分支。

　　(2)作決定法：同一問題也可按階層組織，亦即吾人遵循所揭示的內在分支或步驟進行，以獲致結論。問題中心法在於確立可供遵循的步驟；作決定法把焦點放在從可供遵循的諸項替代途徑（alternative paths）中作成決定，以試探、發現有關某一主題的新資訊。

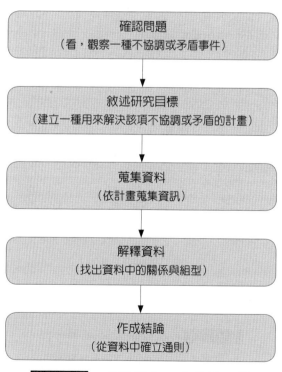

圖10-7(a)　以問題中心法建構一課

資料來源：Borich, 2014, p.303.

　　圖10-7(b)在於揭示該法如何應用於解決前面所提的自然科學的問題。雖然學生無從知道該項實驗會在哪一個層次結束，但是應揭示予他們整個可能替代途徑的詳目。當教師問學生指出所作成決定的點（以實線標示）位於該階層中的哪些分支，並允許他們回溯研究的結果時，這種形式的前置組體特別會引起學生的注意力。

　　2.運用歸納和演繹方法獲致概念　歸納推理（inductive reasoning）是一種思考過程，用於要求學生從提示的資料中攝取結論、建立通則或發展關係的組型。先讓學生觀察特定事實之後，要求他們將之類化於其他情境之中，可說是一種從有限的具體資料所作的觀察開始，而結束於類化在更廣闊的環境中。

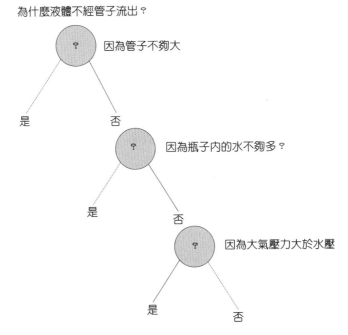

圖10-7(b)　以作決定法建構一課

資料來源：Borich, 2014, p.303.

　　演繹推理（deductive reasoning）與歸納推理相反，係將原理或通則應用於特定的事例。通常在自然科學採用的實驗多採用演繹法，以考驗

通則在特定環境的適用性。演繹思考常採用的步驟如下：(1)敘述有待考驗的理論或通則；(2)以預測方式建立假設；(3)觀察或蒐集資料以考驗假設；(4)分析與解釋資料，以決定所作預測至少在某些時候是否爲眞；(5)在特定情境中獲致接受考驗的通則是否恆爲眞。

3.使用正例與反例　爲了使學生獲得準確的通則，教師在教導概念、組型或抽象觀念時，要同時使用正例（examples）與反例（nonexamples）來界定某一概念具有關鍵屬性或不具有關鍵屬性（critical and noncritical attributes）。

如一切符合等邊三角形定義屬性的圖形，不論它們的大小或顏色，也不論它們是畫出來的圖形或實物，都是等邊三角形這個概念的正例；反之，一切不符合等邊三角形定義屬性的圖形，便稱爲等邊三角形概念的反例。遇紅燈則停止前進的規則，是有關紅燈的完整概念，乃是一個正例；但見到車頂閃著紅燈的救護車，遇紅燈則可通行，這是一個遇紅燈要停止前進的反例，原先具備的紅燈概念就需加以修正，因而獲得更充實的紅燈概念。

4.採用問題引導探究與發現的過程　間接教學與直接教學的不同之一，在於前者教師的發問方式不同。直接教學發問的問題，比較具體、有重點，希望從中引出單一的正確答案。間接教學使用的問題，務使學生在教師最少協助之下，引導其尋求與發現答案。探直接教學時，學生就他們知悉的內容來回答問題，故可提示、暗示與探究。至於間接教學方面，教師提出的問題，可引導學生去發現問題的新向度或解決困境的方法；是以此種發問問題的目標，不是考試或教學，而是要集中學生的注意力，促使他們儘可能廣泛地針對主題，著手探索；一開始時，任何答案均能接納，教師甚至可借用學生的答案，發問以後的問題，俾得到更準確的反應。

間接教學發問策略的要點，不是希望以最快速且最有效的方式找到答案，而在於激發學生採探究、發現方法來找出正確答案。在探究發現過程使用的問題旨在：提出有待解決的矛盾，深入探究以求得較完整的答案，將討論範圍伸展至新的領域，將責任傳遞給全班共同負責。

5.鼓勵學生運用自己的經驗和觀念　運用學生自己的觀念，係指將

學生的經驗、觀點、感受和問題納入功課中，以自己為參照點。此種方法，乃在提升學生興趣、組織與學生問題有關的內容、給學生提供回饋、鼓勵他們對該科目採取積極的態度。但這麼做，並非意味著教師沒有責任，如是目標的達成，仍有賴在教室中師生互動，俾鼓勵學生能獨立思考，並為自己的學習負責。

在間接教學脈絡中，欲運用學生的觀念，可採以下的作法：

(1)鼓勵學生根據自己的經驗，使用「例子」與「參考資料」，建構自己對教材內容的觀點。

(2)讓學生共同分享心智策略，俾能更容易且有效地進行學習。

(3)要求學生澄清、比較或結合早已知道的事物。

(4)鼓勵學生瞭解與記憶與自己的興趣、關注事項與問題有關的觀念（Borich, 2014, p.309）。

6.允許學生評量自己的反應，以為自己的學習負責　針對學生不當的答案，如有需要，教師應提供線索、暗示或發問，以引起他們的注意，予以訂正。

7.運用團體討論　採用團體討論可增進學生批判思考能力，並協助他們檢查替代方案、判斷諸項解決方法、從事預測，以及發現通則。

在討論的場合，教師扮演仲裁者的角色，其任務有：

(1)導正學生討論的目標。

(2)在需要的地方，提供更多的新資訊。

(3)評論、摘述或綜合眾多意見與事實，以形成有意義的關係。

(4)調整資訊與觀念的流程，使上課達到最具有生產性的目的。

(5)結合諸項觀念，並加以折衷，以達成適度的共識（Borich, 2014, p.311）。

又本節雖分將直接教學與間接教學策略予以比較，但不易獲得整體印象，如欲作進一步理解，請見附錄10-1。

三 評估本位教學策略

前面所述的直接與間接教學策略，係以一般學生為對象而採取

者。對於具有特殊需求的學習者（learners with special needs），似宜另有替代的教學策略，較為合適。其中評估本位教學（assessment-based instruction）策略，是較為吾人所常採用的一種。

由於特殊教育逐漸重視診斷學生學習問題的重要性，以為因應的參考。應運而生的評估本位教學策略，即在於：1.標示診斷活動的基本價值，以為真正規劃方案有所貢獻；以及2.強調課程本位測量（curriculum-based measurement）的可用性。評估本位教學實施之前，宜先診斷學生的學習需要。

教育診斷（educational diagnosis）即為了根據蒐集得到的資訊，描述學生的學習需求，而採取的措施。其次，教師便要運用處方（prescription），以決定哪種（或哪些）教學策略、方法與材料，可為學生提供最有效的教學或矯正其不符要求的行為。學生經由教育診斷與施予處方兩種處理之後，如果問題未見消除，便要採取補救教學（remidiation），雖然有人對補救教學的目標能否真正達成，表示存疑，但也不可輕言放棄。如班級工作單標示某生認不得阿拉伯數字9，處方將會建議教導該生各種方法。當學生學會認識9，補救教學的工作方告完成。

評估本位教學模式，並不主張一開始即作深入診斷，以為計畫長期處方方案的根據，而是取自勒爾納（Lerner, 1985）的概念而來。它是一種循環的、重複的評量與教學過程，如圖10-8所示。

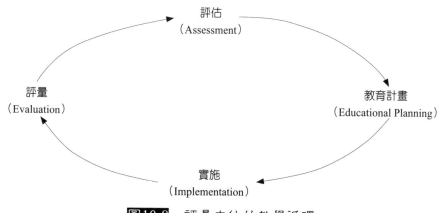

圖10-8　評量本位的教學循環

　　這種處方過程的運作如與有系統的觀察紀錄結合，雖然最為有效，但通常是非正式地運用。評估（assessment）係指蒐集有助於教學之用的學生相關資料，藉供教師確認學生的優點與弱點。惟主要關鍵在於蒐集得到的資訊必須是準確無誤，且有助於教學；否則，任何據之而訂定的計畫所衍生的結果，當不難想像。

　　經過評估之後，將可用的各種教學方法詳加檢查，以選出最適合個別學生需求的方式。至於形成教育計畫的各種前項因素與後續因素都須加考量，其項目有如何從各種有效的方式，如提示、給予線索、示範等，選用較有效方式提供學生有關的刺激物。其他屬於前項因素須加考量的尚有環境布置與日課表編排。至於後續因素包括：適度增強，以及注意正增強物或負增強物的使用情形。

　　俟發展出可運用一段期間的教育處方之後，下一個步驟，即是將它付諸實施。基本上，一個方案的實施，即指直接、密集的教學而言。在實施教學時，一方面要遵循因考量有關前項因素與後續因素所提的教學建議，一方面要不斷保持警覺，以迎合在內容或方法上需作改變的任何需求。最後的評量則與作決定與推展課程本位評估結合。

　　基本上，評估本位教學是建議教師在進行實際教學時，須根據對學生所採取的形成性評量而作適當的因應策略。以下提出的若干教學原則，或許對於特殊需要學習者的教學，有所助益（Polloway, Patton, & Serna, 2005）：

　　1.彈性化（flexibility）　　所有兒童不可能仰賴同一的方法進行學習，也沒有一位學習者僅運用一種方法學習。為迎合個別需要，教師應試用不同教學方法與材料，以決定最有效的是哪些。

　　2.多樣化（variety）　　在個別教學期間，教學須能靈活運用各種方法。為維持學生學習的興趣，方法須經常變化。

　　3.引起動機（motivation）　　遭遇學習有關問題的學生，與多數學生無異，須有促使他們去學習的理由。內在增強物，如知識的價值，並不足以引發其學習的動機，因此另需運用其他增強物。

　　4.作結構性安排（structure）　　輕度障礙學生準備學習時，教師不能另在旁導引或助長，而應作與教學方案有關的工作與結構安排。

5.獲致成功（success）　為每個學生安排成功機會，乃是有效介入方案中的最有效因素之一。

任何教學過程若缺乏方法、材料、預算或科技上的發明，便無法成功，但單憑這些，如果沒有教師，教學成效恐無法達成；因此教學的最重要因素還是教師。最後教師的教學效能，則為決定學生習得的、保持的，與概括的內容的最關鍵因素。由此可見，教師及其效能，對學習者而言，其重要性便不言可喻，對於有特殊需要的學習者而言，尤其是如此！

四 差異化教學策略

適應個別差異，實施因材施教，是當前強調差異化教學（differentiated instruction）努力的方向。這不但是特殊教育領域的重要教學策略，也是一般教育重要的一環，因為人除了與他人之間存在著個別間差異之外，即使同一個人，也有個別內的差異，H. Gardner的多元智力理論即在強調此一事實。

特殊教育倡導融合（inclusion）的理論，與其共存的是差異化課程與差異化教學的概念。前者以要教什麼、要蒐集什麼評量資訊為重點，後者聚焦於教什麼人、在什麼地方教、如何教，換句話說：在差異化班級中，須採用多元、不同的教學方法，滿足不同類別和程度學習者的需求。差異化教學、個別化教學（individualized instruction）、個別化教學制（PSI）均訴諸於個別差異而倡導的教學設計。

Oliva（2009）曾引用C. A. Tomlinson的觀點，將傳統教室與差異化教室的差異加以比較（表10-1），俾對差異化教學有一粗略瞭解，然後再敘其涵義，及教學策略的選擇。

表10-1 傳統教室與差異化教室之比較

傳統教室	差異化教室
• 學生的差異被掩蔽或當發生問題時才浮現。	• 經研究而得學生的差異，供作計畫的基礎。
• 評量最常在學習終了實施，以瞭解「個人的得分」。	• 為了瞭解教學如何更能符應學習者需要，要持續作診斷性評量。
• 採用較狹隘的智力意義。	• 聚焦於事實的多元智力。
• 卓越只有單一的定義。	• 卓越以個人成長起點的大尺度來作界定。
• 學生的興趣常被輕忽。	• 學生常被引導去做興趣本位的學習選擇。
• 比較少考慮學習側面圖的選擇。	• 提供許多學習側面圖的選擇。
• 全班級教學居優勢。	• 使用許多種教學的安排。
• 教科書和課程指引涵蓋範圍，驅動教學。	• 學生準備度、興趣和學習側面圖形塑教學。
• 學習聚焦於精熟脫離脈絡（環境）的事實與技能。	• 學習的焦點在於使用主要的技能賦予關鍵概念意義，從中進行瞭解。
• 以單一選項的作業為規範。	• 常使用多元選擇的作業。
• 時間比較沒有彈性。	• 時間使用依隨學生需求而力求彈性化。
• 使用單一教科書。	• 提供多元教材。
• 對觀念和事件的詮釋，採單一性。	• 例行追求的觀念和事件，採多元的觀點。
• 教師引導學生的行為。	• 教師激勵學生能成為更具自信的學習者。
• 教師解決問題。	• 學生協助其他同學和教師解決問題。
• 教師提供全班的評分標準。	• 學生和教師合作，建立全班級教學與個別學習目標。
• 經常使用單一評量形式。	• 學生接受多元評量。

資料取自Oliva, P. F. (2009), *Developing the curriculum* (7th ed.). Boston, Pearson, p. 516.

　　基本上，差異化即涉及對課程內容、過程，與／或成果的修正，以迎合多種年齡、多元能力和多元文化班級學習者的要求，並提振他

們的能力與興趣。C. A. Tomlinson視差異化爲班級經營的一種哲學或思維方式，且深信最有效能的班級，是教師所實施差異化原理與實務的那些班級，她更進一步指出：「持續運用多元教學方法，調整內容、過程，和／或成果，以回應學業歧異學生的學習準備度與興趣（引自Clark, 2008）。她的信念顯現在支持班級實施差異化教學的假定：(1)因爲同年齡學生在學習準備度、風格、經驗與興趣有顯著差異，需要不同的步調、內容層次和支持層級；(2)學生需接受超出他們已知內容的自然學習機會，來予以挑戰；(3)學生需就他們學習內容與其生活經驗聯結起來（Clark, 2008）。學校的中心工作，在促使每個學生的潛能，獲致最大的發展；當學習經驗接近結束，「一位教師仍不清楚全體學生瞭解多少、能做什麼，表示這位教師缺乏發展有效課程的必要組織方式。」（引自Clark, 2008）。

Tomlinson建議，爲了確保班級成功，實施差異化教學，教師需發展以下技能：使用觀念教學，而不是只把教材教完；運用多種資源教學，而不是只使用教科書；採用多元方式評量學習，而不是只單憑測驗或作計畫；先讓多組學生做相同活動，然後引導不同的組別和個別學生從事不同的活動（Clark, 2008）。

吾人欲選擇差異化教學策略時，須考量以下的指引，且該策略須能適合以下各項（Pawlas & Oliva, 2008）：

1.該策略對學習者來說，必須是合適的：能滿足學習者的需求、興趣、和學習風格。

2.該策略對教師而言，必須是正確的：因爲每位教師有獨特人格，有些在某些情境能發揮功能，換了環境則否。

3.該策略就教材內容而言，必須是適合的：如上VCR的課程內容，操作演練勝過於講解。

4.該策略就可供使用時間而言，是可行的：如須延長多時，甚至多天的科學實施，事實上是不適合採用差異化策略。

5.該策略就可運用的資源而言，必須是充裕的：如執行一項研究計畫，須有可供使用的參考材料才行。

6.該策略的採行，就可用的設施而言，必須是充足的：如基於討論

的需要，須將班級分組，若教室空間太少、音響設施不良、桌椅無法搬移，便無法實施。

7.該策略對於目標的實現而言，必須是可行的：該策略是最重要的指引，與其二者關係直接而密切。

📎附錄10-1

直接與間接教學模式之比較（以事件為例）

直接教學	間接教學
目標：教導事實、規則與行動順序。	目標：教導概念、組型與抽象觀念。
教師上課時，以複習前一天的功課開始。	老師上課時以前置組體開始，以提供整體的架構，並作為擴展概念的基石。
教師以解釋和舉例，逐步提示新的內容。	教師要求學生採歸納與／或演繹來作答，以形成或建立通則。
教師以少數例題提供引導練習的機會。為達到60-80%的準確性，必要時，要有提示和範例。	教師提示通則的正例與反例，以確認關鍵屬性或非關鍵屬性。
教師使用問題來引導發現和銜接通則。	教師根據學生的經驗、興趣與問題，攝取更多的例子。
教師依照學生的答案是否正確、快速而堅定，正確但猶豫不決，粗心犯錯，或無誤，提供回饋與訂正。	教師讓學生評量自己的反應（答案）。
教師提供學生獨立練習機會，力求自主作答的正確率達95%以上。	教師鼓勵學生討論並擔任仲裁者，以確立並擴展通則。
教師提供週複習與月複習，對未習會的內容，重新教導。	

資料來源：Borich, 2014, p.315.

討論問題

1. 課程目的與目標和教學目的與目標差別安在？
2. 修訂後的認知領域教育目標為何？與原創性目標有何差異？其用途為何？
3. 請分別就情意與技能領域之教學目標分類，列出可用來撰寫每一層次目標所使用的動詞。
4. 請比較直接與間接教學的差異，及其在特殊教育教學上的運用可能。
5. 評估本位教學的旨趣為何？其所提出的教學原則為何？
6. 試依認知過程和知識兩個向度，提出若干教育目標及適用的若干題目。
7. 差異化教學策略的選擇，須顧及哪些指引？
8. 線上學習、融合學習與移動學習有何差異？
9. 線上教室與傳統教室有何差異性與相似性？

第 *11* 章　教學設計(二)

第一節　發問策略

教師無論採用直接教學或間接教學策略，除了運用上一章第二節所提的各種功能之外，如能掌握適當的發問技巧，不但能將教師揭示的內容與學生對它的理解之間的差距，有所瞭解，並取得補救的機會；更能增進和激發學生的思考能力。當然教師發問的問題是否有效，自為一項關鍵的因素，因為並非所有的問題均能促使學生積極投入學習的過程。

一 發問的目標與問題的類別

※(一)發問的目標

發問（questioning）是以語言刺激他人，以引發其產生心智的活動，並作出回答的反應（張玉成，民72，民82）。有效的發問，乃是執行教室各種活動與任務的重要因素。向學生發問的目標，約有如下各項（Borich, 2014）：

1.引發興趣與注意力。

2.集中注意力於爭論的問題。

3.激發學習者問問題。

4.診斷與檢核特殊的學習困難。

5.回憶特定的事實或資訊。

6.讓情意得以表達。

7.鼓勵高層次的思考過程。

8.使學習結構化並作再指導。

9.俟學生提出答案後，作深入的探測。

以上係就整體來看，如就教學進行時間的前後與過程的運作情形，向學生發問，似可分成以下六項目標：

1.在教學活動開始之前，可預先評估學生的知識。

2.在上課當中，可決定學生當時的理解能力。

3.在上課結束時，可評估目標達成的程度。

4.可決定學生對某一種程序的理解情形。

5.可提升學生在上課時的專注。

6.透過討論，可提供學生對某個主題作較深入思考的機會。

☀(二)發問問題的類別

至於教師在教學時所發問的問題類型有好幾種，不同類型的問題，就具有不同的功能。教師能否在適當時機，運用不同類型的問題，便是一種技巧。雖然各家（Borich, 2014; Clark & Starr, 1985; Davis, 1981）對問題的分類不盡一致，但如加歸納，不外有如下各種：

1.封閉式問題（closed questions）　分析問題的方式，乃在於考慮它們增進學生反應的效果；如果教師問的問題僅有一個正確的答案，謂之封閉式問題，則教師只能評估學生是否知道特定的知識。這類問題的答案是限制性的、較簡短的。如我國的首都在哪裡？生物包括什麼？6乘以50的積是多少？

由於封閉式問題旨在發現學生是否瞭解特定的知識，其適用的時機通常在於：剛開始上課時為了事先評估的目標、在上課期間為了考查學生對已教過的內容的理解情形、在上課結束時評估學生的學習成果等。

2.聚斂性問題（convergent questions）　發問的問題如要求學生根據已知之資料，循一定思考方向，進行分析、組織，而獲得一個或少許正確答案者便屬之。聚斂性問題比封閉式問題要求學生說的話更多，但答案仍有相當的限制。如試依地理位置順序說出台灣以南的民主國家？由台北至高雄搭火車或經高速公路的里程有多少？

由於封閉式問題與聚斂性問題有一共同性，即要求學習者回答的為單一或少量的答案。又因聚斂性問題或封閉式問題，要求學習者說的正確答案，具有特定性，無形中對他們構成一種威脅。因為一旦答案不正確，可能會受窘。不過這種威脅亦有其作用，即：(1)可防止學生隨便作答，而能在上課時間專心投入；(2)可減少學生提出自己想法與意見的機會和意願。教師如在上課期間，欲讓學生暢所欲言和進行縝密思考，則教師問的問題，便須減少要較長答案的威脅性問題。

3.擴散性問題（divergent questions）　由於要讓學生敘說自己的想法和意見，是進行討論的重要部分，因此提出的問題，所需的正確答案

可能有好多個，但不像聚斂性問題限於事實的答案，而要經過思索、組織、綜合的過程方可獲得，且各個人的答案不盡一致，即屬於擴散性問題。如：植物與動物的相似性是什麼？各種球類運動的規則有什麼共同性？

4.開放式問題（open questions） 所有的問題是最不具威脅性的，允許學生自由回答，無所謂對錯的反應，即為開放式的問題。開放式問題乃在於鼓勵學生回答，深具價值。以其沒有正確或不正確答案之分，學生不致受窘而勇於回答，所提出的答案，只要與問題有適度的直接關聯即可。如：由於醫藥的進步使得人類的平均壽命延至一百歲以上，將會發生什麼事情？如果台灣的環保問題不予正視，可能產生什麼後果？你何以喜歡某些食物而不喜歡某些食物？

基於以上的分析可知：教師若想要瞭解學生是否認知事實，使用封閉式問題或聚斂性問題，比較適當；惟教師若要鼓勵學生發言，擴散性問題與開放式問題比較合適，至於運用是否得當，須依其目標能否達成決定。

■ 問題認知的層次

分析問題的另一種方式，可從學生運用認知思考的類別考慮。在教學過程中，決定學生所知道的是什麼，以及此種認知的層次，乃是有效教學的重要部分。一般教師所發問問題的認知層次，以停留在記憶（知識）層次者居多，僅要求學生複述所記憶的事實。學生複述記憶的事實，非其瞭解主題的一項好指標。揆諸事實，若根據學生的機械記憶作為評量其瞭解主題的程度時，他們可能無法將該主題有關的知識予以應用，則那些知識便是無意義的或無用的（Ausubel, 1978）。教師如想促使學生採用有意義的方式運用知識，須透過發問技巧，使他們在記憶事實之餘，得有運用知識的機會。

依照問題的認知層次分類問題，可協助教師在班級提出較有效的問題。參考布魯姆（Bloom, Englehart, Hill, Furst, & Krathwohl, 1956）的觀點，以及Anderson和Krathwohl（2001）修訂的Bloom教育目標分類，依

認知過程的各向度爲主，配合知識向度，舉隅問題，以供參考。

※(一)記憶向度的問題

係要求學生記憶有關事實、概念、程序與後設認知知識的問題。

有關事實知識的問題如：

・從地球到月球的距離是多少？

・我國的國旗有哪些顏色？

有關概念知識的問題如：

・請描述成長、死亡等概念。

有關程序知識的問題，如：

・試述計算一系列數的平均數的步驟？

・太空梭升空分成哪些階段？

有關後設認知知識的問題，如：

・一個好學生應具備哪三個條件？

※(二)瞭解向度的問題

・怨天尤人、不遠千里各是什麼意義？

・賈人渡河的故事所要傳遞的主要觀念是什麼？

・根據過去室外溫度與湖泊上船隻數的關係，如果溫度上升10℃，會發生什麼情形？

・小玲的錢包內有千元大鈔x張，百元鈔票y張，請問她的錢包內有多少錢？（①x + y②10x + y③100x + 10y④1000x + 100y）。

・鰻魚、草蝦、九孔、虱目魚等來自哪一種漁業？（①近海漁業②遠洋漁業③深海漁業④養殖漁業）。

※(三)應用向度的問題

・撲滅酒精燈火的方法是什麼？

・「電視」竟變成他的「良師益友」？小狗竟變成他的（　）。

・計算 $\left(-\sqrt{\dfrac{5}{6}}\right) \times \sqrt{\dfrac{24}{25}} \div \left(-\sqrt{\dfrac{3}{5}}\right)$ 的結果爲：（① $-\sqrt{\dfrac{4}{3}}$ ② $\sqrt{\dfrac{4}{3}}$ ③ $-\dfrac{\sqrt{4}}{3}$ ④ $\dfrac{\sqrt{4}}{3}$ ）。

※(四)分析向度的問題

· 請檢查這幅畫，指出藝術家扭曲透視的一些方法。

· 最近非洲乾旱的可能原因是什麼？

· 這幅畫，藝術家使用顏色與強調失望和痛苦意義的方式如何？

※(五)評鑑向度的問題

· 在人類生活中，哪些標準可用來決定詩篇的價值？又所謂的價值是什麼？

· 對個人的福利來說，保護環境或提供繼續就業人口，何者來得重要？哪些標準可協助你作此決定？

※(六)創造向度的問題

· 做哪幾件事情可減少酒後駕車的意外事件？

· 藝術對非藝術家生活充實的貢獻是什麼？

· 試列出「增進閱讀能力」的讀書計畫，以及如何執行的方案？

三 誘發學生回答問題的方式

教師發問之後，學生若靜默不語，難以掌握學生的認知層次，遑論相機提供指引，因此如何誘發學生回答問題是一件相當重要的課題。

用來激發學生反應的問題謂之誘發性問題（eliciting question）。教師想要某位學生回答問題的過程謂之誘發（eliciting）。可用來指定哪位同學回答問題的方式有如下三種，可任擇一種運用之（Montague, 1987, pp.96-97）：

※(一)教師問問題，允許任何一位學生或全體學生自動自發地回答，毋須指定出哪位同學回答

如是的誘發回答方式，可能產生行為上的問題（behavioral problems）；蓋此種方式允許、並鼓勵學生在毫無任何約束之下，暢所欲言，各申己見，結果可能產生破壞的行為。如是允許學生雜亂地呼叫、回答，不僅給教室的管理帶來問題，也使得想採用鼓勵學生思考的發問方式，成為不可能。且教師欲對學生的答案作出反應，若非不可能，就是很困難；在教室內的思考運作，可能就不存在了。雖然這種誘發方式

並非完全不可取，但對於初任教師與學生接觸時，最好避免採用。

※(二)教師指名某位學生回答，再發問該生所要回答的問題

此種誘發問題的方式，仍屬不宜，理由是：

1.教師只指定某位學生答題，其他學生就可高枕無憂，不用思考該問題。

2.被點名答題的學生可能陷於受窘的狀態，一時慌張，不知所措，很難提出令人滿意的答案。

此種誘發學生答題的方式，常是教師在採用前面一種方式，發現效果不佳之後，另外想起的一種控制學生行為的手段，但仍有所不妥，似宜避免。

※(三)教師先問問題，稍停片晌後，再指定某位學生回答

此種誘發回答的發問方式，可避免前述兩種發問方式的缺失，其價值所在為：學生可思考問題後，再提出答案。又所謂片晌係以「秒」計。此種等待時間的發問方式，並非多數教師的自然行為，起初教師會感到不耐，有待練習，就可運用裕如。

四 教師對學生回答後的反應方式

教師向學生發問，學生提出答案之後，教師的反應對於教學的成效的達成，仍居於關鍵的地位，因此分析發問技術時，對於教師的反應不能置諸不顧。

教室中使用問題發問，是教學的一種輔助，幫忙教師發現學生知道的是什麼，以便協助他們作進一步的學習。學生在學習過程中，難免會犯錯，向學生發問的理由之一，乃在於發現學生可能遭遇到的困難。學生所有的答案，不論正確與否，都提供教師有價值的資訊，哪些是學生已瞭解的與未瞭解的。客觀地瞭解學生的反應，有其重要性，惟對於學生的反應，是否適當，教師應避免涉入，即當學生反應正確時，不必感到興奮；學生反應不正確時，也不必煩惱。又單憑發問好的問題並不足夠，學生反應即使是不正確的，也要採取適當的處理方式（Montague, 1987, pp.98-103）。

※(一)對學生反應正確的處理方式

當學生提出的答案正確時，教師可採讚美或鼓勵方式處理。由於讚美之前需經由評鑑或判斷而來，因此具有批判學生反應的意味。至於鼓勵，則含有傳遞接納與認可的訊息。有人認為除了讚美之外，鼓勵有時候是一種頗佳的處理方式，以其給予學生此種回饋，即是鼓勵學生繼續從事此種思考。當使用讚美時，宜避免使用不經思考的詞句，如「好！」、「很好！」、「我就喜歡那個答案！」；而是應明確點出有用思考的例子，以及作此種思考有效的理由，才具有鼓勵的性質。

至於對學生反應正確的最有效增強方式，即是運用學生在本節課說過的內容，此時記得提到學生的姓名；然後將學生所提及的觀念，予以延伸；或把該觀念以某種方式納入課程內，無形中似乎告知該生：「我不僅聽到你所說的，而且還把你所說的納入本課中，相當有價值！」這種作法是相當有力的增強，可惜知道使用的教師並不多。

教師若警覺地發現自己不斷說：「那是正確的！你答對了！」這些話，則他所問的問題，可能屬於聚斂性或事實性的太多，這些問題並不鼓勵學生思考，除了練習之外，應避免問這類的問題。

※(二)對學生不正確反應的處理方式

有些教師以為學生提出的答案，若屬不正確，不要予以修正或批評，這種觀念有待商榷。根據研究指出，當學生反應錯誤時，教師予以修正，比他反應正確時，予以讚美，來得重要。尤其當高能力的學生反應錯誤時，教師若給以適當、合理的批評，表示他能夠或必須得做得更好，更能激發他的動機及貢獻。有些教師對學生反應錯誤時的作法是，複述原來的問題，要求學生再試著答答看。如此一來，未能予以修正不正確的答案，無形中可能會讓學生感受到教師對他們不感興趣。

至於學生若對認知的高層次問題反應不正確時，處理方式應有別於一般的處理方式，大致言之，教師可採行以下兩種中的任一種反應：

1.直接回饋法　即：

(1)直接指出學生的答案不正確，並採如下措詞示之：

「你的答案部分正確，但是……」、「你的答案並不正確」、「不，那個答案不能算對」。

(2)提供學生有關問題背景的資訊，以示他對定義或例子不瞭解。

(3)提供該位學生再試試看的機會。

2.間接回饋法　亦稱蘇格拉底的方法（Socratic method），即把原先的問題，依照邏輯上的連續性，細分成若干小問題，要求學生依序回答每個小問題，以導引他能夠回答原來提出的問題爲止。然後先以原先的問題問學生，接著問他與第一個問題類似的問題。後續發問的這個問題，乃在決定學生是否能運用回答該類問題所需的思考方式。

※(三)對學生反應不完全的處理方式

有些學生答題顯然是全背自教科書的反應，有些則是不清晰或不完全的反應。針對這些反應，可藉著問更多的問題，來協助他們改進自己的理解力的機會，這些多問的問題即爲深入探究（probing）而提出，旨在釐清學生所說的內容，或證實他自己所說內容的合理性。深入探究可分成口頭深入探究（oral probing）與靜寂深入探究（silent probing）兩種。

口頭深入探究的種類有如下四種：

1.延伸（extending）　即要求學生多說一點。當學生反應之後，教師要求他繼續反應，以延伸原來的答案。如可說：「再說一些！」、「請再加一些，說詳細點。」、「接著呢？」、「假定你說的爲眞，下一個邏輯步驟呢？」

2.釐清（clarifying）　即要求學生解釋得更清楚些。學生用來代表記憶性答案的字詞，都可供作釐清時使用。如教師可能問：「請用你自己的話說說看」、「請舉例說明你的意思」、「請重說你的答案」。這種過程不僅可使師生之間的溝通更清楚，也適用於同學相互間的溝通。

3.證明（justifying）　即要求學生說出其反應的理由或證據。當學生對問題的反應顯示是缺少思考或無法確定該反應的基礎所在時，教師可以問以下的問題，以鼓勵其思考：「你認爲做那件事的理由是什麼？」、「有什麼證據可以提出那個建議？」、「有與它相反的證據嗎？」

4.再發問（redirecting）　即當某生提出某個問題的答案之後，鼓勵全班學生予以思考，並再問另一個學生，要求他將前述的答案予以延

伸、釐清或證明。如在某生反應之後，教師要求第二位學生說：「你同意或不同意＿＿的理由是什麼？」、「請你把＿＿的答案延伸。」、「有什麼證據支持＿＿的觀點？」都是再發問的例子。

　　至於靜寂深入探究，係指當學生回答高層次問題仍不完全、不清晰，或不甚切題時，教師如採取默不作聲的方式，仍可獲得如同口頭深入探究一樣的結果。在靜寂期間，教師的眼神須繼續與學生保持接觸、點頭，或以其他非口語的方式，表達希望該生能繼續說下去。

第二節　教室管理策略

　　教室管理（classroom management），國人又稱之爲班級經營。綜合各家的說法（方炳林，民69；朱文雄，民81；李園會，民80；謝文全，民82；Emmer & Evertson, 2013; Evertson & Emmer, 2013; Jacobsen, Eggen, & Kauchak, 1989; Kazdin, 1981; Williams, 1987），可得教室管理的涵義如下：教師爲使教學活動得以順利進行，以求有效達成教學目標，而對學習情境的布置、學生學習行爲的控制、秩序的維持等所作的處理方法或技術。學習情境的布置乃在營造良好而有效的班級氣氛（classroom climate）。學生學習行爲的控制與秩序的維持，有賴訂立共同遵守的規則，及對學生的問題行爲採取適當的處置，方易達成。此外，有效安排與運用班級時間以及防範不良行爲惡化爲犯罪行爲，使學生得以專心向學，亦爲有效班級管理不可或缺的途徑。本節即針對上述的作法而作的安排。

■ 一　營造有效的教室氣氛

　　教室氣氛係指教師與學生在教室互動過程所形成的氣氛。這種氣氛如何，與教師運用權威的方式、顯現溫馨與支持的程度、鼓勵競爭或合作的安排、是否允許作獨立判斷與選擇等有密切的關聯。是以教室氣氛的形成與教學方法的選用一樣，教師似有選擇的權利。

與有效教室氣氛的營造有關的環境有二，一為社會環境（social environment），另一為組織環境（organizational environment）（Borich, 2014）。前者專指教師在教室中推動的交互作用類型；後者則指教師在教室內所作的物質的或視覺的安排。無論社會環境或組織環境，教師均有權利改變，以維持達成教學目標所需的合適氣氛。

※(一)社會環境

社會環境包括權威式環境（authoritarian）、放任式環境（laissezfaire）及位於前二者之間的共同負擔責任的環境（share responsibilities）三者。在權威式環境中，教師是主要的資訊、意見和教學的提供者。在放任式環境中，學生才是主要的資訊、意見和教學的提供者。位在該兩極端間的地帶，則是由教師與學生共同負擔責任，即在教師的指導之下，賦予學生自由選擇與判斷。

教師所營造的社會氣氛，不論是權威式、放任式或位於二者間的某處，係由教師如何看待自己決定。如果教師認為自己是個發號施令者，便會藉著組織與提供所有的學習刺激，控制和磨練學生的行為；或教師認為自己是將學生提供出來的觀念予以轉譯或摘述的人物；或教師認為自己與學生是共同創立觀念與解決問題的伙伴。教師宜仔細推敲每一種氣氛的效應，然後再決定自己如何去營造之。

一位有效能的教師，不僅要善用各種教學策略，也要能營造各種有利於引導學生學習的教室氣氛（Brophy & Good, 1985）。但營造氣氛的重要性，遠遜於為迎合目標與情境需要，而對氣氛所作的改變。理由是：每一課的目標與每週的目標，隨時都會發生變化，教師所控制的教室氣氛必須支持此等目標，當目標改變時，為了達成目標而營造的教室氣氛自然要隨之調整。

又Borich（2014）為了說明社會氣氛的三種形態：競爭式、合作式、個別式，分從其定義、活動舉隅、賦予師生的權威等項，分就其特徵所在繪表加以說明（如表11-1），可供教師參考並作取捨之用。

表11-1 三種教室氣氛的類型

社會氣氛	定 義	活動舉隅	賦予學生的權威	賦予教師的權威
競爭式	學生們為了提出正確答案,或符合教師所建立的標準而相互競爭。教師是判斷學生反應適當與否的唯一決定者。	練習	無	組織教學、提示刺激材料與評量反應的正確性。
合作式	學生投入由教師所調控的對話。教師有系統地介入討論活動,以塑造觀念,並將討論導引至較高的層次。	大團體與小組討論。	自由且自動地提出意見、提供觀念和談論。	激發討論、仲裁不同意見、組織與摘述學生貢獻的意見。
個別式	學生在教師的調控下完成作業。鼓勵學生以自己認為最佳的答案來完成作業。強調考驗自我與自我完成。	獨自完成作業。	以可能最佳的答案完成作業。	分派作業並循序觀察學生趨向完成的進程。

資料來源:Borich, 2014, p.80;並可參閱許慧玲,民77,48頁。

※(二)組織環境

　　教室應對學生具有吸引力、採光良好、令人有舒適感、色調和諧、窗戶位置適宜等屬於外在特性的條件,在營造組織環境的氣氛固然重要,另外更重要的,要推教室中具有內在特性的條件,如課桌、椅的排列等。因為教室的外在條件,不論好壞,學生很快就會適應,但教室內在的安排,將會對學生每日的學習,產生相當大的影響。

　　教室內在條件的安排,一般可分為兩部分,一為單元教學布置,另一為一般布置(謝文全,民82,115-116頁)。

　　單元教學布置係指布置與教學單元內容有關的圖片、圖表、標本、模型、觀察紀錄等，藉以激發學生學習動機、協助學生瞭解學習單元的內容。此外，亦可布置學生在美勞、書法、作文等方面優良的學習成果，以收相互觀摩之效。

　　一般布置通常包括班級圖書、四周牆壁及教室設備等。圖書的布置以便於學生取閱書刊為主。牆壁則以張貼公約、圖書、公告事項為主。教室設備的布置包括黑板、桌椅、貯藏室、投影機放置台、螢幕等方面，其中桌椅的安排，應利於師生互動的形式，且具有便於調整的彈性為佳，以形成合作、交互作用式的團體，共同分享氣氛。欲符合此種教室安排的類型相當多，端視教室外在特性的條件、可供使用的桌椅和相關設施的情況而定，且教師可鼓勵學生運用腦力激盪術，提出具有創意而生動的安排，並隨著教學內容的不同而更易，更有助於營造教室的社會氣氛與組織氣氛，有效達成教學的目標。

二 樹立可供學生遵循的規則與程序

　　本著預防勝於治療的考慮，教師在開學日之前，應先確立班級的規則和程序（rules and procedures），或在開學後第一次上課時，指導學生討論並訂定教室規則，以約束大家共同遵守，避免發生教室訓育問題。艾默等（Emmer, Evertson, Sanford, Clements, & Worsham, 1989）認為，樹立教室的規則與程序，乃是教室管理活動的最重要部分之一。

　　有效教室管理所需的規則與程序，主要有四類：

1.與學業活動有關的規則。

2.與教室行為有關的規則。

3.與教師首日上課必須傳達的規則。

4.日後所需傳達的規則。

Borich（2014）曾將與教室管理規則有關的二十七種工作與行為，列出如圖11-1所示，可供參考。惟教師在確立規則或程序之後，宜以口頭方式向學生宣布，或將之貼在公告欄。又這些規則中的某些需在首日上課時，教師即告知學生或與學生討論訂定後，由大家共同遵循。但有

些規則則不必如是急迫地告知學生,其理由是:一時若公布太多,學生容易一時消化不了,甚至造成混淆;再加上有些規則需視環境的特殊需要,而作必要的增列。

	與教室行為有關的規則	與學業有關的規則
頭一天需要傳達的規則	1.座位所在 2.座位的排法 3.上課鈴響前要做的工作 4.說出來的反應方式 5.鈴響時離開方式 6.喝飲料、吃食物等規定 7.盥洗室與餐廳的使用	8.上課所需的材料 9.完成家庭作業 10.服裝儀容 11.未完成工作 12.缺考 13.決定等第 14.違反規則
日後所需傳達的規則	15.遲到／缺席 16.回到自己的座位 17.訪客上門時 18.離開教室 19.違反規則的後果	20.完成作業簿 21.取得協助 22.作筆記 23.與他人共同作業 24.使用學習中心與參考室 25.在小組工作期間交流意見 26.維持整潔 27.實驗室安全維護

圖11-1　與行為和工作有關的教室規則

資料來源:Borich, 2014, p.83.

當經訂立的規則或程序,不適用於特定的學生或特殊教室情境需要時,便需改弦易張,加以修正、改變之。但一經訂定或修正後,應嚴格要求學生遵守,以建立規則的權威性,並使學生的行為或工作的表現能上軌道,符合所求,進而養成學生自治自律的習慣。

三 適當處理違反教室管理的問題行為

教師在教學時,對於違反教室管理的學生的問題行為,應適時作適當之處理,以維持教室的秩序,以利活動的進行。否則星星之火,可以燎原,恐會造成教室失控的情況。在處理這些問題行為時,可參考下列

之一或多種作法，妥善運用之（謝文全，民82，119-121頁）：

※(一)逐步漸進

如發現學生表現問題行為時，先用眼光掃視全班後，再將視線停留在該生身上，提醒他注意。若無效，可點名要他回答問題或予以口頭警告；此等方法若仍無法奏效，可再採其他措施如罰站等，如此逐步漸進，較易收到效果。

※(二)各個擊破

如表現問題行為者眾，教師宜分散處理，各個擊破，以防止他們聯手對抗教師。

※(三)分開拆散

如發現幾位坐在一起的學生老是表現問題行為，可將他們拆散分開坐，使其孤掌難鳴。

※(四)幽默處理

當發現學生表現問題行為時，得以幽默方式點出錯誤所在，當可維護學生的自尊心，而使教室氣氛活潑起來。

※(五)聲東擊西

對引發問題的學生，不直接糾正，反採口頭讚許表現良好的學生，藉以喚醒表現問題行為者注意自己的行為。

※(六)靜心活動

如表現問題行為的學生略多，可以另一種活動方式，如要求學生閉眼靜思若干時間，或要求他們上講台做習題，便可使學生靜下來。

※(七)請求支援

若學生表現的問題行為，情節嚴重，非教師一人能力所能處理時，得請求其他人員，如教師、主任或校長支援，以較大聲勢壓制學生的氣焰。

※(八)課後處理

如學生表現的問題行為輕微，不致影響教學運作，可不立即處理，俟下課後再行處置。

在處理學生的問題行為時，不論採用上述的哪種（些）方式，似仍宜遵循以下原則為妥：

1.針對問題處理，不作人身攻擊，以維護學生的尊嚴。

2.莫因一人犯錯而殃及全體。

3.秉公處理，不可徇私。

4.讓學生有改過機會，如不知悔改再予議處。

5.須冷靜節制，切忌引爆失控的場面。

6.以關心的語氣替代指責的口吻。

四 有效安排與運用班級時間

學校每天與每節上課時間固定，但實際用於授課時間卻常受到學校（如舉辦活動）、教師（如請假）或其他因素（如固定假日）影響，而減少授課天數。即使每天的教學時間也會因教師遲到、宣布事項、學生訓育等問題，而減少每節上課時間。甚至有的教師在本週上完一個單元之後，即使還有時間，也不願續授次一單元；亦有教師在放假前後，也常有怠於上課情事。如此一來，影響教學成效至大。

如何將教學時間作有效運用與安排，避免絲毫浪費，似為維繫班級活動不容忽視的一環，值得採取的策略有：1.上課時間一到，教師即進入教室開始上課。若非如此，學生便可能三三兩兩進教室，以後想準時上課，便有困難。此外，亦不宜提早下課，以避免被視為不認真的現象。2.避免上課時廣播，或受到外界干擾，影響學生注意力。3.迅速而果斷處理例行事務，避免浪費時間。4.減少用於管教學生的時間。5.當一個活動欲轉換到另一個活動時，宜傳遞給學生明顯訊號，且避免在學生缺乏心理準備的情況下，由一課跳到另一課（Slavin, 2006）。

五 防範不良行為惡化為犯罪行為

學生犯罪雖非完全是學校的責任，但是學校如能事先防範未然，當可收消弭於無形之效。有人（Slavin, 2006）曾綜合各家看法，提出防範不良行為惡化為犯罪行為的途徑如下：1.學校校規與班規須明確呈現，且執行時要有一致性。2.由於曠課與犯罪呈強度相關，因此應盡可能想

盡一切辦法，減少學生曠課。3.如有可能，儘量避免採取如能力分班等分軌措施。4.中學課程應分化，使教學能顧及不升學者的需要。5.善用教室管理策略，避免不當行為逐步升級為犯罪行為。6.應讓家長共同參與處理學生嚴重的不良行為。7.對嚴重行為不良學生，避免以勒令休學（或開除）作為懲罰。8.學生行為不良固應受懲罰，但懲罰持續時間宜短，且在懲罰之後應予以同等待遇。

　　學校出現的霸凌（bullying）事件，常發生在體型壯碩、能力強者等對弱勢者施加的傷害行為。霸凌者存有多種人格上和家庭環境上的特徵，且易有學業成績不佳、常吸菸或酗酒情況。針對這些少數學生的不良行為，教師在班級中宜將該議題提到班上公開討論；並須要求大家宜尊重他人的感受與觀點，且要設法調控可能發生的霸凌行為，明確告知類此行為將不被容忍、接受。霸凌經常成為親─師會議的議題。

　　教室管理的策略，當然不侷限於本節所提的五項，此處只就其犖犖大者予以分析而已，其他如獎賞學生良好表現、推動正面行為等（許慧玲，民77）亦為重點。有的學者（Glover & Bruning, 1987）曾綜合認知、行為與人文學派的行為觀，為塑造有利於學習之需的有效班級管理通則六點，可供參考：即1.提供有意義的學習活動；2.提供支持性的班級環境；3.提供成功學習的機會；4.告知學生學習的結果；5.與學生共同決定；6.強化正當的行為。惟教室管理所採取的策略並非終極的目標，而是均應以導引學生邁向自我管理為鵠的，恰如施予學生的教學策略一般，最後仍以期望達到自我獨立學習的目標，才算完美。

　　至於班級管理／經營的理論模式，請參見附錄11-1。

📎附錄11-1

有效教學的班級經營模式大綱

一、前言

有效教學的關鍵因素有五：教師上課時講解內容的清晰性、教學方式的多樣化、專注於教學任務的取向、學生實驗從事於學習的歷程、獲致成功的機會（Borich, 2014）。此外，另有五種對有效教學有所助益，且在邏輯上與其有關的行為，可用以結合上述五種關鍵行為一併實施，即：運用學生的觀念與貢獻、將教學結構化、提問（發問）、深入探索、運用感情（Borich, 2014）。該五種行為將涉及班級經營的部分問題。

教師為使教學活動得以順利進行，以求有效達成教學目標，而對學習情境的布置、學生學習行為的控制、秩序的維持等，所作的處理方法或技術，謂之班級經營（王文科，民85）。

二、班級經營的主要理論模式（Bedwell, Hunt, Touzel, & Wiseman, 1991）

模式（model）與理論（theory）不同。後者在於解釋複雜現象的所有過程；前者則在於簡化現象的過程，使之易懂（Hergenhahn & Olson, 2001）。至於與教學有關的班級經營模式，不外是一種計畫（plan）或組型（pattern），可作為教室中面對面的教學之用，以協助學生達成各種目標（Joyce & Weil, 2009）。

(一)行為改變（behavior modification）模式

1.源自B. F. Skinner的著作，並經由現代學者修正完成。

2.作法：(1)明定有待改變的行為；(2)細心評量該行為分析可能維持適當的或削弱不可欲的行為之增強物；(3)根據可改變行為的原

理，採取介入措施（透過獎賞、置之不理或懲罰），以增強期望中的行為或消除不可欲的行為；(4)評量進步情形，如有必要，並修正目標。

3.具體行為：(1)鼓勵學生遵守班規；立即回應；作法一致；處置公平（McCown, Dridcoll, & Roop, 1996）；(2)有效運用讚許，明確而有系統地給予讚許，認定特定的成就，根據個別能力與限制，訂定讚許的標準；將成功歸因於努力與能力，使學生深信再度獲得成功的可能性，務期讚許達到真正的增強作用（Woolfolk, 2004）；(3)審慎實施懲罰；嘗試安排能夠運用負增強而避免實施懲罰的情境；應用懲罰須有一致性；針對學生的行為而非其個人的品質而為；懲罰的輕重符合違規的程度（Woolfolk, 2004）。

(二)現實治療（reality therapy）模式

1.由 W. Glasser（1969）用以處理班級行為問題的控制論（control theory）而來。

2.Glasser控制論的基本假定：(1)學生個人的動機是內鑠的，而不是外發的，是以學生欲掌握自己的生存、隸屬、權力、歡樂及自由等基本需求的滿足，而表現的行為或不當行為；(2)當此等需求獲得滿足，即感到快樂，反之，則感到挫折；(3)由於很少賦予學生滿足其需求的權力，是以他們工作不力，致無法實現其潛能；(4)學校需營造滿足需求的情境，教師需提供鼓勵、支持與協助，不應運用責備、懲罰或矯治的管理策略。

3.Glasser認為不當行為來自學生缺少投入學校的過程。當學生對他們的行為結果，不具有責任感時，就會引起不良行為，反之，成功成為成功的原因。依此而來，教師(1)應展現強度的正向情緒特徵；(2)清晰敘述規則；(3)每天花些時間與學生交流；(4)焦點置於現在的行為，而不提過去的行為；(5)要求學生評鑑自己的行為；(6)師生一起發展矯治計畫；(7)教師應從學生處，取得口頭或書面的承諾。

4.現實治療基本上，乃在發展內控的歷程。有效使用現實治療的教師，展現若干共同的行為：從開學首日開始，即努力於開創溫馨、友善、完全不具矯治的氣氛，他們肯接受噪音、鼓勵學生。

5.學生須為他們的行為負責，且須接納行為表現招致的負面結果。至於學生須遵守的規則，是透過班會確立，在班會期間，教師是民主式討論的激發者，而不是權威人物。任何規章的修正，須經班會投票決定之；又為了維持班上同學一致同意遵循適當的行為規則，學生必須進行學習。

(三)教師效能訓練模式

1.T. Gordon（1974）的教師效能訓練（Teacher Effectiveness Training; TET）模式以格式塔心理學為基礎，類似於C. Rogers的哲學。

2.主要觀點：教師須放棄當有權力之權威人物的角色，且能以自由而關照的方式與學生討論師與生的不同。不能以任何方式壓制學生的行為表現，並須與學生討論不可接納的行為。此種方式即是所稱的沒有損失（No-Lose）的情境，若教師以一種關注和照顧的態度對待學生，接著，學生將會以相同的表現來尊敬教師。

3.教室發生問題時，師生需先決定問題究竟出在教師、學生或二者。當問題出在學生時，教師應積極傾聽（active listening）學生的說法，以便協助他們解決之；基本上，積極傾聽，係鼓勵學生把他們遭遇的挫折說出來，當教師發現學生的挫折是嚴重問題時，也不輕易予以處理，而是讓學生自行處理，以驗證他們自然處理每件事的可能性；給予學生的回饋，乃在於試圖協助他們自己去解決自己的問題。誠如Good和Brophy（1986）所解釋的：當問題屬於教師時，教師必須對於破壞秩序的學生，採取先發制人之措施，並送出訊息，藉以改變他們的行為。是以有問題的人，必須是談論問題的人。

4.當教師們以批評來處遇學生的問題時，Gordon認為可能

難以改變他們的行為，在該模式中，此種處遇謂之你訊息（You Messages）。

5.Gordon建議：欲改變學生行為的最佳途徑，是透過所謂的我訊息（I Messages）。一種我訊息，可以三種明顯的部分發展出來。第一部分，描述偏差行為；第二部分，描述此一行為對教師的影響；最後部分是，告訴學生這種行為，給予教師的感受。如(1)當學生遲到；(2)它干擾上課的流程與學習活動；(3)而我，即教師，覺得很挫折。我訊息，就教師效能訓練來說，是一個核心的概念，它賦予教師不必使用權力鬥爭或強制的策略，即可改變學生行為的機會。

6.使用我訊息的焦點在行為，而不在當作一個人的學生，乃基於如下的假定；所有學生，能瞭解溝通。那些溝通，被有些語言學家稱為精密編碼（elaborate codes）（Stubbs, 1983）。亦即教師透過給予學生合理解釋其負向行為的影響，試圖去改變他們的行為。惟權威人士採用此種理性的、民主的控制方式，對低社經地位的學生來說，可能不習慣，他們傾向於較熟悉的直接發揮權威的管理方法。

(四)獨斷訓育（果斷紀律，assertive discipline）模式

1.由L. Canter & M. Canter（1976）發展出來，以為有效的班級管理，係仰賴教師的能力，以及在教室中的獨斷（果斷）意願而定。

2.本模式係築基於如下的觀點：使用該模式的教師，不允許學生展現破壞行為，以致干擾教／學過程。即他們對破壞教室行為學生的反應是，既不予增強，也不使該不當行為存續下去。如教師遇到展現破壞行為的學生時，不採口頭譴責，而用非口頭的警告回應，或將其名字寫在黑板上或老師的記事簿中，教師拒絕允許學生表現破壞教／學過程的行為，務期損失最少量的教學時間之前提下，繼續其教學。當學生的名字被登載之後，如依然故我，則在放

學之後，讓他留在學校一短暫時間，以示懲罰；如還是不改，則繼續依所列的負向結果表，逐一處置，最後則轉送給學校行政當局處理，終而請其家長來校處理；在整個過程中，教師堅信教師的權利是教學，而其他學生的權利是學習。拒絕與破壞行為的學生，進行口頭式的戰爭；或允許學生以任何方式，干擾教／學過程，而採取寂靜且有信心的方式，分別運用各種影響結果，直到學生停止破壞或離開該班為止。

3.根據上述可知，使用該模式之教師，應遵循之步驟，條列如下：(1)清楚說明教師所不能容忍干擾教學、阻礙學習，或做其他不符合班級、個人或教師利益的事情。(2)以明確且具體的用詞，教導學生所期望於他們的以及不被容忍的行為。(3)對於預定可接受或不可接受的行為，計畫正向與負向的結果。(4)對順從者，計畫施予正向的增強，此種增強包括：口頭認可、記錄、給予自由說話時間，或給予籌碼作為獎賞。(5)為了懲罰不聽話者，而有一系列的步驟，將其名字寫在黑板上、送學生到校長辦公室等（MacNaughton & Johns, 1991, p.53）。

4.該模式除了強調教師的獨斷層面之外，尚要求所有關心學生破壞行為者的全面參與；是以學長、同儕、教師、行政人員，皆要參與處理。依習慣行之，學年度一開始，家長將接到學校寄發一份描述該模式並告知即將在該校實施該模式的文件，家長如同意，即加以簽署，並送回學校，與其該模式整體效能的關鍵，在於家長的支持程度。

5.L. Canter（1988）認為該模式，係以學生的選擇為基礎，進而培養他們對所作之選擇的責任感。使用該模式的教師，必須讓學生瞭解有關的規章，以及選擇不遵循規則之行為所要面臨的負向結果；但教師不應把焦點置於負向的結果上，而是著重於正增強的使用，俾使學生將焦點放在期望於他們的行為，並鼓勵他們繼續表現該種被認可的行為。

6.由於該模式的目的，在於使學生相信與瞭解規章及其限制，因而被認為和行為改變模式近似。

(五)得瑞可模式（Dreikurs Model）

1.該模式根據名心理學家兼行為分析家R. Dreikurs的著作而來。Dreikurs（1968）以及R. Dreikurs & P. Cassell（1972）提到：兒童發展若干重要的機轉，乃為了維護他們的自尊。Dreikurs覺得：由於有些學生，在早期與其家庭成員（即父母或手足）的關係，受到傷害，因此，需要這些保護的機轉。Dreikurs認為：所有學生表現的行為，均有其特定的目標。因此，學生之所以表現不當的行為，可能是因追求之目標的關係。最輕微的不當行為表現乃在於引人注意（seek attention）；至於嚴重的不當行為，乃在於追逐權力（seeking of power），或對另一個人報復（revenge on another individual）；最嚴重的方式，則為透過公然的低劣表現，而促使教師做特別的處置。Dreikurs提醒，學生之所以展現這些偏差行為，乃是他們不能做好個人的調適，以求和同儕團體的人際結構共存。這種由於自尊問題，造成的適應低能，是根源於學生早期的家庭生活。

2.使用該模式的教師的基本角色，在於分析學生的不當行為，然後以一對一的會議方式，協助學生瞭解在他們自己行為背後的目標所在，為了協助學生瞭解自己的需求，以避免他們抱持上述的偏差的行為目標。

3.依C. Charles（1992）的解釋，Dreikurs模式，根據四項主要觀念而來：(1)學生必須學習為自己的行為負責；(2)學生必須發展自尊的同時，必須發展尊重他人；(3)團體成員有責任影響同儕自己表現適當的行為；(4)學生必須為認知適當行為以及為不當行為的後果負責。

4.為了充分運用此種模式，教師必須能夠分析學生的團體行為，以瞭解激發此一行為的目標。此外，教師需具有人際技巧，以協助學生瞭解他們的目標，並在必要時，改變他們的行為，此等

分析的能力與溝通的技巧，需要接受大量的練習與訓練（Bedwell, Hunt, Touzel, & Wiseman, 1991）。

(六)辜寧模式

1.辜寧模式（Kounin Model）的焦點，置於整個團體的特徵，而不在於個別教師與學生人格（Kounin, 1970），對於研究有效的團體管理有較大的貢獻。

2.本模式有五個關鍵的構念，可用來描述該方法的特徵（金樹人，民83；Charles, 1992）：

(1)當教師矯正某一個學生的不規矩行為時，這種矯治會對整個團體產生影響，辜寧把這種現象稱為漣漪效應（ripple effect）。

(2)教師應能掌控全場（withitness），瞭解在教室各個角落發生的一切。

(3)教師須關注上課的流程（flow of the lesson）、學習任務（learning tasks）以及在學習任務內推動力量（momentum）之間的平穩轉換；教師必須避免推進未有充分準備的活動之中（辜寧將之稱為推進〔thrust〕），以及避免花太多時間於某一主題或活動的行為；須維持適中步調，使學生能專心於學習任務，讓學生忙碌，也較不會發生管理問題。

(4)教師須有維持團體焦點（group focus）的目標，讓所有學生感覺到教師瞭解每一位的進步水準。

(5)教師須努力於建構具有一般性以及特定性學習任務的課程，以避免學生感到厭煩。辜寧對這種作法的建議是，增加學生進行多元且多樣的活動，並將學生納入所有學習事件的範圍和程序內，使他們有獲致成功的機會。

3.該模式的焦點置於與團體動力有關的領導的品質，強調教師準備良好學習環境的能力，務求全體學生能接受適當的回饋，及自己感受到在學業上獲致的進步，這種模式，係以教室生活的實際觀為基礎，並從漣漪效應、掌控全場的概念中見到。

　　班級經營的諸項模式的選用，並非終極目標，旨在藉之期望學生達到自我獨立學習以及自律的鵠的。

參考書目

王文科（民85）。有效的班級經營模式。《教育實習輔導季刊》，第二卷第三期，3-9。

金樹人編譯（民83）。《教室裡的春天：教室管理的科學與藝術》。台北：張老師文化事業公司。

Bedwell, L. E., Hunt, G. H., Touzel, T. J. & Wiseman (1991). *Effective teaching: Preparation and implementation* (2nd ed.). Spring, Illinois: Charles C. Thomas.

Borich, G. D. (2014). *Effective teaching methods: Research-based practice* (8th ed.) Boston: Pearson Education, Inc.

Canter, L. (1988). Let the educator beware: A response to Curwin and Mendler. *Educationsl Leadership, 46*(2), 71-73.

Canter, L. & Canter, M. (1976). *Assertive discipline.* Santa Monica, GA: Ganter and Associates.

Charles, C. (1992). *Building classroom discipline* (4th ed). New York: Longman.

Dreikurs, R. (1968). *Psychology in the classroom* (2nd ed). New York: Harper and Row.

Dreikurs, R. & Cassell, P. (1972). *Discipline without tears.* New York: Hawthorn Books.

Glasser, W. (1965). *Reality therapy: A new approach to psychiatry.* New York: Harper and Row.

Glasser, W. (1969). *Schools without failure.* New York: Harper and Row.

Good, T. & Brophy, J. (1986). *Educational psychology: A realistic approach* (3rd ed.). New York: Rinehart and Winston.

Gordon, T. (1974). T. E. T. *teacher effectiveness training*. New York: Wyden.

Hergenhahn, B. R. & Olson, M. H. (2001). *An introduction to theories of learning* (6th ed.). Upper Saddle River, NJ: Prentice Hall.

Joyce, B., & Weil, M. (2009). *Models of teaching* (8th ed.). Boston: Person.

Kounin, J. (1970). *Discipline and group management in classroom.* New York: Holt, Rinehart and Winston.

MacNeughton, R. H. & Johns, A. (1991). Developing a successful school wide discipline program. *NASSP Bulletin, 75* (536), 47-57.

McCown, R., Driscoll, M., Roop, P. G. (1996). *Educational psychology: A learning-centered approach to classroom practice* (2nd ed.). Boston: Allyn and Bacon.

Montague, E. J. (1987). *Fundamentals of secondary classroom instruction.* Columbus: Merrill.

Slavin, R. (2006). *Educational psychology: Theory and practice* (8th ed.). Boston: Allyn and Bacon.

Stubbs, M. (1983). *Language, schools, and classroom* (2nd ed.). London; Methuen.

Woolfolk, A. E. (2004). *Educational psychology* (9th ed.). Upper Saddle River, NJ: Pearson Allyn and Bacon.

（本文修正自《第三屆特殊教育課程與教學學術研討會論文集》，國立彰化師大特教系承辦，民國87年3月12、13日，193-206頁。並經修正而成）

1. 教師如何有效運用發問技巧？

2. 班級經營或管理的策略受到人文主義、行為主義和認知主義心理學的影響如何？

3. 在附錄11-1所列舉的班級經營的主要模式，各有何利弊，請析述之。

第 *12* 章　教學評量

　　評量與評鑑雖然譯自英文的同一個字——evaluation，但是教育評鑑（educational evaluation）的範圍或程序，比教學評量（evaluation of instruction）為廣。如教學評量的程序主要涉及教育評鑑中史瑰文（Scriven）模式的表現部分，或史塔夫賓（Stufflebeam）模式所使用的過程評鑑（process evaluation）或成果評鑑（product evaluation）。又評量與評估（assessment）有別，前者係以方案、課程或機構為對象，後者則專以個人為對象（Jackson, 1992, p.121），須加釐清，但仍有人在譯成中文時，容易混淆，亦有人加以混用。

　　教學設計者與教師均需仰賴用以決定教學成效程度的方法，俾瞭解每個學生或整個群體學生的表現情形，是以有人將教學評量稱為表現測量（performance measures）；也因此種評量以學生為對象，亦稱學生評量（student evaluation）。儘管如此，國人習慣上多以教學評量稱之。

　　評量通常以「測驗」實施之，並以「等第」表示結果，雖然有人反對評量，但錯誤或缺失，應不在於評量本身，而是以評量使用是否適當才是關鍵所在。有關該方面，艾伯爾（Ebel, 1980）有所說明：

> 多數中、小學與大學教師不喜歡評量學生，即不實施測驗與分派等第。他們可能認為自己是好老師……但是，除非他們的學生接受成就評量，否則無法提供他們確為好教師的可靠證據……因為教師的主要任務在於助長學生學習，……決定已學習多寡的最佳方法，是觀察學生處理需要學習之任務的成功程度；此意即指測驗，也意指著等第，因為等第可為學生學習成功的程度，提供一致性的有意義指標。（p.47）

　　學校教師正式用來評量學生的各種方法或手段，包括小考、測驗、書面評量和等第等項。至於此種評量的焦點通常置於學生的學業成就之上，但也有評量多方面成效的，如蓋聶、布里吉斯與瓦格（Gagné Briggs & Wager, 1992），便將有計畫的教學成果涵蓋智能技巧（intellectual skills）、資訊（information）、認知策略（cognitive strategies）、動作技巧（motor skills）和態度（attitudes）等五種能力（capabilities）（詳見第二節之一）。

第一節　教學評量的目標

教學評量會因評量類別不同，而有不同的目標（如Gronlund & Linn, 1990），惟如下四項目標乃是基本的重點：

一　激勵學生用功

為了給小學生的優異表現提供激勵，通常會給予獎品、獎狀或評予高的等第。高的等第亦為中學生進入大學的憑據，同樣也有激勵學生努力用功的效能。

如為了使教學評量激發學生更加努力用功，論者（Natriello & Dornbusch, 1984）以為應滿足以下六個規準：

1.重要的評量（important evaluation）　學生深切體認到他們所要達成之有價值目標的重要性與影響力的程度。

2.良好基礎的評量（soundly based evaluation）　評量應與學生真正表現密切關聯，即讓學生覺得在學校獲得成功的唯一途徑是努力。評量也能公正、客觀地測出他們的表現。

3.標準一致（consistent standards）　讓學生覺得對他們來說，所有的評量標準具有一致性，不因人而有不同的結果。

4.解釋評量結果可靠（reliable interpretations of evaluation）　讓學生清楚瞭解評量結果主要是來自自己的努力，而不是受周遭人員的印象時，他們方肯努力，如是的評量也才具有可靠之價值。

5.時常評量（frequent evaluation）　一般而言，評量頻次愈多，學生愈有成就。時常實施、簡短的小考，通常比不常實施、需要長時間的測驗，有較好的成效。唯有如此，方能隨時引發學生的注意力，進而根據其表現，予以回饋。

6.有挑戰性的評量（challenging evaluation）　評量旨在激勵學生進步，如同百米賽跑，新訂的目標要比以前最佳成績更進步才行。

■二 回饋學生表現

評量學生表現的結果，通常愈具體愈好，一方面可以診斷學生學習所遭遇的困難，一方面可以查核學生的進步情形。

如從評量中可知：某些學習者在某方面的學習直瞠人後；或可知在一系列的學習中，學生本人並未掌握基本的技能，以致難以學習高一層次的技能。根據此一結果，學生便知他們需在一些基本技能方面，接受補救教學，當然此種補救教學的實施方式與材料應與原先接受的那些有別，以免招致第二次的挫敗。

■三 向家長提出報告

運用學生表現的等第不僅對學生與教師具有回饋作用，也可就學生在校的進步情況，向家長提出報告，因此有些學校設計一份報告卡，將學生在學校接受各種評量的結果（如考試成績、獎狀等）通知家長，使其瞭解子女在學校學習的情形；如是的評量結果也會因而確立非正式的「家庭本位的增強」系統。

■四 安置學生

學生每年暑假結束返校，可能會把上學年度習得的某些技能遺忘，但又將要學習新的資訊、技巧與態度。因此，學生群體在新學年學習新技能之順序有關的起點行為，便不會相同。此時，需運用安置測驗，以決定每位學生精熟與未精熟的領域，俾能確定教學的起點。唯有如此，才能為學生安排較準確的教學。職此之故，安置評量通常把重點於如下諸問題：

1.在開始接受有計畫教學之前，學生已具備所需的知能嗎？

2.學生對於計畫教學所列的諸項目標，學生已精熟至什麼程度？以決定是否要跳讀若干單元或是否要安置在高級班上課。

3.學生的興趣、學習習慣，與個人特徵如何？以決定某種教學方式是否優於另一種（如團體教學或獨立研究），此時需施予準備度測驗、性向測驗、某科目目標的前測、自陳量表、觀察技術等。（Gronlund & Linn, 1990）

第二節　評量的策略（或形式）

為了瞭解在教室教學中，發揮評量的最有效方式，吾人需掌握兩種關鍵性概念，即形成性評量與總結性評量（formative versus summative evaluation），以及常模參照評量與效標（或稱標準）參照評量（norm-referenced versus criterion-referenced evaluation）。

一 形成性評量與總結性評量

形成性評量乃針對某一項教學方案或某一課的教學，根據蒐集而來的資料，在發展階段即予以修正，所要問的典型問題有：「我們正如何進行教學？」「我們如何做才能把這些內容教得更好？」「知識安排的這種順序對學生的學習有效嗎？」總結性評量則針對已發展完成的教學方案或已告一段落的教學作最後一次評量，以決定該方案的效果或該教學的最後成效。所要問的問題有：「我們過去如何進行教學？」「數種教學方案中，哪一種能最有效地達成目標？」有關形成性評量與總結性評量的差別，可參考如表12-1的資料。

※(一)形成性評量的階段

為了要決定正在發展或進行中的教學方案如何修正，便要尋找該方案的價值之所在。易言之，在教學方案發展期間，所蒐集到的事實根據及對其所作的解釋，都是「形成」方案所需的。如吾人藉著評量，試圖發現某一課或某一新的設計主題，是否迎合目標，此項資訊便可用來修正或取替該課或該主題的某些部分，以克服已暴露出來的缺失。若小學自然科學課本中，有一課要求學生從取自潔淨水池中的水，發現特定的

表12-1　形成性評量與總結性評量的不同

	形成性評量	總結性評量
目　　標	決定價值或品質；改進方案	決定價值或品質；對方案的未來或選用作成決定
關心人士	方案設計人員及有關行政人員	行政人員、作決定者與／或潛力的消費者或提供基金的機構
誰負責評量	主要是由外界評量人員所支持的內部評量者	一般而言，在獨特個案中，由內部評量者所支持的外界評量人員
主要特徵	提供回饋俾使方案人員能予以改良	提供資訊，使作決定者能決定是否持續該方案，或使消費者決定是否予以採用
設計限制	需要什麼資訊？在什麼時候？	作主要決定所需的證據是什麼？
資料蒐集的目標	診斷	作判斷
資料蒐集的頻次	經常進行	有限度
樣本大小	常用小樣本	通常用大樣本
發問的問題	正在運作的是什麼？需要改良的是什麼？如何去做改良？	發生什麼結果？和什麼人？在什麼條件之下？採什麼訓練？多少成本？

資料來源：修正自 J. L. Fitzpatrick, J. R. Sanders & B. R. Worthen (2004). *Program evaluation: Alternative approaches and practical guidelines* (3rd ed). Boston: Allyn and Bacon, p.20.

有機體，但某校在實施該課時，未考慮到該種特定的有機體移置至水瓶後，其存活時間不超過二小時，如此一來，設計該課時，便涉及實用的可行性問題。如是經由形成性評量而顯現的特定困難，欲予克服之道，在上該課時，需以另一種有機體替代之，或為學生另行安排適當的教學，甚至重寫該課內容，或予以捨棄。為了達到如是的決定，形成性評量涉及三個階段，各個階段包括以具有不同潛力學生樣本，代表性的標的學生群體為對象，試驗教學材料或方案（Dick & Carey, 1985），茲分

述如後：

1.一對一測驗（one-to-one-testing）　即每位學生一次接受一種教學，評量者此時密切注意學生的表現。本階段另一參與者為教材專家，他須徹底瞭解教學的表現目標，並熟悉用來作為表現目標的測驗題目或觀察技巧。向學生問的問題應符合目標，且材料與題目清晰、具有準確性。

根據一對一測驗所獲得的資訊，具有以下的特性：(1)可估計學生起點能力的誤差；(2)可揭示教學演示缺乏明晰性之所在：(3)指出測驗題目與說明的不清楚之處；(4)發現對學習結果賦予的不當期待。根據此等資訊，便可對所編製的教學內容，提出系統的修正。

2.小組測驗（small-group testing）　小組成員乃在代表標的母群體（target population）。此種測驗一開始係就將要傳授的知能作為前測材料，然後實施教學，最後進行後測。又為了瞭解學生對教學的各個層面的態度，亦可施予問卷調查。學生也可應要求，針對教學、前測與後測內容，提出討論。

根據小組測驗之前測與後測成績，予以比較，可對學習活動的進行情形及學習分量的問題，提供答案，並就教學演示與發問的明晰性，提供指針，均可用來指引修正教學方案的參考。

3.田野（或稱實地）試驗（field trial）　以母群體中較大樣本，施予教學方案試驗。針對小組測驗結果修正的前測與後測，施測較大樣本，並藉以規範教學演示的內容與範圍，並對學習者與教學者施予態度調查。在此試驗期間，也要運用觀察技術，俾瞭解提供的教材與指導的方式是否得當。至於採用該等教材之教師的素質及配置是否妥當，亦需加以處理。

田野試驗設計，旨在測試教學運用的可行性及效能。師生的行為與態度，反映出的有價值資訊，可為修正或改進某一教學單元或某一課的教學，發揮作用。

總之，在形成性評量各個階段運用的觀察紀錄、問卷與測驗，可蒐集得到各種證據，可攝取結論，以決定該課是否要維持、修正、重寫或揚棄。各階段的測驗經常是在上完特定的課後，立即採小考的方式評量之，可為教師及學生提供回饋。

　　至於形成性評量採用的測驗內容，需由教師先區分教學單元中重要的與不重要的內容之後，再應用某些判斷或經驗，以決定哪些內容是測驗時不可少的，哪些內容是與學生對單元內容的精熟無關的。針對每個重要的要素呈現一個以上的測驗題，以供施測之用（邱淵等譯，民78）。

※(二)總結性評量的步驟與成果量數

　　一般言之，總結性評量與教學系統、科目或主題的效能有關。所以稱爲「總結性」乃源於各節課的效果很少受到單獨的個別評量，多將之組成較大教學單元評量之，以取得「總結的」成效。因此，總結性評量需在教學單元通過形成階段以後才執行，不作點滴的修正，而在於決定一種新的單元或系統是否比被它取代的另一種爲佳，有繼續採用的價值。總結性評量通常是教學系統在第一次實地（田野）測試時，或至遲在施行五年後執行（Gagné Briggs & Wager, 1992, p.30）。又若期待該系統得以在全國各中小學或班級中施行，總結性評量應在同等變化的情境範圍中實施之。

　　總結性評量若取來與形成性評量比較，前者約具有如下各項形式上的特性（Gagné Briggs & Wager, 1992）：

　　1.可系統評估每個目標的精熟程度，因而對整個教學系統的成就，有量化的標示可查。

　　2.通常以學期考試評量學生的成就。

　　3.學生的學習態度可採細心編製的問卷測得，可取來和上學年度學生的態度直接作比較。

　　4.每種量數可運用適當方法取得，易使人信服。

　　至於總結性評量採用之測驗的編製，通常有如下步驟可循（邱淵等譯，民78，122頁）：

　　1.擬訂某年級某一科目的雙向細目表。

　　2.編選雙向細目表中諸細格的測驗題。

　　3.以合理抽樣方式篩選各細格中的題目。

　　4.系統編排所選定的題目。

　　5.設計一種客觀的評分方案。

　　6.爲受試者編寫明確的說明。

7.檢核最後的成果。

　　總結性評量所要檢核的最後的成果，係指可用觀察或測驗所得，反映在教學具體目標中的各種能力。一般來說，成果量數可能包括以下任一種或全部的能力（Gagné Briggs & Wager, 1992, p.339）：

　　1.量數標示精熟智能技巧（intellectual skills）的情形，即在評估學生是否獲得依層次而分的辨別、具體概念、規則、高層次規則、解題等特殊技巧。

　　2.問題解決能力（problem-solving ability）量數，乃在評估學生思考的品質與效率。

　　3.資訊（information）測驗量數，乃在評估學生是否已習得特定的事實或通則。

　　4.動作技巧（motor skills）的適當性，通常以觀察結果或其他量數標示，但事先都有特定、具體的表現標準可供參照。

　　5.自陳報告問卷，乃在評估態度之用。

　　在精熟學習（mastery learning）中，常實施形成性評量與總結性評量。前者旨在評量學生進步情形，以小考方式測量較多；而後者因涉及等第，旨在評量學生的成就，常採標準化測驗或教師自編測驗行之。有關精熟學習，請參見第九章第五節之說明。

■ 二　常模參照評量與效標參照評量

　　教師為評量學生的進步情形，根據測驗目標所要的資訊，可採用常模參照評量與效標參照評量。

　　常模參照評量的焦點在於比較某生與其他同學的分數，以瞭解該生的表現所在的位置或等級。在標準化測驗上，某生的表現，可與全國或某地區代表性的常模群體的分數作比較。當教師需比較某生與同年齡或同年級同學的表現時使用之。效標參照評量的焦點在於評量某生熟練或精熟某特定技能的情形，不問其他同學在同一技能上的表現如何。因此，該種評量係將學生的表現與絕對的標準（效標）作比較，而與所教的課程或一課的目標結合。如此一來，教師便能決定該生是否需要接受

更多的教學，以習得某種或多種的技能。至於常模參照評量與效標參照
評量二者的差別，詳見表12-2。

表12-2　常模參照評量與效標參照評量屬性之比較

屬　　性	常模參照評量	效標參照評量
運用原理	調查測驗	精熟測驗
主要重點	測量成就的個別差異	描述學生能夠執行的任務
結果解釋	與其他個體比較表現，以特定常模組解釋之（如百分等級等）。	與明訂的成就領域比較表現，以特定精熟標準解釋之（如精熟的百分比）。
內容效度與範圍	根據特定內容領域，取樣適當，每個目標的項目較少，通常採雙向細目表選題。	根據特定內容領域，取樣適當，每個目標的項目較多，通常採特定領域細目表選擇。
題目選擇程序	主要考慮內容效度與題目的鑑別力，尤其重視所選用題目能提供個人間的最大鑑別作用，容易的題目通常都被刪除。	主要考慮內容效度。全部題目需能適當描述所包括的表現。為了擴大分數的變異，不想改變題目的難度或消除容易的題目。
標準化	是	常常如此
信度	高	可能高，但有時不易建立。
表現標準	由某已知群體的「相對」位置決定（如在二十人中名列第五）。	由絕對標準決定（如精熟達90%）。
對教學的敏銳性	容易降低，傾向於適中。	容易提高，尤其當它與特殊教學情境配合時會是如此。
應用	評估某種教學處理在達成一般教學目標方面的效能。	評估某教學處理在達成特定教學目標方面的效能。

資料來源：參考如次兩項資料修正而得：

　　①Isaac, S. & Michael, W. B. (1983). *Handbook in research and evaluation*. San Diego, Calif: Edics Publishers, p.110.

　　②Gronlund, N. E. (1982). *Constructing achievement tests* (3rd ed.). New York: Prentice Hall, p.15.

　　至於決定選定何種評量的時機，應是在決定所要蒐集的資訊類型，

是就某生所在位置等級與常模比較，或某生精熟程度與效標比較之後，才來決定究竟是採常模參照或效標參照評量。

　　常模參照評量傾向於測量各種特定的與一般的技能，但此種評量卻不能做得很徹底，其結果便無法如效標參照評量一樣確定學生是否已精熟問題中的個別技能。效標參照評量係在測驗學生特定的個別技能，以掌握學生是否精熟問題中的技能，只是許多效標參照評量需決定在一般教學中，要教導的技能很多，是其不利之處。由此觀之，常模參照評量與效標參照評量各有優、缺點，各有適用的情境。

　　形成性評量總採效標參照測驗，在該評量中，吾人想瞭解誰對牛頓的熱力學定律感到困擾，而不在於獲知誰在班上的物理學知識位居第一、第二十，因而可以協助補救教學的計畫，或安排進一步診斷測驗。至於總結性評量可能是效標參照的或常模參照的，即使採用效標參照測驗，吾人也想獲知每個學生的收穫與其他同學比較之下的結果如何。

　　由上所述，可知：精熟學習兼採形成性與總結性評量策略，形成性評量涉及效標參照，總結性評量採用效標參照或常模參照。

第三節　評量學生成就的題型

　　評量學生的成就，固然需要根據教學目標編製測驗題目，惟題型大致分成客觀式測驗題（objective test items）與論文式測驗題（essay test items）兩大類。

一　客觀式測驗題

　　客觀式測驗題可分成四類，即是非題、選擇題、配合題與填充題（或簡答題）。教師命題時，需選擇其中之一或擇合多種或全都採用。只是在命題之前，宜能瞭解各類題型的特徵，較能使所命的題目，充分發揮成效。

※(一)是非題

是非題似乎較易於迅速作答，與其他客觀式測驗相比，在作答時，耗時較少，但要命好是非題並非容易。由於學生作答是非題時，猜對的機率有50%。為了減低猜答的效應，可鼓勵所有學生，即使在不知道正確答案的情況下，也要猜答，使得猜答效應得以相等。或要求學生在認為是錯的題目，一併予以修正，標示正確答案。

在命是非題時，有如下原則可供參考（Borich, 2014; Gronlund & Linn, 1990）：

1.明確告知學生作答方式，如寫○、×或+、－；並將作答說明標示於題目之前。

2.題目的是、非，應能明確化，避免模稜兩可，如題目係根據某人的觀點而來，應明確標示。

3.是與非的題目儘量求其相等，題目長度亦宜接近相等。

4.避免採用雙重否定的題目。

5.避免含有程度不定（如大、長期、常規）或絕對（如從來、僅、總是）的題目。

6.避免將題目按學生可能發現的有系統組型（如是、非、是、非）排列。

7.勿將題目原封不動地抄自課本。

如「國中男女學生的第二性徵逐漸呈現，是受到內分泌刺激的影響」、「朱熹把大學、中庸、論語和孟子合稱為四書」、「社區是人為形成的法定行政單位」，都是良好的是非題。

※(二)選擇題

選擇題在中學與大學的考試較常用。在諸類客觀式測驗中，選擇題能測量高層次的認知目標，因此較具獨特性。為了達成高層次選擇題的命題目標，以下的建議可供參考（Borich, 2014; Gronlund & Linn, 1990）：

1.使用圖表或列成表格式的題目　此類題目學生至少需在「應用」思考層次方能解答，提供此等刺激物所涉及的選擇題目不只一題。

2.使用類推以發現諸術語間的關係　學生為了正確回答類推問題，須

瞭解這些術語及洞悉彼此之間的關係。如醫生之於人類猶如獸醫之於：①水果　②動物　③礦物　④蔬菜。

　　3.需應用原理或程序　為了測試學生是否理解程序或原理的涵義，讓他們以新奇方式或新知來運用此一原理或程序，俾瞭解他們是否能真正予以運用。如：某甲在加滿18加侖汽油之後，告訴鄰座的朋友說「上次加滿油以來，我們共跑了450英哩。」下列何者是最佳的答案？①每加侖跑4英哩　②每加侖跑25英哩　③每加侖跑31－35英哩　④從所給資料無法決定。

　　至於命選擇題時，有以下原則可供參考（Borich, 2014）：

　　1.每題應僅有一個正確的或最佳的答案。

　　2.所有的錯誤答案，應似真確的一樣，其長度與形式宜接近相同，並將各題正確答案的位置隨機排列。

　　3.除非基於測試知識的需要，否則不宜採負向的問題或陳述；因多數的情況，要求學生學習的是正確的答案而非不正確答案。

　　4.選項以三至五個為妥，但也不必為保持相同的選項數而作不必要的增加。

　　5.僅當前面所有答案顯然是錯誤的時候，方可在最後一個選項簡約為「以上皆非」。

　　6.避免使用「以上皆是」的答案，因這個答案通常是正確的，學生只要略知一、二，便易於回答該題。

※(三)配合題

　　命好配合題並不容易，可參考如下建議處理之（Borich, 2014; Gronbund & Linn, 1990）：

　　1.描述欄與選擇欄儘量簡短且求其同質性，並宜在同一頁呈現，且可按某種邏輯順序排列。

　　2.為了維持各欄的同質性，適合於每個描述項的所有選項，似乎合理卻是「錯誤答案」。

　　3.描述欄的敘述或用詞較長，選項欄的用詞、文字或符號宜短。

　　4.標示每條描述的代碼（如用1、2、3、……）與各條選項的代碼（如用A、B、C、……）應有區別。

5.選項應多於描述項，或有些選項匹配的描述項不只一個。

6.作答說明宜確定配對的依照，以及選項是否不限定被選用一次。

試舉下例以示配合題的架構：

試就正確作者姓名前的代號，寫在各書名前的括弧裡：

（　）1.水滸傳	A.蒲松齡
（　）2.紅樓夢	B.吳敬梓
（　）3.聊齋誌異	C.李時珍
（　）4.西遊記	D.施耐庵
（　）5.鏡花緣	E.羅貫中
（　）6.三國演義	F.曹雪芹
	G.宋應星
	H.李汝珍

※(四)填充題或簡答題

填充題或簡答題像是非題一樣，較易作答，惟命好填充題或簡答題並不容易，茲引述若干原則如下（Borich, 2014; Gronlund & Linn, 1990）：

1.答案需求簡潔、確定，避免題目不明確，以致在邏輯上可有好多個名詞可以當做答案。如「第二次世界大戰結束在＿＿」比「第二次世界大戰於＿＿年結束」為差。

2.問題宜直接發問，以避免敘述不全而無法得到較有結構性答案。如「在西遊記中的主要特色是＿＿」應優於「你認為在西遊記中的主要特色是什麼？」

3.答案應為正確的事實，可在教科書、研習小冊，或上課筆記找到。

4.供填充或簡答的內容，應僅限於關鍵文字，不宜有太多空格，而使學生感到漫無頭緒。如「我國高職教師目前是由＿＿聘任」優於「我國＿＿教師目前是由＿＿聘任」。

5.以文字描述時，填充部分大多接近文句之末，可避免造成句子的不完全。

6.如問題需填數量，應標示所要表達的單位（如公斤、公分等）。

客觀式測驗雖有各種不同的題型，但各類題型互有優、缺點，茲列如表12-3於後，藉供參考。

表12-3 各種客觀式測驗的優、缺點

	優　　點	缺　　點
是非題	• 題目簡短，涵蓋材料多於其他題型；因此是非的題目，可廣泛包含各種內容。 • 命題容易。 • 評分容易。	• 題目偏向機械性記憶的知識（當然有時候是非題也能問複雜的問題）。 • 假定有明顯的對或錯的答案。 • 有鼓勵或允許高度猜答的成分。
選擇題	• 從知識層次至評鑑層次可評量多種目標。因為命題數不多，在大量的教材中很快可以找到合適題目。 • 計分極度客觀，僅需計算對的答案。 • 學生須就題目正確性不同的諸答案，予以分辨，可避免如對是非測驗作絕對性判斷的情形。 • 減低猜答效應。 • 可交由統計分析，以決定哪些題目模稜兩可或過難。	• 命題費時。 • 若命題不小心，正確答案可能不只一個。
配合題	• 命題與計分簡單。 • 具有評量事實與事實之間聯結的理想。 • 減低猜答效應。	• 容易問瑣碎的資訊。 • 強調記憶。
填充題（或簡答題）	• 命題比較容易。 • 減低猜答成分，因為問題需要一個特定反應。 • 作答所需時間較少，可涵蓋較多內容。	• 反應複雜性的層次低。 • 由於答案簡短，評量的是屬特定事實、姓名、場所與事件的回憶，複雜行為的較少。

資料來源：修正自Borich, 2014, p.391。及取自Gronlund & Linn, 1990, pp.145-146, 153-154, 159-160, 174-177。

二 論文式測驗題

論文式測驗由學生寫出而非選出正確的答案，其品質與正確性，交由在該領域有專精者評定。該類測驗通常分成申論題（extended response items）與限制答案題（restricted response items）兩類。前者適用於認知複雜性之分析、綜合或評鑑層次，在期末報告或家庭作業中較適用。後者的問題，學生需回憶適當的資訊，加以組織後，才能獲致結論，由於問題限制特定的反應，無形中引導學生的作答。

命論文式測驗與運用論文題的原則如下（Borich, 2014; Gay, 1985; Hopkins, Stanley, & Hopkins, 1990）：

1.掌握想要使學生運用的心智歷程（分析、判斷、批判思考等），然後才開始命題。

2.題目需清晰告知學生所要回答的任務。

3.題目可以以下的文字為起首語：比較，請說明……的理由，請舉例說明……，若……你認為（預測）會發生什麼？

4.處理爭論性問題時，要求學生以某種觀點而非以已有之觀點提出的證據予以斷定。

5.避免使用選擇式題目。

6.顧及作答的時間與篇幅的限制，使學生能充分表達觀點。

7.論文式題目限於以客觀式題目評量無法令人滿意者為限。

8.每個題目宜與教學目標有關。

論文式測驗的優點有以下各點（Borich, 2014; Gay, 1985; Gronlund & Linn, 1990; Hopkins, Stanley, & Hopkins, 1990）：

1.為要求學生組織資訊以解決問題、分析與評鑑資訊，或運用其他高層次認知技能，論文式測驗是合適的評量工具。

2.論文式測驗比較容易命題，但都參考行為目標而來，而非隨意為之。

3.表達技巧如為教學目標之一，論文式測驗應是最佳命題方式。

4.由於未提供選項備選，學生須提出而非選取適當的答案，可減低

猜測因素。

　　論文式測驗也有若干缺失（Borich, 2014; Gay, 1985; Gronlund & Linn, 1990; Hopkins, Stanley, & Hopkins, 1990），即：

　　1.教師須逐頁評閱學生冗長的答案，難免厭煩。學生字體的工整與否，表達技巧是否得當，會影響對學生真正理解程度的評估。

　　2.評分標準難求一致、客觀。

　　3.學生作答時易感疲累。

　　4.長篇幅的作答，不問內容如何，常比短篇幅的作答得高分，因此，學生可能在作答時濫充篇幅。

　　教師為了協助評量學生掌握學習活動的情形，有時候使用計分鑰（scoring rubrics－譯為計分尺規）、或稱計分指南（scoring guides）。主要在於區分學生在評定量尺上表現的等級，以及讓學生可以利用它來引導自己學習。計分鑰可以用來對各種學習活動——論文寫作、科學實驗、或演講——的表現確立規準，所以它是一種計分工具，教師用之來評量學生的實作表現或產品（成果）。

　　計分鑰有時候像檢核表那麼簡單，用來協助教師記錄學生的實作或成果是否呈現特定的屬性，如教師可設計一種團體數學活動檢核表，細分成「掌握、計算技巧」、「獲得正確答案」、「與其他小組合作」、「將舊經驗應用到目前的學習」等題目，逐題給分，如3優、2中、1可。這種逐題計分，再算總分的方式，是由教師依照預定規準予以評定，謂之分析計分鑰（analytic rubrics）。又當教師評定整個過程或完整成果，而不判斷個別部分的情況，謂之整體計分鑰（holistic rubrics）。

第四節　測驗的效度與信度

　　任何測驗唯有其本身有效、可靠、準確，付諸實施時測出的結果才有用。本節即針對測驗的有效性（即效度，validity）與可靠性（即信度，reliability）加以探討。

一 效度的證據及其類型

教師經常以測驗分數來對所測量學生的有關事項，進行推論或詮釋。測驗的效度，即在說明此等推論或詮釋被認定為合理、確實的程度。為評量測驗效度而使用的證據類別，依隨測驗目標的不同，而有所差異。如測驗的目標在於協助教師與行政人員決定學習困難的學生，則主要的興趣在於預測學生未來學業的表現；又如目的在於描述一群學生當前的成就水準，則主要的興趣將聚焦於該項描述的準確。簡言之，測驗效度處理的是一項測驗之預圖目標的關聯性。在學校或教育過程中，對測驗角色的期待有所不同，但使作測驗者關注的效度的證據有五：（引自Ary, Jacobs, Sorensen, & Walker, 2014; Gall, Gall, & Borg, 2007; McMillan & Schumacher, 2010; Slavin, 2003）

※(一)效度的內容證據（content evidence of validity）

一項測驗，特別是成就測驗效用的最重要判斷基準為：它所評量的是否為使用者想要它評量的。這個基準謂之內容證據。成就測驗的內容證據是評量所教授的內容與所測驗的內容之間的重疊程度。如測驗強調史實和日期，但課程綱要重視的是關鍵性觀念，則該項測驗可能被視為無效度。

※(二)以對照組本位的證據（evidence based on contrasted group）

即在於瞭解不同組別對課程內容的反應，是否如預期的情形，如傑出教師的教學效能量數應高於教學平常的教師。

※(三)效度的反應過程證據（response process evidence of validity）

本項證據聚焦於分析、檢查接受測試者對特定任務採取的表現策略或反應，是否與預圖要測量的或解釋的相一致。

※(四)效度的內在結構證據（internal structure evidence of validity）

本項效度涉及評量工具內各題目間的相關，以及同一工具內各部分間的相關。當各題目間和各部分間的相關性，在實證上與理論或分數預期的用途一致時，即具有此一證據。

※(五)以與其他變項間相關證據的效度

即從某一測量得到的分數與類似的或不同的特質相關的情形。若在某一測量工具的得分與測量同一特質的另一種工具的得分呈高度相關，即具有聚斂性證據（convergent evidence）。當在某測量工具上的得分與測量不同特質的分數，未呈高度相關，即為區辨性證據（discrimiant evidence）。此種證據的類型，通常被視為「構念效度」。本項證據亦可用來說明測量分數預測在某一效標上的表現程度（即測驗與效標的關係），計有同時與預測的證據兩種。

二　信度的類型

一種測驗的信度，即在於顯示不論在什麼時候測量，所得結果前後一致的程度。估量測驗信度的方法有再測信度（test-retest reliability）、複本信度（equivalent-forms reliability）、再測與複本信度（test-retest with equivalent forms reliability）、折半信度（split-half reliability）、庫李信度（Kuder-Richardson reliability）、交互評分者信度（interscorer reliability）、交互觀察者信度（interobserver reliability）。

※(一)再測信度

對同一組受試者在兩個不同時間測得的分數後，求得二者的相關係數謂之。

※(二)複本信度

即將同一測驗的甲式先對某組學生測試，然後再將同一測驗的乙式對同一組受試者測試，求得兩次得分的相關係數。

※(三)再測與複本信度

指施測者把同一測驗的甲式對某團體施測，過些時間，再把同一測驗的乙式對該團體測試而求其相關係數。

※(四)折半信度

指將測驗對一組受試者施測，然後將題目分成兩半計分，依每個人在兩半上所得的分數，算出二者的相關係數。

※(五)庫李信度

是屬於測量內度一致性而採用，基於技術上的原因，庫李信度僅適合於採用對—錯或是—非計分的測驗，且需採庫李公式二十一計算而得，其公式如下：

$$r = \frac{K\sigma^2 - \bar{\chi}(K - \bar{\chi})}{\sigma^2(K - 1)}$$

r：整個測驗的信度 　　　K：測驗的總題數

σ^2：測驗總分的變異數 　$\bar{\chi}$：測驗總分的平均數

※(六)交互評分者信度

係將相同測驗交予兩個人評分，再將兩項分數的相關算出。

※(七)交互觀察者信度

即讓兩位觀察者在指定的時間間距，注意觀察某事件（或某行為）的發生情形，以求出他們看法一致部分的百分比。

通常來說，一種測驗的效度係數低於信度係數，一般可被接受的效度係數約在.60～.80之間或高些；可被接受的信度係數約在.80～.90之間或高些。惟一項測驗若有效度，一定有信度；反之，有信度的測驗未必有效度。

第五節　標準化測驗

第三節所討論的各種測驗題型，如由教師自編，未經標準化的過程，都屬於教師自編測驗（teacher-constructed tests）。此種測驗與標準化測驗（standardized tests）有別，後者係指測驗編製專家，在課程專家、教師，與學校行政人員的協助之下編製完成，無論施測或計分均依特定而一致的程序進行，以決定學生的表現水準與類似年齡或年級同學的關係。也因如此，採用標準化測驗得到的結果較教師自編測驗測得的成果，易於比較且易被信任，可說是基於比較而設計為其特色之一，茲

將二者的比較，詳列如表12-4。

表12-4　標準化成就測驗與教師自編成就測驗之比較

向度	標準化成就測驗	教師自編成就測驗
測量的學習成果與內容	測量適用於多數美國學校的一般成果和內容；不易反映出強調特定性或獨特性的地方課程。	適用於具地方特性的課程內容和成果；但易於忽視複雜的學習成果。
測驗題目的品質	・測驗題目的品質一般來說是高的。 ・題目由專家編寫，前測，以及根據量的項目分析結果選題。	・測驗題目的品質常是未知數。 ・由於可供教師用來命題的時間有限，題目品質典型上是低於標準化測驗。
信度	信度高，通常位在.80～.95之間，常高過.90（有可能達到1.0）。	信度常是未知數，但題目仔細編寫，信度可能會高。
實施與計分	程序標準化；提供具體的說明。	程序可能不一致，通常是有彈性的，且未寫出來的。
對分數的解釋	分數可取來與群體常模作比較。測驗手冊與其他指南協助解釋與提供運用說明。	分數的比較和解釋限於該班或該校。可用來供作解釋的指南很少。

資料來源：修正自Borich, 2014, p.400.

接受標準化測驗的結果，常以百分等級（percentile ranks）提出報告。根據百分等級，教師便能決定學生與同年級或同年齡的他人比較的結果如何。惟解釋百分等級時，宜注意以下兩點：

1.百分等級易與答對的百分比混淆。如某人在某項標準化成就測驗的百分等級為78，意指某人的分數比所有參與該次測驗78%的人數為高。或稱：參與該次測驗中，有78%的人低於該位學生。儘管如此，但仍有人會誤以為該位學生答對所有題目的78%。

2.各百分等級之間的差數相等，不必然是成就間的差距相等。如百分等級2與百分等級5之間的成就差距明顯可見，但百分等級47與百分等級50之間的差異可能不明顯。解釋百分等級時必須考慮的是：位於分配兩極端的百分等級較為分散，而趨向中央的百分等級則較為緊縮。

第六節　課程本位評量與動態評量

　　由於常模參照評量策略，會對某些身心障礙學生或少數族群學生，造成評量上的不公平，而有課程本位評量（curriculum-based assessment; CBA）或課程本位測量（curriculum-based measures; CBM）和動態評量（dynamic assessment）的倡導。

■一　課程本位評量

　　課程本位評量是形成性評量策略的一種特別模式，是一套標準化程序，適用於蒐集學生在基本技能領域，如閱讀、數學計算、拼字，和書面表達等的資料（Graney & Shinn, 2005）；一般人都認為是由美國明尼蘇達大學學習障礙研究中心的戴諾、賀奇斯（S. L. Deno & L. S. Fuchs）所發展出來的。採此種評量時所使用的材料，是在教室使用的教科書。即實施課程本位評量時，須先將教過的課程作系統分析，選出特定題目，然後設計評量格式（如發問、克漏字活動、工作單）。艾斗爾等（Idol, Nevin, & Paolucci-Whitecomb, 1986）建議在不同日子運用相同測驗的作法之一，是根據學生現在接受的教學方案（即課程）選出特定的技巧，並決定所要達成的標的目標之後，即可對學生的表現，進行常規的評量。如圖12-1所示的數學工作單，要求學生在既定時間內完成。將學生在這一張工作單上的表現結果予以圖示，可知學生的進步情形。教師因而能瞭解學生在邁向原訂目標的進展情形，如進步情況不如預期，便需將目標作必要的修正。如此一來，可確定兒童接受評量的內容，是他們已經學過的或將要學習的技能。此外，評量與材料也要顧及學生在文化、語言和興趣上的差異（McLoughlin & Lewis, 1990），而作適當配合安排。迄今這種評量通常在小學的閱讀、數學、拼字、寫作及中學的職業教育課程上使用。

一、請寫下數字：

1. 9個十，6個一　　　　　　　　　　　2. 3個千，7個百，四十一

　　＿＿＿＿＿＿＿　　　　　　　　　　　　　＿＿＿＿＿＿＿

二、請說出7的位置

3. 271 ＿＿＿＿＿　　　　　4. 8,726 ＿＿＿＿＿

三、用>或<比較數的大小

5. 32 ＿＿＿ 49　　　　　6. 2×3 ＿＿＿ 10

四、加法

7.	2	8.	7	9.	42	10.	76	11.	231
	+6		+5		+21		+17		+243

12. 373　　13.　　　　　　　14. 3,692
　　+147　　　7＋2＋5＝＿＿＿　　+2,345

五、減法

15.	8	16.	11	17.	87
	−7		−4		−43

18.	76	19.	588	20.	349
	−59		−164		−187

六、加、減法

21.	4	22.	6	23.	9	24.	55	25.	15
	+3		+3		−4		−31		−8

26.	24	27.	79	28.	401	29.	82	30.	242
	+36		−25		+296		−37		+369

31. 865　　32.　　　　　　　　33. 824　　34. 4,654
　　−321　　　4＋4＋6＝＿＿＿　　−717　　　+1,975

七、填充

35. 3＋＿＿＝9　　36. 57＋＿＿＝39

圖12-1　數學的課程本位評量樣張

資料來源：Idol, Nevin, & Paolucci-Whitecomb, 1986, p.55.

　　由於課程本位評量屬於形成性評量的形式之一，所以除了具備一般形成性評量既有之特徵（如以下的1－5項），尚有兩項（以下的6－7

項）特別顯著的特徵，茲分述如下：

　　1.評量的實施由教導學生學習的教師，而不是由學校心理學家或診斷師負責。

　　2.教師評量與教室功能直接關聯的行為。過程測驗（process testing）關心的行為與在教室中的那些成功的行為雖有關聯，但是形成性評量涉及直接觀察與記錄此等行為。例如：若教師對評量兒童發L字母的音感到興趣，他就會注視這種特別的行為，並將兒童是否會發出該字母的音記錄下來。

　　3.教師觀察與記錄兒童行為一段時間。採形成性評量學生的表現一週至少二至三次，其他種類測驗一年至多評量一至二次。課程本位評量甚至是每天都直接進行測量，且這種測量待在學習的環境，或期待學生所要表現的情境中進行。

　　4.教師使用形成性評量是評估學童邁向教育目標的進步情形。因此，教師在實施首次測試之後，便要替該位學童在某既定年限內預定要達成的目標。如某位兒童已能從一本書中，一分鐘準確唸出二十五個字，教師便可訂下另一個目標，即他能在一個月後每分鐘正確唸出一百個字。就該方面來說，形成性評量有時候與效標參照測驗有關。課程本位評量對個人的表現之評定，係根據某一絕對效標而來，一個人的分數能絕對地反應出他精熟所接受考查之知識的層級，即學生的分數具體化了學生能或不能的表現，因此對分數的解釋是絕對的，而非相對的。

　　5.教師使用形成性評量，可用以調控教育方案的效能。如前項所舉的例子中，如過了一些時日之後，教師發現欲求兒童達到一百個字的目標有問題，便可試用不同的介入措施。

　　6.課程本位評量是指讓學生學習特別的課程之後，測量其表現，即在經過仔細設計且有序可循的課程中，評量特定的技能，測驗的結果便會顯示出與教學有關的訊息。以拼字為例：典型的課程本位評量策略，是先讓學生看拼字樣本，為時兩分鐘。然後，從基本拼字課程中，隨機選出字來，採聽寫方式測試之；他正確拼出的字或字母順序，即可當做表現量數。又如數學方面，教師讓學童花兩分鐘計算從基礎課本中取出的問題樣本，以計數他計算正確的題數。支持課程本位評量者認為這種

對課程比可供使用的標準化成就測驗更依賴課程，是其優點，因為標準化測驗通常不會配合任何特別的學校課程來設計。

7.課程本位評量可將能力缺陷（或障礙）學生的表現，取來與其就讀學校同儕的成果比較。戴諾（Deno）及其同僚認為教師在非殘障學生的隨機樣本上可取得課程本位評量量數，使得欲作如是比較，不致帶來困難。因此將能力缺陷學生表現取來與地方參照團體表現作比較，所得的關聯性應大於與標準化測驗所使用的全國常模團體表現的比較（Hallahan & Kauffman, 1991, pp.131-132）。

使用課程本位評量的教師，有較具體、可用來調整進步的目標可尋、有客觀評量資料以決定學生是否迎合為他們訂定的目標，比不使用該種評量方式的教師易於進行教學的修正工作。因此，研究結果發現：課程本位評量無論對教師，或對身心障礙學生來說，均有正向的改變（Fuchs, Fuchs, & Strecker, 1989）。

有相當多的研究表示：若教師運用課程本位評量，學生會更加進步。這些研究也主張：若教師能做到以下各項，更能提升課程本位評量的成效（引自Hallahan & Kauffman, 1991, pp.132-133）：

1.使用處方規則，決定改變學生教育方案的時機。

2.一週至少測量學生的表現二次。

3.寫下可以增進學生工作持久性的目標。

4.寫下以類化（generalization）和維持（maintenance）為焦點的目標。所謂類化是指在某個情境或條件（如在甲班）習得的，能在另一個情境或條件（如在乙班）演示。所謂維持是吾人能演示在某時間以前（如在二、三個月以前）習得的某件事。類化與維持二者，特別是前者，對學習障礙學生來說，並非容易。

二 動態評量

所謂動態評量乃受到Vygotsky最近發展區（ZPD）理論的影響而衍生，是指由具有高度反應性的動態教學者，將一項或一組認知領域的作業，交付單一學習者，藉以促使其學習與表現達到最高點的評量方式

（Heal, 1993, p.329）。惟這些作業的選擇並不容易，加以受試者無法自動自發地掌握，需接受某種教學之後，方可達成。有關此類教學和表現的資料均要記載下來，並以增進學習者的能力、動機和改進其後設認知（meta-cognition）的能力提出報告。是以動態評量不在於評量受試者已有的知能或經驗，而是透過瞭解學習者的能力，支持學習者積極發展其潛能，而不是靜態的成就水準。

基於上述的定義與分析可知：動態評量可避開常模參照與課程本位評量的缺點，而強調評量的積極活動性（activity）與可變性（modifiability）。施測者與受試者雙方均立於主動的位置；施測者為了導引學生邁向成功的學習，扮演著主動介入者的角色，負責調控和修正與學生的交互作用。學生經由激勵、引導和增強，而成為主動的探求者與組織者。所要評量的成果，是使學習者的認知功能導往正向的改變。因此，動態評量是作為介入者的主試者和作為主動參與者的學習者之間的交互作用，以尋求評量學習者可變的程度，以及可用來誘發並維持正向改變認知功能的方法，因此，二者的關係是互動的。此種介入通常是在「測驗—教學—再測」（test-teach-retest）的模式中進行；即就個人接受教學之前和以後的測試表現，進行比較。但對此種改變的解釋，則要由檢查人員根據人與人之間的參照標準予以制定，而不是如課程本位評量所採的效標參照處理。加上這種評量模式是採用連續性的評量，而不是強調定時定點的評量，藉以瞭解學習者表現的變化，然後提供協助和指導，特別是在教學場合（teaching sessions），提供作業，協助學生瞭解其間涉及的原理與觀念，並提供其修正表現的機會，到了再測期間，施予與前測不同的替代版測驗，所以使用的評量工具是多元的。

根據休厄斯典等（Feuerstein, Rand, Jensen, Kaniel, & Tzuriel, 1987）的觀點，動態評量可分成以下兩種：

1.功能性動態評量（functional dynamic assessment）　所謂「功能性」係指動態的介入的主要目標，在於提升個人在特定心理計量作業上的功能。動態的探討途徑雖因所採技術的不同，而有很大的變化，但是各種技術的共同目標在於提升與修正個人接受特定點評量中，在某個被認為具有關鍵性領域的功能。該途徑所以被稱為動態，乃因在評量過程，加

入一個新向度的作業，然後再觀察個人對該新遭遇發揮的功能，是否變得更好或顯現不同至何種程度，其不同點又何在？如果學生在測驗（前測）與再測間的分數，有顯著增加（差異），則該生不能被視為障礙，而是表示：如果提供給他機會，他就能學習材料。如果分數沒有顯著增加，表示與做測驗有關的學習技能未能展現，可能的原因是多元文化背景或缺乏經驗所致。

動態評量也要檢查提升覺察（awareness raising）這種活動安排，對學生的影響，這種覺察的場合（awareness session）是指透過提示、暗示、或中介和評量，來協助學生積極、有意地使用其心智於解決問題，並獲致結論。

2.結構性動態評量（structural dynamic assessment）　該種評量旨在想對吾人的認知功能結構，作根本的改變。所以如此，不外是依據人類有機體是一個開放系統，其結構可變的基本假定而來，不因病因、發展階段，與殘障條件的嚴重性等障礙的影響而發生變化。至於如何使他們的結構發生預期改變的責任，應不在於學習者，而是在於教育工作者身上。

由於動態評量是教學的一部分，其結果當然與教學有關。動態評量提供的資訊不外：學習者在訓練與教學之下，目前認知的狀態及其上限；學習者採取的學習策略；學習者經由教學產生的改變。

動態評量是僅在學習者與評量者在場的教學情境下進行。評量所得的結果在於標示質與量的學習表現。量方面的分數以答對題目、達到的發展層次、常模參照水準等項標示教學前、後的不同；質的結果是以學習者所使用的認知和動機策略予以描述或歸類，特別是指教學情境中，這些策略的變化運用情形。此外，亦需就教師的熱心程度、學生的反應性等詳予列入資料中。欲對此等資料加以解釋時，應掌握學生功能達到巔峰狀態（peak）為之，這種巔峰狀態在評量過程中，可能在不預期的情境發生，可明顯地與其他低功能作用區分開來。巔峰狀態的呈現，乃是個人潛能的表現。

動態評量須耗費大量時間，程序仍待充分發展，其結果與採用傳統方法所得亦無多大差異，以致難以大量推廣。

第七節　實作評量與檔案評量

在本書第四章第四節的註腳中，提到真正評量的兩種類型，即實作評量（performance assessment）和檔案評量（portfolio assessment）。本節採取Borich（2014, pp.402-413）的觀點予以分析。

一 實作評量

實作評量是指要求學習者展現他們所能做的事情的一種最佳評量方式，評量的內涵聚焦於獨立判斷、批判思考與做決定等技能。在運動領域，潛水、體操是可以用來顯現學生就其所學實作的例子。根據他們所得的分數，來決定誰贏得獎牌、誰是第一名、第二名、第三名等等，凡此即為實作評量。教師使用實作評量來評估學習者在科學、社會或數學等學科領域的複雜認知過程與態度。要這麼做時，教師須確定可直接觀察和評定學習者分析、解決問題、做實驗、做決定、測量、與他人合作、提出口頭報告，或創造出成品的情境。這些情境係模擬真實世界的活動，猶如在工作中、在社區裡、或各種進階訓練中期待的活動一樣。

要讓學習者展示所知和所為的最佳方式之一，是透過檔案（portfolio）。教師透過檔案來觀察和評鑑學生在教室內、外執行常被使用以及珍視的複雜活動的能力。通常經過審慎設計的實作測驗，學習者需要做密集式研究、團體式合作、角色扮演等，才能提出答案。傳統的紙筆測驗多用於測驗知識、理解、或部分應用領域，至於複雜的思考技巧、態度和社會技能的評量，實作測驗是一項合宜的安排。

二 檔案評量

檔案評量的主要目標，在於述說學習者在某一學科領域，達到精熟、長期成就和重要成就的成長故事。檔案是一種有計畫地蒐集學習者已經獲得的成就，以及他採取達成成就之步驟在內的記載文件。這種蒐

集的過程，代表著教師、學習者、有時候也包括家長在內，一起努力合作去決定檔案目標、內容和評鑑規準。檔案是一種深度瞭解的量數，能夠揭示跨學期或學年之能力和理解力的成長情形。換言之，檔案是用來顯示學習者最後的成就和達到那個境界的努力情形的最佳方式之一。

在班級中使用檔案的目標，在於顯示學習者最佳的文采、藝術作品、科學方案、歷史思維、或數學成就。同時，檔案也顯示學習者採取抵達該境界的步驟；所以檔案係將學習者最佳的作品和作品進展情形二者編輯而成。

檔案有三種類型：其一、工作檔案（working portfolio）：代表「進展中的工作」，作為經過學生選擇和潤飾之成就的儲存處，準備接受較永久評量或展示的檔案。其二、展示檔案（display or show portfolio）：係由學生從他的工作檔案中，選出最佳的作品，當作展示檔案。透過教師的協助，學生學習針對位在其他作品前面的那些作品之品質，進行批判性判斷。其三、評量檔案（assessment portfolio）：包括在展示檔案中的全部或選出的一些作品，以及在工作檔案一開始的一些作品。因此教師是評量檔案的主要觀眾。多數學校使用檔案評量，乃在於激發學生努力學習的動機，並藉以顯示學生學習的成長和成就。

就建立檔案而言，可以分成五個步驟：

※(一)決定檔案的目標

以班級本位的檔案而論，所要達成的目標包括：調控學生的進步情形、通知家長有關學生學會的內容、給接任的教師傳送訊息、評鑑教學的效果、顯示已經獲得的成就、評定課程的等第。

※(二)確認認知技能和素質

透過檔案可以測量得到學習者的知識建構與組織、認知策略（分析、詮釋、計畫、修正）、程序技能（清晰溝通、編輯、繪製、演說、建構）、後設認知（自我調控、自我反思）以及若干素質或心智習慣（如變通性、適應性、接受批判、持續性、合作）以及期望精熟等能力。教師期望學生展現的成果、過程或作品類型有：成品（如詩篇、論文、圖表、繪圖、地圖等）、複雜的認知過程（即獲得、組織和使用資訊技能）、可觀察的實作表現（如身體運動、如跳舞、體操或打字，口

頭陳述,使用專門化程序如解剖青蛙,平分一個角,遵照處方),以及態度和社會技能(如心智習慣、團體工作和再認技能)。

※(三)決定計畫檔案的人

使用檔案的利害關係人是教師、學習者,以及他們的父母,所以要讓家長參與,並送交一份檔案評量說明書給他們。請家長和學生討論檔案評量的目標和內容。

※(四)決定要放入檔案的產品以及每項產品的樣本量

根據教學目標,決定要放入檔案的類別,並允許家長和學習者選擇每一類別要放入的樣張數量。

※(五)建立檔案記分鑰

教師須決定在檔案中每一類別、或整體檔案的實作表現為佳、可或劣。評定檔案的內容,並針對教師認為重要的素質或特徵,予以列出,並加以評定。如圖12-2所列評定量尺,謂之記分鑰(rubrics,或譯計分尺規),用以表示評量檔案內容的規準。

至於實作和檔案評量等第評定的作法之一為:計算小考、測驗、家庭作業、實作測驗和檔案的分數,總分為一百分。最後的分數為依照每項目的平均分數,乘以分派的加權比重,然後得一總分。其具體作法有三:

公式一(乘以一、二、三方案)

家庭和班級作業:所有各項分數加總,然後平均之,這平均分數僅計算一次。家庭作業和班級作業分數予以平均計算:

84,81,88,92,96,85,78,83,91,79,89,94 = 1040/12 = 86.6 = 平均分數87

小考:所有小考成績加總後平均計算之,加權計算時,該平均分數乘以二(或計算兩次)計算之:

82,88,80,91,78,86 = 505/6 = 84.2 = 平均分數84

測驗和主要計畫方案:所有評定分數加總後平均之,平均分數加權時乘以三(或計算三次)計算之:

81,91.86 = 258/3 = 平均分數86

六週分數的計算:

87(乘以1)+ 84(乘以2)+ 86(乘以3)= 513/6 = 85.5 = 平均分數86

_____ 初稿

_____ 第二次稿

_____ 第三次稿

由學生填寫者：

1.送交日期： _____

2.簡述本論文所論及的你： _____

_____

_____

_____

3.關於本論文你最喜歡的部分是什麼？ _____

_____

_____

4.在第二次稿時你想要改進的是什麼？ _____

_____

_____

5.如果這是你的定稿，你要將它納入你的檔案嗎？為什麼？ _____

_____

_____

由教師填寫者：

評定等級	描述

一、反思的品質

5.	很清楚敘述他對該篇論文最喜歡和最不喜歡的是什麼；非常詳細說明如何去改進這篇論文。
4.	清楚敘述他對該篇論文最喜歡和最不喜歡的是什麼；詳細說明如何去改進這篇論文。
3.	有點清楚敘述他對該篇論文最喜歡和最不喜歡的是什麼；有點詳細說明如何去改進這篇論文。
2.	模糊敘述他對該篇論文最喜歡和最不喜歡的是什麼；未詳細說明如何去改進這篇論文。
1.	沒有對作品反思的證據。

二、寫作手法

5.	很有效使用寫作的手法，沒有找到錯誤的證據。這些手法是流暢的和複雜的：拼字、發音、文法、用法、句子結構。
4.	很有效使用寫作的手法，僅找到少數錯誤的證據。這些手法是近乎有效的：拼字、發音、文法、用法、句子結構。
3.	使用寫作的手法有一點效果，錯誤不至於干擾到意義。這些手法是

有一點點效果的：拼字、發音、文法、用法、句子結構。

2. 使用寫作的手法錯誤以致干擾到意義。這些手法受限且不平穩：拼字、發音、文法、用法、句子結構。

1. 使用寫作的手法嚴重錯誤以致模糊意義對拼字、發音、文法、用法、句子結構缺乏瞭解。

三、組織

5. 清楚賦予意義

4. 賦予意義

3. 大部分賦予意義

2. 嘗試要但卻沒有賦予意義

1. 完全沒賦予意義

四、計畫（僅適用於初稿）

5. 對觀眾有清楚的觀念。目標很清楚且明顯，明顯可見完整的論文計畫。

4. 有觀眾的觀念。目標清楚且明顯，有論文計畫。

3. 對論文的觀眾有點清楚。目標有敘述卻有點含糊，完整的論文計畫有點清楚。

2. 論文為誰而寫是含糊不清的。目標不清楚，也沒有清晰計畫的證據。

1. 撰寫內容沒有顯示計畫的證據。

五、修正的品質（僅適用於第二稿）

5. 對所有修正建議追蹤。修正是明確的修改。

4. 對大部分修正建議追蹤。修正是對初稿的修改。

3. 僅針對一些修改，而未完全照建議修正。且針對初稿略做修正。

2. 對大部分修正建議漠視，修正並沒有改進初稿內容。

1. 僅稍做嘗試性修正。

評定總分：_____

平均評定分數：_____

評語：_____

_____

_____

_____

_____

圖12-2 論文檔案評定表

公式二：百分比方案

教師決定每一領域所占百分比，如家庭與班級作業占20%，小考占40%，測驗和重要計畫占40%；以上面各領域平均分數加權計算可得：

$86.6 \times 20\% + 84.2 \times 40\% + 85.5 \times 40\% = 85.4 = $ 平均分數85

公式三：語文藝術的方案

語文教師決定出版、目標會議、期刊和每日處理等第的分數各占四分之一。

在第六週結束評定出版的分數 = 88

在第六週結束評定目標會議的分數 = 86

期刊平均分數 $(82 + 92 + 94 + 90 + 88 + 86)/6 = 89$

每日處理平均分數 $(78 + 82 + 86 + 94 + 94 + 91)/6 = 88$

六週的平均分數 $(88 + 86 + 89 + 88)/4 = 87.75 = $ 平均分數88

※(六)規劃檔案會議

在學期或學年結束，應規劃召開由學習者、家長參與的期末會議，討論檔案及其所揭示學習者發展及最後成就的情形，以激發學習者去提出具有代表性的檔案。

1. 試說明形成性與總結性評量、常模參照與效標參照評量的不同。
2. 如何命選擇題，以達成測量最高層次的認知的目標？
3. 試說明論文式測驗的優、缺點。
4. 測驗效度的證據有哪些，試分述之。
5. 課程本位評量的特徵為何？如何提升課程本位評量的效能？
6. 試述動態評量的特徵、優點和限制。

肆、課程與教學研究篇

第 *13* 章　課程 /
教學研究

　　課程／教學研究與課程評鑑或教學評量有差異性、也有相同性。蓋二者皆需專門技術，本諸合乎邏輯的分析、驗證，試圖發展新知或增進效能。

　　課程／教學研究以課程／教學過程（curriculum/instruction process）為探討的問題之一，此一過程常被視為由許多的系統（systems）組成；諸系統間彼此交互作用，也各自與其環境發生交互作用。因此，此等系統便形成課程／教學研究的主要部分。其中課程的設計與發展系統以及運作課程系統，成為課程活動的主要焦點。但課程研究不在於解說此等系統「必須」運作的方式，及其與較大的社會或政治系統交互作用的方式，而在尋求回答如下各項問題：

　　1.如何設計課程？由何人根據什麼目的以及預期結果進行？

　　2.如何評鑑課程？由何人負責？本諸何種目的而施行？有何影響？

　　3.運作課程與成就課程——即課程經驗的結果——之間的關係如何？

　　4.在運作課程中，學校科目的任務是什麼？以及學校科目如何決定學生的思考與價值？

　　至於教學研究則以教師和學生為主要分析對象，務期透過如是研究，改進教學的品質，以提升學生的學習效能；大抵以教師的特質、教學方法、教師的行為（Medley, 1979）、師生的認知思考過程等涉及的問題為研究的主體。

　　欲回答上述的問題，有些須加以研究、探討，方可獲致合理確切的答案，事實上有些「視為當然」的課程／教學事件，如透過縝密的研究，或許會另有突破性的發現。

　　為了從事課程／教學研究，對於課程／教學研究的典範、課程／教學的研究方法、潛在課程研究、課程／教學研究的方向等方面，須有所瞭解，始能掌握要點。

第一節　課程／教學研究的典範

　　自然科學的研究過程，常與量化和測量結合，尤其是物理與化學特別偏好此種研究典範（research paradigm）。

　　爲了獲取量化的資料，科學的研究常採用控制實驗（controlled experiment）。然而有的科學或科學中的某些部分，若採用控制實驗，可能無法產生或僅能產生微量的可靠知識，於是便會改採仔細的、有系統的觀察取代之，作爲重要的研究工具。儘管如此，觀察研究，有時仍需仰賴量化與測量，如爲了瞭解適合各種動植物生存的草地功能，便有必要計數該塊草地不同部分的蚯蚓數，便與量化有關。

　　無論自然的研究或是純科學的研究，爲了獲得知識，須盡其可能將諸變項作有效的控制。如農業與園藝研究方面，對於氣候與土壤條件等變項的特徵，雖可測量與量化，但卻無法控制；可是對於具有不同遺傳特性的種子，以及含有不同化學成分的肥料，卻可以量化及控制，其結果亦可作有效測量。

　　此種農業上的「研究典範」以及遺傳實驗所採統計程序所衍生的測量技術，近年來在教育的研究，特別是教育心理學的研究方面，普遍受到重視、採納。課程／教學研究在運用研究典範方面，總採取屬於比較折衷的作法。

　　研究爲了增加知識的儲量，便要採用特殊的形式以及特定的方法。如爲了增加科學領域的知識，迄今控制實驗及其有關的量化和測量方法，不失爲可行的途徑。又如爲了增加歷史領域的知識，重新解釋已有的資料及新發現的資料，則爲可行的途徑，此種研究即是所謂的解釋學。至於靈感領域（inspirational domain）的知識，常是特殊的部分，不但推廣、應用不易，且常具有個殊性，甚至有時候與個人的偏好有關；該領域可能與個別的人生體驗、生與死、生活的正常性與異常性，或探尋人的尊嚴與目標等有關聯。是以靈感領域的知識常被列入藝術「界」，舉凡繪畫與文學的派別、宗教「運動」以及哲學的「思辨」（speculations）都包括在內。因此靈感領域的研究簡直可說是再探究

（re-search），旨在更新、振興或重振真理，對於代表人類或藝術界、文學界、音樂界、宗教界與哲學界真理的信念，不是予以拒絕，便要予以接納。

綜上所述，可知：課程／教學研究的典範隨著知識領域的不同而異，有的採控制實驗，有的採觀察方法，有的以解釋學的方法進行，亦有的採類似哲學思辨的途徑等等。這些研究方法，目前皆將之歸入量的研究（quantitative research）與質的研究（qualitative research）兩大範疇。控制實驗通常被歸入前者，觀察方法則視所採用工具的不同，可分別歸入其中任一種；解釋學法與思辨法通常會被納入質的研究中。正因如此，有必要就該兩類研究加以說明。晚近在設計單一的研究中，有將量的研究方法與質的研究方法結合而成為混合研究法（mixed-methods research）的趨勢。

第二節　質的研究與量的研究的差異

質的研究與量的研究二者有差異的部分，也有相互關聯的部分。有關二者的差異，約有如下各項（王文科、王智弘編譯，民91；Best & Kahn, 2006; Denzin & Lincoln, 2001; Gall, Gall, & Borg, 2007; Fraenkel & Wallen, 1993; Lancy, 1993; McMillan & Schumacher, 2010）：

■ 哲學基礎不同

量的研究築基於「邏輯實證論」或「後實證論」的哲學，以為社會實體屬於客觀真象的只有一種，與個人的感受和信念有別。質的研究較仰賴「建構主義」或「詮釋學」的哲學，以為實體是由社會建構完成，透過個人或團體，對情境的界定而得，因此是多元的。

二 任務不同

　　量的研究需進一步界定研究範圍、選取研究變項、作預測等；其任務則在於：驗證或駁斥在研究一開始時即預先陳述的假設。質的研究須就選定的主題或問題進行研究，其任務在於期求有所發現，其假設則依隨著研究的進行而顯現。

三 取樣不同

　　量的研究透過機率抽樣技術選取有意義的樣本；樣本的大小，理想上是基於統計「力」的考慮而作控制，比較喜採大的樣本。質的研究較喜歡採合目標抽樣而得的樣本，這些樣本（場所或個人）常受研究主題的控制，數量顯得比較少。

四 設計不同

　　量的研究可能會對受試者造成干擾，至少接受研究的那些人將瞭解他們是接受「實驗」或「試驗」的一部分。質的研究過程的設計，是讓接受研究者處在很自然的、繼續生活的情況，儘量使他們受到的干擾減至最低程度。

　　量的研究者認為：環境脈絡可能對研究的統整性產生不利影響，因而運用各種程序或統計控制或減弱無關變項的作用。質的研究者運用「廣角透視」法將現象四周的脈絡記載下來，焦點可能將資料轉變成為供分析的類別或呈現理論，主張以邏輯分析控制或解釋無關變項。

五 蒐集資料方式不同

　　量的研究者以不具名與維持中立態度，面對研究場所或對象，透過問卷、測驗、結構性觀察等居間工具，蒐集資料。質的研究者即是負責

蒐集資料的主要「工具」。

　　量的研究者設定自己把持沒有偏見的態度，力求客觀。質的研究者瞭解自己可能具有的偏見，試圖努力去掌握參與者主觀的現實。

　　典型的量的研究蒐集資料的工作，通常要持續數個小時或數天。典型的質的研究則要持續幾個月或幾年的時間從事資料的蒐集。

六 信、效度的處理不同

　　量的研究者將注意力集中於評估與改進由工具取得之分數的信度。質的研究者偏好以推論方式判斷信度是否妥當。

　　量的研究者透過多種統計指數評估效度。質的研究者透過交叉查核資料來源方式（三角交叉法：triangulation）評估效度。

七 資料與報告提出方式不同

　　量的研究以表列方式呈現的資料，係運用統計描述。質的研究列表則限於協助確認類別、組型，以支持質的意義之需。

　　量的研究常將複雜的現象，分成若干特定的部分（細節）分析。質的研究多將複雜的現象，採用整體觀點予以描述。

　　量的研究報告係將資料化約為量數，且屬於解釋性質，包括一系列環環相扣的論點。質的研究報告則採敘述的格式提出，穿插帶有故事式的對話內容。

　　量的研究與質的研究二者的區分並非絕對，只是強調的重點有別，須視研究變項的性質與考慮的目標如何而定。量的研究進行之前的設計以及資料分析的過程，有時仍須借重質的研究技術之助；而質的研究有時仍有賴量的支持。是以二者不宜視同互不相干，或相互替代性的研究策略，而應當視為「互補」的關係（LeCompte, Millroy, & Preissle, 1992, xvi）。混合法之應用於課程研究，其旨趣即在此。

第三節　量的研究的特徵與方法

量的研究須借重儀器或測量以評估課程／教學上的現象。由於此種做法，較易令人信服，是以被視爲具有科學研究的特徵，即能達成描述、預測、控制、探索和解釋等項目標。

描述的目標，專指透過測量工具的協助，容易以數據準確描述課程／教學上客觀存在的現象。又藉著精確描述的資料爲基礎，對課程／教學的實施成效，可以提出預測的觀點。爲了能瞭解一種課程／教學策略可能帶來的影響，欲評估其成效以供作決策之需時，須操縱或控制某種（些）變項，以取得較爲客觀合理的結論。最後，課程／教學的研究者，便能根據準確描述、探索、預測和控制實驗的結果，而對研究的現象，提出合理的解釋。

至於量的研究技術主要的有結構性觀察、標準化訪問與問卷、測驗、實驗等項，如以方法概括，可用調查研究法、觀察研究法、實驗研究法涵蓋之。

■ 調查研究法

調查法應用於課程或教學研究，旨在瞭解：各界對課程發展與教學之目標與要素的意見、徵求各界對課程（標準）草案的看法、瞭解學生對現行課程／教學的感受、分析教師實施課程／教學時遭受的困難及其建議、獲知學生的學習結果等。調查法的種類繁多，爲了達成上述諸項目的，通常可以採用問卷、訪問、座談、教學日誌、測驗等方式實施，其中以使用問卷、訪問和測驗較爲普遍。

採用問卷實施調查時，宜視需要而作如下的安排：

1.題目兼採封閉式或開放式的型式。

2.避免發問敏感性或具有威脅性的問題。

3.使用字詞應顧及應答者的教育程度。

4.各個問題的選項應互斥而不要相互包含。

5.為提高收回率，需有一套有效的追蹤手續。

以測驗實施調查時，宜視需要採用標準化測驗或教師自編測驗，以瞭解教師教學或學生學習課程的成果。教師自編測驗經常是為特殊的學生團體而「特製」，固然要能達成最佳邏輯與技巧的理想，但比起標準化的測驗要遜色許多。標準化測驗具有客觀性、施測條件一致，有根據百分等級常模、有信度與效度等特徵，較易於贏得各界的信任。

以訪問方式進行調查，可以深入瞭解課程／教學實施的現況與績效，取得的資料較為完整，可補充問卷調查的不足。座談方式或焦點訪談式的調查可利用人際互動的作用，激發多種不同的意見，相互協調，較易獲致共識。另從教學日誌的詳載資料，可以得知教材的優、缺點，教師的作為與學生的反應。

以調查法從事課程／教學研究，所採用的各種方式，利弊互見，無法兼顧各個層面，因此為求獲得研究所需的資料，宜針對需要，兼採多種技術，較為允當。

二 觀察研究法

觀察研究法運用於教學方面，通常採用的技術有持續時間的紀錄（duration recording）、計算次數的紀錄（frequency-count recording）、間距紀錄（interval recording）等（王文科、王智弘，2014）。

1.持續時間的紀錄　使用這種觀察紀錄，觀察者只需採用如計秒錶等儀器，便可測量標的行為（target behaviors）所經歷的時間。在不少的研究中，觀察者只記錄單一行為經歷的時間，如某位學生離開自己的座位持續的時間長度。然而，研究者若對時間的持續性感到興趣，在該段時間內，單一的被觀察者可能表現好幾種行為，這些行為雖非同時發生，但觀察者都能將之記錄下來：如觀察者能記錄某生在座與離座的時間長度。此外，若有好幾位學生表現單一行為且又非同時展現時（如一次僅允許一位學生以口頭回答教師提出的問題時），每位學生回答問題所花的時間，亦可作成紀錄。

2.計算次數的紀錄　指觀察者就標的行為發生的每一次作一次記錄，

通常以劃記單或以計次器登錄。計算次數最適用於記錄短時間的行為表現。計算次數記錄的對象可分成間斷的行為與連續的行為。能被計數的行為稱為間斷的行為，如班上某位學生在單位時間內舉手發問的次數，可以計數。所謂連續的行為則指單靠計數，仍無法作成有意義記錄的行為，如出席上課的行為、從事任務的行為以及離座的行為等均屬之，計算這些行為發生與否的方式，需先決定每隔若干時間計數一次，以觀察該生在間隔時間內，表現某種行為的百分比。

　　3.間距紀錄　係指在某時間間距觀察「標的受試者」（即被觀察者）的行為。如傅蘭德（Ned A. Flanders）為了分析教學情境中師生互動而設計的傅蘭德互動分析類別表（Flanders' Interaction Analysis Categories），便是適用於此種類別的行為紀錄。該分析類別表把教室的行為分析成教師說的話與學生說的話兩種，予以細分歸類後分析之（參見附錄13-1）。

三　實驗研究法

　　一套課程或教學策略在大規模推廣運用之前，為求慎重計，有必要從事實驗，如此作法，可避免對學習者造成無可彌補的禍害，且可使課程發展或教學設計符合科學的要求，達到較符合理想的境界。

　　實驗研究所採用的實驗設計，因問題性質的不同，而有前實驗設計（pre-experimental design）、準實驗設計（quasi-experimental design）以及真正實驗設計（true experimental design）之分（王文科、王智弘，2014）。前實驗設計因缺乏控制組或無法提供等量的控制組，普遍受到限制，是所有實驗設計中效果最差的一種，除非時間非常急迫，或為了改進課程或教學方案之需，試用其草案，否則以少用為宜。其主要的類型有單組個案研究（the one-shot case study）與單組前測─後測設計（the single-group, pretest-posttest design），前者是首先選擇若干受試者，予以實驗處理，然後測量實驗處理結果即可。後者大致包括四項步驟：1.實施前測以測量依變項；2.施予受試者實驗處理；3.實施後測，以再一次測量依變項；4.應用適當的統計考驗，決定其間的差異是否顯著，以便決

定課程或教學方案是否有效。由於前實驗設計缺乏控制，無內在效度可言，即使有前測—後測的設計，亦不能肯定實驗處理是造成前測—後測差異的唯一或主要的因素，因此，還是以避免使用為宜。

　　真正實驗設計是三種實驗設計中，最強而有力的設計形式，以其係將受試者隨機分派接受實驗處理與控制處理，使實驗組與控制組獲得立足點的相等，其主要類型有隨機化僅為後測控制組設計（randomized the posttest-only, con-trol group design）、隨機化前測—後測控制組設計（randomized pretest-posttest control group design）、索羅門四組設計（solomon four-group design）等，詳如圖13-1。隨機化僅為後測控制組設計適用於：無法實施前測，或實施前測不便，或使用前測成本過高時，當前測可能與實驗變項發生交互作用時，隨機化前測—後測控制組設計，則無前項設計的顧慮。索羅門四組設計，可說結合隨機化僅為後測控制組設計與隨機化前測—後測控制組設計而得，考慮較為周全，效果亦較符理想，惟其難以找到相等的四組。

---

(1)隨機化僅為後測控制組設計

　　RXO_1

　　RCO_2

(2)隨機化前測—後測控制組設計

　　RO_1XO_2

　　RO_3CO_4

(3)索羅門四組設計

　　RO_1XO_2

　　RO_3CO_4

　　RXO_5

　　RCO_5

說明：R代表隨機分派受試者

　　　X代表被操縱的實驗變項

　　　C代表被控制的變項

　　　O表示觀察或測驗結果

圖13-1 真正實驗設計

資料來源：王文科、王智弘，2014，*教育研究法*（第16版），台北：五南。

　　在學校實施的教室研究情境，要安排一種眞正的實驗設計，著手課程或教學實驗，確有困難，因此在設計實驗時，只有盡可能就現有的情境，作最可能的控制，這種實驗設計，固不如眞正實驗設計，卻優於前實驗設計，謂之準實驗設計，適用於無法應用眞正實驗設計的場所。由於準實驗設計無法作完全的控制，研究者宜洞察哪些變項未受到適當的控制，瞭解影響內、外在效度的因素，並於解釋時予以關注。

　　準實驗設計在課程或教學研究方面，使用最多的有不相等組的前測—後測設計（the pretest-posttest nonequivalent-groups design）、控制組時間系列設計（control-group time-series design）兩種。後者有時被視爲與準實驗設計並行的時間系列設計的一種類型。該兩種設計如圖13-2所示。

---

(1)不相等組的前測—後測設計

$$O_1XO_2$$
$$O_3CO_4$$

(2)控制組的時間系列設計

實驗組　$O_1O_2O_3O_4 \times O_5O_6O_7$

控制組　$O_1O_2O_3O_4CO_5O_6O_7$

圖13-2　準實驗設計

資料來源：同圖13-1。

　　不相等組的前測—後測設計，由於隨機分組已有困難，研究進行之初，宜盡一切努力，盡可能使所有各組達到近乎相等。對於前測分數須作分析，以決定實驗組與控制組的平均數與標準差的差異，是否已達顯著水準，若該兩組前測分數不等，須運用共變數分析處理。同理，該兩組其他的無關變項，如年齡、性別、智力等，亦須予以檢核。若有可能，實驗對象的分派，宜採隨機方式進行。本項設計以班級爲對象，不致破壞學校的正常運作，固有其適用性。但是，由於參與研究的班級牽涉至廣，來自數個不同的背景，欲達成高度的外在效度，恐非容易。

　　控制組時間系列設計的實驗對象，仍分成實驗組與控制組，只是每組均接受定期的評量，且實驗組在該時間系列的評量中，導入實驗處理（×），控制組則始終未接受該項處理。此一設計與不相等組的前測—

後測設計類似，只是它所接受的前測次數不限一次，較足以瞭解實驗處理的影響，是否具有穩定性。

第四節　質的研究的特徵與方法

質的研究，根據學者的分析（Berg, 2007; Bogdan & Biklen, 2013; Denzin & Lincoln, 2001; Gall, Gall, & Borg, 2007; Delgado-Gaitan, 1993; Fraenkel & Wallen, 1993; Patton, 2002），可歸納而得以下五項特徵：

一 以自然環境為直接的資料來源且以研究者為蒐集資料的主要工具

研究者投入大量時間於學校、家庭，或其他和教育有關的現場，從事探究。研究者假定人的行為深受其背景的影響，因此，唯有以自然環境中的行為為觀察對象，方是合理、可靠。所以，以研究者為蒐集資料的工具，乃緣於人為的工具如測驗、問卷等彈性不夠，難以適應複雜情境的變化；儘管如此，許多研究者也可能採用較客觀的工具來蒐集供補充的資料，以防止個人主觀偏見造成的偏失。

二 蒐集描述性（descriptive）的資料

質的研究所蒐集的資料，多以文字或圖片的形式呈現，而不用數字表示。此等資料包括：訪談作成的抄本、田野箚記、相片、影片、錄音、日記、個人文件、備忘錄、其他官方紀錄等。

三 關注過程與成果

如吾人如何協商獲致共同的意義？如何應用若干的術語與標記？若干概念何以被視為「常識」的部分？研究中的活動或事件的自然史如

何？等等問題，不僅涉及成果，也重視過程，爲質的研究的重點。強調過程的質的研究，在釐清教育研究的「自我應驗預言」方面，特別有用。量的研究只藉著前測、後測，以發現學生認知表現，受教師期待改變影響的情形。質的研究策略，則在探索此等期待如何轉換爲日常活動、程序，以及彼此交互作用的情況。

四 採歸納方式分析資料

研究者蒐集資料或證據，不在於證明或拒絕他們從事研究前所秉持的假設。而是將蒐集起來的特定部分，予以縷析，獲得抽象的觀念或理論。如是理論的發展方式係由下而上（而非由上而下），將許多根本不同的片段資料蒐集在一起，以發現其間的相互關聯性，而形成理論，優於先驗的理論，謂之紮根理論（grounded theory）。

五 關注的要點在於「意義」（meaning）

採質的研究的學者，對於不同的人賦予自己生活的意義，感到濃厚的興趣；易言之，質的研究者對於參與的觀點（participant perspectives），寄予關注。他們集中注意於如下的問題：吾人對自己的生活建立哪些假定？他們視爲理所當然的是什麼？如曾有一項教育研究，研究者將重點置於家長對子女教育的觀點，想從中瞭解家長認爲自己子女在校表現不佳的理由，結果發現，家長覺得教師未能就其所認定子女的價值，予以肯定，原因乃在於他們本身窮困以及所受教育不足。於是家長對於教師假定窮困與教育不足與其子女不會是好學生同義的看法，紛紛予以譴責。

質的研究者極爲關注自己能否精確掌握觀點（perspectives），因此，有的研究者會將錄影帶放映給參與者觀賞，以查核他們以及資訊提供者（informants）的解釋有無疏漏；有的研究者會將文件原稿或訪談草稿交給關鍵的資訊提供者查對；亦有的研究者可能和受觀察者直接交談，以核對觀點有無出入。雖然有人對於上述的程序，持有疑義，但是

如是的作法，在於力求盡可能準確地掌握被研究者以自己的方式，來解釋事實的重要性。

至於質的研究所採取的研究方法，如純就文件的分析來說，歷史研究法的步驟有可供參考的價值。如到現場進行研究，則人種誌研究法（ethnographic method）為可採行的重要策略。

一 歷史研究法

探究課程史的問題或教學策略演變的問題，常要仰賴歷史研究法。惟歷史的研究，以史料的蒐集及鑑定最為重要。

課程史料或教學策略演變史料，大致分成主要（或直接）史料與次要（或間接）史料兩種。主要史料為歷史研究所必需，缺乏主要史料，歷史便成為空無所有的故事，故研究者應以蒐集主要史料為第一優先，除非無主要史料可供採用，否則應避免使用次要史料。所謂主要史料乃是真正觀察與參與課程訂定或修正者，或教學策略的開發者所提出的報告，或過去留下的課程資料或教學策略直接可供研究者。至於次要史料不是報導者真正參與或觀察課程編製或教學策略開發而提出的報告，或許是報導者與真正參與或觀察者交談之後，或閱讀他人報告之後，再予剪裁寫成，其價值與實在性，當然比主要史料遜色。

惟史料是否值得採信，尚須經由內在鑑定（internal criticism）與外在鑑定（external criticism）兩種過程；後者旨在確定史料的真偽或真實性，如果為真，便須進一步評判它的準確性或價值，即為內在鑑定。通常對史料的鑑定工作，均先從外在鑑定著手，然後再進行內在鑑定，方有價值與意義。

二 人種誌研究法

教育的人種誌研究，旨在對從事教育活動的那些人的信念、實務、行為等進行的分析描述，以瞭解他們個人或整個團體對其特定事件賦予的意義而言。通常採用的技術有參與觀察（participant observation）

和深度訪談（in-depth interview）兩種（王文科、王智弘編譯，民91；
Marshall & Rossman, 2006）：

☀(一)參與觀察

是人種誌研究蒐集基本資料的技術之一，務期人種誌者盡可能生活
在參與者的日常活動之中，並採田野箚記記錄個人與他人或與研究者交
互作用的知覺。基於上述的要求，研究者須有一段較長的時間，停駐在
研究場所如教室，將觀察所得的變化情形，寫成紀錄。這種資料蒐集的
工作，直到自然發生的事件終止時，或當情境發生急遽變化，現場的一
切與研究焦點不再有關時，才告結束。至於人種誌者的觀察紀錄，大致
包括以下各項：

1.「誰」在團體之中？他們的身分是什麼？他們如何成為團體的一
分子？

2.在此地發生「什麼」？在團體中的人做什麼以及和他人說些什
麼？如：

(1)重複的與不規則的行為是什麼？人們從事什麼事件、活動或例行
的工作？活動如何組織、標記、解釋或證實？

(2)在團體中的人們彼此之間如何表現行為？人們自己如何組織，或
如何與他人結合？明顯的地位與角色是什麼？誰為誰作成什麼決定？

(3)他們交談的內容是什麼？普通而鮮見的主題是什麼？他們使用什
麼語言，進行語文的與非語文的溝通？他們溝通的內容，解說了什麼信
念？對話遵循著什麼格式與過程？誰說給誰聽？

3.團體位於「何處」？什麼物理情境形成他們的脈絡？所創的或所
使用的自然資源以及技術是什麼？團體如何分配、使用空間與物體？在
團體的脈絡中，發現什麼情景、聲音、味道與感受？

4.團體在「什麼時候」接觸且發生互動？這些接觸的次數有多少以
及時間有多長？團體如何運用與分配時間？參與者如何看他們的過去與
未來？

5.經確定的要素「如何」聯結──從參與者的觀點或研究者的角度？
維持的穩定性如何？如何發生變化以及如何處置？控制該社會組織的規
章、規範以及民德是什麼？該團體如何與其他團體、組織或制度結合？

6.團體「爲什麼」如是運作？參與者賦予自己作爲的意義是什麼？在該團體發現什麼符號、傳統、價值，以及世界觀？

※(二)深度訪談

係指人種誌者以開放式反應的問題（open-response questions）與受訪者作深度訪談，俾取得他們構思其世界的方式，以及他們解釋生活中的重要事件或「賦予意義」的方式。

深度訪談有好幾種類型：非正式對話式訪談（the informal conversational interview）、訪談指引法（the interview guide approach），以及標準化開放式訪談（the standardized open-ended interview）。每一類型的結構和計畫，以及在資料分析中，各種反應的比較皆有變化。非正式對話式訪談是參與觀察的主體部分，從目前脈絡自然發生之事件的過程提出問題，沒有預定的主題或措詞。訪談指引法的主題雖需事前決定，但是在訪談期間，研究者可決定問題的順序以及用字、遣詞。非正式對話式訪談與訪談指引法二者，較屬於對話的性質以及符合情境的考慮。標準化開放式訪談係以相同的順序，向參與者發問相同的問題，可以減低訪談者效應與偏見，惟問題使用標準化措詞，卻可能限制答案的自然性（naturalness）與適切性（relevancy）。

訪談策略的選取，依脈絡及目標而定：1.爲獲取現在對活動、角色、感受、動機、關注、思想的知覺；2.爲獲取未來的期望或預期經驗；3.爲證實以及伸展取自其他來源的資訊；以及4.爲證實或伸展由參與者或人種誌者所發展出來的預感與觀念。

專門化訪談策略的應用，包括關鍵資訊提供者訪談（key-informant interview）、生涯與生活史訪談（career and life-history interview）和調查（survey）。關鍵資訊提供者訪談是對具有專門知識、地位或溝通技巧的個人，作深度的訪談，他們願意與研究者共同分享知識與技巧。這些人大抵不是典型的個人，而需從可能是關鍵資訊提供者中，審愼選取。

生涯與生活史訪談，是人類學家爲了獲取有關文化的資料，而使用的策略，以引出個人的生活敘事（life narratives）。如當檢查小學女性教師的生活觀念，與以前對男性生涯的研究有所不同時，人種誌者建議：生涯概念應予延伸，將專業婦女納入。研究教育家的生涯與生活史，通

常需要二至七小時的訪談，若分享的社會經驗，在好幾年以前就發生，可能需安排大量的時間進行處理。

至於深度訪談涉及的問題，固會因研究目標和問題的不同，研究場所、參與者與脈絡的選擇而有不同，但大致包括以下六類：

1.經驗／行為的問題（experience/behavior questions）　以引出個人所做的或已做的——即當人種誌者不在場的期間，對經驗、行為、行動、活動所作的描述。換句話說，如果那一天我在此，我將見到你有什麼經驗？

2.意見／價值的問題（opinion/value questions）　以引出個人思索他們的經驗，以反映出個人的意向、目標和價值——你想見到發生什麼事件？或關於……你相信什麼？

3.情感的問題（feeling questions）　以引出個人在情緒上對自己的經驗的反應——有關……你感到焦慮、快樂、害怕、畏懼，或信任嗎？

4.知識的問題（knowledge questions）　以引出個人具有的事實知識或個人認為是事實的知識——請告訴我，有關於……你知道什麼？

5.感覺的問題（sensory questions）　以引出個人描述他們對周圍環境見到、聽到、觸到、嚐到，以及聞到的是什麼，如何去看、聽、觸、嚐、聞到它們。當您走進諮商室時，諮商員問您什麼？她實際上如何稱呼您？

6.背景／人口學的問題（background/demographic questions）　以引出個人描述自己如何協助研究者確認以及尋找某些人與他人的關係——即有關年齡、教育程度、職業、住所／移居問題等例行性的資料。

深度訪談的基本資料，係得自於逐字記載訪談期間所宣露出來的內容。將訪談過程錄音，可確保口語交互作用的完整性，和提供檢核信度的資料、手稿，以及放錄音帶可與語文紀錄對照，俾從中找出更深一層的意義。這些優點，可彌補受訪者可能產生的不信任感以及機器造成的失敗。雖然使用錄音機，但仍需作箚記，俾協助重新塑造問題、作探測性處理、作非語文的溝通、協助資料的分析。在許多的情境中，手寫的箚記可能是最佳的紀錄方法，由訪談者作紀錄，可促使他注意，控制訪談進行的步調，以及研究者依領悟所得寫成之資料的合理性。不管作箚記或錄音，以不干擾研究者對受訪者的注意力為原則。

緊接著訪談之後，研究者須整理完成手寫的紀錄，或謄寫錄音的內容。最後的紀錄，包括逐字紀錄的準確資料、訪談者的非語文溝通符號，以及評論，以提升後續資料分析的意義。訪談者的符號與評論，都以訪談者姓名的第一個字母或代號表之。最後的格式也包括日期、地點及提供資訊者的身分。

就質的研究在課程／教學上的運用，大致以評鑑及觀察教室中的教學、師生間、同學間互動爲重點，俾從而發現所存在的意義，或進而形成紮根理論。

第五節　行動研究法

教師爲了研究與發展教學所需的課程、可行的教學方法與學習策略等，可採行動研究進行之。

根據英國學者的觀點分析，行動研究可分成兩部分，一是由教育優先區域（educational priority areas）所塑造的「實驗的社會行政」（experimental social administration），此一觀點與美國的補償教育方案（compensatory education programmes）相似。另一部分爲教師─研究者模式（teacher-researcher model），係由史點豪（L. Stenhouse）及其同僚在東安格利亞（East Anglia）的課程發展工作中所倡導者（Kelly, 1985）。

依實驗的社會行政觀，行動研究「作爲設計而言，是未來學的實驗或準實驗的類型，其目的與達成成就的手段並述，要求實際工作者和教師共同參與。其作法需建立研究假設，並在實驗的行動方案中考驗假設，以及評鑑計畫的效果。理想言之，須同時出現學理的與實用的結論。『研究小組』的成員須協助『行動小組』評估當地的需要，以求繼續調整方案，並在最後評估該方案的工作，以及提供建議。」循此而言，此一觀點值得而言者，有如下兩項（cf. Berg, 2007）：

1.研究小組與行動小組分開，即研究小組不介入工作情境，只站在協助的立場，從旁就行動小組所要進行的方案計畫、地方需求的評估、

方案的繼續不斷調整，以及評鑑方案的建議等，提供協助。

2.行動小組由教師及實際工作人員參與，須建立研究本位的假設、考驗實驗的行動方案、評鑑方案的效果，最後獲致學理的與實用的結論。

在組織中常使用的同時統合行動研究（Simultaneous-Integrated Action Research, SIAR）與實驗的社會行政的行動研究類似。又統合行動研究所包括的如下定義，有助於瞭解實驗的社會行政的行動研究：

1.同時協助解決實際的問題以及擴充科學的知識。

2.同時提升有關的演示者的能力。

3.有賴集體合作執行，方克達成。

4.在目前的情境（immediate situation）進行。

5.在循環過程中，使用回饋的資料。

6.目標在於增進對既定社會情境的瞭解。

7.須在相互可接受的倫理架構內執行。

教師－研究者模式的行動研究與實驗的社會行政，恰成強烈對比，該模式強調教師本位（teacher-based）或實際工作者本位（practitioner-based），而且研究者與實際工作者之間沒有分工。因此行動研究被界定爲：「試圖改進教育實際的系統研究，由參與者組成的團體，運用他們自己實際的行動，並對那些行動獲得的效果，予以考慮。」（Ebbutt, 1985, p.156）此種行動研究，教師的觀點才是主要的，他就與實務有關的問題予以界定、思索，故亦有人把行動研究稱爲「有關診斷的反思」（reflection related to diagnosis）（參見蔡美華譯，2008; Mills, 2014）。

教師－研究者模式的行動研究與實驗的社會行政的行動研究不同，除了由誰界定問題以及行動與研究的角色區分或組合二者之外，尚有：

1.教師－研究者的行動研究，一開始並不想根據研究文獻，建立假設；且與社會科學的知識和學理的關係不大。

2.教師－研究者的行動研究不涉及學術地位和概括推廣的問題，集中於對實務的證明（evidencing of practice），認爲對情境的特別性的瞭解優於概括推廣，眞實性（authenticity）與可說明性（accountability）的重要性勝於可複製性（replicability）與可遷移性（transferability）。一般言之，教師－研究者模式的行動研究，比實驗的社會行政模式的行動研

究較缺乏計畫與正式的成分。

1950年代中葉開始，美國的教師開始採行動研究，著手課程的改進，馬肯吉（G. Mackenzie）、柯雷（S. Corey）、塔芭（H. Taba）等課程專家，主張讓教師投入研究，分別在他們的指導之下，界定問題，建立可以改良每日工作情境的行動假設，考驗較為優良的教學程序，並蒐集資料，以確定該程序的效果。

惟至1960年代，由於三種勢力的影響，中止行動研究的發展，即：

1.當時學術課程的改革，較不重視地方、獨特性課程的發展，而偏向於鼓勵標準化的課程。

2.大學中的教育研究者在1950年代願與教師從事課程的探究，至1960年代，其興趣轉向於政府機構所支持的若干研究。

3.當時許多人相信課程與教學問題的解決，最佳的途徑是透過發現與應用學習的原理原則，方可奏效，而不宜由個別教師為其獨特情境中的問題負責。

但是近年來，又對教師的研究功能重加肯定，以為他們才是具有權威的理論家與研究者，課程發展的重責大任，宜由大學及實驗室移轉到教室與社區，教師宜在學術界的協助下，從事課程的研究，而非遵循過去，只是盲從地一味步著學者研究的結果，照章行事，此種轉變，值得吾人寄以重視。

試圖協調研究者、教材、教師以及整個環境的課程工作者發現，1950年代的行動研究文獻，對他們來說有其用途，值得重視。課程探究採行動研究法進行，不失為一種最佳的途徑之一，杜威（John Dewey）在回答如何決定教育目標時，所提出的論點，可作為支持上述說法的根據。他認為若說社會條件、科學或任何領域的教材，可以決定目標，乃是錯誤的；教育是發現有價值的內容，以作為追求的目標之所在的過程，他指出：

> 察看正在進行中的現象以及觀察其結果，俾瞭解此等結果對於未來生長過程的影響等，此種作為，確是判斷所發生現象之價值的唯一方式。注視提供目的的某些外來的資源，即不瞭解教育

是一種繼續不斷的過程。……

　　透過社會科學的研究，多少可以瞭解社會真正追求的目標，以及實際獲致的結果。此種認知，使得教育工作者對自己所做的工作，考慮得更周到、更能採取批判的觀點；它可啟發教育工作者對在這裡，以及現在在家庭或學校所發生之現象，有較佳的領悟；它可使教師和家長看得更遠，並依據較長期發展的影響，從事判斷。但是此種認知，須透過教育工作者自己的觀念、計畫、觀察、判斷來進行。否則，這一切絕非「教育的」科學，充其量只是社會的資訊而已。（Cited in McNeil, 1990, p.420）

　　行動研究採取的步驟如下（王文科、王智弘，2014；王智弘、王文科譯，2011；蔡美華譯，2008；Mills, 2014）：

　　1.界定問題　教師就每日教學情境中遭遇到的重要問題，透過反思、描述和解說予以界定，並取來當作研究的主題。

　　2.草擬計畫　包括回答以下問題在內：在什麼條件之下，課程變遷最有效？導致課程變遷的因素是什麼？

　　3.閱覽文獻　俾瞭解他人是否也曾遭遇類似的問題，以及是否已達成有關的目標。

　　4.修正問題　就原先界定的問題，加以修正或重新界定。本階段可建立可供考驗的假設或可供探討的策略。

　　5.選擇研究程序　包括研究方法、取樣方法、行政安排、選用的教材、教學方法，資源與任務的分派、運用工具的選擇等。

　　6.實施行動方案或介入　將方案付諸實施一段期間，定期蒐集資料，運用適當統計方法分析之。

　　7.分析與解釋資料　從中獲致結論，以決定方案的持續、終止或有待修正後，再進行循環運作，並予以執行探究其成效。

　　8.持續或修正實施的行動方案　即根據對原實施的整個行動方案評鑑結果，而作的決定。

　　9.反思　研究者深思與分析過去的實務，而塑造新的使命，發現新的探索主題，以及洞察當前實務的優勢和弱點。

10.撰寫報告　俾與同僚共享研究結果。

第六節　課程研究的方向

美國加州大學洛杉磯分校的麥克尼爾（McNeil, 1990, 2006）指出，可供學者及實際工作者從事學理性課程研究的方向，有如次五項（pp.412-420）：

一 綜合性的課程探究

瓦克（D. Walker）深信課程專家忙於著手探討的問題，只有如下五種：

1.某指定的課程的重要特性是什麼？

2.某指定的課程特性（curriculum features），對個人以及社會的影響是什麼？

3.課程具有哪些穩定與變遷的特性？

4.人們根據什麼判斷各種課程特性的優點或價值？

5.在某情境中為達成某種目標，須納入在課程中的課程特性有哪些？

上述五種問題中的最後一種，不需實證性答案，只求規範性的答案。

瓦克所提出的問題，反映出其認定課程為一實用研究領域的假定，期望某些人經由學習，會發生差異。由於吾人對課程概念缺乏一致性的看法，影響所及，對於「課程特性」的意義，亦無明確的見解。因此持不同信念的課程工作者，常依照自己的目標界定課程特性。如傅蘭克林（Barry M. Franklin）研究社會效率運動（social efficiency movement），便將之當作課程的重要特性，於是他著手檢查由1917年至1950年明尼亞波利斯學校系統（Minneapolis school systems）的社會效率運動，根據所發現的事實，支持如下的說法：即效率的觀念支配該學校系統的決策。

可是，他卻無法發現持有效率觀念的教育家，利用課程造成不平等的目的。惟揆諸事實，以對學校實務的眞正影響而言，有關社會效率運動的那些課程觀念，乃微不足道。加上「課程特性」的意義模糊，研究者間缺乏共識，多從自己的目標立論，殊有不當。因此，課程探究宜本諸綜合性的、整體性的觀點著手，不宜拘泥單一特性，以免失諸以偏概全。

二　提綱挈領活動（synoptic activity）的課程探究

　　克里巴德（Herbert Kliebard）想出課程領域的一個研究方向，乃在於將分散割離的各個領域，鳩合而成較大的一個共同領域。從事課程研究者的能力，不在於發現新知識，而在於將來自其他學科的諸多發現集合在一起。課程專家可能將許多狹隘的觀點聯合起來，用以發展學校方案，協助學生學習有益於自己和社會的事物。課程的提綱挈領活動中，研究所借用的類別約包括如下各種：

　　1.概念（concepts）　有不少的概念，如動機概念（內控或外控）、學習概念（習得的無助感）等，可供發展新課程者在他們的發展課程過程中善予運用。

　　2.通則（generalization）　少數通則的普受應用，日益引人重視。通則所仰賴的條件，在特別的學校情境中可能不會出現。

　　3.事實（facts）　一般的事實的用途，常不如通則。每個情境蒐集得到的都是屬於特別的事實。

　　4.方法（methods）　借自學科（disciplines）的問題解決程序，可應用於處理課程問題。如人類學家採用的自然觀察法，時下可應用於研究教室內的互動情境。

　　5.價值觀與態度（values and attitudes）　熱衷於眞理、事實與積極的懷疑論等價值觀或態度，是解決吾人實際困境所需要的。

　　以提綱挈領的活動，解說不同教材領域對課程發展的貢獻的例子如：選擇學習機會方面，可借用社會心理學的同儕團體學習概念。設計道德發展課程方面，可借用人格心理學的人的需慾與自我概念。借自學習心理學的概念與發現，可用於瞭解學習歷程與教學。易言之，提綱挈

領的活動係指運用各種研究的結果，或借用不同領域的概念、通則、事實、方法，或價值態度指引吾人進行課程研究。

三 概念化的課程研究

課程領域對概念化產生濃厚的興趣。如戴樂（Louise Tyler）在課程決定的、社會的、制度的及教室的層次之外，另加上「個人的」層次，並予詳述其性質。

以個人層次探究課程的機會很多，如各種科目賦予不同發展層次學生的意義、學校本身賦予學生的意義、在學校環境中學生的懼怕所具有的性質、學生們的笑話與幽默的功能、學生遊戲的意義等，均需進行瞭解。

又如把本來毫無步驟或程序可循的任務，便於學生習得精熟，課程研究者全力以赴試圖發展新的方法，爲使其任務成爲有步驟可供遵循，便將之細分成諸項元素，如能力本位的教學模式，即本此發展而來。

四 以學校環境為對象之質的探究

過去幾年以來，課程的研究者經常採用人種誌法（ethnographic methods）直接且持續地接觸課程研究的對象，如教材、教室交互作用，以及此等對象賦予學習者的意義。有關人種誌法的性質與運用，本章第四節之二，已加詳述。

此種探究最基本的部分是解釋班級觀察的性質；麥昆崇（G. McCutcheon）曾就研究者的知識與所進行之觀察的關係，建構意義的方法，予以解說。麥昆崇承認許多從事質的研究者採取現象學的途徑，賦予參與事件的意義，解釋該等事件。麥昆崇曾以檢核爲時四十二分鐘的學習途徑爲例，說明研究者的取向對探究的影響；如科技專家關注成就與教學效能，於是以考慮四十二分鐘內所投入的任務的方式，來研究該情境。現象學家可能考慮四十二分鐘一節對參與者來說，所具有的意義。批判的科學家可能問起四十二分鐘的根源，以及此段時間影響學生

學習內容的方式，或因時間分配致讓某些學生無法接近知識，發生社會不公的方式。

　　對學校環境的解釋是否有效，可能與其解釋時運用的推理、支持該項解釋的證據的份量，與其他知識一致程度而定。

五　行動研究式的課程探究

　　實際從事工作者為了解決他們自己需要的領域，將研究發現付諸實際，即為行動研究；其目的乃在於探系統之方式研究所面臨之問題。此種研究的價值，不在於以發現科學的定律或通則決定，而以其是否能改進實際決定。有關此項研究的細節，本章第五節已有敘述。

　　課程研究方向，除了上述五項之外，在1970年代以後，又有課程理解的新方向，茲說明於後：

一　由課程發展邁向課程理解

　　派納爾（W. F. Pinar）以美國為主體，把在1970年之前的課程研究居於主導地位的典範，稱為課程發展（curriculum development）典範，泰勒模式為其主要的代表，使課程發展擺脫主觀、臆測、盲目、低效率的缺失，邁向科學化的過程，與其講究步驟、程序，而有程序主義（proceduralism）之稱，始自1918年，終止於1969年。其後，特別是在1980年之後，步向課程理解（curriculum understanding）的方向發展，擺脫過去循著「歸納─演繹」的途徑來發展課程，而另從不同的「視野」來瞭解課程，建構課程的意義，即由過去講究同質化的課程發展程序，轉化成異質化的多元角度來理解課程，如把課程理解為歷史文本，政治文本，種族文本，性別文本，現象學文本，後結構主義，解構主義，後現代文本，自傳性、傳記性文本，美學文本，神學文本，制度文本，國際文本等（Pinar, Reynolds, Slattery, & Taubman, 1997）。

　　國內課程學者（黃政傑，民78，245-251頁），曾針對我國當前課程

研究的現況，從比較務實的觀點，提出課程研究的方向，茲加以參酌增列後，提出以下十項供參：

1.加強介紹課程的理論與實際　課程理論介紹應求深入，舉凡該理論的來源、整體內容、評論皆須包含在內，以免以偏概全，而應知所權變；由於我國課程實際的發展，至為粗糙，為求課程發展工作趨於完善，除了介紹外國課程理論之外，課程實際的導入，亦不可忽視。

2.探討課程史上反覆出現的問題　如不同的時空，課程應否採相同的統整或分化方式？各級各類學校歷次課程（標準）的修訂，曾反覆出現的問題和爭論有哪些？其解決方法有無一致性或固定性？課程設計採用的模式是否各個時期均屬相似？課程思想的演變有無脈絡可循？哪些學科用以導引學生步向不同方向的工具？等等課程問題，值得深入探討。

3.系統地批判教科書　以縱長式或橫斷式的方法探討教科書的內容與形式，分析題材有無偏見？圖片和表格是否恰當？意識形態與教科書內容的關係如何？

4.強化潛在課程的研究　課程的研究與評鑑不宜限於正式的目標，對於非正式的經驗課程應予列入。此外，研究課程的方法，不可拘泥於傳統量化的實驗研究，對於質的深入的研究方式應予增強。

5.比較正式課程與運作課程之間的差距　正式課程包含科目表、教學目標、教材大綱、教學資源等在內。惟教師在教室執行的運作課程，因受到種種因素的影響，無法完全符合正式課程的要求，二者予以比較，可發現其間的差距之所在及原因，以為修正、強化正式課程或運作課程的參照。

6.探討課程決定與發展的程序和模式　如課程決定的實際運作情況如何？誰做何種決定？哪些人或機構影響課程決定？課程決定的程序如何？課程決定的權力分配如何？課程發展究竟應採目標模式或過程模式，以及其取捨的依據安在？課程目標、活動與經驗應如何選擇、組織、評鑑？教師對於課程發展的態度如何及該態度對實際課程發展的影響如何？凡此等問題均有待深入的分析與探討。

7.注意課程改革問題　研究課程改革的背景、動力、可能遭遇的阻力、採用的模式與程序、參與人員的任務等，均須予以關注，並作分析

後，謀求合理的解決。

8.加強聯課活動的研究　對於聯課活動（或稱「課外活動」）的功能、聯課活動與正式課程的銜接、學校辦理聯課活動的實況等有關的問題，詳以研究，當有助於聯課活動的推展與實施。

9.重視課程統整與分化的研究　國中小課程採領域規劃，側重主題統整，如何運用合適模式進行，值得研究。又國中學生有選修課；高中畢業生進入大學或專校、職校畢業生升入技術學院就讀涉及課程的分化與銜接，其間受到哪些因素影響？與學生背景有何關聯？都是存在而未深入探究的課程問題，值得分析。

10.推動特殊教育課程綱要的編訂與修正　特殊教育對象類別多，且各有不同的需要，普通的課程無法滿足他們的需求，宜針對各教育層級的不同特殊教育學生，編訂適合他們需要的課程綱要，並視需要編輯適用的教材，以達成特殊教育所揭櫫的「有教無類，因材施教」的目標。至於已訂有課程綱要（或標準）者，亦宜因應時代、社會的變遷，加以修訂。

第七節　潛在課程研究

一 潛在課程的起源與性質

潛在課程（hidden curriculum）一詞，論者多主張出自賈克遜的《教室生活》一書（P. Jackson, *Life in the classroom*, New York: Holt, Rinehart and Winston, 1968）。亦有人主張與高登（Gordon, 1957）揭示影響學習的非正規系統有關，所謂的非正規系統即是潛在課程。

在文獻中可找到類似潛在課程的名詞，主要的有如下幾種，但它們的出現率，不若潛在課程普遍：

未經研究的課程（unstudied curriculum）

非正規的課程（informal curriculum）

未期待的課程（unexpected curriculum）

隱含的課程（covert curriculum or implicit curriculum）

未預期的課程（unanticipated curriculum）

輔助的課程（subsidiary or concomitant curriculum）

學校教育的副產品（by-products of schooling）

教學的副作用或偶發效果（side effects or incidental outcomes of instruction）

非學業的學校教育成果（nonacademic outcomes of schooling）

學校對人的作為（what school does to people）

潛在課程的定義可以以下三種代表：

1.未被正式認定的一些學校教育成果，這些成果雖非受到正規教學的影響，卻可能支持或減縮顯著目標的達成（McNeil, 1990, p.308）；它是學校課程特質的部分，有時候涉及由制度化課程所承負的潛在利益，如其影響到教師與學生的認同一樣。它亦涉及學校與班級的非正式系統，影響在個人與社會網絡所習得的內容（McNeil, 2006, p.193）。

2.學校教育中有別於有意向課程的部分，可能使學生的價值、知覺與行為發生改變（Glatthorn, Boschee, Whitehead, & Boschee, 2012, p.25）。

3.反映在學校實務中的規範、信念與態度，以及師、生的行為（Lezotte, Hathaway, Miller, Passalacqua, & Brookover, 1980）。

就第一種定義來說，有些課程專家認為沒有意向的課程經常會帶來負面的成果，甚至有些專家把潛在課程視為強勁的破壞力量，足以毀損學校對智能發展以及民主社會承諾的根基。因此，潛在課程的研究，常會針對如下問題而發：

1.潛在課程對學生的教育是否適當？

2.潛在課程為哪些人的利益而為？

3.課程工作者須控制潛在課程，使之不致造成傷害或作為正式敘述目的工具嗎？

4.吾人應讓潛在課程停滯在未經研究的、潛匿的地位，視為學校經驗中的自然部分嗎？

如是的問題，似乎要擺脫一般人對潛在課程負面見解的形象。

就第二種定義而言，似乎具有如下的涵義：

1.學生在學校學習的，除了有意向的課程之外，尚有許多的內容，潛在課程似乎是學校有意圖的努力領域以外的那些。

2.潛在課程雖常以負面的涵義表之，但若從吾人期望最理想的人的發展觀點言之，潛在課程可能包含可欲的與不可欲的二者在內。

3.就潛在課程的特性觀之，有些是不變的部分，不受變遷的影響，有些是容易改變的部分，前者可視爲常數（constants），後者可視爲變數（variables）；二者宜加區分。

就第三種定義而言，正規課程的焦點置於教授的內容、年級與學生的組織形態。而潛在課程的焦點置於對學習寄予的期待，有賴師生間、同學間、學生與材料間在學習環境中的互動而形成。

潛在課程根源於社會心理學的小團體（small groups）的觀念，吾人得知任何會議不但列有正式的議程；也可能存有潛在議程，即涉及成員之間的社會關係，如誰正在支配討論、誰正在建立觀點、誰的憤怒正在表達團體的挫折等等。此種潛在的議程觀感，轉移到學校即是所謂的潛在課程，學生所學習的加之在正規課程之上的那些均屬之，如應付學校的方法、不知答案時如何避免問題的方法、知悉構成好學生的條件、提出自己意見卻可逃避危機的可能性等等。潛在的議程與潛在課程雖運用的場所及對象或策略容有差異，但二者主要的仍有如下的相同之處：

1.二者皆是非預期的，不是任一位教師所認定的目標。

2.二者似乎都可稱爲「社會的」學習結果，涉及人們對當事人的期待，以及當事人如何以最佳方式處理他們的需求（Barnes, 1982, p.169）。

就教育的領域而言，有人認爲杜威（J. Dewey）所提的「同時學習」（collaternal）及其弟子克伯屈（W. Kilpatrick）所稱的「附（輔）學習」（concomitant learning），都是主張在正規課程之外，強調學生的態度、價值、情感、興趣、理想等方面的習得，是以他們雖未提出潛在課程的名詞，但二者的探討方向，則頗爲近似，故常有人用來作爲比附說明；事實上，克伯屈是把附學習的結果與主學習、副學習的結果並列，予以

強調重視，與潛在課程的未預期結果，自有差別，不宜相提並論。

■二 潛在課程的常數

學校教育中的潛在課程有所謂常數的部分與變數的部分。常數部分主要的約有兩種：一爲社會的意識形態，另一爲教育工作者分析合理知識以及界定其運作概念的方式。

位於複雜的社會中，學校及其負責運作的人員深受較大社會的價值與信念系統的影響，往往將這些價值與信念系統與其工作場所所規定的原理或過程結合，因之常無可避免地複製既有的文化信念以及支持較大社會秩序的經濟關係，此即所謂較大社會的意識形態，構成潛在課程的常數，散播於學校教育的每個層面，是以以美國學校來說，它們便無可避免地反映出民主資本主義的意識形態。

在複製該社會的文化信念與經濟關係的過程中，若干具有傳遞價值的知識，即被選擇出來傳授，而其他的知識則被判定無認知的價值，是以被選擇出來傳授的知識，便成爲反映較大社會系統的一種文化資本。

知識社會學（Sociology of Knowledge）強調：學校不是開放觀念的市場（open market place for ideas），而是將特別選出的知識納入課程的場所。楊格（M. F. D. Young）及艾波（Michael Apple）即是持此種觀點的代表人物，他們主張特定的社會團體所不當產生與分配的且用來支持該社會制度的特殊內容，將會影響學生的思想與感受。就一般情形來說，課程材料常將意識形態的信息，傳送給多數的人，這些人常在不知不覺的狀態之下，接受此等信息，因而受到影響而不自覺。如晏翁（Anyon, 1979）研究美國的歷史教科書之後指出：閱讀這些書籍的學生將會相信，美國政府推動的改革與勞力管理合作是社會保護的有效方法；是以對抗與罷工，則爲失敗的作法；貧困者應爲自己的窮困負責，因窮困乃是個人失業所造成的，而不是社會不能普遍分配經濟資源的結果。職此之故，在美國沒有勞工階級存在，工人應算是中層階級。由於美國學校課程迄今一直支持權力與支配的模式，故可用來支持自主與社會變遷。

學校行政人員與教師傳播其社會選擇出來的知識，以施之於學生身上的，是屬於可被接納的共同構念，如「工作」、「遊戲」、「成就」、「智力」、「成功」、「失敗」等，這些構念的意義係由外加之於學生身上的，而非發現的，是以就此種說法而言，潛在課程的第二個常數則為教育工作者分析合理知識以及界定其運作概念的方式。

學校即組織的重要因素之一是教室，也是潛在課程付諸實施的地方。教室經常是一個擁擠的場所，控制便成為主要的問題，為了控制，即需運用各種權力，始克見效。控制的項目包括內容的選擇、學習的方法、教室內移動的方式、教室內談話的流程、利用回饋性的評鑑等。在這種教室內，學生無意中學會了較大社會所需的技巧及素質，如學得如何守時、維持清潔、溫順、服從、排成一直線、轉彎或等待。試以教師的期待與課程內容的安排兩項，分別說明之。

羅森索與賈可卜森（Robert Rosenthal and Lenore Jacobson）以教室的比馬龍（Pygmalion in the Classroom）為題，探討教室內教師期待與學生智能發展的關係，並以美國西海岸橡樹學校（Oak School）的六年級學生為對象，進行實驗研究，結果發現，吾人對另一個人的行為賦予的期待，可能成為其自我應驗預言（self-fulfilling prophecy），即當教師期待若干兒童的智能顯示較進步的發展時，那些兒童就會有較進步的表現。晚近許多的實驗也支持教師運用期望造成的效應，不僅限於教室內的背景，即使教導運動技能亦然。雖然並非所有研究都顯示類似的效應，但是大部分的情況卻是如此。羅森索與賈可卜森（Rosenthal & Jacobson, 1968）為了說明這種教師的運作，對學生影響的假設，曾引用蕭伯納（George Bernard Shaw）的《賣花女》劇本中，演員杜李特（Eliza Doolittle）的話表之：

> 你確實真正見到，……淑女與賣花女之間的差別，不在於她行為的表現方式，而在於她所得到處置的方式。對哈金斯教授來說，我總是一個賣花女，因為他……把我當賣花女看待……但是我知道，對你來說，我可能是一個淑女，因為你總把我當淑女看待，而且總會如此。（王文科譯，民76，11頁）

　　一項以小學生為對象的研究結果發現：低年級學生在預測教師期望以及報告他們與教師交互作用的差異模式方面，其準確性不如高年級的學生；但低年級學生對教師期望的重視程度高於高年級的學生（Weinstein, et al., 1987）。

　　次就課程的內容言，計畫課程本身未含有的預期意義，可能成為潛在課程的一部分。在我們生存的這個時代，面臨著和平深受戰爭威脅的問題，大多數教育家喜愛記載以和平而非以戰爭作為解決衝突的手段，然而許多學校的課程似乎提供學習者相反的建議，如歷史課程經常把焦點放在戰爭，且以在戰場上贏得勝利的戰鬥英雄，列為歌頌的對象，倡導和平論者卻未能贏得如是的尊榮。再如當個人與學校面臨衝突時，學校經常仰仗制度的力量，而不是依靠理性的邏輯，贏得最後的勝利。再如吾人設計的運動方案，也經常強調實力，不計一切代價，以求贏得對方，甚至以羞辱對手為滿足。在這些條件之下，我們不免要問：此種歷史教材是為促進世界和平而設計嗎？學生學得合理解決問題的方法嗎？運動精神真正獲致嗎？如果答案是否定的，那麼它們所代表的另外一面，又是暗示著什麼？這些暗示是正規課程所欲達成的？或是潛在課程的部分？

三 潛在課程的變數

　　潛在課程有好幾個層面是教育工作者較易於處理的變數，此等變數，大約可分成組織的變數（organizational variables）、社會系統變數（social-system variables），以及文化變數（culture variables）。

※(一)組織的變數

　　組織的變數係指用以標示所有涉及如何分派教師和將學生實施分組教學的決定。其中協同教學（team teaching）、升級與留級政策（promotion and retention policies）、能力分組（ability grouping），以及課程分軌（curriculum tracking）四個問題，最值得注意。

　　協同教學是指組織安排兩位以上教育人員在常規時間為相同的學生，以合作計畫和教學的方式，提供全部或部分的教學方案。協同教

學的效果，並無確定的證據可查，根據研究中小學學生接受協同教學的成果的摘要分析，尚未發現某一種組織類型比另一種優異（Bolvin, 1982）。

依美國的研究，社會的升級（social promotion，即學生由一個年級提升到次一個年級，所根據的是年齡，而不是學業成就）比依成就升級（promotion-by-achievement）的政策更為可欲；即使在1980年執行依成就升級的「升級門」政策（promotional gates policies），但好多篇研究論文指出，社會的升級可使學生對學校採取較佳的態度、展現較佳的自我形象，以及改進成就（Hall & Wallace, 1986）。

霍姆茲與馬休茲（Holmes & Mathews, 1984）的研究指出：根據累積的證據一致呈現，對不升級者會產生負面的效果，因此值當留級方案遭致失敗時，如仍要予以擁護，顯然是一種負擔且不合乎邏輯。

另一項有關升級或留級對小學中、低年級學生學業成就的縱貫式研究（Peterson, DeGracie, & Ayabe, 1987）也發現：以同年度的表現比較，留級生比相關年級的升級生在學業成就方面，有顯著的改善；有些個案甚至顯示這種優越性維持長達二年，然而三年後，留級生與升級生沒有差異；以同年級的學生比較，二、三年級的留級生的表現比升級生優異。

將學生分組的教學系統中，學生常被依能力分成優異、普通、低下，或補救等組，進行教學。惟不幸的遭遇是，教育工作者經常懷有偏見，以致對每一組的學生留下刻板的印象，不問學生受到的分組是否妥當，而把他們安排在「快樂的、敏捷的、獨立的、興趣濃厚的、機智的」這一個極端，或安排在「魯鈍的、厭倦的、不感興趣的、粗心的、不滿的」另一個極端；此種分組經常使學生逐漸接受這些期待，甚至因而改變他們的自我概念與行為。此外，與之相關的是學校的評分制（grading or marking system），雖然研究支持合作式的工作，但是學生往往為了獲得學業上的獎勵而相互競爭（Slavin, 1980）。於是班級間的競爭、學生彼此之間的競爭，非常激烈，但前後的差異可能不到百分之一分，或千分之一分。類似的作法，顯然是在暗示：學生為了得獎而競爭，且得獎似比所要學到的東西來得重要。

學校採用的分組或競爭的作法，常遭受批判者的抨擊，且被視為潛在課程中最惡毒的部分之一。對上述作法最具有代表性的批判，應推吉洛克斯與賓那（Giroux & Penna, 1979）提出的控訴：

> 欲使教室內確能符合民主過程的教學基礎，須將有害於學生的「分軌」實務消除；學校按「能力」以及覺察的表現，把學生分組的傳統，其教學的價值，值得懷疑。（p.223）

該項控訴可能亦有問題，如：

1.吉洛克斯與賓那可能忽略了如羅仙包（Rosenbaum, 1980）所指能力分組與課程分組（curriculum grouping）二者有別的說法，而提出以偏概全的批判。因為將學生按能力分成上、中、下三等，實施的教學，與將學生納入修讀職業的、普通的、大學預備的課程軌道受教的安排，似乎不能相提並論。

2.較重要的問題是，實證的證據不支持吉洛克斯與賓那的立場。有關能力分組的成效，可以兩位庫立克（Kulik & Kulik, 1982）對五十二個研究採用後設分析（meta-analysis），獲得的客觀的、比較的結果，最具有代表性，其要點如下：

(1)有70%以上的研究發現，來自能力分組的學生以小量的成績，勝過未實施能力分組的學生；此種效果在為資優及特殊才能學生實施的特殊班更為彰著。

(2)能力分組使學生對所接受的教學科目，表現正面態度的效應。

(3)能力分組的學生對學校持有較佳的態度以及較高的自我概念，但這些效應較小且不甚一致。

此外，單福特（Sanford, 1980）研究初中一百個以上的班級，提出如下的結論：班級的異質性增加時，較易使教師無法回應學生個別的需要、情感的需要，以及造成無作業可做的低能力學生成就降低等缺陷。

至於課程分組或分軌的實際言之，學生遵循預定的生涯取向方案（career-oriented program）進行學習，如大學預備課程或職業課程等屬之。有關課程分組，羅仙包批閱研究文獻，提出的說法最具有啟迪性，

他指出：決定分軌安置的主要因素，是否為能力或社會階級，從研究中並無法明晰發現。依據多項研究，在分軌的選擇中，輔導諮商員扮演的任務，才是主要的。依按羅仙包的說法，安置接受不同課程的學生當中，有許多是與其生涯選擇不一致，此種情形，值得格外關注。有的研究也指出：課程分軌的主要問題，在於普通課程普遍缺乏挑戰性。古拉德（Goodlad, 1984）曾綜合研究高能力與低能力班級的情況，而提出以下的結論：高能力班級有較佳的內容、教學方法與班級氣氛；低能力班級的教師傳遞低的期望，而把較多的時間耗在強調規則方面。凡此情形，當然會對學生產生不同的影響。

※(二)社會系統變數

社會系統首先是由塔鳩里（R. Tagiuri）所使用的學校氣氛（school climate）的一部分，係指學校中，與個人及團體組型有關的社會向度。晏得遜（Anderson, 1982）閱覽學校氣氛的研究指出：有數種社會系統的因素和學生正面的態度與成就有關。此等因素與行政人員—教師間的關係有關，亦與師—生間的關係有關；前者如校長主動投入教學、行政人員與教師間維持良好的溝通、教師參與作決定歷程、教師間建立良好的關係；後者如師生建立正面與建設性的交互作用、學生參與決定、讓學生參與活動的機會。

學校是學生花大部分時間生活的場所；學生的生活方式，部分受到自己社會習慣的決定，但大部分則受到組織的規章與規定的影響。大多數學校訂有規範學生行為的綜合性規章與規定，學生若違反此等規定，則要受到懲罰。舉凡學生到校與離校時間、說話（交談）時間、如廁時間、用餐時間、解決衝突方式、對待成人的態度等，均有明文規定，但欲求達到鉅細靡遺的程度，則有困難。學校具有監督的功能，乃是事實，惟許多的研究者懷疑，學生是否真正能從這種機構中學習所需的知能，如賈克遜（Jackson, 1968）認為：

> 由於學生學習在學校的生活，他學會將自己的願望屈服於教師的意志之下，並將自己的活動壓低在共同有益的利益中。他學習被動、且默認深留在心中的規章、規定例行工作的網狀組織。他學

習容忍微不足道的挫折,接納高級權威的計畫和政策,即使這些
計畫和政策的理論基礎未加解釋,或意義不清亦然。(p.36)

至於學生受到的控制方式,可從成人認為學生須接受的處理方法,
即所謂學生控制意識形態(pupil control ideology)的影響(Willower,
Eidel, & Hoy, 1967),由於不同的控制方式,大致可發現以下兩種學校
氣氛或環境:

1.監督的氣氛 以獎賞維持秩序、採獨裁程序、懲罰違規、培養服從
等。

2.人文主義的氣氛 強調民主程序、高度交互作用、個別性、個人尊
嚴、自我訓練、彈性,以及參與決定。

揆諸事實以及研究發現,學生依照所經驗的學校氣氛、學習行為,
一般而言,他們覺得在人文主義的氣氛中,較易達到自我實現的境界
(Deibert & Hoy, 1977)。

※(三)文化變數

塔鳩里認為文化變數是與信念系統、價值、認知結構、意義等有關
的社會向度。依晏得遜披閱文獻發現,有數個主要的文化因素在潛在課程
中,扮演著重要的任務,下列的諸項變數與態度或成就的改良有關:

1.學校的明晰目標。該目標不但能為大家所瞭解,且能得到行政人
員與教師強而有力的一致支持。

2.行政人員與教師彼此都有高度的期待,且均承認學生成就的重要。

3.行政人員與教師對學生寄予高度的期待,進而轉變對學業的重視。

4.公開獎賞與讚揚學生的成就,獎懲以公平一致的方式實施之。

5.重視合作與團體競爭,不強調個人競爭。

6.學生重視學業成就的價值,同儕規範支持此種成就的價值
(Anderson, 1982)。

潛在課程的這些層面也會因行政人員與教師一起工作,而受到影
響。

※(四)改進潛在課程之道

在1980年代早期,有不少的研究,提議就潛在課程主體的部分,即

學校氣氛，予以改進，以增進學生的學習成效，其中較爲具體的建議，有如下各項（Felt, 1985），可供參考：

1.學校應求小型化　係指每位教師教導的學生人數少些；各校學生數與教師數宜儘可能減少；學生所學科目不宜太多，目標也不需太雜。尤其設置小型學校最爲基本，與其可以：

(1)針對學生的學習問題，作成較周全的診斷，協助學生獲致成功。

(2)使師生關係益臻密切，以激發學生的學習動機。

(3)使教師認識每位學生，隨著掌握其行動。

2.提供學生受獎的多條管道　受獎學生人數愈多，表示他們較投入學校的文化活動，並會感受到自己是學校的重要一分子。

3.學校環境應力求具有人情化（personalized），增進師生彼此之間的相互瞭解。

4.學校環境須以對全體學生抱持高學業成就水準的期望，但仍應顧及其能力而作適當調整，避免因而塑造焦慮的環境。

5.教室應塑造一種學生不怕錯誤的氣氛。

雖然上述的五項建議並不能影響潛在課程的一切，但是他們點出了課程中非眞實事物的重要性。端賴師生之間如何互動，以期求潛在課程發揮正向的影響，乃頗值得吾人關注的焦點所在。

第八節　教學研究的模式與方向

一　教學研究的模式

唐金與畢得爾（M. J. Dunkin & B. J. Biddle）在《教學研究》（*The study of teaching*, 1974）一書中，曾依據米哲爾（H. E. Metzel）的研究爲基礎，構設一種教學研究模式（Cited in Shulman, 1986, p.6）（詳如圖 13-3），將變項分成四大類，可爲教學的實證研究，提供具體的指標，便於評量，也易將諸變項間的關係，加以探討。

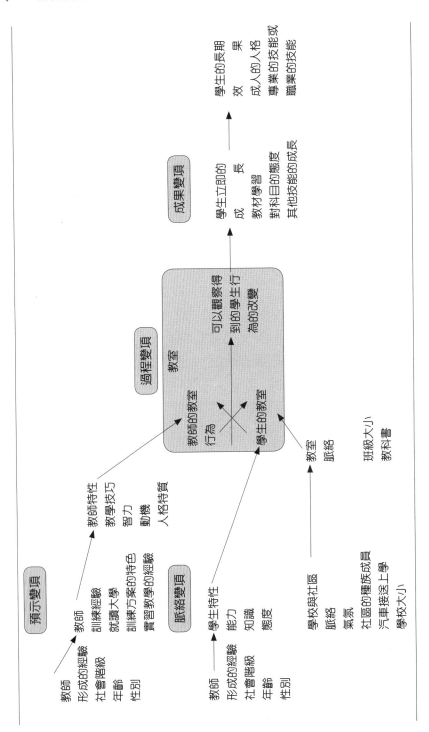

圖13-3 教室教學研究的模式

資料來源：M. J. Dunkin & B. J. Biddle, 1974. *The study of teaching.* New York: Holt, Rinehart, & Winston. Cited in Shulman, 1986, p.6.

該教學研究模式揭示的四類變項如下：

1.預示變項（presage variables）　包括教師特徵、經驗、接受的訓練，以及其他可能影響教學行為的其他特性。

2.脈絡變項（context variables）　包括學生特性、學校和社區的特性，以及教室的特性。

3.過程變項（process variables）　包括在教室中可以觀察得到的教師行動與學生行動。

4.成果變項（product variables）　指教學對學生在智能、社會、情緒等方面的成長所產生的立即與長期影響而言。

波勞威、裴頓與舍納（Polloway, Patton, & Serna, 2001）所繪製的有效教學模式圖（model for effective instruction），將整個教學過程，依其與時間的關聯性，分成三個領域：即1.進行教學前的活動、事件與關注事項，2.教學過程中表現的各種行為，3.教師在教學結束之後必須表現的行動。該模式涉及向度（變項）頗多，可作為研究時參考，特加以摘述（如圖13-4），藉供參考：

1.**教學預備**（precursors to teaching）

(1)**物理的向度**（physical dimension）：本向度強調學習環境的物理特性之重要；其中教室的安排特別重要，如規劃教室中的某些領域作為安排若干活動之需；又如座位的安排未作仔細規劃，可能會引發破壞性、非生產性的行為。若干環境因素如噪音、採光與溫度，也可能對學習造成影響。

(2)**個人的／社會的向度**（personal/social dimension）：影響教室動態與實際教學過程的關鍵因素，包括以下各項：

①教師變項（teacher variables）：態度、特徵、哲學與期望。

②學生變項（student variables）：態度、以前的教育經驗、自我概念、可能成功的知覺、對學校教育的知覺。

③教室／學校變項（classroom/ school variables）：學校人員對學生的態度、學校一般氣氛、在校的「積極」感、教室的位置、學生易於接觸學校事件與設施的情況。

④家長變項（parent variables）：對教育的態度、個人支持與投入的

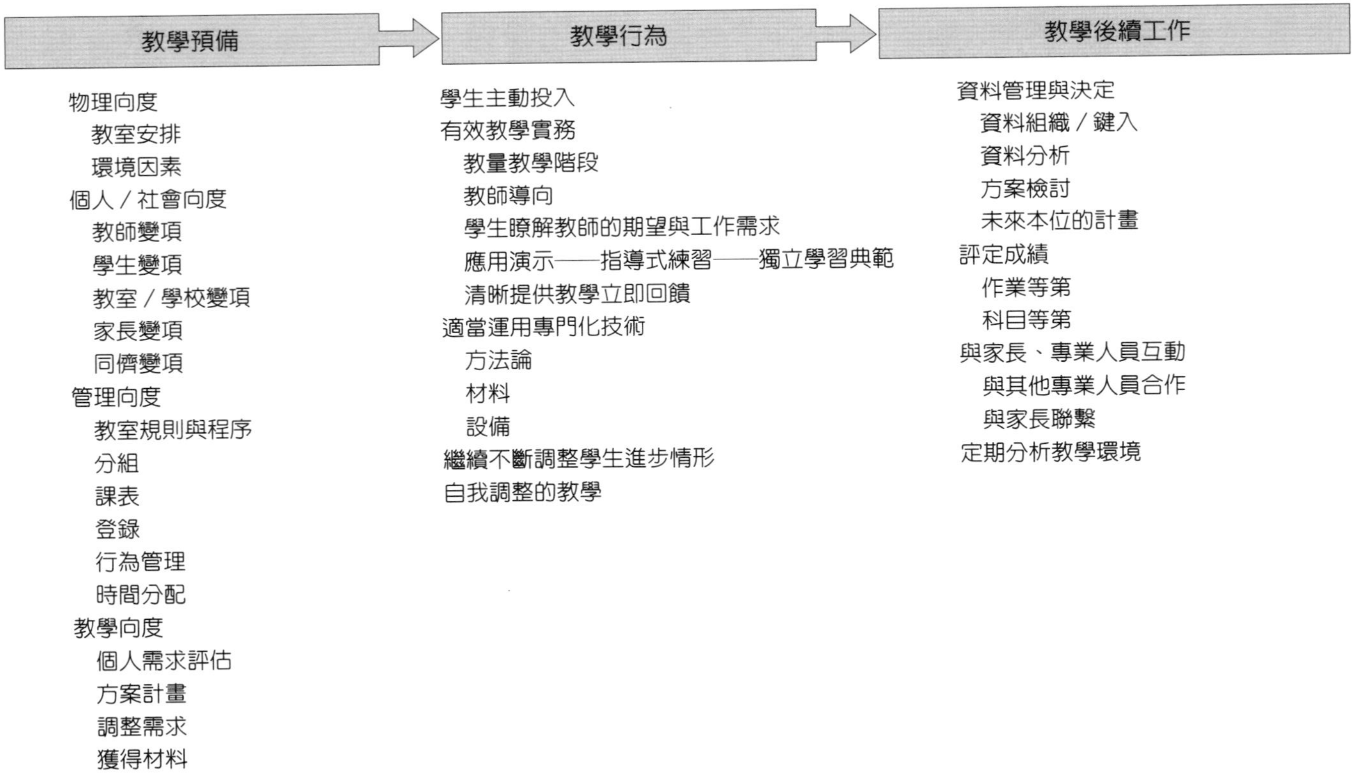

教學預備

物理向度
教室安排
環境因素

個人／社會向度
教師變項
學生變項
教室／學校變項
家長變項
同儕變項

管理向度
教學規則與程序
分組
課表
登錄
行為管理
時間分配

教學向度
個人需求評估
方案計畫
調整需求
獲得材料

教學行為

學生主動投入
有效教學實務
教室教學階段
教師導向
學生瞭解教師的期望與工作需求
應用演示──指導式練習──獨立學習典範
清晰提供教學立即回饋
適當運用專門化技術
方法論
材料
設備
繼續不斷調整學生進步情形
自我調整的教學

教學後續工作

資料管理與決定
資料組織／鍵入
資料分析
方案檢討
未來本位的計畫
評定成績
作業等第
科目等第
與家長、專業人員互動
與其他專業人員合作
與家長聯繫
定期分析教學環境

圖13-4　有效教學模式

資料來源：Polloway, Patton, & Serna, 2001.

份量、施予兒童壓力的程度。

⑤同儕變項（peer variables）：價值、行為與壓力。

(3)管理向度（management dimension）：初任教職者常認為難於作教室管理是他們所遭遇到的最重要的問題。重要的因素包括：

①學年一開始，宜早定規則與程序。

②教學開始前，須仔細分析學生、他們的技能層級、需求、課程目標，再做適當的分組。

③排定上課時間表。

④在開始教學前，設計成績登錄系統。

⑤認知行為管理的基本原理及應用的技巧。

⑥做好時間的分配、管理。

(4)教學向度（instructional dimension）：教師應為學生安排適當的課程、教學材料、學習方法與作業，具體作法包括：

①評估個別學生的需求。

②為學生發展個別化方案，設計教學樣式以傳授特別技巧或概念。

③改變教學方案以迎合學生特殊的學習需要。

④取得教學材料。

2.**教學行為**（teaching behavior）

(1)教學設計與教室管理須使學生能主動且積極投入為他們安排的課。

(2)有效教學實務涉及的因素，包括：瞭解學習的每個階段，認定其與教學實務安排的關係；教師在教學過程中，採取較為積極的教師導向教學；學生需瞭解教師對他們的期望與工作要求；應用演示──指導式練習──獨立練習的模式；運用提示以增進學生正確回答的機會；學生完成工作後立即予以回饋。

(3)適當運用的專門化技術，包括方法論（如記憶術、同儕教學、學習策略、合作學習等）、材料（以迎合特殊群體需求）和設備（如微電腦、多媒體等）。

(4)瞭解學生導向既定目標的情況，而對課程安排作適度調整。

(5)促使學生成為能夠自我調整的獨立學習者。

3.教學的後續工作（follow-ups to teaching）

(1)宜蒐集學生表現的資料，詳加分析，俾供決定學生當前的教學方案與未來的教學目標之用。

(2)評定學生表現的成績。

(3)須與學生家長及專業人員保持密切的互動關係。

(4)定期分析教學的環境。

■二 教學研究的方向

教學研究的方向，係以檢核教師效能（teacher effectiveness）或以倡導有效的教學（effective teaching）為重點。為了達成此一目的，約有三種明顯的參照觀點可循，分別為過程—成果研究（process-product research）、學生思考過程研究（student thought processes research）與教室生態學研究（classroom ecology research）。前兩種研究方案係源自心理學，第三種則為人類學在教育領域的運用。

※(一)過程—成果研究

過程—成果研究旨在探究教學行為與後續的學生表現之間的關係。行為心理學運用的探究術語如：受試者、控制實驗、依變項、獎賞與增強等，常被採用。行為論的心理學家為求能夠客觀發現控制可觀察行為之特性的法則，均採取局外觀察者的立場研究；由於過程—成果研究者受到期求客觀的影響，對於人的行為無法觀察的部分，如情緒、思維、想像或情感等，感到索然。過程—成果研究所期望的成果，指的是一系列合乎法則的通則，即預測某些教學成果，可遷移到類似的情境。儘管過程—成果研究遭到不少的批判，但是該領域確也在短時間內發展出多種有用的通則。

蘇爾曼（Shulman, 1986）認為過程—成果研究的教學方向所以能夠獲致成就，不外有四個理由：第一，是它與優勢的心理學派——行為主義有密切的關係，「愛屋及烏」而受到重視。第二，是他們的研究都在教室實際進行，其結果在政策上有直接的涵義。第三，該模式進展順利，此項理由當然與第一個、第二個理由息息相關。最後一個理由是比

較採用過程—成果模式與不遵循該模式的教學結果發現，前者的學生的成就分數較高。

　　過程—成果研究常被視爲與直接教學法（direct instruction）聯結的模式，這可從過程—成果研究揭示的觀點看出。即過程—成果研究主張：有效能的教師須能採取主動、明確提供訊息、以作業爲核心、熱心教學、不熱衷於社會化工作。顧德（Good, 1983）曾把有效能的教師和其他教師比較，認爲前者易於塑造輕鬆的學習氣氛，同時也表示要求高成就的常模、較快的教學步調，衍生的行爲問題也較少；這些或許是有效能教學的優點，但有效能教師提供學生較少的選擇機會、採小組教學的較少、發問的問題層次略低，是其缺失。

　　爲了更明確分析過程—成果研究的重點，有學者（Ellis, Mackey, & Glenn, 1988）主張可從以下三個普通性的論題著手：即教師在學生學習的過程，扮演著最重要的角色；教室管理與成就呈正相關；成就與溫馨的班級氣氛未必有關。

　　1.教師在學生學習過程居於最重要的因素　有效能教師從事主動的教學，爲學生訂定明晰的學習目標、設計有助於達成該等目標的活動、仔細考查學生的進步情形，以及作爲學生學習活動的示範。羅森賽（Rosenshine, 1976）更具體的指出，過程—成果研究模式由以下各因素組成，更能明確反映上述說法：

　　(1)明確的學業目標。

　　(2)努力倡導內容、範圍廣泛，與鼓勵位於高層次學生投入班級的工作。

　　(3)教學目標、教材，宜隨著學生的進步調整。

　　(4)有結構的學習活動，以學業爲導向，並立即予以回饋。

　　(5)學習環境以工作爲導向，但不失輕鬆。

　　2.班級管理與成就呈正相關　有系統的研究班級管理，始自1960年代末期的郭尼（Kounin, 1970）。他觀察教室的錄影帶後發現，能做好教室管理的教師與做不好教室管理的教師，固有多項不同，但最重要的不同在於：有效能教師能夠限制學生初步犯錯的頻率，亦即有效能教師實施防範學生犯錯的規律。二者的第二項不同在於：有效能教師一次能做多

件事，如同時批改作業與要求學生安靜。第三項差異在於：有效能教師能以敏捷的速度，糾正犯錯的學生，並將他們帶回教室的常態，使得班級能在平穩、井然有序的系統中繼續運作，不致產生任何不利的影響。第四項不同在於：有效能教師鼓勵學生注意聽講，保持警覺，並提出問題，隨機抽取學生回答。第五項不同為：有效能的教師分派學生多樣化且具有挑戰性的作業。

布羅非（Brophy, 1983）曾把郭尼的研究結果，加以伸展、探索，發現郭尼的多種觀念，在後續的教室管理研究中，獲得支持，只有上述的第四項：要求學生注意、保持警覺，易使學生處於懸疑的焦慮狀態，而被認為不安，加上此種技術，易被濫用，反而會分散學生的注意力。

有關教室管理的有效策略，另可參見本書第十一章第二節。

3.成就與溫馨的班級氣氛未必有關　兩位索爾（Soar & Soar, 1979）發現：學習環境由情緒氣氛（emotional climate）與教師管理（teacher management）兩部分組成。其中在最有效能班級中，情緒氣氛似乎是中性的，作用不大。最能助長學生學習的教師管理包括：限制學生選擇、移動，與干擾他人的自由等，在這些有效的情境中，只有教師多說話以及控制學生的作為，班級氣氛顯然是要求師生之間能夠維持合作的關係，教師雖不想羞辱學生，但也不易塑造特別溫馨的班級氣氛。

關於上述的觀點，似宜注意。因溫馨而有效能的班級與學業成就固然未獲得明顯聯結的證據，但也沒有事實可以支持不利的班級氣氛可以提升學業成就的說法。因此，上述的研究發現不能廣泛據以參酌。

晚近有關教學的研究中，過程─成果的方向在教師效能的研究方面，提供大量的發現，而居於優勢的地位。但隨著教育研究的脈動，以邁向二十一世紀為訴求的目標中，過程─成果的研究方向，似有萎縮的趨向，揆其原因不外如下四項：

1.過程─成果研究的教學模式較為簡單，其目標業已大致達成，當前的研究者試圖採取更精密、複雜的研究方式，期求作加深加廣的研究。

2.採過程─成果研究者試圖簡化教師教學的處理，而將各種不同的教師行為，綜合而成若干一般類別（general categories），然後認為這些

類別影響學生成就。在學術園地中，如是作法固便於溝通之需，但是要讓教師將這些人為的概念運用於實際教學，可能更造成情境的複雜化。如過程—成果研究中的一項重要構念「學習機會」，教師便不知如何下手。

3.探過程—成果研究很少告知讀者特殊過程運作的原因，誠如蘇爾曼（Shulman, 1986）所稱：過程—成果研究的事項雖然皆屬實證性的，但是卻多缺乏學理上的解說，如此一來，一種新技術的指導，似不易引起教師們的關注。

4.以學生在成就測驗上的得分作為成果的觀點，遭到多數教師的質疑，他們認為成就測驗的得分不足以反映教室中發生的一切，甚至主張運用成就測驗不公平，會導致教師漠視高層次的思考以及其他難以測量的教學策略，此種觀點固非恰當，卻會影響過程—成果研究的方向。

揆諸事宜，過程—成果研究的方向，因有上述對它的發展造成不利影響的原因，但另有一項重要的因素仍值得考慮，即它未就整個教學環境中最重要的因素——各種學生思考的過程——的影響力，加以探討。

※(二)學生思考過程研究

學生思考過程研究集中於「學生的思考與感受，通常是與教師的行為以及後續的學生行為或潛能有關」（Shulman, 1986, p.16）。過程—成果研究，僅注意可觀察的過程（教師做什麼）以及成果（學生在測驗上得到的分數），而忽視思考以及其他的心智表徵；學生思考過程研究方案認為如未對學生認知層面加以探索，想瞭解學生的行為便不可能。由於該研究方向處理的現象比較複雜，執行不易，因此欲加組織和報告，顯得有點累贅。為了便於討論本傳統，試從兩項主要的概括性觀點，提出分析：即減低複雜性以獲致學業成就；由於教材、學生年齡和社會階級的不同需求而有不同教學策略。

1.減低教學活動的複雜性以獲致學業成就　一個有效能教師須能以簡單方式，呈現基礎層次與高層次的技巧，即任何學習任務不以複雜方式提出。因為教室中每個小時發生的事件繁多，教師需運用方法，做果斷處理，俾使教室趨於單純化，其具體作法如下：

(1)瞭解學生對學業的想法：如教師分派學生作業時，宜瞭解學生的

努力是為了追求知識，或是為了爭取成績。俟教師透過觀察，充分瞭解學生之後，便可根據學生能力及其個人的目標，安排班級教學活動，不致使教室情境流於複雜化，得以專心探究學生內在的思考過程。

(2)全班教學（whole class instruction）優於小組學習：根據研究，實施全班教學的教師能為整體活動設計單獨一課的教案；學生自習時，教師有較多機會來回巡視，且較有可能作更多的演示並討論複雜而困難的學習材料。加上，全班教學可讓教師掌握更多的控制力量，促使教師的預期課程和學生真正學到的內容趨於一致。

(3)細心建構班級教學運作方式：所謂建構意指「以大要、前置組體開始；列出內容大綱與該課各部分間的聯結符號；摘述該課的子部分；最後複習主要觀念」（Brophy & Good, 1986, p.362）。由於這些建構程序，告知學生邁向教師意圖的明確路標，減少其困惑，而使學習活動得以單純化。

(4)提供學生的教材之難度適合其能力：如此一來，學生易於瞭解，容易獲致成功的機會，自然樂於學習，減少學習活動的複雜性。

2.不同教材、學生年齡與社會階級需求不同教學策略　過去十五年間，雖有人想從事有效能教師之特徵的研究，但迄今無法獲致單一的結論，咸認為不同群體需要不同的教學策略。而不同群體的形成又涉及學生的背景、學生的年齡、不同的教材，值得瞭解。

(1)學生的背景：不同種族群體、不同社會階級的學生，由於受到所屬群體的影響，擁有與其他群體不同的社會規範與期待，甚至使用的語言符碼也有差異。柏恩斯坦（B. Berinstein）發現許多低社會階層兒童使用粗糙的語言符碼，不易以語文進行思考，而有隔離的困惑。中上階級兒童使用精緻的語言符碼，較易在以精緻語文掌控的學校，獲得深入的思考機會。低社經地位的學生做事的方式與崇尚中層階級價值為主的學校文化，有格格不入之感，令他們在學校感到不適且不信任學校，因而不太願意參與學校任何的活動，遑論與思考有關的活動。

為了改進低社經地位學生的表現，有效能教師需表示正向的情感以及營造輕鬆的學習環境，甚至也應定期調整活動、仔細查看學生自習時的作業寫作情形，必要時予以一對一的教導。至於高社經地位學生應寄

予高度的期望、給予適時的激勵，注意力若有不集中或不努力情況，宜予糾正。

(2)學生的年齡：不同年齡與不同年級學生接納的教學方法、運用的學習策略等宜有不同，但以能適應學生的個別需求爲前提。

(3)教材：不同的教材需採用不同的教學策略，才能提升教學的品質。如學生可能不只是將教師所教的完全習得，他們可能會運用自己的概念架構，賦予材料意義，也因如此常會導致錯誤的概念，教師須準確提供矯正的回饋措施，以防止此事的發生。又如當學生年紀尚輕，對教材內容不熟，或能力低下時，直接教學法最爲適合；但是爲了讓學生能將習得的知識運用於新的情境，允許採用某種較屬非結構性的間接教學，亦有優點。

上述這些概括性的觀點，只是爲學生思考過程研究作奠基的工作，透過此等基本工作，方能爲學生的認知領域作更深入的探究。

本模式與過程—成果模式一樣，忽略教室生活中的許多現象。由於過度集中於學生思考過程研究，迫使研究者「對教學情境中的其他部分，提供的描述並不完全」（Shulman, 1986, p.16）。吾人須記住這種限制，進而探討教室的生態。

※(三)教室生態研究

教室生態研究傳統源自人類學，旨在探究教室的社會環境和文化環境，與過程—成果研究模式或學生思考過程研究比較，本模式屬於解釋的成分較多，屬於實證的部分則較少，以探查不同師生互動類型對教與學的影響。又過程—成果研究者所站的位置是在受試者之上，學生思考過程研究者仍與學生有一段距離；而生態研究者則每日與探究對象直接接觸，論其特徵，約有如下幾項：

1.運用經由仔細選擇的個案作研究，而不用大群體或多種群體作研究對象。

2.透過解釋探尋其中存在的意義，而不探索法則或原因。

3.觀察學生採面對面的接觸，而不是仰賴分類的工作。

4.將研究者置於被研究者經驗的內部，而不與被研究者隔離。

5.更具有人性化的探究特徵——類似於瞭解一本書、一種遊戲或

儀式，或分析一幅畫——而非努力於描述社會的物理現象（Gardner, 1985）。因此採用此種模式的研究者的主要興趣，在於「蒐集與分析自然情境（教室）中人的行為趨向，並探索與他人交互作用中學習到什麼，以及如何學習」（Green & Smith, 1983, p.357）。

本研究模式可從以下兩個主要論題予以分析，即1.教室是溝通的環境，其意義是在交互作用期間建構完成；2.教室是經過組織的社會環境與文化環境，其中學生的行為受到當地訂立的規則支配。

1.教室是溝通的環境　學生表達知識的方式，常由於家庭與學校間使用之語言的不同或對參與認定上的差異，而有所不當。這些差異會在教室中造成有關對他們期望的誤解而顯現出來，可以社會的誤解或文化的誤解加以解釋。

吾人如能瞭解教室即是一個溝通的環境，便可促請教師進一步採用「描述每日教室生活中的事件及其對學生的學習與參與的影響」（Green & Smith, 1983, p.383）此一方法，予以描繪。

對溝通環境進行研究的結果，可為教師提供以下的建議（Ellis, Mackey, & Glenn, 1988）：

(1)檢查傳送給學生的各種非語文的訊息，決定它們對學習造成的干擾情形。

(2)建構訊息予學生，協助他們學習有效參與教室互動的方式。

(3)變化討論的技術，以調整因應不同的參與方式。

2.教室是由規則控制的環境　這些規則有一般性的，如如何與教師交談；也有相當具體的，如如何獲允接近一個閱讀小組進行對話。教室規則是對「如何說，為了什麼目的在什麼時候和誰說」（Green, 1983, p.203）提出說明，如研究教室規則揭示教師為高、中、低能力組學生創設不同的閱讀環境，鼓勵高能力組探索文中的意義，強調低能力組的發音、文法等。

教室規則的研究為教師提供以下的各項建議：

(1)訂定與實施清晰的規則，利於教室的互動與參與活動。

(2)認可教室的儀式與例行工作所具有的組織力量。

(3)檢查教師自己對行為寄予替代性文化期待的觀點（如教師覺得學

生的不當行為，可能只是社會或文化差異衍生的，不具有破壞學習行為的涵義或有不值得尊重之處）。

　　綜合本節所述可知，各種教學研究方向，各有其重點與貢獻，其中一種絕非是另外兩種中任一種的替代。事實上，一位有效能教師，大抵是綜合各種研究模式的特徵，配合主、客觀條件，靈活運用，方克達成預期的教學效能。惟為了便於釐清優、缺點，分別針對各模式，略作探討，也有其必要性。又綜觀過程—成果研究偏向於採用量的研究技術，教室生態的研究則較喜歡運用質的研究技術，至於學生思考的研究雖兼採二者，但仍傾向於運用量的研究技術，值得注意。

附錄13-1

傅蘭德互動分析類別表

傅蘭德互動分析類別表（如表13-1）將教室行為分成教師說的話與學生說的話兩大類，各大類下再細分成若干小類。如表13-1中的每一細類以一個數字代表，屬於教師說的話有七類，屬於學生說的話有三類。由一位受過訓練的觀察者依照教室原來發生之事件的前後次序，分別記錄，時間間距是每隔三秒鐘記載一次，每三秒鐘內的話，都可歸入表13-1當中的一個類別，每次要以一對相連事件為單位，每對事件有兩個數字，第一對包括第一個和第二個數字；第二對包括第二個和第三個數字，依此類推，然後劃記在一個設計好的矩陣內（如表13-2）。第一個數字表示矩陣的橫列，第二個數字表示矩陣的縱行。因此前一對的第二個數字與後一對的第一個數字重疊，下圖表示第一個三秒鐘教師問問題(4)，第二個三秒鐘學生反應(8)，第三個三秒鐘教師講解(5)，第四個三秒鐘教師繼續講解(5)，第五個三秒鐘教室安靜無聲(10)，故第一個劃記（4,8）要劃在第四列第八行交會處，第二個劃記（8,5）要劃在第八列第五行交會處，依此類推。

如此一來，每隔三秒鐘就劃記一次，一分鐘就有二十個劃記，一小時就有一千二百個劃記，通常二十分鐘，大約有四百個劃記，就可以得到一個推論的師生語言互動矩陣，然後根據這個矩陣進行分析。

表13-1 傅蘭德互動分析類別表內容

教師說的話

		1.*接納感受：以不具威脅性的態度，接納並分析學生表現之態度或感受的語氣。學生的感受可能是積極的或消極的。預測或回想學生的感受亦包括在內。
反　　應	間接影響	2.*讚許或鼓勵：讚許或鼓勵學生的行動或行為。說笑話以減低緊張但不因此而傷害別人。點頭或說：「嗯？」或「繼續下去」包括在這類內。
		3.*接受或利用學生的想法：釐清、確立，或發展學生提出的意見。教師把學生的想法擴展包括在該類內，但當教師表示自己較多的想法時，則要歸到第五類。
		4.*問問題：以教師的想法以及學生將可能回答的意圖為基礎，發問有關內容或步驟的問題。
開始教導	直接影響	5.*講解：提供有關內容或步驟的事實或意見，表達自己的想法，並作解釋；或引敘權威而不用學生的觀點。
		6.*給予指導：即下達命令或規定，期望學生遵從。
		7.*批評或辯護權威：做說明務期把學生行為由不可接受的模式改變為可接受的模式；責罵某人；說明他所做的事情的理由，極端的自我參照。

學生說的話

反　應	8.*學生說話——反應：學生因反應教師說的話而說話。此種接觸是由教師開始教導的，誘導學生說話，或把情境建立起來。
自動自發	9.*學生說話——自發性：學生主動說話。他們表達自己的觀點；自動提出新主題；自由發展意見以及一系列的思想，喜歡發問有思想的問題；超越現有的結構。
安靜	10.*安全或混亂：暫停，短暫的安靜，和定時的混亂，觀察者無法瞭解師生溝通的內容。

*這些數字不包含量尺，每個數字只供分類之用，以表示特定的師生溝通事件。觀察期間記下這些數字是用來計數的，而非判斷在量尺上的位置。

表13-2 傅蘭德互動分析類別矩陣

類別	1	2	3	4	5	6	7	8	9	10	劃記總和
1											
2											
3											
4											
5					/			/			
6											
7											
8				/							
9											
10					/						
劃記總和											
%											
總和	教師說的話總和（%）							學生說的話總和（%）		安靜	

本附錄資料來源：王文科、王智弘，2014。《教育研究法》（第16版），台北：五南。林清山，民67。教學情境的社會互動分析，載於師大教育系所主編《教育學研究》，台北：偉文。

討論問題

1. 質的和量的研究有何異同？

2. 試舉例說明質的或量的研究方法在課程或教學研究上的應用可能性。

3. 行動研究在教學研究上如何應用？試舉一例說明之。

4. 如何改進潛在課程，以提升學生學習成效？

5. 試述學校組織此一潛在課程變數對學生學習的影響。

6. 試從課程理解的方向，解析課程某一文本的內涵。

7. 潛在課程的「常數」被認為改變不易；但有人主張若吾人真正期望有民主的與人文的學校，這些「常數」勢必要發生變化。您如身為學校領導者，要試圖去改變這些「常數」，或格外關注「變數」？

8. 何以「潛在課程」的知識對課程領導者而言，有其重要性？

參考書目

中 文 部 分

（註：民○○代表民國○○年，加上1911即為西元年份）

中國教育學會（主編）（民75）。有效教學研究。台北：台灣書店。

中國教育學會（主編）（民82）。多元文化教育。台北：台灣書店。

中國教育學會、國立中正大學成人教育中心（主編）（民82）。文化史變遷教育發展。嘉義：中正大學成人教育中心。

中華民國比較教育學會（主編）（民79）。各國中小學課程比較研究。台北：師大書苑。

方炳林（民69）。普通教學法（5版）。台北：教育文物出版社。

方德隆（譯）（2004）。課程發展與設計（A. C. Ornstein & F. P. Hunkins 著）。台北：高等教育／台灣培生教育。（原出版於2004年）

毛禮銳、瞿菊農、邵鶴亭（編）（1983）。中國古代教育史。北京：人民教育出版社。

王文科（編譯）（民70）。教育研究法（J. W. Best著）。高雄：復文圖書出版社。

王文科（民73）。從兒童認知行為之發展談課程編製原理。輯於彭駕騂主編，國民教育輔導論叢（37-49頁）。教育部：國民教育司。

王文科（民75）。輕度智能不足者之教育。輯於王文科著，教育改革與通才教育（341-366頁）。台北：文景出版社。

王文科（譯）（民76）。教室的比馬龍：教題期待與學生智能發展（R. Rosenthal & L. Jacobson著）。國教輔導，27(1)，8-11。

王文科（譯）（民77）。兒童的認知發展導論（增訂版）（M. A. S. Pulaski 著）。台北：文景出版社。

王文科（譯）（民78）。Scriven的消費者導向的評鑑途徑。輯於黃光雄編

譯，教育評鑑的模式（355-395頁）。台北：師大書苑。

王文科（民80）。認知發展理論與教育——皮亞傑理論的應用（第3版）。台北：五南圖書出版公司。

王文科（民81）。資優課程設計（再版）。台北：心理出版社。

王文科（主編）（2013）。特殊教育導論。台北：五南圖書出版公司。

王文科（民86）。學校需要另一種補充的課程：發展學校本位課程。輯於中華民國課程與教學學會、中華民國比較教育學會主編，課程改革的國際比較：中日觀點（67-85頁）。台北：師大書苑。

王文科、王智弘（編譯）（民91）。質的教育研究：概念分析。台北：師大書苑。

王文科、王智弘（譯）（民91）。學習心理學：學習理論導論（B. R. Hergenhahn and M. H. Olson著）。台北：五南圖書出版公司。（原出版於2001年）

王文科、王智弘（2014）。教育研究法（增訂16版）。台北：五南圖書出版公司。

王智弘、王文科（譯）（2011）。精進教學使用的行動研究（J. E. Henning, J. M. Stone & J. L. Kelly著）。台北：五南圖書出版公司。（原出版於2009年）

王智弘、王文科（譯）（2012）。課程領導（J. W. Wiles著）。台北：五南圖書出版公司。（原出版於2009年）

田培林（著）、賈馥茗（編）（民65）。教育與文化（上、下冊）。台北：五南圖書出版公司。

司琦（民78）。課程導論。台北：五南圖書出版公司。

朱文雄（民80）。班級經營。高雄：復文圖書出版社。

朱智賢、林榮德（1986）。思維發展心理學。北京：北京師範大學出版社。

李圓會（民80）。班級經營。台北：五南圖書出版公司。

吳志超、劉紹曾、曲宗湖（1993）。現代教學論與體育教學。北京：人民體育出版社。

林生傳（民77）。新教學理論與策略。台北：五南圖書出版公司。

林義男（民67）。我國國中學生價值取向之研究。輔導學報，1，291-343。

林義男、王文科（民87）。教育社會學。台北：五南圖書出版公司。

林寶山（民77）。教學原理。台北：五南圖書出版公司。

林寶山（民79）。教學論。台北：五南圖書出版公司。

林寶山（民81）。特殊教育導論。台北：五南圖書出版公司。

孟慶承、陳學恂、張瑞璠、周子美（編）（1961）。中國古代教育史資料。北京：人民教育出版社。

邱淵等（譯）。（民78）。教學評量（B. S. Bloom等著）。台北：五南圖書出版公司。

高強華（譯）（民78）。Stake的當事人中心評鑑途徑。輯於黃光雄編譯，教育評鑑的模式（243-299頁）。台北：師大書苑。

高廣孚（民77）。教學原理。台北：五南圖書出版公司。

秦葆琦（民78）。「板橋模式」課程發展工作簡介。現代教育，4(14)，29-39。

梁啓超（民56）。中國學術思想變遷之大勢（台3版）。台北：中華書局。

國立台灣師大教育系（主編）（民76）。教學研究專集。台北：南宏圖書公司。

教育部人文及社會學科教育指導委員會（主編）（民78）。課程架構研究。台北：五南圖書出版公司。

陳青之（民55）。中國教育史（台3版）。台北：商務印書館。

陳伯璋（民76）。潛在課程研究。台北：五南圖書出版公司。

陳利銘、王文科（民95）。制度化文本對課程改革的影響：以九年一貫課程為例。國民教育研究集刊，15，1-4。

黃光雄（主譯）（民72）。教育目標的分類方法。高雄：復文圖書出版社。

黃光雄（主編）（民77）。教學原理。台北：師大書苑。

黃光雄（主編）（民79）。教學理論。高雄：復文圖書出版社。

黃光雄、蔡清田（1999）。課程設計——理論與實際。台北：五南圖書出版公司。

黃明皖（譯）（1989）。課程理論。北京：人民教育出版社。

黃明堅（譯）（民70）。第三波。台北：經濟日報社。

黃政傑（民76）。課程評鑑。台北：師大書苑。

黃政傑（民78）。課程改革（第2版）。台北：漢文書店。

黃政傑（民80）。課程設計。台北：東華書局。

黃炳煌（民71）。課程理論之基礎。台北：文景出版社。

黃富順（民77）。終生教育與自我導向的學習。輯於中華民國比較教育學會（主編），終生教育（71-91頁）。台北：台灣書店。

黃富順（民78）。成人心理與學習。台北：師大書苑。

黃富順（主編）（2008）。高齡教育學。台北：五南圖書出版公司。

許慧玲（編譯）（民77）。教室管理。台北：心理出版社。

郭為藩（民75）。科技時代的人文教育。台北：幼獅文化事業公司。

張玉成（民72）。教師發問技巧。台北：心理出版社。

張玉成（民82）。思考技巧與教學。台北：心理出版社。

張振玉等（譯）（民60）。兩個文化及其再評價。台北：驚聲文物。

張素貞、王文科（民95）。九年一貫課程與教學深耕種子團隊服務成效分析與發展之研究。彰化師大教育學報，9，189-228。

張素貞、王文科（民96）。九年一貫課程深耕種子教師專業能力與服務效能之研究。教育理論與實踐學刊，16，23-59。

賈馥茗（民72）。教育哲學。台北：三民書局。

賈馥茗（民78）。教育原理。台北：三民書局。

楊文雄（民70）。教育評鑑之理論與實際。台灣省政府：教育廳。

台灣省國民學校教師研習會（民76）。課程研究簡介。台北：作者。

蔡典謨（譯）（2001）。濃縮課程（S. M. Reis, D. E. Burns, & J. S. Renzulli著）。台北：心理出版社。

蔡美華（譯）（2008）。行動研究法（G. E. Mills著）。台北：學富。（原出版於2007年）

蔡伸章（譯）（民63）。未來的衝擊（A. Toffler著）。台北：志文出版社。

蔡蕙如（民82）。啟智學校（班）國中部課程綱要實施現況及成效評估之研究（未出版之碩士論文）。彰化師範大學，彰化。

謝文全（民82）。學校行政。台北：五南圖書出版公司。

歐用生（民70）。課程研究方法論：課程研究的社會學分析。高雄：復文出版社。

歐用生（民72）。課程發展模式探討。高雄：復文圖書出版社。

歐用生（民74）。課程發展的基本原理。高雄：復文圖書出版社。

歐用生（民76）。初等教育的問題與改革。台北：南宏圖書公司。

歐用生（民76）。課程與教學——概念、理論與實際。台北：文景出版社。

歐用生（民78）。南海模式的課程發展。現代教育，4(14)，40-52。

歐用生（2006）。課程理論與實踐。台北：學富。

鍾啓泉（民80）。現代課程論。台北：五南圖書出版公司（原上海教育出版
社出版）。

鍾啓泉（譯）（筑波大學教育學研究會（編））（1986）。現代教育學基
礎。上海教育出版社。

瞿葆奎（主編），陸亞松、李一平（選編）（1988）。課程與教材（上
冊）。北京：人民教育出版社。

英 文 部 分

Alkin, M. C. (1990). Curriculum evaluation models. In H. J. Walberg & G. D. Haertel (Eds.), *The international encyclopedias of educational evaluation* (pp.l66-168). Oxford; Pergamon Press.

Alkin, M. C., & Lewy, A. (1991). Three decades of curriculum evaluation: Introduction. In A. Lewy (Ed.), *The international encyclopedia of curriculum* (pp.399-400). Oxford: Pergamon Press.

Amidon, E., Hunter, E. (1967). *Improving teaching: The analysis of classroom verbal interaction.* New York: Holt, Rinehart and Winston.

Anderson, C. S. (1982). The research for school climate: A review of the research. *Review of Educational Research, 52*, 368-420.

Anderson, L. W. (1985). A retrospective and prospective view of Bloom's "Learning for Mastery." In M. C. Wang & H. J. Walberg (Eds.), *Adaptive instruction to individual differences* (pp.254-268). Berkeley, CA: Mc Cutchan.

Anderson, L. W., & Block, J. H. (1987). Mastery learning models. In M. J. Dunkin (Ed.), *The international encyclopedia of teaching and teacher education* (pp.58-68). Oxford: Pergamon Press.

Anderson, L. W., Krathwohl, D. R., Airasian, P. W., Cruikshank, K. A., Mayer, R. E., Pintrich, P. R. et al. (2001). *A taxonomy for learning, teaching, and assessing: A revision of Bloom's taxonomy of educational objectives* (Abridged ed.). New York: Longman.

Anderson, S. B. & Ball, S. (1978). *The profession a practice of program evaluation*. San Francisco: Jossey-Bass, Inc., Publishers.

Anderson, S. B., et al. (1977). *Encyclopedia of educational evaluation*. San Francisco: Jossey-Bass, Publishers.

Anyon, J. (1979, August). Ideology and U. S. history textbooks. *Harvard Educational Review*, *49*(3), 361-386.

Apple, M. W. (1975). Scientific interests and the nature of educational institutions. In W. Pinar (Ed.), *Curriculum theorizing for reconceptualists* (pp.120-130). Berkeley, CA: McCutchan.

Apple, M. W. (1979). On analyzing hegemony. *The Journal of Curriculum Theorizing. 1*, 10-43.

Apple, M. W., & King, N. R. (1977). What do schools teach? In A. Molnar & J. A. Zahorik (Eds.), *Curriculum theory* (pp.108-126). Alexandria, VA: ASCD.

Armstrong, D. G. (1989). *Developing and documenting the curriculum*. Boston: Allyn and Bacon.

Ary, D., Jacobs, L. C., Sorensen, C., & Walker, D. A. (2014). *Introduction to research in education* (8th ed.). Belmont, CA: Wadsworth, Cengage Learning.

Ausubel, D. P., Novak, J. D., & Hanesian, H. (1978). *Educational psychology: A cognitive view* (2nd ed). New York: Holt, Rinehart and Winston.

Barnes, D. (1982). *Practical curriculum study*. London: Routledge and Kegan Paul.

Beane, J. A., Toepfer, C. F. Jr., & Alessi, S. J., Jr. (1986). *Curriculum planning and development*. Boston: Allyn and Bacon.

Beauchamp, G. A. (1981). *Curriculum theory* (4th ed.). Itasea, Ill.: Peacock.

Belth, M. (1965). *Education as a discipline: A study of the role models in thinking*. Boston: Allyn and Bacon.

Berg, B. L. (2007). *Qualitative research methods for the social sciences* (6th ed.). Boston: Allyn and Bacon.

Bernier, N. R., & Williams, J. E. (1973). *Beyond belief: Ideological foundations of American education*. Englewood Cliffs, NJ: Prentice-Hall.

Bernstein, B. (1977). On the classification and framing of educational knowledge. In R. Brown (Ed.), *Knowledge, education, and cultural change.* (pp.363-392). London: Tavistock Publishing.

Best, J. W. & Kahn, J. V. (2006). *Research in education* (10th ed.). Boston: Allyn and Bacon.

Bestor, A. (1956). *The restoration of learning*. New York: Alfred A. Knopf.

Betts, G. T., & Kercher, J. K. (1999). *Autonomous learner model : Optimizing ability* (Rev. ed.) Colorado: Autonomous Learning Publications and Specialists.

Betts, G. T., & Neihart, M. (1986, Fall). Implementing self-directed learning models for the gifted and talented. *Gifted Child Quarterly, 30* (4), 174-177.

Block, J. H. (Ed.). (1971). *Mastery learning: Theory and practice*. New York: Holt, Rinehart and Winston.

Block, J. H., & Anderson, L. W. (1975). *Mastery learning in classroom instruction*. New York: Macmillan.

Block, J. H., & Bums, R. B. (1976). Mastery learnin. In L. S. Shulman (Ed.), *Review of research in education*, Vol. 4. Itasca, HI.: F. E. Peacock.

Bloom, B. S. (1976). *Human characteristics and school learning*. New York: McGraw-Hill.

Bloom, B. S., Hastings, J. T. & Madaus, G. F. (1971). *Handbook on formative and summative evaluation of student learnings*. New York: McGraw-Hill.

Bloom, B. S., Madaus, G. J. & Hastings, J. T. (1981). *Evaluation to improve learning*. New York: McGraw-Hill.

Bloom, B. S., Englehart, M., Hill, W., Furst, E. & Krathwohl, D. (Eds.). (1956).

Taxonomy of educational objectives: Handbook I: Cognitive Domain. New York: David McKay.

Bobbitt, F. (1918). *The curriculum*. Boston: Houghton, Mifflin.

Bogdan, R. C. & Biklen, S. K. (2013). *Qualitative research: An introduction to theory and methods*. (6th. ed.). Boston: Allyn and Bacon.

Bolvin, J. O. (1982). Classroom organization. In H. E. Mitzel (Ed.). *Encyclopedia of educational research*. Vol. 1 (5th ed.) (pp. 265-274). New York: The Free Press.

Borich, G. D. (2014). *Effective teaching method : Research-based practice* (8th ed.). Boston: Pearson Education, Inc.

Bowers, A. (1977, September). Emergent ideological characteristics of educational policy. *Teachers College Reord, 76* (1).

Bradley, L. H. (1985). *Curriculum leadership and development handbook*. Englewood Cliffs, NJ: Prentice-Hall.

Brady, L. (1990). *Curriculum development* (3rd ed.). New York: Prentice-Hall.

Brandt, R. S. (Ed.). (1981). *Applied strategies for curriculum evaluation*. Alexandria, Virginia: ASCD.

Brennan, W. K. (1985). *Curriculum for special needs*. Milton Keynes: Open University Press.

Brice, L. (2000) *Deliberative discourse enacted: Task text and talk*. Paper presented at the annual meeting of the American Educational Research Association, New Orleans.

Brighonse, T., & Moon, B. (Eds.). (1990). *Managing the national curriculum: Some critical perspective*. Essex: Longman.

Brooks, M. (1986, April). *Curriculum development from a constructivist perspective*. Paper presented at the annual meeting of the American Educational Research Association, San Francisco.

Brophy, J. E. (1979). Teacher behavior and its effects. *Journal of Teacher Education, 71*, 733-750.

Brophy, J. E. (1983). Classroom organization and management. *Elementary*

School Journal, 83, 265-286.

Brophy, J. E. & Good, T. L. (1986). Teacher behavior . student achievement. In M. Wittrock (Ed.), *Handbook of research on teaching* (3rd ed.) (pp.328-375). New York: Macmillan.

Broudy, H. S., Smith, B. O. & Burnett, J. R. (1964). *Democracy and excellence in American secondary education.* Chicago: Rand McNally.

Brown, A. L. (1978). Metacognitive development and reading. In R. J. Spiro, B. C. Bruce & G. W. F. Brewer (Eds.), *Theoretical issues in reading comprehension.* Hilisdale, NJ: Eribaum.

Bruner, J. S. (1960). *The process of education.* Cambridge, MA: Harvard University Press.

Burner, J. S. (1966). *Toward a theory of instruction.* Cambridge, MA: Harvard University Press.

Burns, R. B. (1979). Mastery learning: Does it work? *Educational Leadership, 31,* 110-113.

Blitterfield, S. M. (1979). Some legal implications. *In Developing IEPs for the gifted and talented.* Los Angels, CA: National/State Leadership Training Institute on the Gifted and Talented.

Calder, J. R. (1983, July-September). In the cells of the Bloom taxonomy. *Journal of Curriculum Studies, 15* (3), 291-302.

Campbell, L., Campbell, B., & Dickinson D. (2004). *Teaching and learing through multiple intelligences* (3rd ed.). Boston: Allyn and Bacon.

Caswell, H. L. & Campbell, D. S. (1935). *Curriculum development.* New York: American Book Co.

Clark, B. (2008). *Growing up gifted: Developing the potential of children at home and at school* (7th ed.). Boston: Pearson.

Clark, L. H. & Starrs, L. S. (1986). *Secondary and middle school teaching methods* (5th ed.). New York: Macmillan Publishing Co.

Commission on Instructional Theory of the Association for Supervision and Curriculum Development. (1967, February). *Theories on instruction: A set of guidelines* (mimeographed).

Connelly, F. M. & Ben-Peretz, M. (1980). Teachers' roles in the using and doing of research and curriculum development. *Curriculum Studies, 12*, 95-107.

Cornbleth, C. (1990). *Curriculum in context*. London: The Falmer Press.

Cronbach, L. J. (1963, May). Course improvement through evaluation. *Teachers College Record, 64*, 672-683.

Cronbach, L. J. (1977). *Educational psychology* (3rd ed.). New York: Harcourt.

Davies, I. K. (1976). *Objectives in curriculum design*. London: McGraw-Hill.

Davis, D. J. (1981). Standardized evaluation of educational program. In A. Lewy & S. Kugelmass (Eds.), *Decision oriented evaluation in education*. Philadelphia-Rehovot: International Science Service.

Davis, E. (1980). *Teachers as curriculum evaluators*. London: George Allen and Unwin.

Davis, I. K. (1961, May). Education and socia' science, *New Society*.

Davis, I. K. (1976). *Objectives in curriculum design*. Maidenhead: McGraw-Hill.

Davis, I. K. (1981). *Instructional technique*. New York: MeGraw-Hill.

Davis, G. A. & Rimm, S. B., & Siegle, D. (2011). *Education of the gifted and talented* (6th ed.) Boston: Allyn and Bacon.

Dearden, R. (1972). Education as a process of growth. In R. Dearden, P. Hirst & R. S. Peters (Eds.), *Education and the development of reason*. London: Routledge and Kegan Paul.

Deibert, J. & Hoy, W. (1977). Custodial high schools and self-actualization of students. *Education Review, 2*, 24-31.

Delgodo-Gaitan, C. (1993). Research change and changing the research. *Harvard Educational Review. 63* (4), 389-411.

Denzin, N. K. & Lincoln, Y. S. (Eds.) (2001). *Handbook of qualitative research* (2nd ed.). Thousand Oaks, CA: Sage Publishing, Inc.

Devis, E. (1980). *Teachers as curriculum evaluators*. Sydney: George Allen and Unwin.

Dewey, J. (1902). *The child and the curriculum*. Chicago: University of Chicago

Press.

Dewey, J. (1906). *Democracy and education*. New York: Free Press.

Dewey, J. (1956). *Philosophy and education*. Iowa: Adams.

Dick, W. & Carey, L. (1985). *The systematic design of instruction* (2nd ed.). Glenview, IL.: Scott, Foreman.

Doll, R. C. (1995) *Currriculum improvement: Decision making and process* (9th ed.), Boston: Allyn and Bacon.

Douglas, V. I. (1980). Treatment and. training approaches to hyperactivity: Establishing internal and external control. In C. V. Whalen & B. Henker (Eds.), *Hyperactive children: The social ecology of identity and treatment*. New York: Academic Press.

Doyle, W. (1986). Classroom organization and management. In M. C. Wittrock(Ed.), *Handbook of research on teaching* (3rd ed.) (pp.392-431). New York: Macmillan.

Duckworth, E. (1964). Piaget rediscovered. In R. E. Ripple & V. N. Rockcastle (Eds.), *Piaget Rediscovered*, Ithaca, NY: Cornell University, Department of Education.

Duffy, G. & Roehier, L. (1989). The tension between information-giving and medication: perspectives on instructional explanation and teacher change. In J. Brophy (Ed.), *Advances in research on teaching*. Vol. 1 (pp.1-33), Greenwich, CT: JAI Press, Inc.

Duffy, G., Roehier, L., & Herrmann, B. (1988). Modeling mental process helps poor readers become strategic readers. *The Reading Teacher, 41* (8), 762-767.

Durkheim, E. (1956) *Education and Society*. Glencoe, IL.: Free Press.

Ebbutt, D. (1985). Educational action research: Some general concerns and specific quibbles. In R. E. Burgess (Ed.), *Issues in educational research: Qualitative methods* (pp.152-174). London: Palmer Press.

Ebet, R. (1980). Evaluation of students: Implications for effective teaching. *Educational Evaluation and Policy Analysis, 2*, 47-51.

Eisner, E. W. (1969). Instructional and expressive educational objectives: Their formulation and use in curriculum. In W. J. Popham, E. W. Eisner, H. J. Sullivan, & L. L. Tyler (Eds.), *Instrustional objectives*. American Educational Research Association Monograph Series on Curriculum Evaluation No. 3. Chicago: Rand McNalty.

Eisner, E. W. (1975). Curriculum development in Stanford's Kettering Project, recollections and ruminations. In J. Schaffarzick & D. H. Hampson (Eds.), *Strategies for curriculum development*. Berkeley, CA: McCutchan.

Eisner, E. W. (1985). *The educational imagination: on the design and evaluation of school programs*. New York: Macmillan.

Eisner, E. W. (Ed.). (1985). *Learning and teaching the ways of knowing*. Eightyfourth Yearbook of the National Society for the Study of Education, Part H. Chicago: University of Chicago Press.

Eisner, E. W. (1987). Education objectives: Help or hindrance? *School Review*, 25, 250-260.

Eisner, E. W. (1991). *The enlightened eye: Qualitative inquiry and the enhancement of education practice*. New York: Max Well Macmillan International Publishing Group.

Eisner E. W. (1992). Curriculum ideologies. In P. W. Jackson (Ed.), *Handbook of reserch on curriculum: A project of the curriculum educational research association* (pp.302-326). New York: Macmillan.

Eisner, E. W. (2002). *The educational imagination: On the design and evaluation of school programs* (3rd ed.). Columbus, OH: Merrill/Prentice Hall.

Eisner, E. W. & Vallance, E. (Eds.). (1974). *Conflicting conceptions of curriculum*. Berkeley, CA: McCutchan.

Eisner, E. W., Evertson, C., Sanford, J., Clements, B., & Worsham, M. (1989). *Classroom management for secondary teachers*. Englewood Cliffs, NJ: Prentice-Hall.

Ellis, A. K., Mackey, J. A. & Glenn, A. D. (1988). *The school curriculum*. Boston: Allyn and Bacom.

Emmer, E. T., & Evertson, C. M. (2013). *Classroom management for middle and high school teachers* (9th ed.). Boson: Pearson.

Evertson, C. M., & Emmer, E. T. (2013). *Classroom management for elementary teachers* (9th ed.). Boston: Pearson.

Faix, T. L. (1964). *Structural-functional analysis as a conceptual system for curriculum theory and research: A theory study.* (Doctoral dissertation, University of Wisconsin).

Feldhusen, J. F. & Kolloff, M. L. (1981). A three-stage model for gifted education, In R. E. Clasen, B. Robinson, D. R. Clasen, & G. Libster (Eds.), *Programing for the gifted, talented, and creative: models and methods.* Madison, WI: University of Wisconsin-Extension.

Felt, M. C. (1985). *Improving our schools: Thirty-three studies that inform local action.* Newtal MA: Educational Development Center.

Feuerstein, R., Rand, Y., Jensen, M. R., Kaniel, S., & Turiel, D. (1987). *Prerequistes for the assessment of learning potential: The LPAD model.* In C. S. Lidz (Ed.), Dynamic assessment. New York: Guilford Press.

Feyereisen, K. V., Fiormo, A. J., & Nowak, A. T. (1970). *Supervision and curriculum renewal: A systems approaches.* New York: Appleton-Century-Crofts.

Fitzpatrick, J. L., Sanders, J. R., & Worthen, B. R. (2004) *Program evaluation: Alternative approaches and practical guidelines* (3rd ed). Boston: Allyn and Bacon.

Flavell, J. H., Miller, P. H., & Miller, S. A. (1993). *Cognitive development* (3rd ed.). Englewood Cliffs, NJ: Prentice-Hall.

Floden, R. E., Port, A. C., Schmidt, W. J., Freeman, D. J., & Schwille, J. R. (1980). *Responses to curriculum pressure: Policy capturing study of teacher decisions about content.* East Lansing, MI: Institute for Research on Teaching.

Foshay, A. W. (1969). Curriculum. In R. I. Ebel (Ed.), 1969. *Encyclopedia of educational research.* New York: Macmillan.

Fraenkel, J. R. & Wallen, N. E. (1993). *How to design and evaluate research in education* (2nd ed.). New York: McGraw-Hill.

Freire, P. (1970a). *Pedagogy of the oppressed.* New York: Herder and Herder.

Freire, P. (1970b, July). Cultural action and conscientization. *Harvard Educational Review, 40* (3), p. 205.

Freire, P. (1971). A few notions about the word "conscientization" *In Hard Cheese.* Liverpool: Free Press.

Freire, P. (1978). *Pedagogy in process: The letter to Guinea-Bissau.* New York: Seabury Press.

Freire, P. (1985). *The politics of education.* Mass.: Bergin & Garvey Pub. Co.

Fuchs, L. S., Fuchs, D., & Strecker, P. M. (1989). Effects of curriculum-based measurement on teachers' instructional planning. *Journal of Learning Disabilities*, 22 (1), 51-59.

Fullan, M. (1981). The relationship between implementation and evaluation. In A. Lewy & D. Nvo (Eds.), *Evaluation roles in education.* London: Gordon and Breach.

Fullan, M. & Pomfret, A. (1977). Research in curriculum and instruction implementation. *Review of Educational Research, 47*, 335-397.

Furth, H. G. (1970). *Piaget for teachers.* Englewood Cliffs, NJ: Prentice-Hall.

Furth, H. G. & Wachs, H. (1974). *Thinking goes to school.* New York: Oxford University Press.

Gage, N. L. (1963). Paradigms for research on teaching. In N. L. Gage (Ed.), *Handbook of research on teaching* (pp.94-141). Chicago: Rand McMally.

Gagné, R. (1985). *The conditions of learning* (4th ed.). New York: Holt, Rinehart and Winston.

Gagné, R. M. & Driscoll, M. P. (1988). *Essentials of learning for instruction* (2nd ed.). Englewood Cliffs, NJ: Prentice-Hall.

Gagné, R. M., Briggs, L. J., & Wager, W. W. (1992). *Principles of instructional design* (4th ed.). Fort Worth: Harcourt Brace Jovanovich-College Publishers.

Gagné, R. M., & Briggs, L. J. (2005). *Principles of instructional design* (5th ed.).

Florence, KY: Wadsworth.

Gall, M. D., Gall, J. P., & Borg, W. R. (2007) *Education research: An introduction* (7th ed.). Boston: Allyn and Bacon.

Gardner, H. (1978). *Developmental psychology: An introduction.* Boston: Little, Brown and Co.

Gardner, H. (1985). *The mind's new science.* New York: Basic Books.

Gardner, H. (1999). *Intelligence reframed: Multiple intelligence for the 21st century.* New York: Basic Books.

Gay, G. (1980). Conceptual models of the curriculum process. In A. W. Foshay (Ed.), *Considered action for curriculum improvement* (pp.120-143). Alexandria, VA: Association for Supervision and Curriculum Development.

Gay, G. (1985). Curriculum development. In T. Husen & T. N. Postlethwaite (Eds.), *The international encyclopedia of education*, Vol. 2 (pp.1170-1179). Oxford: Pergamon Press.

Gay, L. R. (1985). *Educational evaluation and measurement* (2nd ed.). Columbus, OH: Charles E. Merrill.

Gearheart, B. R., Weishahn, M. W., & Gearheart, C. J. (1992). *The exceptional student in the regular classroom.* (5th ed.). New York: Merrill.

George, D. (1993). Intractional strategies and models for the gifted. In K. A. Heller, F. J. Monks, & A. H. Passow (Eds.), *International handbook of research and development of giftedness and talented* (pp.411-425). Oxford: Pergamon.

Getzals, J. W. (1972). On the transformation of values: A decade after Port Huron. *School Review, 80*, 505-519.

Gilstrap, R. L. & Martin, W. R. (1975). *Current strategies for teachers: A resource for personalizing education.* Pacific Palisades, CA: Good Year.

Gironx, H. A. & Penna, A. N. (1979). Social education in the classroom: The dynamics of the hidden curriculum. In H. A. Gironx, A. N. Penna, & W. F. Pinar (Eds). *Curriculum and instruction* (pp.209-230). Berkeley, CA:Mc Cutchan Pub. Co.

Giroux, H. A., Penna, A. N., & Pinar, W. F. (Eds.). (1981). *Curriculum and instruction*. Berkeley, CA: McCutchan Pub. Co.

Glatthorn, A. A. (1980). *A guide for designing an English curriculum for the eighties*. Urbana, IL.: National Council of Teachers of English.

Glatthorn, A. A. (1987a). *Curriculum leadership*. Glenview, Ill.: Scott Foresman and Co.

Glatthorn, A. A. (1987b). *Curriculum renewal*. Alexandria, VA: ASCD.

Glatthorn, A. A. & Jailall, J. M. (2009). *The principal as curriculum leader: Shaping what is taught and tasted* (3rd ed.). Thousand Oaks, CA: Corwin Press.

Glatthorn, A. A., Boschee, F., Whitehead, B. M., & Boshee, B. F. (2012) *Curriculum leadership: Strategies for development and implementation* (3rd ed.). Thousand Oaks: Sage Publications.

Glover, J. A. & Bruning, R. H. (1987). *Educational psychology: Principles and applications* (2nd ed.), Boston: Little, Brown and Co.

Good, C. V. (Ed.). (1973). *Dictionary of education* (2nd ed.). New York: McGraw-Hill.

Good, T. L. (1983). Classroom research: A decade of progress. *Educational Psychologist, 18*, 127-144.

Goodlad, J. L. (1980). What schools should be for. *Learning, 9*, 38-43.

Goodlad, J. L. (1984). *A place called school: prospects for the future*. New York: McGraw-Hill.

Goodlad, J. L. & Richter, M. (1966). *The development of a conceptual system for dealing with problems of curriculum and instruction*. Los Angels, CA: University of California.

Goodlad, J. L. & Su, Z. (1992). Organization of the curriculum. In P. W. Jackson (Ed.), *Handbook of research on curriculum* (pp.327-344). New York: Macmillan.

Goodlad, J. L. et al. (1979). *Curriculum inquiry: The study of curriculum practice*. New York; McGraw-Hill.

Gordon, C. W. (1957). *The social system of the higher education*. Glencoe, Ill.: Free Press.

Gothard, W. P. & Goodhew, E. (1987). *Guidance and the changing curriculum*. London: Croom Helm.

Graney, S. B. & Shinn, M. R. (2005). Effects of reading curriculum-based measurement (R-CBM) techer feedback in general education classroom, *School Psychology Review, 34* (2), 184-201.

Green, J. (1983). Research on teaching as a linguistic process; A state of the art. In E. Gordon (Ed.), *Review of research in education*, Vol. 10 (pp.151-252). Washington, DC: American Education Research Association.

Green, J. L. & Smith, D. (1983). Teaching and learning: A linguistic perspective. *Elementary School Journal, 83*, 353-390.

Gronlund, N. E. & Linn, R. L. (1990). *Measurement and evaluation in teaching* (6th ed.). New York: Macroillan.

Grundy, S. (1987). *Curriculum: Product or praxis?* London: Falmer Press.

Hale, J. A. (2008). *A guide to curriculum mapping: Planning, implementing and sustaining the process*. Thousand Oaks, CA: Corwin.

Hall, F. & Wallace, S. (1986). Promotion v.s. retention: What are the implications for policy development? *NASSP Bulletin, 7* (248) , 72-77.

Hamilton, D. (Ed.). (1977). *Beyond the number game: A reader in educational evaluation*. London: Macmillan Education Ltd.

Hargreaves, A. (1989). *Curriculum and assessment reform*. Milton Keynes: Open University Press.

Hargreaves, D. (1982). *The challenge for the comprehensive school*. London: Routledge and Kegan Paul.

Harlen, W. (1981). The role of evaluation in teaching. In A. Lewy & D. Nvo (Eds.), *Evaluation roles in education*. London: Gordon and Breach.

Harnack, R. (1968). *The teacher, decision maker and curriculum planner*. Scranton, PA: International Textbook.

Harrow, A. (1969). *A taxonomy of the psychomotor domain: A guide for developing behavioral objectives*. New York: David McKay.

Havighurst, R. J. (1987). Developmental tasks. In G. Hass, *Curriculum planning: A new approach* (5th ed.) (pp.129-131). Newton, MA: Allyn and Bacon.

Heal, L. W. (1993). Current assessment practices in the United States norm referenced, criterion referenced, and dynamic assessment.輯於《國際特殊兒童評量研討會論文集》(pp.317-332)。彰化師大與高雄師大特教中心承辦。

Hebowitsh, P. S. (1992). Amid behavioural and behaviouristic objectives: Reappraising appraisals of the Tyier rationale. *Journal of Curriculum Studies, 24* (6), 533-547.

Hergenhahn, B. R. & Olson, M. H. (2005). *An introduction to theories of learning* (7th ed.). UpperSaddle River, NJ: Prentice-Hall.

Hermann, G. (1971). Egrule v.s. ruleg teaching methods: Grade, intellenge and category of learning. *Journal of Experimental Education, 39* (3), 22-33.

Hirst, P. (1973). Towards a logic of curriculum development. In P. Taylor & J. Walton (Eds.), *The curriculum: Research, innovation and change* (pp.9-26). London: Ward Lock.

Hirst, P. H. (1974). *Knowiedge and the curriculum*. London: Routledge and Kegan Paul.

Hirst, P. H. & Peters, R. S. (1970). *The logic of education*. London: Routiedge and Kegan Paul.

Hoghen, D. (1972). The behavioral objectives approach: Some problems and some dangers. *Journal of Curriculum Studies, 4* (1).

Holmes, L. T. & Mathews, K. M. (1984). The effects of non-promotion on elementary and junior high schools pupils: A meta-analysis. *Review of Educational Research, 54,* 225-236.

Holt, M. (1979). *Regenerating the curriculum*. London: Routledge and Kegan Paul.

Hook, S., Kurtz, P., & Todorovich, M. (Eds.). (1975). *The philosophy of the curriculum*. Buffalo, New York: Prometheus Books.

Hopkins, K. D., Stanley, J. C., & Hopkins, B. R. (1990). *Educational and psychological measurement and evaluation* (7th ed.). Enelewood Cliffs, NJ: Prentice-Hall.

Hnang, K. H. (1980). *Curriculum: theory and practice.* Kaohsiung: Fuh-Wen Book Co.

Huebner, D. (1975). Curriculum as concern for man's temporality. In W. Pinar (Ed.), *Curriculum theorizing* (pp.237-250). Berkeley: McCntchan.

Huenecke, D. (1982). What is curncular theorizing? What are its implications for practice? *Educational Leadership, 39,* 290-294.

Hutchins, R. M. (1936). *The higher learning in America.* New Haven, CT: Yale University.

Idol, L., Nevin, A., & Paolncci-Whitcomb, P. (1986). *Models of curriculum-based assessment.* Austin, TX: PRO-ED.

Jackson, P. (1968). *Life in classroom.* New York: Rinehart and Winston.

Jackson, P. W. (Ed.). (1992). *Handbook of research on curriculum.* New York: Macmillan.

Jacobsen, D., Eggen, P., & Kauchak, D. (1993). *Methods for teaching: A skills approach* (4th ed.). Columbus, OH: Merrill Pub.

Johnson, H. M. (1968). Ideology and the social system. In D. L. Sills (Ed.), *International encyclopedia of the social sciences*, Vol. 7 (pp.76-85). New York: Mecmillan and Free Press.

Johnson, M. (1967, April). Definitions and models in curriculum theory. *Educational Theory, 17,* 127-140.

Johson, M. (1970-1971, Winter). Appropriate research directions in curricuium and instruction. *Curriculum Theory.* Network. 6.

Johnson, D. W. & Johnson, R. T. (1987). *Learning together and alone: Cooperative, competitive and individualistic learning* (2nd ed.). Englewood Cliffs, NJ: Prentice-Hall.

Johnson, N. & Ward, E. (1972). Citizen information systems: Using technology to extend the dialogue between citizen and their government. *Management*

Science, 19 (4), 21-23.

Joyce, B., & Weil, M. (2009). *Models of teaching* (8th ed.). Upper Saddle River, NJ: Pearson.

Kazdin, A. E. (1981). Applied behavioral principles in the schools. In C. R. Reynolds & T. E. Gutkin (Eds.), *A handbook for school psychology* (pp.761-795). New York: Wiley.

Keller, F. S. (1968). Good-bye, teacher... *Journal of Applied Behavior Analysis, 1*, 78-89.

Kelly, A. V. (1973). Professional tutors. *Education for Teaching, 92*, 2-7.

Kelly, A. V. (1980). Ideological constraints on curriculum planning. In A. V. Kelly (Ed.), *Curriculum context* (pp.7-30). London: Harper and Row.

Kelly, A. (1985). Action research: What is it and what can it do? In R. G. Burgess (Ed.), *Issue in educational research: Qualitative methods* (pp.129-132). London: Falmer Press.

Kelly, A. V. (2009). *The curriculum: theory and practice*. London: Sage.

Kerr, J. (1968). The problem of curriculum reform. In J. Kerr (Ed.), *Changing the curriculum*. London: University of London Press.

Khatena, J. (1982). *Educational psychology of the gifted.* New York: John, Wiley and Sons.

King, A. & Brownell, J. A. (1966). *The curriculum and the disciplines of knowledge.* New York: Kreiger.

Kirk, S. A., Gallagher, J. J., & Anastasiow N.J. (1993). *Educating exceptional children* (7th ed.). Boston: Houghton Mifflin Co.

Kirk, S. A., Gallagher, J. J., Anastasiow, N., & Coleman, M. R. (2006). *Educating exceptional children* (11th ed.), Boston: Houghton Mifflin.

Klaner, K. J. (1985). Framework for a theory of teaching. *Teaching and Teacher Education, 1*, 5-7.

Klein, M. F. (1985). Curriculum design. In T. Husen & T. N. Postlethwaite (Eds.), *International encyclopedia of education*, Vol. 2, (pp.1163-1170). Oxford: Pergamon Press.

Kliebard, H. (1970, February). The Tyler rationale. *School Review, 78*, 259-272.

Kliebird, H. M. (1977). Curriculum theory: Give me a "for instance". *Curriculum Inquiry, 6* (4).

Kneller, G. F. (1984). *Movement of thought in modern education*. New York: John, Wiley and Sons.

Kohlberg, L. (1984). *Recent research in moral development*. New York: Holt, Rinehart and Winston.

Kohiberg, L. & Mayer, R. (1972, November). Development as the aim of education. *Harvard Educational Review, 42*, 449-496.

Kolstoe, O. P. (1976). *Teaching educable mentally retarded children* (2nd ed.). New York: Holt, Rinehart and Winston.

Kounin, J. (1970). *Discipline and group management in classroom*. New York: Holt, Rinehart and Winston.

Krathwohl, D., Bloom, B., & Masia, B. (1964). *Taxonomy of educational objectives: The classification of educational goals. Handbook II: Affective domain*. New York: David McKay.

Krathwohl, D. R. (2002, autumn). A revision of Bloom's taxanomy: An overview. *Theory into Practice, 41* (4), 212-218.

Krug, E. (1957). *Curriculum planning* (Rev. ed.). New York: Harper and Brothers.

Kulik, C. C. & Kulik, J. A. (1982). Research synthesis on ability grouping. *Educational Leadership, 39*, 619-621.

Kulik, J. A., Kiilik, Chen-Lin, & Carmichael, K. (1974). The Keller plan in science teaching. *Science, 183*, 329-383.

Lancy, D. E. (1993). *Qualitative research in education*. New York: Longman.

Lawton, D. (1973). *Social change, educational theory and curriculum planning*. London: University of London Press.

Lawton, D. (1975). *Class, culture and the curriculum*. London: Routledge and Kegan Paul.

Lawton, D. (1980). *The politics of the school curriculum*. London: Routledge and Kegan Paul.

Lawton, D. (1983a). *Curriculum studies and educational planning*. London: Hodder and Stoughton.

Lawton, D. (1983b). *Culture and the curriculum*. Milton Keynes: Open University Press.

Lawton, D. (1989). *Education, culture and the national curriculum*. London: Hodder and Stoughton.

LeCompte, M. D., Millroy, W. L., & Preissle, J. (Eds.). (1992). *The handbook of qualitative research in education*. Mew York: Academic Press.

Lerner, J. W. (1985, 1989). *Learning disabilities: Theories, diagnosis, and teaching strategies*. Boston: Houghton Mifflin.

Lezotte, L. W., Hathaway, D. V., Miller, S. K., Passalacqua, J., & Brookover, W. B. (1980). *School learning climate and student achievement*. Lansing: Michigan State University.

Lincoln, Y. S. & Cuba, E. G. (1980). The distinction between merit and worth in evaluation. *Educational Evaluation and Policy Analysis, 2* (4), 61-72.

Longstreet, W. S. & Shane, H. G. (1993). *Curriculum for a new millennium*. New York: Allyn and Bacon.

Lynch, F. W. & Lewis, R. B. (Eds.). (1988). *Exceptional children and adults: An introduction to special education*. Boston: Scott, Foresman and Co.

MacDonald, J. B. (1975). Curriculum and human interest. In W. Pinar (Ed.), *Curriculum theorizing* (pp.283-298). Berkeley, CA: McCutchan.

MaeDonald, B. (1976). Education and the control of education. In D. Tawney (Ed.), *Curriculun evaluation today: Trends and implications*. London: Macmillan.

MacDonald, J. B. (1977) Value bases and issues for curriculum. In A. Molnar & J. A. Zahorik (Eds.), *Curricalum theory* (pp.10-21). Alexindria, VA: ASCD.

MacDonald, J. B. & Leepar, P. P. (Eds.). (1965). *Theories of instruction*. Alexandria, VA: ASCD.

MacDonald, J. B., Wolfson, B. J., & Zaret, E. (1973). *Deschooling society: A conceptual model*. Alexandria, VA: ASCD.

Macmillan, D. L. (1982). *Mental retardation in school and society* (2nd ed.). Boston: Little Brown.

Macmillan, D. L., Keogh, B. K., & Jones, R. L. (1986). Special educational researoh on mildly handteapped learners. In M. C. Wittrock (Ed.), *Handbook of research on teaching* (3rd ed.). (pp.686-726). New York: Macmillan.

Maker, C. J. & Schiever, S. W. (2005). *Teaching models in education of the gifted* (3rd ed.). Austin, TX: Pro-Ed International Publisher.

Manning, M. L., & Bucher, K. T. (2013). *Classroom management: Models applications and cases* (3rd ed.). Boston: Pearson.

Marsh, C. & Stafford, K. (1986). *Curriculum: Practices and issues* (2nd ed.). Sydney: McGraw-Hill Book Co.

Marsh, C. J. & Willis, G. (2007). *Curriculum: Alternative approaches, ongoing issues* (4th ed.). Upper Saddle River, NJ: Merrill/Prentice Hall.

Marshall, C. & Rossman, G. B. (2006). *Designing qualitative research* (4th ed). Thousand Oaks, CA: Sage Publications.

Marzano, R. J., & Kendall, J. S. (2007). *The new educational objectives* (2nd ed.). Thousand Oaks, CA: Corwin Press.

Marzano, R. J., Pickering, D. J., & Pollock, J. (2001). *Classroom instraction that works: Research-based strategies for increasing student achievement.* Aurora, CO: McREL.

McBride, B. (2004). Data-driven instructional methods: "One-strategy-fits-all" doesn't working in real classroom. *T. H. E. Journal*, 31(11), 38-40.

McLoughlin, J. A. & Lewis, R. B. (1990). *Assessing special students* (3rd ed.) Columbus, OH: Merrill Pub.

McMillan, J. H. & Schuroacher S. (2010). *Research in education: Evidece-based inquiry* (7th ed.) Boston: Allyn and Bacon.

McNeil, J. D. (1990). *Curriculum: A comprehensive introduction* (4th ed.). New York: Harper Collins Publishers.

McNeil, J. D. (2006). *Contemporary curriculum in thought and action* (6th ed.). Hoboken, NJ: John Wiley and Sons, Inc.

Medley, D. M. (1979). The effectiveness of teachers. In P. L. Peterson & H. J. Walberg (Eds.), *Research on teaching: Concepts, findings and implications* (pp.11-27). Berkeley, CA: McCutchan.

Meighan, R. (1981). *A sociology of educating.* Eastbourne: Holt, Rinehart and Winston.

Merritt, J. (1972). *A framework for curriculum design.* Bletchley: Open University Press.

Mills, G. E. (2014). *Action research: A guide for the teacher researcher* (5th ed.). Boston: Pearson. Education, Inc.

Mitzel, H. E. (Ed.). (1982). *Encyclopedia of educational research Vol. 2* (5th ed.). New York: Free Press.

Molnar, A. & Zahorik, J. A. (Eds.). (1977). *Curriculum theory.* Washington, D. C.: ASCD.

Montague, E. J. (1987). *Fundamentals of secondary classroom instruction.* Columbus, OH: Merrill.

Moore, T. (1974). *Educational theory: An introduction.* London: Routledge and Kegan Paul.

Morocco, C. C. (1979, Sununer). The role of formative evaluation in developing and assessing educational program. *Curriculum Inquiry, 9,* 137-148.

Musgrove, F. (1968). The contribution of sociology to the study of curriculum. In J. F. Kerr (Ed.), *Changing the curriculum.* London: University of London Press.

Natrielllc, G. & Dombusch, S. M. (1984). *Teacher evaluadve standards and student effort.* New York Longman.

Nattiv, A (1986). *The effects of cooperative learning: Instruction strategies on achievement among sixth gvade social studies students.* University of California, Santa Barbara.

Nelson, A. (1990). *Curriculum design techniques.* Dubuque, IA: Wm. C. Brown Pub.

Newsome, G. L. (1974). Instructfonal behaviorism: A critque. In M. J. Paeons

(Ed.), *Philosophy of education 1974: Proceedings of the thirtieth annual meeting of the phildsophy of education society* (pp.336-340). Edwardsville, Ill.: Phitosophy Education Society.

Nicholls, A. & Nicholls, S. H. (1978). *Developing a curriculum*. London: George Align and Unwin.

Nuttall, D. L. (Ed.). (1982). Assessing educational achievement. *Educational Analysis, 4* (3).

O'Donnell, A. M., Reeve, J., & Smith, J. K. (2009) *Educational psychology: Reflection for action* (2nd ed.). Hboken, NJ: John, Wiley and Sons, Inc.

Oliva, P. E., & Gordon, II, W. R. (2013). *Developing the curriculum* (8th ed.). Boston: Pearson.

Oliver, A. I. (1977). *Curriculum improvement: A guide to problems, principles and process* (2nd ed.). New York: Harper and Row.

Oliver, A. I. (1978). What is the meaning of "curriculum" In J. R. Gress & D. E. Purpel (Eds.), *Curriculum: An introduction to the field*. Berkeley, CA: McCutchan.

Ornstein, A. C. & Hunkins, F. P. (2013). *Curriculum: Foundations, principles, and issues* (6th ed.). Boston: Pearson Education, Inc.

Ornstein, A. C., Pajak, E. B., & Ornstein, S. B. (2011). *Contemporary issues in curriculum* (5th ed.). Boston: Allyn and Bacon.

Pai, Y. & Adler, S. A. (2001) *Cultural foundations of education* (3rd ed.). Columbus, OH: Merrill/Prentice Hall.

Palincsar, A. S. (1987, April). *Reciprocal teaching: Field evaluations in remedial and content-areareading*. Paper presented at the annual connvention of the American Educational Research Association, Washington, D. C.

Palincsar, A. S. & Brown, A. L. (1984). Reciprocal teaching of comprehension fostering and comprehension monitoring activities. *Cognition and Instruction, 2*, 117-175.

Palincsar, A. S. & Brown, A. L. (1989). Classroom dialogues to promote self-regulated comprehension. In J. Brophy (Ed.). *Advances in research on teaching Vol. l* (pp.35-71). Greenwich, CT: JAI Press, Inc.

Parkay, F. W., Anctil, E. J., & Hass, G. (2014) *Curriculum leadership: Readings for developing quality educational programs* (10th ed.). Boston: Pearson.

Parkay, F. W., Hass, G., & Anctil (2010). *Curriculum leadership: Readings for developing quality educational programs* (9th ed.). Boston: Allyn and Bacon.

Parkay, F. W. & Stanford, B. (2004). *Becoming a teacher* (6th ed.). Boston: Allyn and Bacon.

Parker, R. E. (1985). Small-group cooperative learning-improving academic, social gains in the classroom. *NASS Bulletin, 69* (479) , 48-57.

Parlett, M. & Hamilton, D. (1976). Evaluation as illumination: A new approach to the study of innovatory programs. In G. V. Glass (Ed.). *Evaluation studies: Review annual Vol. l* (pp.140-157). Beverly, Ill.: Sage.

Patton, M. Q. (2002). *Qualitative evaluation and research method* (3rd ed.). Newbury Park, CA: Sage.

Pawlas, G. E., & Oliva, P. E. (2008). *Supervision for today's schools* (8th ed.). Hoboken, NJ: John, Wiley and Sons.

Peters, H. (1966). *Ethics and education*. London: Alien and Unwin.

Peterson, S. E., DeGracie, J. S., & Ayabe, C. R. (1987, spring). A longitudinal study of the effects on retention/promotion on academic achievement. *American Educational Research Journal, 24* (1), 107-118.

Phenix, P. H. (1962). The disciplines as curriculum content. In A. H. Passow (Ed.), *Curriculum crossroads*. New York: Teachers College Press.

Phenix, P. H. (1964). *Realms of meaning*. New York: McGraw-Hill.

Piaget, J. (1962). The relation of affectivity to intelligence in the mental development of the child. *Bulletin of the Menninger, 26*, 129-137.

Pinar, W. F. (Ed.). (1975). *Curriculum theorizing: The reconceptualists*. Berkeley, CA: McCut-chan.

Pinar, W. F. (1978, September). Notes on the curriculum field. *Educational Research, 7*, 5-12.

Pinar, W. F., Reynolds, W. M., Stattery, P. & Taubman, P. M. (1995)

Understanding curriculum: An introduction to the study of historical and contemporary curriculum discourses. New York: Peter Lang Publishing, Inc.

Polloway, E. A., Patton, J. R., & Serna, L. (2005). *Strategies for teaching learners with special needs* (8th ed.). Upper Saddle River, NJ: Prentice Hall.

Popham, W. J. (1970). *The teacher-empiricist*. LA: Tinnon-Brown.

Popham, W. J. (1988). *Educational evaluation* (2nd ed.). Englewood Cliffs, NJ: Prentice-Hall.

Popham, W. J. & Baker, E. I. (1970). *Establishing instructional goals*. Englewood Cliffs, NJ: Prentice-Hall.

Popper, K. (1959). *The logic of scientific discovery*. London: Hutchinson.

Posner, G. J. & Strike, K. A. (1976). A categorization scheme for principles of sequencing content. *Review of Educational Research, 46*, 665-690.

Postman, N. & Weingartner, C. (1969). *Teaching as a subversive activity*. New York: Delacort Press.

Pratt, D. (1976). Humanistic goals and behavioural objectives: Towards a synthesis. *Journal of Curriculnm Studies, 8* (1), 15-16.

Pratte, R. (1977). *Ideology and education*. New York: David McKay.

Prichard, K. W. & Buxton, T. H. (1973). *Concepts and theories in sociology of education*. Lincoln, Nebraska; Professional Educators Publications, Inc.

Pring, R. (1976). *Knowledge and schooling*. London: Open Books.

Pring. R. (1989). *The new curriculum*. London: Cassell Educational Limited.

Provus, M. (1971). *Discrepancy evaluational program improvement and assessment*. Berkeley, CA: McCutchan Publishing Corp.

Purpel, D. E. & Belanger, M. (1972). Toward a humanistic curriculum theory. In D. E. Purpel & M. Belanger (Eds.), *Curriculum and the cultural revolution* (pp.64-74). Berkeley, CA: McCutchan.

Raggatt, P. & Weiner, G. (Eds.). (1985). *Curriculum and assessment*. Oxford: Pergamon Press.

Ramey, C. T. & Bryant, D. M. (1982). Evidence for prevention of developmental retardation during infancy. *Journal of the Discussion of Early Childhood, 5*,

73-78.

Reis, S. M. & Renzulli, J. S. (1985). *The secondary triad model: A practical plan for implementing gifted programs at the junior and senior high school levels.* Mansfield, Conn: Creative Learning Press.

Reitman, S. W. (1981). *Education, society, and change.* Boston: Allyn and Bacon.

Renzulli, J. S. (1977). *The enrichment triad model: A guide for developing defensible programs for gifted and talented.* Mansfield Center, Conn.: Creative Learning Press.

Reynolds, J. & Skilbeck, M. (1976). *Culture and the classroom.* London: Open Books.

Roegholt, S. (1993). Towards a concept of multiperspective education. *Journal of Curriculum Studies, 25* (2), 153-167.

Rohrkemper, M. M. & Bershon, B. L. (1984). Elementary school students reports of the causes and effects of problem difficulty in mathematics. *Elementary School Journal, 85*, 127-147.

Rosenbaum, J. E. (1980). Social implications of educational grouping, In D. C. Berliner (Ed.), *Review of Research in Education Vol. 8*(pp.361-404). Washington, D. C.: AERA.

Rosenshine, B. (1976). Classroom instruction. In N. Gage (Ed.), *The psychology of teaching methods.* Seventy-seven Yearbook, National Society for the Study of Education. Chicago: University of Chicago Press.

Rosenshine, B. (1983). Teaching functions in instructional programs. *The Elementary School Journal, 83*, 335-351.

Rosenshine, B. & Stevens, R. (1986). Teaching functions. In M. C. Wittrock (Ed.), *Handbook of research on teaching*, (3rd ed.) (pp.376-391). New York: Macmillan.

Rosenthal, R. & Jacobson, L. (1968). *Pygmalion in the classroom: Teacher expectation and pupils intellectual development.* New York: Holt, Rinehart and Winston.

Rousseau, J. J. (1972). *Emile* (trans. by B. Foxiey). London: J. M. Dent & Sons

Ltd.

Rowntree, D. (1974). *Educational technology in curriculum development*. London: Harper and Row.

Rowntree, D. (1981). *A dictionary of education*. London: Harper and Row.

Rugg, H. (Ed.). (1927). *The foundations of curriculum making*. Bloomington, IL.: Public School Publishing.

Ryan, B. A. (1974). *PSI: Keller's personalized system at instruction: An appraisal*. Washington, DC: American Psychological Association.

Sahar, N. (1991). School-based curriculum development. In A. Lewy(Ed.). *The international encyclopedia of curriculum* (pp.367-371). Oxford: Pergamon Press.

Sanders, J. R. (1990). Curriculum evaluation. In H. J. Walberg & G. D. Haertel (Eds.), *The international encyclopedia of educational evaluation* (pp.163-166). Oxford: Pergamon.

Sanford, J. S. (1980). *Comparison of heterogeneous and homogeneous junior high class*. Austin, TX: Research and Development Center for Teacher Education, University of Texas.

Saunders, R. & Bingham-Newman, A. M. (1984). *Piagetian Perspective for preschools: A Thinking book for teachers*. Englewood Cliffs NJ: Prentice-Halt.

Saylor, T. G., Alexander, W. M., & Lewis, A. J. (1981). *Curriculum planning for better teaching and learning* (4th ed.). New York: Holt, Rinehart and Winston.

Schiro, M. (1978). *Curriculum for better schools: The great ideological debate*. Englewood Cliffs, NJ: Educational Technology.

Schiro, M. S. (2013). *Curriculum theory: Conflicting visions and enduring concerns* (2nd ed.). London: Sage.

Schon, D. A. (1971) *Beyond the stable state*. New York: Random House.

Schon, D. A. (1983). *The reflective practitioner: How professionals think in action*. New York: Basic Books.

Schramm, W. (1964). *The research on programmed instruction: An annotated bibliography*. Washington, DC: Office of Education.

Schubert, W. H. (1986). *Curriculum*. New York; Macmillan.

Schwab, J. J.(1962, July). The concept of the structure of a discipline. *The Educational Record, 43*.

Schwab, J. J. (1969). *College curriculum and student protest*. Chicago: University of Chicago.

Schwab, J. J. (1970). *The practical: A language for curriculum*. Washington, DC: National Education Association.

Schwab, J. J. (1983). The practical 4: Something for curriculum professors to do. *Curriculum Inquiry, 13* (3), 239-265.

Schwebel, M. & Raph, J. (Eds.). (1973). *Piaget in the classroom*. New York: Basic Books.

Schweinhart, L. J., et al. (1985). The promise of early childhood education. *Phi Delta Kappan, 66*, 548-551.

Scrimshaw, P. (1983). Educational ideologies, Unit 2, E204. *Purpose and planning in the curriculum*. Milton Keynes: Open U. Press.

Semmel, M. I., Gottleib, J., & Robinson, N. M. (1979). Mainstreaming: Perspectives on educating handicapped children in the public schools. In *Review of Research in Education* (Vol. 7, pp.223-281). Washington, DC: American Educational Research Association.

Shane, H. G. (1981). *Educating for a new millennium*. Bloomington, IN: Phi Delta, Kappa.

Sharan, S. & Shachar, H. (1988). *Language and learning in the cooperative classroom*. New York: Spring-Verlag.

Shor, I. & Freire, P. (1989). *A pedagogy for liberation*. Mass: Eergin and Carvey.

Shiplett, J. M. (1975). Beyond vibration teaching, research and development in confluent education. InG.I.Brown (Ed.). *The live classroom*. (pp.121-131). New York: Viking.

Short, H. G. (1981). The forms and use of alternative curriculum development strategies: policy implications. *Curriculum Inquiry, 13*, 45-64.

Shulman, L. S. (1986). Paradigms and research programs in the study of teacliing: A contemporary perspective. In M. C. Wittrock (Ed.) *Handbook of research on teaching* (3rd ed.) (pp.3-36). New York: Macmillan.

Simpson, E. J. (1972). *The classification of educational objectives in the psychomotor domain* (Vol. 3). Washington, DC: Gryphon House.

Skilbeck, M. (1976a). School-based curriculum development. In J. Walton & J. Welton (Eds.), *Rational curriclilum planning* (pp.159-162). London: Ward Lock Educational.

Skilbeck, M. (1976b). School-based curriculum development and teacher education policy. In *Teachers as Innovators* (pp.80-81). Paris: OECD.

Skilbeck, M. (1982). *A core curriculum for the common school.* London: University of London Institute of Education.

Skilbeck, M. (1984). *School-based curriculum development.* London: Harper and Row.

Skilbeck, M. (Ed.) (1984). *Evaluating the curriculum in the eighties.* London: Hodder and Stoughton.

Skinner, B. F. (1953). *Science and human behavior.* New York: Macmillan.

Slattery, P. (2006) *Curriculum development in the postmodern era* (2nd ed.). New York: Routledge.

Slavin, R. E. (1980). *Using student team leaming* (Rev. ed.). Baltimore, MD: Johns Hopkins University.

Slavin, R. E. (1983). *Cooperative learning.* New York: Longman.

Slavin, R. E. (1985). Team-assisted mdividualization: A cooperative learning solution for adaptive instruction in machematics. In M. C. Wang & H. J. Walberg (Eds.), *Adaptive instruction in individual differences,* (pp.236-253). Berkeley, CA: McCutehan.

Slavin, R. E. (1995) *Cooperative leariling: Theory, research, and praetice* (2nd ed.). Boston: Allyn and Bacon.

Slavin, R. E. (2006). *EdicaBonal psychology; Theory and practice* (8th ed.).

Boston: Allyn and Bacon.

Smith, B. O., Stanley, W. O., & Shores, J. H. (1957). *Fundamentals of curriculum development*. New York: Harcourt, Brace, and World.

Smith, D. L. & Lovat, T. J. (2003). *Curriculum: Action on reflection* (4th ed.). Sydney: Social Science Press.

Smith, M. K. (2000) *Curriculum theory and practice*. Retrieved, from http://www.infed.org/biblio/b-curric.htm

Soar, R. S. & Soar, R. M. (1979). Emotional climate and management. In P. L. Peterson & H. J. Walberg (Eds.), *Research on teaching*. Berkeley, CA: McCutchan.

Sockett, H. (1976). *Designing the curriculum*. London: Open Books.

Sorenson, R. D., Goldsmith, L. M., Méndez, Z. Y., & Maxwell, K. T. (2011). *The principal's guide to curriculum leadership*. Thousand Oaks, CA: Corwin.

Squires, G. (1987). *The curriculum beyond school*. London: Hodder and Stoughton.

Stake, R. (1977). Responsive evaluation. In D. Hamilton, et al. (Eds.), *Beyond the number game: A reader in educational evaluation*. London: Macmillan Publishing Corp.

Stenhouse, L. (1970/1). Some limitations of the use of objectives in curriculum research and planning. *Paedagogica Europaea*, 73-83.

Stenhouse, L. (1975). *An introduction to curriculum research and development*. London: Heinemann.

Stephens, T. M., Blackhurst, A. E., & Magllocca, L. A. (1988). *Teaching mainstreamed students* (2nd ed.). Oxford: Pergamon Press.

Stufflebeam, D. L. & Shinkfield, A. J. (2007). *Evaluation theory, models and applications*. San Francisco, CA: Jossey-Bass.

Stufflebeam, D. L., Foley, W. J., Gephart, W. J., Cuba, E. G., Hammond, R. L., Merriman, H. O., & Provus, M. M. (1971). *Educational evaluations and decision-making*. Itasca, Ill.: F. E. Peacock.

Taba, H. (1962). *Curriculum development: Theory and practice*. New York:

Harcourt, Brace, Jovanovich.

Talmage, H. (1982). Evaluation of programs. In H. E. Mitzel (Ed.), *Encyclopedia of educational research* (5th ed.) (pp.595-610). New York: John, Wiley and Sons, Inc.

Tamir, P. (1985). The potential and actual roles of evaluators in Clirriculum development. In P. Tamir (Ed.). *The role of evaluators in curriculum development*. Kent: Croom Helm Ltd.

Tanner, C. K. (1971). *Designs for educational planning-A system approach*. Lexington, Mass: D. C. Heath and Co.

Tanner, D. (1972). *Secondary education: Perspectives and prospectives*. New York: Macmillan.

Tanner D. & Turner, L. N. (1994). *Curriculum development: Theory into practice* (3rd ed.). Upper Saddle River, NJ: Prentice Hall.

Tanner D. & Tanner, L. N. (2007). *Curriculum development: Theory into practice* (4th ed.). Upper Saddle River, NJ: Merrill/Prentice Hall.

Taylor, P. H. & Richards, C. M. (1985). *An introduction to curriculum studies* (2nd ed.). Windsor, Berkshire: NFER-Nelson Pub. Co.

Taylor, P. W. (1970). *How teachers plan their courses*. Windsor: NFER.

Taylor, P. W. & Maguire, J. O. (1966). A theoretical evaluation model. *Monitoba Journal of Educational Research, 1* (2), 12-13.

Timoa, H. L. (1967). *Introduction to operations management*. Homewood, Ill.: Richard D. Irwin, Inc.

Tomlinson, C. A. (2001). *How to differentiate instruction in mixed-ability classroom* (2nd ed.). Alexandria, VA: ASCD.

Tomlinson, C. A. (2003). Deciding to teach them all. *Educational Leadership*, 61(2), 6-11.

Tomlinson, P. & Hunt, D. (1971). Differential effects of rule-example order as a function of learner conceptual level. *Canadian Journal Behavioral Science, 3*, 237-245.

Travers, R. M.W. (1980, March-April). Taxonomy of educational objec-tives and theories of classification. *Educational Evaluation and Policy Analysis, 2* (2), 5-28.

Treffinger, D. J. (1975). Teaching for self-directed learning: A priority for the gifted & talented. *Gifted Child Quarterly, 19*, 46-59.

Treffinger, D. J. (1978). Guideline for encouraging independence and self-direction among gifted students. *Journal of Creative Behavior, 12*, 14-20.

Treffinger, D. J. (1979). Individualized education program plans for gifted and talented, and creative students. *In Developing IEPs for the gifted and talented* (pp.52-54). Los Angels, CA: National/State Leadership Training Institute on the Gifted and Talented.

Treffinger, D. J. (1982). Gifted students, regular students: Sixty ingredients for a better blend. *Elementary School Journal, 82*, 267-273.

Treffinger, D. J. & Barton, B. (1988, January/February). Fostering independent learning. *G/C/T, 11* (1), 28-30.

Treffinger, D. J. & Sortore, M. R. (1992). *Proeramming for giftedness series. Vol. II: A process approach to planning for contemporary programming.* Sarasot, FL: Center for Creative teaming.

Tyier, K. (1992). Differentiation and integration of the primary curriculum. *Journal of Curriculum Studies, 26* (6), 563-567.

Tyler, L. L. & Klein, M. F. (1976). *Evaluation and choosing curriculum and instructional materials.* Los Angels, CA: Educational Resource Associates.

Tyler, R. W. (1949). *Basic principles of curriculum and instruction.* Chicago: University of Chicago Press.

Tyler, R. W. (1957). *The curriculum then and now.* In Proceedings of the 1956 invitational conference on testing problems. Princeton, N. J.: Educational Testing Services.

Vallance, E. (1985). Ways of knowing and curricular conceptions: Implications for programming planning. In E. Eisner (Ed.), *Learning and teaching the ways of knowing* (pp.199-217). 84th yearbook of the National Society for the Study of Education, Part II. Chicago: University of Chicago.

Van Tassel-Baska, J. (1993). Theory and research on curriclum development for the gifted. In K. A. Heller, F. J. Mönks & A. H. Passow (Eds.), *International handbook of research and development of giftedness and talented* (pp365-386). Oxford: Pergamon.

Van Tassel-Baska, J. & Stambaugh, T. (2006). *Comprehensive curriculum for gifed learners* (3rd ed.). Boston: Allyn and Bacon.

Walberg, H. J. (1970). Curriculum evaluation: problems and guidelines. *Teachers College Record, 71*, 557-570

Walberg, H. J. (1986). Syntheses of research on teaching. In M. C. Wittrock(Ed.), *Handbook of research on teaching* (pp.214-229). New York: Macmillan.

Walker, D. F. (1971). A naturalistic model for curriculum development. *School Review, 80* (1), 51-65.

Walker, D. F. (1975). Curriculum development in an art project. In W. A. Reid & D. F. Walker (Eds.), *Case studies in curriculum change* (pp.91-135). London: Routledge and Kegan Paul.

Walker, D. (1990). *Fundamentals of curriculum.* San Diego: Harcourt Brace, Tovanovich. Publishers.

Walker, D. F. (2003). *Fundamentals of curriculum* (2nd ed.). Mahwah, NJ: Lawrence Erlbaum.

Walker, D. F. & Soltis, J. F. (2004). *Curriculum and aims* (4th ed). New York: Teachers College Press, Columbia University.

Waring, M. (1979). *Social pressures and curriculum innovation.* London: Methuen.

Weber, L. (1971). *The English infant school and informal education.* Englewood Cliffs, NJ: Prentice-Hall.

Weinstein, R. S., et al. (1987). Pygmalion and the student: Age and classroom differences in children's awareness of teacher expectations. *Child Development, 58*, 1079-1093.

Westbury, L (1970). Curriculum evaluation. *Review of Evaluational Research, 40* (2), 239-260.

Westbury, I. & Steimer, W. (1971). A discipline in research of its problems. *School Review, 79,* 243-267.

Wheeler, D. (1967). *Curriculum process.* London: University of London Press.

White, J. (1973). *Towards a compulsory curriculum.* London: Routledge and Kegan Paul.

Wiles, J. & Bondi, J. (2011). *Curriculum development: A guide to practice* (8th ed.). Boston: Pearson.

Williams, F. (1970). *Classroom ideas for encouraging thinking and feeling.* Buffalo, N. J.: D.O. K. Publisher.

Williams, F. E. (1979). Williams strategies orchestrating Renzalli's triad. *G/C/T, 9,* 5-6.

Williams, R. L. (1987). Classroom managetnent. In J. A. Glover & R. R. Ronning (Eds.), *Historical foundaftions of educational psychology.* New York: Plenum.

Willower, D. J., Eidel T. L., & Hoy, W. (1967). *The school and pupil control ideology.* University Park, Penn.: The Pennsylvaria State University.

Wolf, R. L. (1975). Trial by jury: A new evaluation method. *Phi Delta Kappan, 57,* 185-187.

Worthen, B. R., Sanders, J. R., & Fitzpatrick (1997). *Educational evaluation: Alternative approaches and practical guidelines.* (2nd ed.) New York: Longman.

Wulf, K. M. & Schave, B. (1984). *Curriculum design: A handbook for educators.* Glenview, Ill.; Scott, Foresman and Co.

Zaharna, R. S. (2000). *Overview: Florence Kluckhohn value orientation.* Retrieved form http://academic 2. american edu/~zaharna/klurkhonn.htm

Zais, R. S. (1976). *Curriculum: Principles and foundations.* New York: Crowell.

索 引

姓名部分（英漢對照）

主題部分（Ⅰ）（英漢對照）

D

E

主題部分（II）（漢英對照）

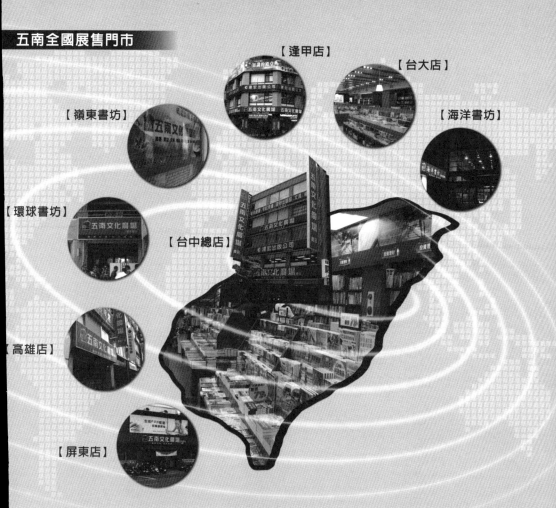

國家圖書館出版品預行編目資料

課程發展與教學設計論／王文科、王智弘著.
－－九版.－－臺北市：五南, 2014.09
　　面；　公分

ISBN 978-957-11-7695-6（平裝）

1.課程　2.教學設計　3.課程規劃設計

521.7　　　　　　　　　103012405

1ІТ6

課程發展與教學設計論

作　　者 ― 王文科(5)　王智弘

發 行 人 ― 楊榮川

總 編 輯 ― 王翠華

主　　編 ― 陳念祖

責任編輯 ― 李敏華

封面設計 ― 童安安

出 版 者 ― 五南圖書出版股份有限公司

地　　址：106台北市大安區和平東路二段339號4樓

電　　話：(02)2705-5066　傳　　真：(02)2706-6100

網　　址：http://www.wunan.com.tw

電子郵件：wunan@wunan.com.tw

劃撥帳號：01068953

戶　　名：五南圖書出版股份有限公司

台中市駐區辦公室/台中市中區中山路6號

電　　話：(04)2223-0891　傳　　真：(04)2223-3549

高雄市駐區辦公室/高雄市新興區中山一路290號

電　　話：(07)2358-702　傳　　真：(07)2350-236

法律顧問　林勝安律師事務所　林勝安律師

出版日期　1994年 6 月初版一刷
　　　　　2006年 3 月六版一刷
　　　　　2007年 9 月七版一刷
　　　　　2010年 9 月八版一刷
　　　　　2014年 9 月九版一刷

定　　價　新臺幣700元